"十二五"职业教育国家规划教材
经全国职业教育教材审定委员会审定
省级精品课程教材
21世纪新概念教材：多元整合型一体化系列

高职高专教育会计专业精品课程教材新系

成本会计

——原理、实务、案例、实训

（第二版）

周云凌 主编
周敏 王雪岩 副主编

东北财经大学出版社
Dongbei University of Finance & Economics Press
大连

图书在版编目（CIP）数据

成本会计：原理、实务、案例、实训 / 周云凌主编 . —2 版 . —大连 ：东北财经大学出版社，2013. 8（2015. 2 重印）
（高职高专教育会计专业精品课程教材新系）
ISBN 978-7-5654-1228-8

Ⅰ. 成… Ⅱ. 周… Ⅲ. 成本会计-高等职业教育-教材 Ⅳ. F234. 2

中国版本图书馆 CIP 数据核字（2013）第 151497 号

东北财经大学出版社出版
（大连市黑石礁尖山街 217 号 邮政编码 116025）
教学支持：（0411）84710309
营 销 部：（0411）84710711
总 编 室：（0411）84710523
网 址：http：//www. dufep. cn
读者信箱：dufep @ dufe. edu. cn

大连图腾彩色印刷有限公司印刷 东北财经大学出版社发行

幅面尺寸：185mm×260mm 字数：420 千字 印张：18 1/4
2013 年 8 月第 2 版 2015 年 2 月第 3 次印刷

责任编辑：许景行 李丽娟 吴 奂 责任校对：刘 洋
封面设计：冀贵收 版式设计：钟福建

ISBN 978-7-5654-1228-8
定价：31. 00 元

总序：“多元整合型”课程与教材建设的新探索

“多元整合型”课程是反映当代世界职业教育课程观发展的综合化趋势，通过“博采当代多种课程观之长”而“避其所短”产生的一种新型职业教育课程模式。在我国，职教界近年推广的“宽基础、活模块”课程，是将基础课的“学科结构”与专业课的“模块结构”整合起来的一种尝试。专业课程自身领域的“多元整合”及其教材建设，则是继此之后的进一步探索，这种探索有着深刻的历史与逻辑反思背景。

一、职业课程改革历史回眸

1. 职教界对“工作导向课程”的诉求

近半个世纪以来，国外职业课程改革浪潮此起彼伏，“关注职业活动，培养企业急需人才”，是这些浪潮发出的一致呼声。世界劳工组织的MES课程要求“从职业工作需要出发”；加拿大等北美国家的CBE课程要求“从包括知识、技能和态度的职业分析出发”；澳大利亚的TAFE课程要求“以作为‘职业资格标准’的‘培训包’为依据”；英国的BTEC课程将“职业核心能力”与“专业能力”一并置于“教学目标”中；德国的“学习领域”课程提出“以工作过程为导向”；如此等等。

世纪之交的我国，职教界通过借鉴国外职业课程的改革经验，也相继提出了有中国特色的“模块课程”、“项目课程”和“工作过程系统课程”。

此等课程改革以曲折的方式展现了职业课程理论与实践的提升。称之为“提升”，是因为这些课程模式的推出，在克服传统“学科导向课程”的片面性上有所建树；称之为“曲折”，是因为它们都以“学科导向课程”的“反题”自居，都认定“学科导向课程”在自己的领域不适用，都想极力摆脱“学科导向课程”的束缚，都以“工作过程导向课程”的“横向串行结构”与“学科导向课程”的“纵向并行结构”相对峙。

两种课程改革浪潮之间也存在显著差别，即发达国家职业课程开发的立足点是“职业培训”；我国职业课程开发的立足点是“职业教育”，包括中等职业教育和高等职业教育。

2. 高等教育和学位新类型的推出

近年来，在国家教育部“就业导向”口号的感召下，国内外职业教育课程改革的这股浪潮也波及到我国普通高等教育本科以上层次，冲击了“研究型课程”或“学术型课程”及其教学资源建设。我国本科和研究生教育正在部分地融入“高等职业教育”范畴。更受职场欢迎的区别于“研究型本科”的“应用型本科”的推出，区别于“学术型研究生”的面向应用的“专业型研究生”的出台等，便是此种融入的证明。在这里，如何摆正“学科导向课程”与“工作导向课程”的关系，是继续搞“学科导向”的一统天下，还是应当借鉴“工作导向”的某些要素，或者在更高的框架中整合这两种课程模式，既是广大高校教育工作者不得不面对的理论热点问题，也是其亟待解决的重大课改实践难题。

二、“工作过程导向课程”模式的所长与所短

“工作过程导向课程”系借鉴德国“学习领域课程”而来，代表我国职业教育课程改革此前试点的主流。职业教育课程改革的一切再探索，都应以对它的逻辑反思为前提。

1. “工作过程导向课程”模式的可取之处

进行以“学科导向课程”为“正题”的“反题”探索，深入、系统地发掘那些被“学科导向课程”所忽视的“职业工作要素”，据以建构完全不同于“学科体系”的“基于工作过程”的职教课程体系，是数十年来世界职业课程改革的战略取向。要求人们关注“职业活动领域”，以实现专业课程设计与企业岗位群工作对接为己任，将“工作过程系统”作为职业教育课程的“参照系”，关注职业教育课程中的“横向组织结构要素”，提出不同于“知识本位”的“能力本位”教育——这一切作为对“学科导向课程”的“矫枉”都功不可没，是我们在高等职业教育课程与教材建设的新探索中应当借鉴的。

2. “工作过程导向课程”模式的局限性

任何课程模式都有它的局限性。从“问题思维”的视角看，“工作过程导向课程”模式的主要局限性何在呢？

1）“工作过程导向课程”对“学科导向课程”矫枉过正

“工作导向课程”模式的局限性根源于其对“学科导向课程”的矫枉过正。一方面，“工作导向课程”拒斥“知识本位”，独尊“能力本位”，从而将“知识本位”与“能力本位”对立起来；另一方面，它还将“学科导向课程”诉诸的“纵向组织结构”这个“婴儿”当做无用的东西，连同“洗澡水”一同泼了出去。这种做法忽略了两个基本事实：其一，高等应用型职场不仅需要基于“职业能力”的“技能操作”，也需要基于“职业知识”的“职业认知”；其二，一切“发生学”意义上的事物，其主导性的组织结构，都是纵向组织结构。

2）“工作过程导向课程”是“非发生学”意义上的课程

“工作过程导向课程”以“职业成体”的“工作过程系统”为参照系，以“横向串行组织结构”为主框架，属于“非发生学”课程体系。然而，高等职业技术教育的对象不是“高等职业成体”，而是“发生中的高等职业个体”；为“发生中的高等职业个体”开设“非发生学”意义上的高等职业教育课程，总体上是一种自相矛盾。

直面“工作的现实具体性”（即工作过程）的课程也许适用于两种学员：一种是作为“继续教育对象”的在职“高等职业成体”，其任务是顺应新的“工作过程”以调整自我的原格局，无需重新经历“发生学”意义上的“高等职业教育课程”铺垫；另一种是面向最基层、从事简单技能操作的未来从业者，他们作为“职业培训”的对象，其未来岗位是企业急需的经验层面的简单操作，没有必要进行“发生学”意义上的“高等职业教育课程”铺垫，授之以直面简单“工作过程”的课程就可以了。

3）“工作过程系统”不宜作为课程的“过程模式”

“工作过程系统”不宜作为高等职业教育课程的“过程模式”。高职院校学生“认知结构”的建构程序与高等职业“工作过程”的展开程序是不同的。要求“将每门课程都设计成一个完整的工作过程”，要求“每门课程的内容序化都以工作过程为参照”，亦即要求将“工作过程系统”作为课程的“过程模式”，其做法不仅违背认知规律和学习过程规律，而且有“预成论”课程观之嫌。

4）"工作过程系统"不宜作为课程的"目标模式"

在"工作过程系统课程"中，学生只扮演"工具理性"的角色，重"功利"而轻"人本"。不仅如此，将"工作过程系统"作为"目标模式"，让学生围绕"工作过程"旋转，还会导致主体的缺失。高等职业技术教育的"课程目标"应当与其"人才培养目标"相一致，亦即应依据专业的"人才培养目标"来确立"课程目标"。相对于"人才培养目标"，"工作过程"只能作为活动中介、桥梁和手段，而建构更为充实、更具稳定性、兼顾"功利"与"人本"的"职业学力"才是根本。

5）"工作过程系统"只有短期时效性

"工作流程"具有较强的个别性、相对性与可变性。在校期间以之为参照的专业"工作过程系统"，到了学生毕业走向工作岗位的时候，可能已经面目全非。届时，经历过该"工作过程系统"的"主体自我"中除了"结构相对固定"的"具有普适性的思维过程"，即"资讯、决策、计划、实施、检查、评价"六步骤外再没有别的，即便加上"社会能力"和"方法能力"，其"职业学力结构"也还是单薄了点。由于没有"纵向结构知识的系统铺垫"，学生的"职业认知"缺乏渐进性和系统性，可迁移性差；由于知识面过窄，学生的发展后劲不足；由于作为参照系的"工作过程系统"只有短期时效性，学生无法应对今后的职场变化。

6）关于"工作过程导向课程"的研发团队

"工作过程导向课程"和作为其源头的"学习领域课程"，其研发团队仅限于教育界和企业界专家，该模式的"所长和所短"莫不与此相关。今天看来，如果此种研发能同时邀请其他领域的成员，特别是发生认识论、认知心理学和教育心理学等领域的专家介入，或者充分借鉴其优秀代表的相关理论，情况会大不相同。

三、高等职业教育课程改革的未来取向

高等职业学历教育既不同于"高等职业成体"的"继续教育"，也不同于培养"简单技能操作者"的"职业培训"，影响其课程改革取向的因素要复杂得多。

1. 区别两类"职业个体"

在高等职业教育课程改革的探索中，有必要区分两类"职业个体"，即"发生中的职业个体"与"职业成体"。前者指高等职业学历教育的在校学生；后者指企业现实工作岗位的高等从业人员。高等职业学历教育的对象不是"高等职业成体"，而是"发生中的高等职业个体"。

2. 三种"本位"相互补充，缺一不可

高等应用型职场既需要"业务操作"，也需要"职业认知"和"行为自律"，三者分别基于高等职业成体的"职业能力"、"职业知识"与"职业道德"。因此，在高等职业教育中，"职业知识"和"职业道德"同"职业能力"一样具有"本位"意义；三种"本位"相互补充、缺一不可，需要一个更具包容性的框架来整合"职业学力"的这三个基本内涵。

3. 不是"预成的"，而是"渐成的"

"发生中的高等职业个体"在高等职业教育中不是"预成的"，而是"渐成的"。如皮亚杰所说：人的认知结构既不是在客体中预先形成了的，也不是在主体中预先形成了的，每一个结构都是"'文化—心理'发生"的结果[1]。人的"技能结构"和"道德行为结构"也是如此。应当将"渐成论"的课程观，作为高等职业教育课程研发的一个指导性理念。

4. 关注"高等职业个体发生"机制

高等职业教育课程改革应关注"高等职业个体发生"的机制。高等职业教育课程（包括职业公共课程、职业大类核心课程和专业课程）设计为之服务的"高等职业个体发生"，是一个以高中阶段的"基础学力结构"为原格局，通过"职业知识"、"职业能力"和"职业道德"等"职业学力"的全面建构，向"职业胜任力"目标发展的完整过程。在这个过程中，"发生中的高等职业个体"通过"高等职业课程"的"教学"、"训练"与"考核"，借助于"同化"、"调节"、"适应"等发生机制，以循序渐进的方式不断从较低水平的"职业学力"平衡状态过渡到较高水平的"职业学力"平衡状态，直至达到"职业胜任力"水平的平衡状态。

5. 在"学科体系"与"工作体系"之间做"亦此亦彼"的选择

高等职业教育课程的组织结构既不应等同于单纯"学科导向课程"的"纵向并行结构"，因为它的"目标模式"不适合于"应用性职业需求"；也不应等同于单纯"工作过程导向课程"的"横向串行结构"，因为它的"过程模式"不适用于"发生中的高等职业个体"。另一方面，高等职业教育的课程结构既不能缺少"纵向结构"，因为无论是"渐成论"课程观的"发生学原则"，还是布鲁纳"学科结构"的"过程模式"[2]，都一致地指向它；也不能缺少"横向结构"，因为没有它，就无法融入"职业工作要素"。既然如此，高等职业教育课程改革的未来取向就不应当在"学科体系"与"工作体系"之间作"非此即彼"的选择。沿着"'学科—工作'体系"的方向，围绕以"健全职业人格"为整合框架的"'职业胜任力'建构"这个中心，将"多元整合型课程"作为"你中有我、我中有你"的课程来探索，将是更明智的选择。

6. 课程组织应"以纵向为主、横向为辅"，收官课程可以例外

在高等职业教育专业课程体系中，前期和中期课程的组织结构应"以纵向为主、横向为辅"。之所以应"以纵向为主"，是因为以"发生中的"职业个体为对象的课程组织，其"主导结构"应符合"发生学"原则，而符合"发生学"原则的课程结构即是"纵向结构"；之所以应"以横向为辅"，是因为需要将上文提及的"职业工作要素"同步穿插到"主导结构"中。至于"收官课程可以例外"，是因为要将先前课程建构的诸多"职业学力"整合为"职业成体"的"职业胜任力"，需要以"工作过程系统"为"主导结构"的课程中介。

四、高等职业教育专业课程教材建设的新探索

1. 将"健全职业人格导向课程"作为"合题"

在我国迈入"十二五"之际，一批对上述"历史回眸"、"逻辑反思"和"课程改革未来取向"持有同感的高等职业院校省级以上精品课程负责人，用他们最新奉献的教学用书，在专业课程教材建设上进行了新探索。在这种探索中，传统的"学科导向课程"

① 皮亚杰 J. 发生认识论原理［M］. 王宪钿，等，译. 北京：商务印书馆，1981：16.
② 布鲁纳 J S. 教育过程［M］. 邵瑞珍，译. 上海：上海人民出版社，1973.

被当做"正题"，目前流行的"工作过程导向课程"被当做"反题"加以扬弃；"健全职业人格导向课程"被当做"合题"推到前台，与之相应的课程设计理念或模式被冠以"多元整合型一体化"。

2. "'合题'探索"依据的基本共识

高等职业教育专业课程教材建设的这种"合题"探索，是基于以下共识：

1）扬弃两种各有侧重的"导向"

"学科导向课程"所指向的"职业知识体系"，偏重人类职业行动历史结晶中的"知识结构"，而轻其"业务结构"；"工作过程导向课程"所指向的"职业行动体系"，偏重人类职业行动历史结晶中的"业务结构"，而轻其"知识结构"。"健全职业人格导向课程"应以某种方式扬弃并整合两者，借以传递可表达为人类职业行动最佳现实状态的全方位"职业胜任力'结构—建构'"信息。

2）"教育过程"不同于"工作过程"

高等职业"教育过程"是以高中阶段的"基础学力结构"为"原格局"的"发生中的高等职业个体"到"高等职业成体"的一系列有序的变化发展过程。就像生物个体的"发育过程"不同于其成体组织的"活动过程"一样，"发生中的高等职业个体"的"教育过程"也不同于高等职业成体的"工作过程"。将"高等职业成体"的"工作过程"作为高等职业教育课程的"过程模式"，让"发生中的高等职业个体"直接去做"高等职业成体"的事①，无异于将生物个体的"发育过程"混同于其成体组织的"活动过程"。

3）"学习迁移"有赖于"纵向组织"

在变动不居的职场中，"高等职业成体"赖以应变的一个有效机制是"学习迁移"。"学习迁移"包括"认知结构的迁移"（陈述性知识的迁移）和"技能结构的迁移"（程序性知识的迁移）。"认知结构的迁移"依赖两方面的基础：一是E. L. 桑代克和C. H. 贾德的研究所指向的"共同要素"和"经验类化"；二是J. S. 布鲁纳和D. P. 奥苏贝尔的研究所指向的"学科基本结构"和"个体的认知结构"。"技能结构的迁移"也依赖两方面的基础：一是J. 安德森的行动理论研究所指向的"产生式规则"；二是弗拉威尔的"认知策略迁移"研究所指向的"反省认知"②。

鉴于"产生式规则"的获得必须先经历一个"陈述性阶段"，而"反省认知过程"是在新的情境下使用"认知过程"的前提，可以说无论是"共同要素"和"经验类化"、"学科的基本结构"和"个体的认知结构"，还是"产生式规则"和"反省认知"，都指向"过程模式"所诉诸的"纵向组织"。这个"纵向组织"的建构，是"合题探索"中应予借鉴的"学科导向课程"的"强项"。

4）"渐成论"课程观更为可取

高等职业教育课程理论中的"渐成论"课程观要比"预成论"课程观更可取。"渐成论"的课程观将职业教育课程教材视为类似于"生物基因链"（DNA）的人类职业行动的"文化觅母链"——一种用人类职业行动历史结晶中的"知识结构"、"业务结构"和

---

① 值得一提的是，当J. S. 布鲁纳要求学生在"教学过程"中独立探索科学家"知识发现过程"的时候，也不自觉地犯了同样的错误。他的"发现法"同他的著名假设——"任何学科的知识都可以某种形式有效地教给任何年龄的任何儿童"——一样，都有些走过了头。

② E. L. Thomdike，1903；C. H. Judd，1908；J. S. Bruner，1960；D. P. Ausubrl，1968；J. Anderson，1990；Flavell，1976.

"职业道德与企业伦理结构"等信息（类似于波普尔的"世界3"）编织起来的东西[①]，认为"教育过程"就是在必要的教学环境中，在教师的"诱导"下，借助于种种教育技术与手段，通过教学活动，将设计在教材中的人类职业行动的"知识结构"、"业务结构"和"职业道德与企业伦理结构"等信息（其中包括可引起"突变"或"创新"的"文化觅母"）"转录"到学生的头脑（相当于"文化RNA"）中，并通过全方位的训练（特别是实训）与考核环节（相当于"中心法则"中的"翻译"机制），促成学生"职业胜任力"结构的发生。在这里，"文化觅母"是借用R. 道金斯的表述[②]；"基因"、"转录"、"翻译"与"中心法则"等，是借用分子生物学的术语；"职业胜任力"是指在真实的职业工作环境中，按照最新行业准则、规范、标准和要求，承担并胜任专业岗位群各种工作角色，并在跨行业的职业流动中具有可持续发展后劲的职业成体的"职业知识"、"职业能力"和"职业道德"的统一[③]。

5）作为课程模式的"健全职业人格"

"健全职业人格"是整合"学科导向"和"工作导向"的课程模式，也是整合"职业学力"三种基本内涵——"职业知识"、"职业能力"和"职业道德"——的更具包容性的框架。

在高等职业教育的课程体系中，"健全职业人格"既可作为"目标模式"，又可作为"过程模式"：作为"目标模式"，它指向既作为"职业分析"的出发点，又作为系列课程建构目标的"高等职业成体"的广义"职业胜任力"；作为"过程模式"，它着眼于高等职业教育对象的"职业胜任力结构发生"，要求课程内容（既包括R. M. 加涅称之为"智慧技能"、"认知策略"和"言语信息"的学习内容，也包括其称之为"态度"和"动作技能"的学习内容[④]）的序化要遵循"从抽象到具体"的发生学原则（马克思称之为"科学上正确的方法"[⑤]，将其运用于《资本论》的建构；J. 皮亚杰称之为"由一个比较初级的结构过渡到不那么初级（或较复杂的）结构"的原则，将其运用于发生认识论的建构[⑥]），要求在"发生过程"中随时关注"职业工作要素"的"同步渗透"或"横向穿插"。

6）"职业胜任力"的建构

在"多元整合型一体化"的高等职业教育专业课程体系中，学生"职业胜任力"的建构应分三步走：第一，从该专业"高等职业成体"的"职业胜任力"分析入手，将相同的"职业胜任力要素"归类划分为不同的"职业学力领域"，以此为基础确定互相区别并呈梯度衔接的各门课程的"职业学力"建构任务；第二，在各门课程内，以各领域"高等职业知识的纵向铺垫"为经线，以"业务要素"的"同步链接"或"横向穿插"为纬线，依照"从抽象到具体的方法"，建构各侧面（或各层次）的"职业学力结构"；第三，将各门课程建构起来的各侧面（或层次）的"职业学力结构"，通过带有"岗位业

① 波普尔 K R. 客观知识：一个进化论的研究［M］. 舒炜光，等，译. 上海：上海译文出版社，2005.
② 道金斯 R. 自私的基因［M］. 卢允中，等，译. 长春：吉林人民出版社，1998.
③ McClelland，1973；Richard Boyatzis，1982；Nordhaug & Gronhaug，1994；Lewis，2002；Bueno & Tubbs，2004；Ricciardi，2005；Morrison，2007.
④ 加涅 R M. 学习的条件和教学论［M］. 皮连生，等，译. 上海：华东师范大学出版社，1999. 加涅 R M. 教学设计原理［M］. 皮连生，等，译. 上海：华东师范大学出版社，1999.
⑤ 马克思.《政治经济学批判》导言［M］. //马克思，恩格斯. 马克思恩格斯选集：第2卷. 北京：人民出版社，1972：103.
⑥ 皮亚杰 J. 发生认识论原理［M］. 王宪钿，等，译. 北京：商务印书馆，1981：15.

务"和"综合业务"性质的后期课程，整合为可与企业岗位群现实"工作过程系统"相对接的最具体的"职业胜任力结构"。

为有效应对全球新技术革命导致的行业内乃至跨行业的职业流动性，"职业学力"各基本内涵——无论是"职业知识"、"职业能力"还是"职业道德"——的建构，都要坚持"整合论"原则，即兼顾"特殊的"（或专业的）、"通用的"（或行业大类的）和"核心的"（或跨行业的）三个层面，借以超越先前时代适应职业岗位相对稳定的"还原论"原则。

7）"人才目标"的转型

高等职业教育的人才目标不应局限于"培养能够与'工作过程系统'对接的职业人"，而应定位于"培养具有'健全职业人格'[①]，既能适应又能扬弃'既定工作过程系统'的富有创造力和人文精神的'高端技能型'职业人"。后者就业后，能够通过"继续教育"及其与"职业环境"的交互作用，使其现有水平的"职业胜任力结构"不断转化为更高水平的"职业胜任力结构"，从而永远不会陷于"主体缺失"的境地。

3. 体现"基本共识"的教材特色

依据上述"基本共识"，全部由省级以上精品课程负责人主持编写，由东北财经大学出版社出版，于2010年起陆续推出的"多元整合型一体化系列·高职高专教育会计专业精品课程教材新系"（以下简称"新系"）具有如下特色：

（1）倡导先进的高等职业教育课程理念，依照"多元整合型一体化"的代型模式设计专业教材。

（2）关注"工学结合型"教育所要求的"双证沟通"与"互补"。在把职业资格融入课程标准的同时，着眼于高等职业学历教育与职业培训的重要区别，强化了对学生"职业学力"特别是"学习迁移能力"和"可持续发展能力"的全方位训练，提出了建构以"职业知识"、"职业能力"和"职业道德"为基本内涵，以多维"整合论"的"健全职业人格"为最高整合框架的教材赋型机制的更高要求。

（3）兼顾专业课程教材的"纵"与"横"两个组织结构维度，依照"原理先行、实务跟进、案例同步、实训到位"和"从抽象到具体"的原则，循序渐进地展开教材内容。

（4）将兼顾特殊的、通用的与核心的"职业知识"、"职业能力"和"职业道德"规范与标准导入学生"职业胜任力"的实践操练，克服了传统实训架构中的"还原论"倾向和非标准化的主观随意性。

（5）教学、训练与考核环环相扣，并围绕"职业学力"三大基本内涵全面展开，超越了"知识本位"和"能力本位"的传统教材设计。

（6）突出贯穿全书的"问题思维"与"创新意识"，探索"创新型"高等职业教育的课程教材建设。

4. 教材组成与结构布局

高职高专教育会计专业各门课程的"新系"教材由以下三部分组成：

---

① 欧美等国的学者较早地关注了"人格本位"（S. Freud，1895；E. Hemingway，1932；V. Satir，1964；J. Banmen，1981—1988）。日本于1986年将"人格的形成"作为"教育目的"（见日本临时教育审议会：《审议经过概要（之三）》）。在我国，1995年国家教委下发的《在大学生中加强人文素质教育的决定》和1999年《中共中央国务院关于深化教育改革全面推进素质教育的决定》，均着眼于人的全面发展，强调塑造健全人格的必要性。

1）主教材

主教材侧重课程的教学环节，其结构布局如下：

各章“学习目标”列示出“单元教学”与“单元训练”的目标体系，包括“理论目标”、“实务目标”、“案例目标”和“实训目标”四个子目标。

各章正文部分的“单元教学”，为《训练手册》的“单元训练”提供了较为系统的知识铺垫和业务示范。其中：篇首“引例”提供了“学习情境”；“理论”、“实务”与“案例”等教学环节系统展开“专业陈述性知识”、“专业程序性知识”和“专业策略性知识”；“同步案例”、“职业道德与企业伦理”、“业务链接”等栏目提供了“职业工作要素”的同步穿插，并带有示范与引导性质；“互动专栏”提供了师生交互影响和交互活动课堂平台，旨在通过教学共振，进一步提高教学效果。

2）训练手册①

《训练手册》侧重课程的训练环节，其各章由“预习要览”、“客观题”、“主观题”、“实训资料”、“课业范例”和“参考答案与提示”六部分内容构成，书后附有“附录”及助学光盘，主要特色为“题全量足、功能多样”。

（1）关于“题全量足”

同传统教材相比，“多元整合型一体化”教材的“课后训练”范围更广、题型更全、数量更足。

所谓“范围更广”，是指“课后训练”涉及“职业学力”建构的全部基本内涵（即“职业知识”、“职业能力”和“职业道德”）；所谓“题型更全”，是指“课后训练”的基本题型与四大教学环节（即“理论”、“实务”、“案例”、“实训”）一一对应；所谓“数量更足”，是指“课后训练”的“客观题”通过《训练手册》提供了各题型的“自测题库”，“主观题”各题型的设计配套成龙。

（2）关于“功能多样”

艾宾浩斯和乔治·米勒的实验（H. Ebbinghaus，1885；G. A. Miller，1960）表明：学习要勤于复习，重复是记忆之母，理解有助于记忆。特瑞赤拉的实验（Treychler，1967）表明：人们一般能记住阅读内容的10%，听到内容的20%，看到内容的30%，听到和看到内容的50%，交流中自己所说内容的70%，交流和操作内容的90%。这些结论对于一切记忆的内容——教学训练中经历过的事物、思考过的问题、体验过的情感、操练过的动作等——都是适用的。

为了使学生通过课堂教学初步建构的“职业学力”之“瞬时记忆”转化为“长期记忆”，“课后训练”的“客观题”通过助学光盘“自测系统”的“随机组题”，对学生提出了“适度重复”的训练要求；“主观题”通过功能各异的题型对学生提出了简述、理解、交流、体验和实训操作等“多样性”训练要求。此外，贯穿于各章“实训操练题”

① 关于高等职业教育教材的“课后训练”，有两种较为普遍的成见：一种成见认为，“课后训练”越是简便易学，就越受师生欢迎；另一种成见认为，“课后训练”的题型应参照职业资格考试要求。受这两种成见的影响，传统教材的非应试性“课后训练”过于贫乏单调，应试性“课后训练”仅将职业资格考试作为标准。然而，“书到用时方恨少”。教学训练过于省力，将导致学生应对职场时过于费力。“职场需要”（特别是“十二五”起的高等职业的竞争性“职场需要”）比起“应试需要”，也是更有分量的着眼点。定位于“职场需要”的“课后训练”，即便其内容包含而又多于“应试需要”，难度与要求更高，也将受到有远虑的广大师生们的欢迎。有必要指明：“职场需要”的“学习迁移”以学生对相关学习内容的“长期记忆”为前提，而数量足够、重复适度的“课后训练”，是促使其“瞬时记忆”转化为“长期记忆”的必要条件；当学习内容涉及“职业学力”的诸多内涵时，其“课后训练”的类型也要比“应试需要”更加多样化。

的"职业核心能力"强化训练与"职业道德"相关训练，助推了学生"健全职业人格"的塑造。

3）网络教学资源包

内含PPT电子教学课件和《学生考核手册》。前者为使用本系列教材的任课教师的课堂教学演示提供了极大方便；后者为旨在全面验收学生学习和训练成果的考核提供了便利，可借以评估学生在各章"职业知识"、"职业能力"和"职业道德"的建构中达到的阶段性水平，并通过反馈进一步强化其阶段性建构。

结构决定功能。了解教材组成、结构与设计的所述布局，有助于发挥其相应的功能和作用，为内在地理解和使用教材创造条件。

五、结束语

1. 关注课程与教材建设模式转型，服务新时期高等职业教育人才培养

高等职业教育课程和教材建设的全部新探索，都是为新时期迫在眉睫的高等职业教育人才培养目标模式转型服务的。

改革开放三十多年来，我国高等职业教育人才培养目标模式经历了由计划经济时期"培养国家经济各部门需要的，具有通用型高等专业知识人才"，向"培养以制造业为主体的企业生产和经营管理需要的，具有高等专业知识与专业技能的应用型人才"的转型；高等职业教育课程和教学资源建设模式经历了由计划经济时期的"学科导向"向"工作导向"的转型。如今，我国高等职业教育人才培养目标、课程和教学资源建设模式正处于一种新的、更具全球化时代竞争意义的转型过程中。

在"后金融危机时期"，中国在应对世界范围重新抬头的贸易保护主义的同时，又面临"刘易斯转折点"（即人口红利逐渐消失），其经济转型要求比以往任何时候都更加迫切。与此相应，中国高职院校的人才培养目标需要从"培养能够与'世界工厂'既定工作岗位对接的高等应用型人才"，向"培养既能与'世界工厂'既定工作岗位对接，又能适应产业结构升级和工作岗位变换，并具有与'世界实验室'和'世界创新中心'工作岗位对接潜力的高端技能型人才"转型。

高等职业教育课程与教学资源建设的转型应当与其人才培养目标模式的转型同步。

2. 避免两种逆反倾向

在"转型"问题上，要避免两种逆反倾向，即回避"复杂性"和满足"既定模式"。

1）关于回避"复杂性"

说到"复杂性"，人们很容易与相反的选择，即奥卡姆称之为"经济性剃刀原则"的"简单性原则"相对比。"简单性原则"是一种"还原论"思想方法，它有一个众所周知的说教，就是"不要把简单的事情搞复杂了"。说教者往往因为"把本来复杂的事情搞简单了"而事后汗颜。如果相关情境下"简单性原则"确实管用，谁会舍易求难呢?！有个例子很说明问题：2010年足球世界杯比赛期间，一位电视台名嘴在导视西班牙队的头几场比赛时，面对西班牙队高超的整体战术配合，即兴说出了一句符合"简单性原则"的名言，即"他们把本来简单的足球踢得复杂了"。这位名嘴所讲的"复杂"，是指西班牙球队的整体战术配合。后来的事实表明，本次世界杯西班牙队夺了冠，他们赢就赢在了这个"复杂性"上。因为有这个"复杂性"，他们才会有出色的整体控球能力，即便是德国队威力强大的冲锋，也因为抵挡不了这个"复杂性"而败北。这个例子值得对"简单性

原则”情有独钟的人们深思。

从“十二五”开始的本世纪第二个十年，中国要“着力提高人才培养水平”，实现《国家中长期教育改革和发展规划纲要（2010—2020年）》中提出的“由教育大国向教育强国、由人力资源大国向人力资源强国迈进”的战略目标，首先要面对的，便是人才培养的前所未有的“复杂性”。“坚持育人为本、德育为先”，“坚持文化知识学习和思想品德修养的统一、理论学习和社会实践的统一、全面发展和个性发展的统一”，“强化能力培养，创新人才培养模式”，“注重培育学生的主动精神和创造性思维”等等，都是对这种“复杂性”的具体要求。落实这些要求，是新时期中国教育（包括高等职业教育）教学改革与发展探索的重要任务。在国家需要面前，教育领域中那些迄今仍持“简单性原则”不放的人们难道不该做些让步吗？

2）关于满足“既定模式”

至于“既定模式”，如果指的是在“学科导向”和“工作导向”之间做“非此即彼”的选择，那就是一种片面性。倾心于此等“既定模式”的人通常只看到事情的积极方面，而忽视其消极方面。一位伟人说过：“谁要是把抽象的思想生硬地应用于现实，就是破坏了现实。”在高等职业教育课程和教学资源建设上，现实事物是具有一定“复杂性”的整体。如果你在“理论的态度”中只看到其中某一侧面，发表了某些抽象看法，这也许无关紧要；可是当你在“实践的态度”中将片面的认识“生硬地”应用于现实，致力于改造现实事物的全面性和具体性的时候，问题就严重了，在这种情况下，你在建构现存的同时“生硬地”破坏了现实。

3）历史教训

世界高等职业教育的历史表明：人们先是在“理论的态度”中认识到“人类职业行动”的“知识结晶”，在“实践的态度”中“生硬地”实施了“知识本位”教育；随后又在“理论的态度”中认识到“人类职业行动”的“业务结晶”，在“实践的态度”中“生硬地”实施了“能力本位”教育。两者都是在建构职业教育现存的同时破坏了职业教育现实：建构的是片面性，破坏的是全面性。这两种片面认识与做法都是在不自觉的情况下出现的，尚属情有可原。如果意识到两种片面性之后仍然执意而为，去重蹈历史覆辙，就说不过去了。

在全球化遍及一切领域的今天，各国都面临愈演愈烈的产品竞争、技术竞争、管理竞争、商业模式竞争、教育竞争和人才竞争，产品创新、技术创新、管理创新、商业模式创新、教育创新和人才培养模式创新势在必行，为之服务的高等职业教育课程和教学资源建设的模式转型大势所趋。在这种情况下，有多少教育工作者还会心甘情愿地把“回避‘复杂性’”和“满足‘既定模式’”作为选项呢！

3. 本项目参与者们的尝试

“前事不忘，后事之师。”参与“多元整合型一体化系列”项目的众多省级以上精品课程团队所尝试的，是面对高等职业教育现实的“复杂性”知难而进：在“理论的态度”中致力于克服片面性认识，在“实践的态度”中尽可能避免破坏现实的“生硬”做法。

列入本系列高职高专精品课程教材的作者们，出于“后精品课程时期”专业课程持续发展的内在需要，纷纷探索课程模式转型之路，将培养中国产业结构升级所需要的“‘职业知识、职业能力和职业道德’兼备”、“‘问题思维’和‘革新创新’能力突出”

的新型高等职业经济管理人才视为己任，其高度责任感和锐意进取精神令我们钦佩！

早在上个世纪末，东北财经大学出版社就在国内高校众多知名专业带头人的参与下，率先推出了涵盖财经类各专业的"21 世纪新概念教材"。如果说在本世纪的头十年，"21 世纪新概念教材"的"'换代型'系列"曾通过"用'反题'弥补'正题'之不足"，为培养适应"中国制造"之经济管理人才的高校课程建设服务，那么在本世纪的第二个十年，"21 世纪新概念教材"的"'多元整合型'系列"将通过"用'合题'扬弃'正题'与'反题'"，为培养适应"中国创造"之经济管理人才的高校课程建设服务。

就未来十年的战略取向而言，一套好的高等职业教育专业教材应当既体现国内外先进的专业技术水平和教育教学理念，又适应中国经济转型所需要的"创新型高等职业人才培养"，从而将《国家中长期教育改革和发展规划纲要（2010—2020 年）》提出的相关要求落到实处。本系列教材的作者们是否在此方面开了个好头，应留给专家、学者和广大师生去评判。

在高等职业教育课程教材建设的道路上，向前探索的开端总是不尽完善的，期待专家、学者和使用本系列教材的师生不吝赐教，以便通过修订不断改进，使之与我国的产业需求和课程改革发展始终保持同步。

许景行于东北财经大学烛光园

第二版前言

为了将《国家中长期教育改革和发展规划纲要（2010—2020 年）》中提出“着力提高人才培养水平”，“坚持育人为本，德育为先”，“强化能力培养，创新人才培养模式”，“着重培育学生的主动精神和创造性思维”等新时期教育要求进一步落到实处，完成“十二五”时期我国高等职业教育新型人才培养的阶段性目标，同步体现国内外先进的专业技术水平、教育教学理念和课改新趋势，我们对《成本会计——原理、实务、案例、实训》第一版进行了全面修订。

第二版教材根据“21 世纪‘多元整合型一体化’”最新课程理念设计，同步反映财政部新颁布的企业会计准则，着眼于“工学结合型”和“双证沟通”的要求，将职业资格标准中的“职业知识”、“职业能力”与“职业道德素质”要求融入成本会计课程的内容与标准中。教材设计以“成本会计‘职业胜任力’分析”的结果为依据，着眼于“发生学”意义上的“高等职业个体（即高职会计专业学生）”，建构以“成本会计职业活动认知结构发生”为“经线”、以“成本会计职业工作要素”为“纬线”，以“纵横交错”的“成本会计职业胜任力’发生”为“主纲”的教材结构体系，依照“原理先行、实务跟进、案例同步、实训到位”的体系展开，全面兼顾“职业知识”、“职业能力”和“职业道德”的“教学”、“训练”与“考核”，着力体现“精讲多练”、“‘教、学、做、评’合一”和“以学生为主体、以教师为主导、以训练为主线”的课程教学改革新思路。

本书第二版保持和发扬了第一版的如下特点：

1. 为培养“后金融危机”和“欧债危机”世界经济背景下中国经济转型所需要的创新型“高等应用性职业人才”服务。

2. 体现新时期国内外先进的专业技术水平和高等职业教育教学理念，反映行业领域、高职教育教学及课程改革新发展、新标准、新成果。

3. 适应新时期高等职场既需要“职业认知”，也需要“职业技能”和“行为自律”的人才需求现实，重构并优化以“职业知识”、“职业能力”和“职业道德”为“三重本位”、以“健全职业人格”为最高整合框架的高等职业教育“职业学力”教材赋型机制。

4. 着眼于新时期伴随新技术革命而来愈演愈烈的行业内与行业间跨专业的人才流动现实，在教材修订中处理好“职业学力”建构中的“专业性”、“通用性”与“核心性”三重内涵。

5. 摆正“高等职业个体发生机制”与“高等职业成体活动机制”、发生心理学规律与教育心理学规律、教材“纵向组织结构”与“横向组织结构”等辩证关系，循序渐进地展开教材内容。

6. 突出“问题思维”与“创新意识”，探索“创新型”高等职业教育专业课程的教材设计。

7. 将“学导式教学法”、“互动式教学法”、“案例教学法”、“问题教学法”、“讨论教学法"、"项目教学法"和"工作导向教学法"等先进教学方法，相辅相成地运用到教材的相关设计中。

此外，第二版教材还力求贯彻落实国家教育部关于"十二五"高职教材建设的如下要求：

1. 依照"教职成〔2011〕9号"文件要求，将人才培养目标定位提升到"培养高端技能型人才"上来。

2. 落实教职成司〔2012〕9号和〔2012〕17号文件的相关要求。

3. 在教学重点、课程内容、能力结构及评价标准等方面细化与中职教材的有机衔接。

本书第二版依照以下线索展开：理论部分阐述成本会计与成本核算基本理论、生产费用要素的归集与分配、成本核算基本方法与辅助方法原理及实际应用、成本报表与分析以及其他行业成本核算。实训部分以学生自主、教师指导开展的实践创业活动和企业典型案例贯穿始终，使学生对工业企业的成本会计核算过程有一个系统、完整的认识和理解，并熟练掌握工业企业成本会计核算的基本程序、基本方法与技能。全书共分8章，其中：第1章概述了成本的含义与作用、成本会计职能与任务、成本会计组织机构等；第2章概述了成本核算基本原理，包括成本核算对象、方法、原则和核算程序及设置核算账户等；第3章阐述了生产费用要素的归集与分配，主要包括原材料费用、人工费用、辅助生产费用、制造费用等的归集与分配；第4章阐述了生产费用在完工产品与在产品成本之间的分配，介绍了约当产量比例法、定额比例法等多种方法；第5章阐述了成本核算基本方法的原理及应用，具体为品种法、分步法、分批法等的实际应用；第6章阐述了成本核算辅助方法的原理及应用，具体为定额法、分类法、作业成本法的实际应用；第7章概述了成本报表的编制与分析，具体包括成本报表的作用和种类、成本报表的分析方法以及成本报表的编制和分析；第8章概述了其他主要行业成本核算，包括商业流通企业、施工企业、旅游餐饮业、铁路运输业等成本核算的主要内容。

为方便教学，本书第二版配有如下教学资源：

《训练手册》：是主教材的配套教材。其内容包括各章的"预习要览"、"客观题"、"主观题"、"实训资料"、"课业范例"和"参考答案与提示"以及服务于案例教学和"职业核心能力"与"职业道德"融入性训练的五个"附录"；此外，书后附有供"客观题"自测与考核使用的助学光盘。

网络教学资源包：内含PPT电子教学课件和《学生考核手册》，登录东北财经大学出版社网站（www. dufep. cn）即可下载这些资源。学生的课程考核可依照《学生考核手册》所提供的"多元整合型"框架进行，也可依照符合本校教学实际的其他框架进行。

本教材编写以"总序"中阐明的"共识"为基础，结构设计遵循了"多元整合型一体化"系列所要求的统一布局。阅读"总序"，借以了解所述"共识"与内容结构布局，有助于更好地把握与使用这本教材。

本教材由吉林铁道职业技术学院周云凌担任主编，周敏、王雪岩担任副主编。具体分工如下：郑学健负责编写第1章的第1～3节；张雷（沈阳铁路局）负责编写第1章的第4节；庞惠文负责编写第2章的第1、3、4节；卞立文（吉化锦江油化厂）负责编写第2章的第2节；周云凌负责编写第3章；郎翠负责编写第4章；周敏负责编写第5章；王雪岩负责编写第6章、第7章；周云凌负责编写第8章；许景行负责编写"总序"。全书最后由周云凌总纂定稿。

本书可作为高等职业院校会计专业及相关专业的教材或参考书，也可供在职人员培训使用。

在本教材编写过程中，北方捷凯传动轴有限责任公司财务部、雾凇宾馆、雾凇旅行社、沈阳铁路局财务处都给予了大力支持，旨在使教材编写内容与企业会计实际相吻合，在此我们深表感谢！由于编者水平有限，疏漏之处在所难免，恳请读者批评指正。

编者

2013 年 5 月

目 录

第 1 章
总　论

学习目标

通过本章学习，应该达到以下目标：

理论目标：学习和把握成本及成本会计的概念，支出、费用的概念与内涵，成本会计职能与任务和成本会计工作组织的相关概念与内涵等陈述性知识；能用所学理论知识指导“成本会计内容、职能与任务确定”相关认知活动。

实务目标：能正确划分企业支出、费用、成本，掌握成本核算的内容、职能与任务，合理设置成本核算机构设置与人员配备，以及“业务链接”知识，规范“总论”所涉及的相关技能活动。

案例目标：能运用所学理论与实务知识研究“成本会计内容、职能与任务确定”的相关案例，培养和提高学生在特定业务情境中分析问题与决策设计能力；能结合“总论”教学内容，依照“职业道德与会计伦理”的行业规范或标准，分析企业和会计人员行为的善恶，强化学生的职业道德素质。

实训目标：参加“成本会计机构设置与任务确定”业务胜任力的实践训练。在其了解和把握本实训所涉及的“能力道德领域”相关技能点的“规范和标准”基础上，通过切实体验各实训任务的完成、系列技能操作的实施、相应《实训报告》的准备、撰写、讨论与交流等有质量、有效率的活动，培养其“成本会计机构设置与任务确定”的专业能力，强化其“自我学习”、“与人交流”、“与人合作”、“解决问题”、“革新创新”的职业核心能力（中级），并通过“认同级”践行“职业观念”、“职业态度”、“职业良心”、“职业作风”、“职业守则”和“会计职业道德”等行为规范，促进其健全职业人格的塑造。

引例　春城机床厂的成本会计机构

背景与情境：春城机床厂主要生产Ⅰ型机床和Ⅱ型机床两种产品，产品销往全国各地。厂内设有铸造、机械加工和装配三个基本生产车间，机修和配电两个辅助生产车间。

该企业经过两年的建设准备开始生产，在 2008 年 1 月的筹建会上，对成本会计机构设置进行讨论，大家各抒己见，形成两种不同意见：

第一种意见：由厂部的成本会计机构集中负责本企业所有的成本会计核算、成本计划编制、成本信息分析等，车间等其他部门通常只配备经济核算人员，负责登记原始记录、填制原始凭证，并对原始资料进行初步审核、整理和汇总，及时报送企业成本会计机构。这样有利于企业管理当局及时掌握企业有关成本的全面信息，减少成本会计机构设置的层次和成本会计人员的人数。

第二种意见：将成本会计的各项具体工作分散由车间等基层单位的成本核算会计机构来进行，企业的成本会计机构只负责对成本会计工作的指导、监督和成本会计数据的最后汇总，以及处理不便于分散核算的成本会计工作。这样有利于直接从事生产经营的基层单位及时掌握成本信息，调动他们自我控制成本和费用的积极性。

应选择哪种呢？通过以下学习就会有明确的答案。

本章作为全书的总括，将从成本的经济实质和作用，成本会计对象，成本会计的内容、职能和任务，以及为完成成本会计任务而建立的组织机构等方面进行阐述。

1.1　成本的经济实质和作用

成本是会计理论中一个非常重要的经济概念，是学习成本会计的基础。鉴于此，本章从成本会计最基本的概念入手。

1.1.1　成本的经济实质

成本是资源的一种耗费。这种资源的耗费在现实生活中无处不在，每天都在发生，如生产车间在生产产品过程中消耗的原材料、支付人员的工资、支付的管理费用等。人力、物力和财力的耗费，用货币形式把它表现出来，会计上称为成本。用会计学语言表述就是：**成本**是特定的会计主体为了达到一定的目的而发生的可以用货币计量的代价。

成本遍及各行各业的各项活动，但这并不意味着所有活动的成本都需要通过会计来核算和考核，是否需要通过会计来核算和考核成本是由活动的特点和管理需要决定的。如政府机关、事业单位等不以营利为目的的单位里不进行成本核算与考核，其成本开支不依靠自身创造的收入来补偿，而是通过国家财政预算拨款予以满足。以营利为目的的物质生产部门及企业化管理的事业单位里需要进行成本核算与考核，所发生的成本开支由单位自身的收入来补偿，努力做到以收抵支、自负盈亏、保证盈利。成本会计所研究的成本，主要是以盈利为目的的单位所发生的各类成本费用。其中物质生产部门为制造产品所发生的成本，即产品的生产成本，具有典型的意义。因此，本教材以制造企业的成本核算作为主要内容予以阐述。

商品作为用于交换的劳动产品，其价值 W 是由三项内容组成的，即物化劳动的转移价值 C、活劳动中劳动者为自己创造的价值 V 和劳动者为社会创造的价值 M。马克思曾用一个公式表示了这种关系：$W=C+V+M$。$C+V$ 就构成了产品的成本。

完整理解产品成本概念必须从耗费和补偿两个角度去考察。从耗费角度看，产品成本是商品生产中所消耗的物化劳动和活劳动中必要劳动的价值，即 C+V 部分，这是产品成本最基本的经济内涵；从补偿角度看，产品成本是补偿商品生产中资本消耗的价值尺度，即成本价格，它是产品成本最直接的表现形式。所以，产品成本是已耗费而又必须在价值或实物上得以补偿的支出。只有按照会计分期假设和权责发生制原则要求所确定的应当归属于一定种类和数量产品的生产耗费，即对象化的生产耗费，才构成产品成本。为此，通常将产品成本定义为：生产者为生产一定种类和数量的产品所消耗而又必须补偿的物化劳动和活劳动中必要劳动的货币表现。

同步思考1–1

张同学的观点

通达机械厂生产某种型号的机床，5 月份共发生直接材料费用 30 万元，燃料和动力费用 4 万元，生产人员工资 6 万元，生产用机械设备折旧费 1 万元。该种产品本月全部对外销售，销售收入 45 万元。张同学通过所学的成本的经济实质判断，该机械厂产品生产成本为 41 万元。

问题：请问他这种认识是否正确，为什么？

理解要点：该机械厂 5 月份的生产成本是 41 万元。成本是资源的一种耗费，是生产部门为制造产品所发生的成本，即产品的生产成本，同时产品成本是已耗费而又必须在价值或实物上得以补偿的支出，即该厂从销售收入中能够得到补偿。

1.1.2 成本的作用

1）成本是制订和选择决策方案的重要依据

在市场价格一定的条件下，成本高低直接影响企业的盈利水平和参与市场竞争的能力。企业进行生产经营或投资的决策，多是以经济效益高低作为评价决策方案的标准，而衡量决策方案经济效益高低时，成本是必须考虑的主要因素。

同步案例1–1

蛋糕店的新增服务

背景与情境：小王经营一家蛋糕店，现打算增加一项送货上门服务。该决策从经济效益考虑是否可行，这取决于增加此项服务后收入和成本的变动情况（见表 1–1）。

表 1–1　**蛋糕店利润表（预计）**　单位：元

项目	原经营项目金额	增加送货上门后金额	差异
销售收入	20 000	26 000	6 000
成本：			
原料	8 000	10 400	2 400
人工	3 200	4 100	900
水电费	1 000	1 200	200
租金	4 000	4 000	0
折旧	1 000	1 000	0
其他	800	880	80
成本合计	18 000	21 580	3 580
营业利润	2 000	4 420	2 420

小王拿不定主意，于是请来了学会计的高中同学刘伟和大同，刘伟认为增加销量，就意味着增加收入，可以增加送货上门服务；大同不同意，认为虽然增加收入，但也增加成

本，如果再增加雇员那就不赚钱了。

问题：

(1) 在本案例中，你同意谁的观点，为什么？

(2) 在本案例中，刘伟和大同提出的哪些观点是正确的？是否有欠缺？分析其原因。

(3) 该问题如何解决？

分析提示：

(1) 同意刘伟的观点。通过收入和成本对比分析可以发现，增加送货上门服务每月可以增加2 420元营业利润。

(2) 在本案例中，刘伟认为增加销量，就意味着增加收入是正确的，欠缺的是对成本增加的考虑；大同提出的虽然增加收入，那也增加成本是正确的，欠缺的是对成本和收入对比的利润增加的考虑。

(3) 小王以此为依据，应决定增加送货上门服务，如果需要增加雇员，其费用小于增加的利润即可。由此可见，对于制定决策来说，过去的成本信息是进行决策分析的重要工具或依据，没有过去的准确的成本信息是无法进行正确决策的。

2）成本是业绩评价的重要依据

一个企业会将各种工作责任分派给不同的员工，如将一个分厂安排给一名厂长负责，将一个车间安排给一名车间主任负责，将一个事业部安排给一名部门经理负责等。这些分厂、车间和事业部等部门从管理会计角度讲就是责任中心，责任中心的负责人对他所管辖部门机构的经营和资源利用负责。责任中心根据它的控制区域和权责范围的大小，一般可分为成本中心、利润中心和投资中心，其中成本中心是基础，因为三个中心的任何一个中心都要进行成本核算。划分责任中心的目的是为了充分调动一切积极因素，使各中心在其职责范围内，恪尽职守，努力工作，并根据业绩评价的优劣进行奖惩。业绩评价的方法一般是将各责任中心的有关项目的实际发生数与其预算数进行比较。这里的有关项目，根据责任中心不同，其评价的内容也不完全相同，但成本是最重要的，没有成本数据的对比考核，任何中心的业绩评价都是没有实际意义的。

3）成本是制定价格的依据

根据价值规律，产品价格决定于产品的价值。但在产品价值无法直接计算的情况下，只能通过产品成本间接地反映产品价值水平。正如马克思所说："商品出售价格的最低经济界限，是由商品的成本价格决定的。如果商品低于它的成本出售，生产资本中已经消耗的组成部分，就不能全部由出售价格得到补偿。如果这个过程继续下去，预付资本价值就会消失。"企业之间的竞争主要是成本的竞争，谁的成本低，谁就获利高，反之亦然。所以，成本是制定价格的依据。

4）成本是生产耗费的补偿尺度

维持企业的再生产是发展市场经济的必然要求。要能维持企业的生产，首先要求及时、足额地补偿生产过程中的劳动耗费。成本是补偿劳动耗费的尺度，是维持企业再生产的最低补偿界限。如果按成本提供的补偿尺度不能被满足，企业生产就无法维持。成本补偿是社会总产品的分配，属于社会分配领域的范畴。国家依据成本的经济内容，结合不同时期的管理需要，运用成本这一补偿手段，统一规定成本补偿的标准和补偿的范围，对规范企业劳动耗费的补偿行为具有重要作用。企业为了保证生产的顺利进行，都要求对生产中的劳动耗费进行补偿。而企业要通过销售实现补偿，就必须充分运用成本这一补偿手段，通过加强管理，降低耗费，力求以较少的耗费寻求补偿，并取得更多的盈利。可见，成本作为补偿劳动耗费的标准，对加强宏观成本管理和微观成本管理都具有重要作用。

1.2 成本会计对象

1.2.1 成本会计的概念

成本会计（cost accounting），就是运用会计的基本原理和一般原则，采用一定的技术方法，结合企业具体的生产经营特点，对企业生产经营过程中所发生的各项费用和产品或劳务成本进行连续、系统、全面和综合的核算和监督的一个会计分支。成本会计实际上是成本与费用会计。

1.2.2 成本会计对象

成本会计对象指的是成本会计核算和监督的内容。由于成本会计研究的主要是物质生产部门为制造产品而发生的成本，即产品生产成本，所以成本会计核算和监督的内容也主要是指产品生产成本。要说明的是，在产品生产过程中，除了发生生产耗费外，还会发生筹资支出、管理支出和销售支出，即财务费用、管理费用和销售费用。由于这些费用支出大多按时期发生，难以按产品归集，因此，作为期间费用直接计入当期损益而不作为产品成本的构成内容。但这些费用作为生产者的经营管理费用，它与产品生产不是毫不相干的，而是相关的，是服务于产品生产的。可以说，没有这些费用支出的发生，产品生产就不可能正常进行。因此，为了促使生产者节约这些费用，增加盈利，把它们连同产品成本都作为成本会计的对象。

由此可见，对于工业生产企业来说，成本会计对象包括产品的生产成本和经营管理费用。

成本会计对象不仅包括工业生产企业的产品生产成本和经营管理费用，还包括其他行业企业的成本和经营管理费用，如交通运输企业、施工企业、房地产开发企业等。因为，成本作为经济范畴，遍及各行业企业的经济活动，这些行业企业从事经济活动发生的耗费也就理所当然地成为成本会计对象的内容。

综上所述，成本会计的对象可以概括为：各行业企业的生产经营业务成本和有关的经营管理费用，简称为成本、费用。所以，成本会计实际上是成本、费用会计。

随着商品经济的不断发展，成本概念的内涵和外延处于不断发展变化之中。所以，在现代成本会计中，还出现了许多新的成本概念，如变动成本、固定成本、边际成本、机会成本、目标成本、标准成本、可控成本和责任成本（又称专项成本）等，从而组成了多元化的成本概念体系。

1.2.3 支出、费用与成本之间的关系

要深刻理解成本会计的对象，对支出、费用、成本之间的关系要有明确的认识。

1）支出

支出是指企业在经济活动中发生的一切开支与耗费。就一般而言，企业的支出可分为

资本性支出、收益性支出、所得税支出、营业外支出和利润分配性支出五大类。

资本性支出是指该项支出的发生不仅与本期收入有关，也与其他会计期间的收入有关，而且主要是为以后各期的收入取得而发生的支出。如企业购建的固定资产、取得无形资产、对外投资等。

收益性支出是指一项支出的发生仅与本期收益的取得有关，因而它直接冲减当期收益，如企业为生产产品而发生的材料、工资等开支。

所得税支出是企业在取得经营所得与其他所得的情况下，按我国《税法》规定，根据企业应纳税所得额计算并缴纳所得税而发生的支出。所得税支出作为所得税费用，直接用当期收益补偿。

营业外支出是指与企业生产经营业务没有直接联系的各项支出，如企业支付的各项罚款、违约金、赔偿金、赞助支出以及非常损失等。

利润分配性支出是指利润分配过程中发生的开支，如支付的现金红利等。

2）费用

费用是指企业为销售商品、提供劳务等日常活动所发生的经济利益的流出。其具体体现为企业在获取销售商品或提供劳务等带来收入的过程中，对企业拥有或控制的资产的耗费。费用按其同产品生产的关系，可划分为生产费用和期间费用两类。生产费用是指产品生产过程中发生的物化劳动和活劳动的货币表现，如直接材料、直接人工和制造费用等耗费，它同产品生产有直接关系；期间费用是指同企业的经营管理活动有密切关系的耗费，这同产品的生产没有直接关系，但与发生的期间配比，应作为当期收益的扣减。期间费用包括销售费用、管理费用和财务费用。

同步思考1–2

企业直接材料、直接人工及制造费用、销售费用和管理费用的判断

某企业发生下列支出：

(1) 工厂机器设备采用直线法计提的折旧；

(2) 生产椅子使用木材的成本；

(3) 工厂厂房的保险费；

(4) 工厂的水电费；

(5) 工厂采购部经理薪资；

(6) 销货人员的佣金；

(7) 组装线上工人的工资；

(8) 行政管理部门领导的薪资；

(9) 办公使用纸张的费用；

(10) 机器使用润滑油的费用。

问题：以上支出应计入何种成本费用项目？为什么？运用费用的概念及相关分类理论回答。

理解要点：生产费用是指产品生产过程中发生的物化劳动和活劳动的货币表现，如直接材料、直接人工和制造费用等耗费，它同产品生产有直接关系；期间费用是指同企业的经营管理活动有密切关系的耗费，这同产品的生产没有直接关系，但与发生的期间相配比。所以，事项（2）为直接材料，事项（7）为直接人工，事项（1）、（3）、（4）、（10）为车间制造费用，事项（6）为销售费用，事项（5）、（8）、（9）为管理费用。

3）成本

成本是一种耗费。成本有广义与狭义之分。广义的成本指企业发生的全部费用，包括生产费用与期间费用。狭义的成本通常仅指产品成本。产品成本，是指为制造一定数量、一定种类的产品，而发生的以货币表现的各种耗费，是对象化的生产费用。

如上所述，支出是企业在经济活动中所发生的所有开支与耗费。费用是支出的主要组成部分，是企业支出中与生产经营相关的部分。产品成本是生产费用的对象化，生产费用是计算产品成本的基础，产品成本是生产费用的最后归宿。如果企业没有在产品，当期生产费用即为当期完工产品成本，如果企业有在产品，则生产费用与完工产品成本的关系是：本期完工产品成本=期初在产品成本+本期生产费用-期末在产品成本。

职业道德与会计伦理1-1

企业亏损的原因

背景与情境：小明应聘到一家私营企业做会计工作，但他到企业后发现该企业一直处于亏损状态。进一步看账发现该企业的成本一直很高，原因是企业原会计人员按照老板的要求，对企业生产产品耗用的材料一直都是按照“公允价值”即“市场价值”计算成本，虚列企业的管理费用、销售费用，造成了支出数额增加，企业一直为亏损状态，以达到不纳税的目的。

问题：该企业原会计人员这样处理是否违背《中华人民共和国会计法》（以下简称《会计法》）与会计人员职业道德要求？如违背，是违背了哪些要求？

分析提示：原会计人员的处理违背了《会计法》与会计人员职业道德要求。《会计法》规定，“各单位必须根据实际发生的经济业务事项进行会计核算”，如实反映企业的财务状况、经营成果和现金流量，以虚假的经济业务事项或资料进行会计核算是一种严重的违法行为。

作为一名专职会计人员，在工作中每天都会面临着道德问题。而会计人员个人的道德选择不仅影响自我形象和自我发展，更会影响到广大投资人、债权人以及国家的利益。会计人员在核算过程中应当以实际发生的交易或事项为依据，如实地反映企业的财务状况、经营成果和现金流量。为了规范会计工作，国内外许多专业组织或政府制定了会计人员道德准则。我国会计职业道德规范的主要内容包括：（1）爱岗敬业；（2）诚实守信；（3）廉洁自律；（4）客观公正；（5）坚持准则；（6）提高技能；（7）参与管理；（8）强化服务。上述例子中，原会计人员违背了会计职业道德中的会计人员应当诚实守信、客观公正、坚持准则的要求。

业务链接1-1

产品成本是多少？

某生产企业6月份有关数据如下：

（1）购进材料100 000元，其中60%被生产领用；

（2）生产工人工资50 000元，生产车间管理人员工资5 000元，职工澡堂人员工资

3 000元，企业技术人员工资10 000元；

（3）贷款购买设备支付利息6 000元；

（4）发生广告费10 000元；

（5）生产设备计提折旧3 000元。

根据企业6月份有关数据计算产品成本。

解析： 产品成本为事项（1）的直接材料60 000元、事项（2）的直接人工50 000元和10 000元、事项（5）的生产设备计提折旧3 000元，共计123 000元。

同步案例1-2

鲲鹏公司支出、费用、成本

背景与情境： 鲲鹏公司8月份发生如下业务：支付本月生产产品的工人工资100万元，行政管理人员工资10万元，车间管理人员工资5万元，并按规定的比例2%、1.5%分别提取职工工会经费和教育经费；支付车间办公费5万元；生产耗用前库存原材料400万元，辅助材料50万元；购买一台车间使用的设备70.2万元，该设备预计使用8年，无残值；支付广告费40万元；支付向银行借款利息2万元；支付违约罚款15万元；本月折旧费50万元，其中公司管理部门15万元，车间35万元；本月应交所得税18万元；应分配给投资人利润15万元。本月产品全部完工，没有在产品。

成本会计小王计算得出公司支出284.225万元、费用598.675万元、生产成本553.5万元；成本会计小张计算得出公司支出284.225万元、费用666.025万元、生产成本553.5万元。

问题：

（1）在本案例中，你同意谁的结论？为什么？

（2）在本案例中，小张和小王的计算哪一项是正确的？哪一项是不正确的？分析其原因。

（3）鲲鹏公司支出、费用、成本各是多少？

分析提示：

（1）小张和小王均不正确，因为支出是指企业在经济活动中发生的一切开支与耗费；费用包括生产费用和期间费用两类；产品成本是生产费用的对象化，生产费用是计算产品成本的基础，如果企业没有在产品，当期生产费用即为当期完工产品成本。二人计算均有不正确的地方。

（2）公司本期的支出为：100+3.5+10+0.35+5+0.175+5+40+2+15+70.2+18+15=284.225万元。小张和小王均计算正确。

生产费用为：100+3.5+400+50+5+0.175+5+35=598.675万元；

管理费用：10+0.35+15=25.35万元；销售费用：40万元；财务费用：2万元。

营业外支出：15万元；资本性支出：70.2万元；所得税支出：18万元；利润分配支出：15万元。

企业的费用为：598.675+25.35+40+2=666.025万元。小张计算正确。

综上，小王计算正确的是公司本期的支出，其余不正确；小张计算正确的是公司本期的支出和费用，其余不正确。

（3）鲲鹏公司支出为284.225万元；

费用=生产费用+期间费用=666.025万元；

成本=598.675万元。本月产品全部完工，没有在产品，所以生产费用即为产品成本。

互动专栏1-1

互动问题：

（1）支出、费用与成本是否都是由企业的生产经营活动产生的？

（2）支出、费用与成本是否都是合理的经济活动？如不合理，是否可以记账？

要求： 5~8人为一个小组，每人独立思考、自由发表见解，形成小组意见，之后由一名代表阐述本小组观点。所有小组发表完观点后，由教师点评，然后各小组给其他小组评分，计算出每组学生自评的平均分，再加上教师评分，作为总评价。

1.3 成本会计的内容、职能和任务

1.3.1 成本会计的内容

成本会计的内容是成本会计对象的具体化，也是成本会计的职能。成本会计可以分为广义成本会计和狭义成本会计。广义成本会计包括成本预测、成本决策、成本计划、成本控制、成本核算、成本分析、成本考核和成本检查八项相互联系、相互依存的内容。狭义成本会计则指成本核算和成本分析。本教材以狭义成本会计为主。

1.3.2 成本会计的职能

成本会计的职能是指成本会计所具有的功能。成本会计最初的职能是成本核算，以确定产品的价格和经营盈亏。随着社会经济发展和管理水平的提高，现代成本会计的职能至少包括了成本预测、成本决策、成本计划、成本控制、成本核算、成本考核和成本分析这七个方面。

1）成本核算职能

成本核算是根据一定的成本计算对象，采用适当的成本计算方法，按规定的成本项目，通过各费用要素的归集和分配，计算出各成本计算对象的总成本和单位成本。通过成本核算可以反映成本计划的完成情况，并为进行成本预测、编制下期成本计划提供可靠的资料，同时也为以后的成本分析和成本考核提供必要的依据。

2）成本分析职能

成本分析是利用成本核算等资料与本期计划成本、上年同期实际成本、本企业历史先进成本以及国内外同类产品先进成本进行比较，用以揭示产品成本差异并分析产生差异的原因，以便采取相应措施，改进管理，降低耗费，提高经济效益。

3）成本预测职能

成本预测是指根据成本的有关数据，以及可能发生的企业内外环境变化和可能采取的各项措施，运用一定的技术方法对未来的成本水平及其发展趋势所作出的科学估计。

4）成本决策职能

成本决策是在成本预测的基础上，根据其他有关资料，在若干个与生产经营和成本有关的方案中，选择最优方案以确定目标成本。

5）成本计划职能

成本计划是根据成本决策所确定的目标成本，具体规定出在计划期内为完成规定的任务所应达到的水平，并提出为达到规定的成本水平所应采取的各项措施。成本计划是进行成本控制、成本分析和成本考核的依据。

6）成本控制职能

成本控制是根据成本计划，对成本发生和形成过程以及影响成本的各种因素进行限制与监督，使之能按预定的计划进行的一种管理活动。通过成本控制可以保证成本目标的实现。成本控制包括事前控制和事中控制。

7）成本考核职能

成本考核是定期对成本计划及其有关指标实际完成情况进行总结和评价，以监督和促使企业加强成本管理责任制，履行经济责任，提高成本管理水平。

成本会计的各项职能是相互联系、相互依存的。成本预测是成本决策的前提，成本决策是成本预测的结果；成本计划是成本决策所确定目标的具体化；成本控制是对成本计划实施进行的监督；成本核算是对成本计划是否完成的检验；成本分析是对计划完成与否的原因进行的检查；成本考核则是实现成本计划的重要手段。这七项职能中，成本核算是基础，没有成本核算，其他各项职能都无法进行。

成本会计是会计中的一种，成本会计岗位主要负责成本方面的财务计算和管理，日常岗位职责主要包括：进行有关成本管理工作，主要做好成本的核算和控制；每月末进行费用分配，及时与生产和销售部门核对在产品、产成品数量与金额，并编制差异原因上报；负责成本核算，编制生产成本、产成品有关成本报表；协助和督促有关部门建立健全原始记录和定额管理工作；收集有关信息和数据进行有关盈亏预测工作；做好成本核算经济业务会计处理等财务管理工作；协助有关部门进行盘点，以便账实核对；对各部门进行成本经济核算，并分解下达成本费用控制指标；督促、监督有关部门认真贯彻执行经济责任制；保管好成本核算会计资料并按月装订，定期归档；完成领导交办的其他工作。

业务链接1-2

某企业成本会计职责要求

春城机械厂为新注册的企业，在首次财务工作会议上确定各会计岗位职责，管理上要求进行成本控制，成本效益与经济效益挂钩。

请制定春城机械厂成本会计职责。

解析：春城机械厂成本会计职责为：

（1）在财务负责人领导下，按照国家财会法规、公司财会制度和成本管理有关规定，负责拟定公司各处成本核算实施细则，在上级批准后组织执行。

（2）有关人员对公司重大项目、产品等进行成本预算、编制项目成本计划，提供有关的成本资料。

（3）公司推行全面成本核算管理与控制，协助有关主管制定总体方案和实施办法，确定各类成本定额、标准，并协助各部门和下属企业的推广培训。

（4）不断监督、调查各部门执行成本计划的情况，并就出现的问题及时上报。

（5）学习、掌握先进的成本管理和成本核算方法及计算机操作方法，提出降低成本的控制措施和建议。

(6) 做好相关成本资料的整理、归档以及数据库的建立、查询、更新工作。

(7) 完成财务负责人临时交办的其他任务。

1.3.3 成本会计的任务

根据企业成本管理的要求，成本会计不可能全面地实现企业经营管理各个方面的要求，而只能在成本会计对象和职能的范围内，为企业经营管理提供所需的信息资料，以达到降低成本和费用的目的。因此，成本会计的任务是：

1）正确计算产品成本，及时提供成本信息

计算产品成本是成本管理的最基本的任务，它是完成成本管理其他任务的前提条件。没有产品成本资料，就无法进行成本管理的其他方面的工作。所以，成本管理的首要任务就是要计算出产品的成本，向有关方面提供有关成本的信息。在进行成本计算工作中，应根据国家的有关规定、制度进行，按照规定的方法计算，使成本资料真实、可靠。

2）加强成本预测，优化成本决策

成本预测和成本决策是成本管理的重要职能。成本决策应建立在可靠的成本预测的基础之上。只有成本预测准确，成本决策才能实现优化。所以，成本预测与优化成本决策是密切联系的，它们相互联系地在成本管理中发挥着作用。把两者有机地结合起来，可以为企业挖掘降低成本的潜力、提高经济效益服务。

3）制定目标成本，加强成本控制

目标成本是指企业在一定时期内为保证目标利润的实现而制定的成本控制指标。目标成本一般包括计划成本、定额成本和标准成本三类。制定目标成本的目的是为了进行有效的成本控制。因此，目标成本制定的准确与否，直接关系到成本控制能否达到目的。所以，制定目标成本应根据其特点，采用科学的方法、可靠的数据计算，使制定的目标成本先进合理，切实可行，经过努力能够达到。

4）建立成本责任制，加强成本控制

成本责任制是对企业内部各部门和人员在成本方面的责权利所作的规定。成本责任制的建立，可以提高企业内部各部门以及全体职工努力降低成本的责任心和积极性。在建立成本责任制时，应在划清各部门、各位职工职责的前提下，将成本责任指标按一定的方式进行分解，并具体落实到相关的部门和每位职工。建立成本责任制的核心是要将权责利结合起来，以增强各单位、人员降低成本的责任心和积极性，从而增强企业的活力。

以上任务的核心就是降低成本，提高经济效益。

同步思考1–3

降低成本，提高效益

联想集团一直以来都在利用贴近市场的优势，采取低价格优势来占领市场，联想前总裁说过：“降低成本这四个字是我们竞争的诀窍。”联想一贯坚持在企业内部培养成本管理意识和能力，并建立了一种成本管理模式，力求使企业每个职员都知道多花一分钱就减少一分竞争力和一分利润。因此每个职工每花一分钱，都要考虑究竟能给企业或一种产品带来多少价值。联想认为，不仅仅是控制成本，而是充分利用成本的运作，才是取得竞争优势的利器。联想人认为，每个公司都要做好两件事：一是提高产品对用户的价值，二是降低产品的成本。公司的规模、流程、人员、岗位职责以及制定各种制度的出发点就是这两点。应该说，每做一件事都要映射到、折射到增加价值和降低成本。

问题： 降低成本，是企业提高经济效益的必经之路吗？

理解要点： 由以上联想集团的例子可以看出，在企业内部，完善成本核算体系，充分发挥成本会计的职能，完成成本会计任务，严格控制产品成本，是提高企业核心竞争力、达到企业发展和获利目标的根本途径之一。

1.4 成本会计工作的组织

为了发挥成本会计的职能作用，完成成本会计的任务，必须建立与之相适应的组织机构和工作环境。成本会计组织机构设置与否，直接影响到成本会计工作乃至整个会计工作的开展。成本会计工作的组织一般包括成本会计机构的设置、成本会计人员的配备以及成本会计制度的制定等。

1.4.1 成本会计的机构设置

成本会计机构是从事成本会计工作的职能部门，是企业会计机构的有机组成部分。企业要根据生产类型的特点、经营规模的大小、成本管理的要求合理设置成本会计机构。

成本会计机构可以单独设置，也可以并入企业会计机构之中。对单独设置的成本会计机构需要进行内部分工，明确各自的工作职责。内部分工可以按成本会计的职能分工，分设成本核算组、成本分析组等；也可以按成本会计的对象分工，分设产品成本核算组、期间费用核算组等。

成本会计工作的组织形式，分别采用集中工作方式或分散工作方式。

1）集中工作方式

集中工作方式是将本企业所有的成本会计核算、成本计划编制、成本会计分析等工作集中在企业的成本会计机构中进行，车间等其他部门通常只配备成本核算人员，负责登记原始记录、填制原始凭证并对原始资料进行初步审核、整理和汇总，及时报送企业成本会计机构。

这种方式的优点是有利于企业管理当局及时全面地掌握成本会计的各种信息，便于使用计算机集中进行成本数据处理，减少成本会计机构设置的层次和成本会计人员的人数。不足之处是直接从事生产经营的部门不能及时掌握成本信息，影响他们对成本费用进行控制的积极性。

这种工作方式通常适用于成本会计工作较为简单的企业。

2）分散工作方式

分散工作方式又称为非集中工作方式，也称二级核算制，是将成本会计的各项具体工作分散由车间等其他部门的成本会计机构来进行。企业的成本会计机构只负责对成本会计工作的指导、监督和成本会计数据的最后汇总，以及处理不便于分散核算的成本会计工作。

这种方式的优点与不足正好与集中工作方式相反。分散工作方式通常适用于成本会计工作比较复杂的大中型企业。

在实际工作中也可以将两种方式相结合，对部分车间部门采用分散工作方式，对其他车间部门采用集中工作方式。

业务链接1-3

沈阳铁路局成本会计核算组织形式

沈阳铁路局是负责东北区域铁路运输生产的企业，其铁路线覆盖黑龙江、吉林、辽宁三个省份，下设车务、机务、工务、电务、车辆五个方面的各站段，广泛分布在铁路线上，属于集团企业。

沈阳铁路局成本核算应采用哪种组织形式？

解析：沈阳铁路局成本核算采用二级核算制，除铁路局设置成本核算机构外，基层站段单独设置成本会计机构。

1.4.2 成本会计的人员配备

《会计法》第五章第三十八条规定：从事会计工作的人员，必须取得会计从业资格证书。担任单位会计机构负责人（会计主管人员）的，除取得会计从业资格证书外，还应当具备会计师以上专业技术职务资格或者从事会计工作三年以上的经历。会计人员从业资格管理办法由国务院财政部门规定。《会计法》第五章第三十九条规定：会计人员应当遵守职业道德，提高业务素质，对会计人员的教育和培训工作应当加强。

成本会计人员的素质高低直接影响成本会计的工作质量。企业无论采用何种成本会计工作方式，都要注意合理配置成本会计人员。做到“配齐、胜任”。配置的成本会计人员应当具有会计从业资格和相应的会计专业任职资格，具备与所从事会计工作相适应的专业知识和业务能力，要求做到热爱会计工作、恪守职业道德、搞好成本核算、参与成本管理、懂得法规制度、熟悉工艺流程、出色完成任务。

业务链接1-4

某星级酒店成本会计负责人任职条件

世纪大饭店是一家四星级综合酒店，为加强财务管理，要对会计各岗位人员的任职条件进行规范。

请制定世纪大饭店成本会计负责人任职条件。

解析：成本会计负责人任职条件如下：

（1）认同企业理念，坚持原则，廉洁奉公；

（2）财会专业（或相关专业），中专以上学历，具有会计从业资格证书；

（3）会计师以上职称或三年以上工作经验；

（4）熟悉国家财经法律、法规、方针、政策和制度，掌握与企业有关知识；

（5）具有有关财务分析各项指标和运算知识和能力，并具备用电脑操作和调用各项数据的能力；

（6）身体健康，能胜任本职工作。

职业道德与会计伦理1-2

错误的举动

背景与情境：鲲鹏公司会计赵慧因业务能力强，且公司规模较小，被会计主管指派担任出纳及费用账簿的登记工作。任职期间，赵惠采用编造、伪造原始凭证，涂改账簿等方式，非法挥霍了公司近十万元的财物，两年后才被公司偶然发现。

问题：

(1) 赵慧违反了哪些会计职业道德要求?

(2) 哪些单位或部门可以对赵慧违反会计职业道德的行为进行处理? 说明理由。

(3) 造成公司损失的原因包括哪些?

分析提示：

(1) 赵慧违反了会计职业道德要求中的诚实守信、廉洁自律。

(2) 财政部门、会计职业团体、鲲鹏公司对赵慧违反会计职业道德的行为，均可以在各自的职权范围内进行处理。首先，《会计法》规定，会计人员应当遵守会计职业道德。《会计从业资格管理办法》、《会计专业技术资格考试暂行办法》等也均把遵守会计职业道德作为取得会计从业资格、参加会计资格考试的前提条件。所以，财政部门可以对会计职业道德进行监督和检查，对违反职业道德的行为可以在其会计从业资格证书上进行记载，情节严重的，将依法吊销其会计从业资格证书。其次，如果会计职业组织会员违反了会计职业道德要求，会计职业组织可以根据行业自律性监管的有关规定，对其会员采取公开谴责，直至取消其会员资格等惩戒措施。此外，根据《会计法》的规定，单位负责人对本单位的会计工作和会计资料的真实性、完整性负责。单位负责人有责任建立和完善内部控制制度，开展会计职业道德教育，检查和考核本单位会计人员会计职业道德遵守情况，对违反会计职业道德的行为，可以按照单位内部有关制度进行处理直至开除。

(3) 本案例说明了建立单位内部控制制度的重要性，《会计法》明确规定出纳不得兼任稽核、会计档案保管与收入、支出、费用账簿的登记工作，目的就是为了实现“钱、账、物”分管的内部牵制，而该公司会计岗位的设置严重违反了《会计法》的规定，对公司损失负有很大的责任。

互动专栏1-2

互动问题：

(1) 成本会计工作组织形式取决于企业生产性质还是规模?

(2) 成本会计岗位人员多、分工细好，还是岗位人员少、综合管理好?

要求： 同“互动专栏1-1”的“要求”。

1.4.3 成本会计的法律、规章制度

成本会计的法律、规章制度是成本会计机构和人员从事成本会计工作的规范，是成本会计工作组织的重要组成部分，也是会计法规制度的重要组成部分。为了统一企业会计核算口径，规范企业会计核算方法，国家制定了“一法、二则、三制度”，形成了全国性会计法规制度的三个层次。“一法”即《中华人民共和国会计法》；“二则”即《企业会计准则》和《企业财务通则》；“三制度”即《企业会计制度》、《财务成本制度》和《小企业会计制度》。成本会计作为一种以企业成本费用为对象的企业会计，必须在“一法、二则、三制度”的规范下进行工作。

企业作为会计主体，各自存在不同的生产工艺特点和成本管理要求，为规范本企业的

成本会计工作，还应当制订适合本企业经营规模、生产特点、管理要求的内部成本会计制度，作为企业进行成本会计工作的操作依据。企业内部成本会计制度一般包括以下内容：

（1）成本会计工作的组织形式、人员分工和职责权限。

（2）成本定额、成本计划和费用预算的编制方法。

（3）成本核算的具体规定，包括成本计算对象的确定、成本计算方法的选择、成本项目的设置、生产费用的归集和分配方法、在产品成本的确认方法、成本核算基础工作的要求等。

（4）成本预测、成本决策、成本考核和成本分析制度。

（5）成本报表制度，包括成本报表的种类、格式、指标体系、编制方法、编制期限、报送对象等。

1.4.4 成本会计的基础工作

要组织好成本会计工作，算好和管好成本，必须算好和管好各项实物消耗和工时消耗，并且做好以下各项基础工作：

1）健全原始记录

原始记录是指按照规定的格式，对企业的生产、技术经济活动的具体事实所做的最初书面记载。它是进行各项核算的前提条件，是编制费用预算，严格控制成本费用支出的重要依据。成本会计有关的原始记录主要包括以下内容：反映生产经营过程及其结果的原始记录，如生产通知书、产品入库单、废品报告单等；反映材料物资动态的原始记录，如领料单、退料单等；反映劳动耗费方面的原始记录，如考勤记录、加班加点记录、工资结算单等；其他原始记录。

原始记录是一切核算的基础。因此，原始记录必须真实正确，内容完整，手续齐全，要素完备，以便为成本计算、控制、预测和决策提供客观的依据。

2）健全存货的计量、验收、领退和盘点制度

为了保证入库材料物资数量与质量，必须搞好计量与验收工作，准确的计量和严格的质量检测是保证原始记录可靠性的前提；为了保证领、退的材料物资准确无误，还必须及时办好领料和退料凭证手续，使成本中的材料费用相对准确。由于材料物资等存货的品种、规格多，进出频繁，尽管严格管理，但由于种种原因，账实不符还经常存在，所以对材料物资还得进行定期或不定期的清查盘点，进行账面调整，以保证库存材料物资的真实性，确保成本中的材料等费用更加准确。

3）实施有效的定额管理

定额是指在一定生产技术组织条件下，对人力、财力、物力的消耗及占用所规定的数量标准。科学先进的定额，是对产品成本进行预测、核算、控制和考核的依据。与成本核算有关的消耗定额，主要包括：工时定额、产量定额以及材料、燃料、动力、工具等消耗的定额，还有有关费用的定额，如制造费用的预算等。消耗定额的制定是企业产品生产发生耗费应该掌握的标准。但由于消耗定额服务于不同的成本管理目的，可表现为不同的消耗水平。当企业编制成本计划时，是根据计划期内平均消耗水平所制定的定额；当定额作为分配实际成本标准时，是以能体现现行消耗水平的定额为依据来衡量的；当企业为实现预期利润而控制成本时，是根据企业实现预期利润必须达到的消耗水平作为衡量的尺度。

定额制定后，为了保持它的科学性和先进性，还必须根据生产的发展、技术的进步、劳动生产率的提高，进行不断修订，使它为成本管理与核算提供客观的依据。

4）建立适合企业内部的结算价格

在生产经营过程中，企业内部各单位之间往往会相互提供半成品、材料、劳务等，为了分清企业内部各单位的经济责任，明确各单位工作业绩以及总体评价与考核的需要，应制定企业内部结算价格。

制定结算价格的主要依据有：

（1）内部转移的材料物资等，应以当时的市场价格作为内部结算价格；

（2）材料物资、劳务等也可以以市场价格为基础，双方协商定价，即我们通常所说的“议价”，以其作为内部的结算价格；

（3）企业生产的零部件、半成品等在内部转移时，可以用标准成本或计划成本作为内部结算价格；

（4）在原有成本的基础上，加上合理的利润作为内部的结算价格。

除上述计价方法外，企业也可以根据生产特点和管理要求以及结算上的具体情况来确定其合理的结算价格进行结算。

职业道德与会计伦理 1-3

财务会计人员聘用之判

背景与情境：红旗服装厂是家私营企业，规模为中小企业，2012 年注册为有限责任公司。公司成立伊始，在确定财务会计机构及聘用人员时，老板提出要独立设置成本核算中心，任用自己的妻子王某做成本核算中心的负责人，这样有利于企业管理，王某也表示一切以企业利益为中心，可以为企业设置两套账，这样既可以满足企业领导意愿，又可以应对工商、税务及主管部门的检查。王某 2009 年毕业于一所大专会计专业，毕业后于 2011 年从事会计岗位工作，2009 年取得会计从业资格证书。在会上，副经理兼总会计师不同意，认为王某不具备做成本核算负责人的条件，做一般成本核算员还可以，王某的聘用违背了国家对会计人员任用的禁止要求。为此二人发生激烈争吵，老板还说若总会计师不同意就走人。请谈谈你的观点。

问题：

（1）本案例中存在哪些道德伦理问题？

（2）对王某的聘用作出你的善恶研判。

（3）通过适当途径搜集你作善恶研判所依据的行业规范。

（4）本案例对你有哪些启示？

分析提示：

（1）本案例违反了会计法对会计人员任用的相关规定和会计伦理的“职业观念”、“职业情感”、“职业良心”、“职业守则”。职业观念要求对职业、职业选择、职业工作、会计人员职业道德和会计伦理等问题具有正确的看法；职业情感要求对职业或职业模拟有愉快的主观体验、稳定的情绪表现、健康的心态、良好的心境，具有强烈的职业认同感、职业荣誉感和职业敬业感；职业良心要求在履行职业义务时具有强烈的道德责任感和较高的自我评价能力；职业守则要求会计人员爱岗敬业、诚实守信、廉洁自律、客观公正、坚持原则、提高技能、参与管理、强化服务。

（2）对王某的聘用，违反了《会计法》第五章第三十八条的规定：从事会计工作的人员，必须取得会计从业资格证书。担任单位会计机构负责人（会计主管人员）的，除取得会计从业资格证书外，还应当具备会计师以上专业技术职务资格或者从事会计工作三年以上经历。该公司老板及妻子王某为达目的不择手段，违反国家法规和会计职业道德。

（3）会计行业规范是：爱岗敬业、诚实守信、廉洁自律、客观公正、坚持原则、提高技能、参与管理、强化服务。其中，“坚持原则”要求熟悉国家法律、法规和国家统一的会计制度，始终坚持按法律、法规和国家统一的会计制度的要求进行会计核算，实施会计监督；“客观公正”要求端正态度，依法办事，实事求是，不偏不倚，保持应有的独立性；“诚实守信”要求做老实人，说老实话，办老实事，执业谨慎，信誉至上，不为利益所诱惑，不弄虚作假，不泄露秘密。

（4）这种事情社会上常见，必须予以抵制。设置会计机构、聘用会计人员必须合法合规，不能任人唯亲。

第 2 章
产品成本核算概述

学习目标

通过本章学习，应该达到以下目标：

理论目标：学习和把握工业企业生产类型、产品成本核算对象的内容，影响成本核算方法选择各因素的内容，成本核算原则和要求的内涵等陈述性知识；能用其指导“产品成本核算概述”的相关认知活动。

实务目标：学习和把握企业成本核算方法及其选择，产品成本核算基本程序和主要会计账户的应用，“业务链接”等程序性知识；能用所学实务知识规范“产品成本核算概述”的相关技能活动。

案例目标：能运用所学的理论与实务知识研究“产品成本核算概述”相关案例，培养和提高学生在特定业务情境中分析问题与决策设计的能力；能结合“产品成本核算概述”的教学内容，依照“职业道德与会计伦理”的行业规范或标准，分析企业与会计人员行为的善恶，强化学生的职业道德素质。

实训目标：参加“产品成本核算基本原理运用”业务胜任能力的实践训练。在其了解和把握本实训所涉及“能力与道德领域”相关技能点的“规范和标准”基础上，通过切实体验各实训任务的完成、系列技能操作的实施、相应《实训报告》的准备、撰写、讨论与交流等有质量、有效率的活动，培养其“产品成本核算基本原理运用”的专业能力，强化其“信息处理”、“与人交流”、“解决问题”、“革新创新”的职业核心能力（中级），并通过“认同级”践行“职业情感”、“职业态度”、“职业良心”、“职业作风”、“职业守则”和“会计职业道德”等行为规范，促进其健全职业人格的塑造。

引例　春城机床厂的成本核算

背景与情境：春城机床厂主要生产Ⅰ型机床和Ⅱ型机床两种产品，产品销往全国各地。厂内设有铸造、机械加工和装配三个基本生产车间，机修和配电两个辅助生产车间。

该企业经两年的建设于 2008 年 5 月进入正式生产运营，在成本核算方法选择、成本核算账户确定以及成本核算要求讨论会上，大家各抒己见，最后达成共识：

第一，根据企业车床产品的生产特点，管理上要求各车间进行成本控制，将成本效益与经济效益挂钩，所以，企业成本核算采用分步法核算。

第二，企业成本核算明细账设置到车间、到产品，将“基本生产成本”、“辅助生产成本”和“制造费用”设为一级账户，各自下设明细账。明细账账页均采用多栏式账页格式。

第三，辅助车间生产费用和辅助生产车间的制造费用均在“辅助生产成本”账户归集。

第四，根据有关经济业务的原始凭证，在准确、审核无误的情况下，汇总原始凭证、分配材料费用、分配工资及相关费用、分配其他费用、分配辅助生产成本费用、分配制造费用、计算产品成本以及产品成本结转；填制记账凭证，登记与生产成本核算相关的明细账和总账。成本核算按国家相关要求和实际成本进行核算。

2008 年 5 月、6 月，按照上述成本核算方法、成本核算账户以及成本核算要求的相关规定，企业财务部门完成成本核算任务，并为企业各车间下一步成本控制提供了可靠依据，得到了工作奖励。

你认为该企业成本核算相关做法正确吗，应该奖励吗?

本章将系统地阐述成本计算对象与成本核算方法的选择、成本核算的原则与要求、成本核算的基本程序和成本核算主要会计账户的应用。

2.1　产品成本计算对象与成本核算方法

工业企业产品成本计算的过程，就是对生产经营过程中所发生的费用，按照一定的对象进行归集和分配，计算出产品的总成本和单位成本的过程。因此，在研究产品成本计算对象和成本核算方法之前，首先要了解工业企业的生产类型及其对成本计算的影响。

2.1.1　工业企业生产类型

不同部门、行业企业的生产千差万别，对工业企业，可以根据生产工艺过程和生产组织的特点将其划分为不同类型。

1）按生产工艺过程的特点分类

工业企业的生产，按照生产工艺过程的特点，可以分为单步骤生产和多步骤生产两种类型。

单步骤生产也称简单生产，是指生产工艺过程不能间断，或者由于工作场地的限制不便于分散在几个不同地点进行的生产，如发电、采掘、化肥生产等。该类生产通常只能由一个企业整体进行。

多步骤生产也称复杂生产，是指生产工艺过程由若干个可以间断、分散在不同地点、分别在不同时间进行的生产步骤所组成的生产，如钢铁冶炼、机械制造等生产。该类生产可以由一个企业的各个生产单位进行，也可以由几个企业协作进行。多步骤生产按其产品加工方式的不同，又可以分为连续式多步骤生产和装配式多步骤生产。连续式多步骤生产是指投入生产的原材料要依次经过各个生产步骤的加工，直到最后的生产步骤，才成为产成品的生产，如冶金、纺织、造纸等。装配式多步骤生产是指先将原材料分别加工为零件、部件，再将零件、部件装配为产成品的生产，如机床制造、汽车制造、仪表制造等。

2）按生产组织的特点分类

工业企业的生产，按照生产组织的特点可分为大量生产、成批生产和单件生产三种类型。

大量生产是指不断重复品种相同的产品的生产。在这种生产类型的企业或车间中，产品的品种比较稳定，如食品、发电、酿酒、造纸等。

成批生产是指按照预先规定的产品批别和数量进行的生产。在这种生产类型的企业或车间中，产品的品种比较多，而且各种产品的生产往往成批地重复进行，生产具有一定的重复性，如服装加工、制鞋、某些大型机械制造等就是这种类型的生产。成批生产按照产品批量的大小，又可以分为大批生产和小批生产。大批生产的性质接近大量生产，小批生产的性质接近单件生产。

单件生产是指按照购买单位订单的要求生产个别的、性质特殊的产品而进行的生产。在这种生产类型的企业或车间中，产品很少重复生产，如飞机制造、房屋建造和船舶制造等。

2.1.2 产品成本计算对象

成本计算对象，是指计算产品成本过程中，确定归集与分配生产费用的承担客体，即费用的承受者。它是根据企业生产特点、生产费用的发生情况和管理上的需要来确定。作为成本核算的初始环节，成本计算对象是设置产品成本明细账户的依据，亦是区分不同成本计算方法的显著标志。一般来说，成本计算的对象就是各种耗费的受益物，也就是耗费各种投入品后形成的产出物，是“制造”活动取得的直接成果，即“产品”。

工业企业产品成本计算的对象，应当根据生产类型，结合成本管理的要求来确定。在分批生产或单件生产的企业里，生产的安排和对产品成本的分析是根据产品批别来进行的，因此产品成本计算对象为每批产品，成本计算单按产品的批别设置；在大量生产的企业里，产品和半成品的品种较固定，生产的安排和对产品成本的分析是根据产品和半成品的品种来进行的，当企业的工艺特点是简单生产时，成本计算对象就是每种产品；当企业的工艺特点虽是复杂生产，但企业在管理上并不需要计算及分析半成品成本或零部件成本时，成本计算对象也是每种产品，成本计算单按每种产品来设置；当企业的工艺特点为复杂生产，且企业在管理上需要计算及分析半成品成本或零部件成本时，成本计算对象应是各加工步骤的半成品、零部件及每种产品，成本计算单也要分别按半成品、零部件和各种产品来设置。

确定产品成本计算对象是进行产品成本计算的前提。为了正确计算产品成本，首先就是要确定成本计算对象，以便按照每一个成本计算对象，分别设置产品成本明细账（或成本计算单），来归集各个对象所应承担的生产费用，计算出各对象的总成本和单位成本。因此，正确确定成本计算对象，是保证成本核算质量的关键问题。

业务链接 2-1

红旗服装加工厂成本计算对象的确定

红旗服装加工厂主要对外承接服装加工业务，通过签订合同方式完成销售；同时，常年加工四种化工企业工作服，销往全国各地。加工过程为：下料裁剪车间—缝纫车间—熨烫整理车间，之后产成品入库。红旗服装加工厂设有一个机修辅助车间。

请确定红旗服装加工厂成本计算对象。

解析：红旗服装加工厂对外承接服装加工部分，以签订合同的批别为成本计算对象；常年加工化工企业工作服部分，以工作服的品种或工作服的生产步骤为成本计算对象。

2.1.3　产品成本核算基本方法

产品成本核算方法，是指将一定会计期间发生的生产费用归集到产品成本计算对象上，据以确定各个产品总成本与单位成本的方法。产品成本核算基本方法有三种，即品种法、分批法和分步法，另外还有相关的成本核算辅助方法。

1）品种法

品种法是以产品品种作为成本计算对象的一种成本计算方法。品种法是产品成本计算方法中最基本的方法。

（1）品种法成本计算对象

品种法的成本计算对象为产品品种。实际工作中，可以将成本计算对象确定为产品品种、产品类别、产品规格等。如果企业（或者生产单位）只生产一种产品，成本计算对象就是该种产品，在这种情况下，本月发生的全部生产费用都是直接费用，可以直接计入产品成本，不存在将生产费用在各种产品之间分配的问题。如果生产两种或两种以上的产品，就需要以每种产品作为成本计算对象，分别设置产品成本明细账，发生的直接费用直接计入各产品成本明细账的有关成本项目，间接费用先按发生单位和地点归集，月终再采用适当的分配方法，在各成本计算对象之间进行分配，分别记入各产品成本明细账的有关成本项目内。

（2）品种法的特点

品种法的特点主要表现在以下几个方面：

①以产品品种作为成本计算对象，并据以设置产品成本明细账归集生产费用，计算产品成本。

②成本计算期与会计报告期一致，即按月定期计算产品成本。

③月末一般有完工产品和在产品，因而，生产成本需要在完工产品和在产品之间进行分配。

④以“产品品种”为主要对象进行成本分析。

（3）品种法适用范围

品种法适合于大量、大批、单步骤生产的企业，如发电业、采掘业。对于大量、大批、多步骤生产类型的企业或车间，如果生产规模较小，或者按流水线组织生产，或者产品生产的全过程是集中封闭式生产，而成本管理上又不要求按照各生产步骤计算产品成本，也可以采用品种法计算产品成本。

2）分批法

分批法是以产品批别作为成本计算对象的一种成本计算方法。在实际工作中，产品的品种和每批产品的批量往往是根据客户的订单确定的，因而，按照产品批别计算产品成本，往往也就是按照订单计算产品成本，所以分批法亦称为订单法。

（1）分批法成本计算对象

分批法成本计算对象为产品的“批”。分批法是一种很广义的成本计算方法，在实际工作中，有“批号”、“批次”的定义，可以将成本对象确定为：生产批次、产品批号、客户订单等。在小批、单件生产中，产品的种类和每批产品的批量，大多根据购买单位的订单确定。但如果在一张订单中包括有几种产品或虽然只有一种产品但其数量较大而且要求分批交货时，企业生产计划部门可将订单中的产品按照品种划分批别组织生产。如果在一张订单中只规定一件产品，但其属于大型复杂的产品，价值较大，生产周期较长，也可以按照产品的组成部分分批组织生产。如果在同一时期内，企业接到不同客户要求生产同一产品的几张订单，企业生产计划部门可以将其合为一批组织生产，进行产品成本的计算。

（2）分批法的特点

分批法特点主要表现在以下几个方面：

①以产品的批次（订单或生产通知单等）为成本计算对象，开设产品成本计算单或设置基本生产成本明细账。

②产品成本计算期不固定，即成本计算期与生产周期相同，而与会计报告期不一致。

③一般不需要计算期末在产品成本，这主要是由成本计算期与产品生产周期一致决定的。

④以“产品批别”为主要对象进行成本分析。

（3）分批法适用范围

分批法适合于单件、小批量生产企业。这些企业为管理上不要求分步骤计算成本的多步骤生产企业，例如船舶制造、飞机制造、重型机械制造、精密仪器制造、服装加工、印刷以及企业新产品的试验或试制、专业修理等。

3）分步法

分步法是按照产品的生产步骤归集生产费用、计算各步骤半成品和最后产成品成本的一种方法。在这类企业中，产品的生产可以分为若干“生产阶段”或“步骤”，分步法是以产品品种的“生产阶段”、“步骤”作为成本计算对象，计算成本的一种方法。

（1）分步法成本计算对象

分步法成本计算对象是各产品的“生产阶段”、“步骤”。分步法下的“步”是广义的，在实际工作中有丰富的、灵活多样的具体内涵和应用方式。在实际应用中，分步法成本计算对象可以为：车间、工序、特定的生产和加工阶段、部门成本等。在计算产品成本时，应按照产品的生产步骤设立产品成本明细账。如果只生产一种产品，成本计算对象就是该种产品及其所经过的各生产步骤，产品成本明细账应该按照产品的生产步骤设立。如果生产多种产品，成本计算对象则是各种产品及其所经过的各生产步骤，应按照每个产品的各个步骤设立产品成本明细账。在计算成本时，应按照生产步骤分产品，分配和归集生产费用，能直接计入某种产品的，应直接计入该生产步骤产品成本明细账中相应的成本账户；不能直接计入某种产品的，应先在生产步骤中归集，月末再采用适当的分配方法分配计入。

在实际工作中，产品成本计算的步骤与实际的产品生产步骤的口径有可能一致或不一致。我们可以根据成本管理的需要，对于有必要分步骤计算产品成本的生产步骤单独开设生产成本明细账计算成本；对于没有必要分步骤计算产品成本的就将该生产步骤与其他的生产步骤合并，统一计算成本。此外，在通常情况下，可将企业的生产车间视为生产步骤。但当企业生产车间的规模很大，生产车间内部又按照生产工段划分生产步骤，而管理上也需要在车间内分步骤计算和考核产品成本时，也可以将生产车间内部的生产工段作为成本计算对象；反之，当企业规模较小，管理上又不要求分车间计算和考核产品成本的，也可以将几个车间合并为一个生产步骤计算产品成本。因此，企业应根据企业自身的具体情况确定成本计算对象。

（2）分步法的特点

分步法的特点主要表现在以下几个方面：

①以各个加工步骤的各种产品作为成本计算对象，并据以设置基本生产成本明细账。

②产品成本计算期与会计报告期一致，是按月份进行，但与生产周期不一致。

③月末一般有完工产品和在产品，因而，生产成本需要在完工产品和在产品之间进行分配。

④以“产品的步骤或生产车间”为主要对象进行成本分析。

（3）分步法适用范围

分步法适用大量、大批、多步骤、多阶段生产的企业，且管理上要求按照生产阶段、步骤或车间计算成本。

业务链接 2-2

红旗服装加工厂成本核算方法的选择

红旗服装加工厂主要对外承接服装加工业务，通过签订合同方式完成销售；同时，常年加工四种化工企业工作服，通过市场销往全国各地。红旗服装加工厂对外承接服装加工部分，以签订合同的批别为成本计算对象；工作服的品种或四种工作服的生产步骤为成本计算对象。

请选择红旗服装加工厂成本核算方法。

解析：红旗服装加工厂对外承接服装加工部分，因以签订合同的批别为成本计算对象，所以可以采用分批法核算产品成本；常年加工化工企业工作服部分，因以工作服的品种或四种工作服的生产步骤为成本计算对象，所以可以采用品种法或分步法核算产品成本。

2.1.4　产品成本核算辅助方法

1）分类法

分类法是为了适应一些企业产品品种规格繁多，成本核算工作量繁重的情况而设计的一种简化成本计算方法。它的基本特点是：以产品类别为成本计算对象，将生产费用先按产品的类别进行归集，计算各类产品成本，然后再按照一定的分配标准在类内各种产品之间分配，来计算各种产品的成本。它主要适用于产品的品种规格多，但每类产品的结构、所用原材料、生产工艺过程都基本相同的企业。

2）定额法

定额法是在定额管理基础较好的企业，为了加强生产费用和产品成本的定额管理，加强成本控制而采用的成本计算方法。它的基本特点是：以产品的定额成本为基础，加上或减去脱离定额差异以及定额变动差异来计算产品的实际成本。它适用于管理制度比较健全、定额管理基础工作较好、产品生产定型和消耗定额合理且稳定的企业。

3）作业成本法

作业成本法(ABC 法）是一种将制造费用等间接费用不按传统的（以车间为费用归集和分配对象）方法归集和分配，而是以“作业”为费用归集和分配对象的方法，它能够更加合理地分配间接费用，使成本的计算更加合理。作业成本的计算思路是：产品消耗作业，作业消耗资源，生产费用应根据其发生的原因，汇集到作业，并计算出作业成本，再按产品生产所消耗的作业量，将作业成本计入产品成本。由于它只是间接费用的一种分配方法，因此，企业实际上还要结合其他基本核算方法共同使用。

产品成本计算的辅助方法是从基本方法中延伸出来的，这些成本计算方法都不是独立的成本计算方法，在进行成本计算时，必须与三种成本计算的基本方法的某一种结合使用。这些方法与生产类型的特点没有直接的联系，不涉及成本计算对象。它们的应用或者是为了简化成本计算工作，或者是为了加强成本管理，只要具备条件，各种生产类型企业都可以使用。因此，从计算产品实际成本的角度来说，它们不是必不可少的，这些方法称为成本计算的辅助方法。

2.2 影响成本核算方法选择的因素

为了正确计算产品成本，企业必须根据其生产特点，并考虑成本管理的要求，选择适当的成本计算方法。

2.2.1 生产特点对成本核算方法选择的影响

企业采用什么成本计算方法，在很大程度上是由产品的生产特点即生产类型所决定的，而生产类型不同，对成本管理的要求也不一样。因此，生产特点和管理要求必然对产品成本核算方法的选择产生影响。这一影响主要表现在成本计算对象的确定、生产费用计入产品成本的程序、成本计算期的确定，以及生产成本在完工产品与在产品之间的分配方法等方面。

1）对成本计算对象的影响

在大量、大批、单步骤的生产中，由于不间断地重复生产同类产品，中间又没有自制半成品存在，因而只能以产品的品种作为成本计算对象来归集生产费用；而在大量、大批、多步骤生产中，由于各个步骤相对独立地生产半成品，生产费用完全可以按产品的生产步骤归集，因而就可以将各个加工步骤的产品作为成本计算对象，以计算各步骤半成品（最后步骤为产成品）的成本；至于单件或小批量生产，由于产品是以客户的订单或批别组织生产，因而就决定了可以按产品的订单或批别作为成本计算对象，以某订单或批别来归集生产费用，以计算各订单或各批别的产品总成本。

2）对生产费用计入产品成本程序的影响

生产费用计入产品成本程序，是指产品生产过程中发生的各种耗费，经过一系列的归集与分配，最后汇总成产品成本的步骤和方法。

在单件生产情况下，成本计算对象就是该件产品，因而生产该产品所发生的全部生产费用都可以直接计入该产品成本。在成批生产情况下，由于产品批别较多，产品生产所发生的生产费用，若能确定是为生产某一批产品而发生的，则直接计入该批产品成本；若不能直接计入，则需要按一定标准分配计入各有关批别产品的成本。在大量、多步骤生产情况下，生产费用计入产品成本的程序比较复杂。如果是分步骤计算半成品成本，则各步骤生产中发生的生产费用除了分别归集到各步骤产品中之外，还要将上步骤归集的半成品成本随着半成品实物的转移而逐步结转到下步骤的产品成本中，直至累计到最后步骤，成为完工产品的成本。如果不需要计算各步骤半成品成本，则各生产步骤仅归集本步骤产品生产所发生的生产费用，并计算出由产成品负担的份额，最后组合成完工产品的成本。

3）对成本计算期的影响

成本计算期，指的是生产费用计入产品成本所规定的起止时期。

在大量、大批生产情况下，由于产品生产不间断进行，在会计分期原则下，只能按月定期地计算产品成本，以满足分期计算损益的需要。这种成本计算期与会计报告期一致。

在小批或单件生产情况下，各批产品的生产周期往往不同，而且批量小，生产不重复或重复少，这样，宜按照各批产品的生产周期计算产品成本，成本计算期与产品的生产周期一致，但与会计报告期不同。

4）对产品成本在完工产品与在产品之间分配方法的影响

在大量、大批生产情况下，由于成本计算期与产品的生产周期不一致，每月末一般会有在产品存在，因而要将产品的生产成本采用适当的方法在完工产品与月末在产品之间分配。

在单件或小批量生产情况下，由于成本计算期与产品生产周期一致，什么时候产品完工，什么时候才计算完工产品的成本，因此，在每个报告期末时，一般不需要将产品成本在完工产品与在产品之间分配。

2.2.2 管理要求对成本核算方法选择的影响

成本计算方法主要受企业生产特点的制约，但并不完全服从于生产特点。企业对成本管理的不同要求，对成本计算方法（主要是成本计算对象）的确定也会产生影响。如在大量、大批、多步骤生产的企业，由于产品生产过程可以间断，并可分散在不同地点进行生产，这样客观上具备了按生产步骤计算半成品成本的条件。如果企业管理上要求分步骤计算各步骤所产产品的成本，以提供半成品成本资料，那么成本计算对象就可确定为各加工步骤的半成品和最后步骤的产成品；但如果管理上不要求提供半成品的成本，各车间也不进行独立核算，那么尽管这种生产具备了按步骤计算产品成本的条件，也不以各步骤的半成品作为成本计算对象，而以最终产成品作为计算对象。

单步骤生产或多步骤生产的企业，但管理上不要求分步骤计算成本，以品种或批别为成本计算对象，归集和计算完工产品成本，适用品种法或分批法。

多步骤生产的企业，管理上要求分步骤计算半成品成本，以生产步骤为成本计算对象，归集和计算完工产品成本，适用分步法。

在产品品种、规格繁多的企业，管理上要求尽快提供成本资料，为简化成本计算工作，可对产品按一定标准进行分类，以产品类别为成本计算对象，归集和计算完工产品成本，适用分类法。

在定额管理基础较好的企业，为加强定额管理工作，可采用定额法进行成本计算。

业务链接 2-3

红旗服装加工厂成本核算方法的确定

红旗服装加工厂主要对外承接服装加工业务，通过签订合同方式完成销售；同时，常年加工四种化工企业工作服，通过市场销往全国各地。红旗服装加工厂实行集中核算制，因服装在生产过程中不存在半成品具有独立经济意义的情况，所以不核算半成品，不设半成品库。

请确定红旗服装加工厂成本核算方法。

解析：红旗服装加工厂对外承接服装加工部分，以签订合同的批别为成本计算对象，应该采用分批法核算产品成本，以服装加工期为成本计算期，月末一般不存在完工产品与在产品之间分配费用的问题，待产品完工时结转成本并交货；常年加工化工企业工作服部分，可以以工作服的品种或工作服的生产步骤为成本计算对象，但本企业管理上不要求核算半成品成本，所以，以工作服的品种为成本计算对象，应该采用品种法核算产品成本，以会计期（月份）为成本计算期，月末一般存在完工产品与在产品之间分配费用的问题，计算结转完工产品成本。

2.2.3 选择适当的成本核算方法

不同的制造企业在产品生产过程中，存在不同的生产组织方式，不同生产工艺特点，不同的成本管理要求，因而可以采用不同的产品成本计算方法。我国制造企业的产品计算基本方法主要有品种法、分批法、分步法，辅助方法有分类法及定额法等。企业选择成本核算方法时需要考虑生产特点和管理要求两个因素。

恰当地确定成本计算的对象，选择适当的成本核算方法，不是一件容易的事。因为企业的规模、生产组织形式和技术特点不同，成本计算的对象也会不一样。例如，有的企业只生产最终的产成品，而有的企业除生产最终的产成品外，还生产各种各样的半成品。有的企业是采用大批量生产，而有的企业是采用小批量生产，甚至是单件生产等。如果企业的产品不是成批生产，且只有一个步骤，一般可以直接以产品品种为成本计算对象，这种方法称为品种法。如果产品生产是以按批生产为主，则以批次作为成本的计算对象，这种方法称为分批法。如果产品生产要分成若干个步骤，中间有半成品，并且产品是连续不断的大量生产或大批量的生产，则以每个步骤的半成品和最终产品为成本的计算对象，这种方法称为分步法。

我们知道，不同的企业，其生产过程有不同的特点，其成本管理的要求也是不一样的。这对成本计算的具体方法带来了很大的影响。也就是说，只有根据企业生产的特点和成本管理的不同要求，选择不同的成本计算方法，才能正确地计算产品成本。

同步思考 2–1

红旗服装加工厂成本核算方法为什么选择品种法？

红旗服装加工厂常年加工四种化工企业工作服，通过市场销往全国各地。该厂设有裁剪、缝纫、熨烫整理三个基本生产车间，一个机修辅助车间。因服装在生产过程中半成品不具有独立经济意义，所以半成品不核算，不设半成品库。企业可以以工作服的品种或工作服的生产步骤为成本计算对象，采用品种法或分步法核算，而企业采用了品种法核算。

问题：企业为什么采用了品种法核算？运用影响成本核算方法选择的因素理论回答。

理解要点：企业成本核算方法的选择要考虑两个因素，即产品的生产特点和成本管理的要求。

根据加工四种化工企业工作服的生产特点，可以以工作服的品种或四种工作服的生产步骤为成本计算对象，采用品种法或分步法核算。但根据企业管理要求，服装在生产过程中半成品不具有独立经济意义，所以不核算半成品。在这种情况下，企业没有必要再以四种工作服的生产步骤为成本计算对象，而直接以工作服的品种为计算对象就能满足要求。所以，综合两个因素，企业采用品种法核算产品成本。

互动专栏 2–1

互动问题：

(1) 同一个车间是否可以同时选用两种成本核算基本方法？

(2) 对于成本核算方法的选择，生产特点和管理要求哪一个因素起决定作用？

要求：同“互动专栏 1–1”的“要求”。

2.3　产品成本核算的原则与要求

产品成本实质上是产品生产过程中的各种劳动耗费和补偿价值，是企业生产经营管理工作水平的综合反映，同时又是确定产品价格的基础，从而决定了成本核算的严肃性和规范性。

2.3.1　产品成本核算的原则

成本核算原则是进行成本核算应当遵循的规范，是人们在成本核算实践中总结的经验，并把感性认识上升为理性认识而逐渐形成的，是成本核算方法的基础和依据。

1）实际成本核算原则

实际成本核算原则亦称历史成本计价原则。它主要包含三个方面的含义：第一，对生产所耗用的原材料、燃料和动力都要按实际成本计价；第二，对固定资产折旧必须按原始价值和规定使用年限计算；第三，对产成品成本要按实际成本计价。“原材料”、“库存商品”账户及其明细账也可按计划成本计价，对于实际成本与计划成本之间的差额，另设“材料成本差异”、“产品成本差异”账户登记，并按规定定期结转成本差异。

2）成本分期核算原则

企业生产经营活动是连续不断进行的，为了取得一定期间所生产产品的成本，企业必须将其生产经营活动划分为若干个相等的成本计价期间，分别计算各期产品的成本。

3）合法性原则

合法性原则是指计入产品成本的费用必须符合国家法律、法规和制度的规定。例如，国家规定的产品成本开支范围是企业计算产品成本的重要依据，凡不符合规定的费用，就不能计入产品成本。

4）可靠性原则

可靠性原则包括真实性和可核实性两个方面的内容。真实性是指核算出的成本数据与客观的经济事项相一致，没有任何掺假或人为提高、降低成本的成分；可核实性则是指同一成本核算资料按一定原则由不同成本会计人员计算，得出的结果应该相同。

5）权责发生制原则

从成本核算角度看，权责发生制是作为确定本期成本的基础。这一原则的运用，要求正确处理当期费用和以后各期费用，不能利用费用摊销人为地调整成本。

6）一致性原则

企业在进行成本计算时，一般应根据企业生产的特点和管理的要求，选择不同的成本计算方法进行成本计算。产品成本计算方法一经确定，没有特殊的情况，不应经常变动，以便于各期计算出来的成本资料进行比较。如情况特殊确需改变原有的成本核算方法的，应在有关的会计报表报告中加以说明，并对对比的原成本信息中的有关数字进行必要的调整。

7）重要性原则

在进行成本核算时，要考虑成本核算所花的劳动与取得效益之间的关系。对于一些主要产品、主要费用应采用比较详细的方法进行分配和计算，而对于一些次要的产品和费用，则采用简化的方法进行合并计算和分配。而不能不分主次，影响成本核算的及时性和降低成本核算效益。

2.3.2 产品成本核算的要求

1）对生产经营费用进行合理分类

企业在生产经营过程中发生的各项耗费，称之为生产经营费用，也可简称为成本费用。为了便于合理地确认和计量成本费用，正确地计算产品成本，应恰当地对生产经营费用进行合理的分类。

（1）生产经营费用按经济内容（或性质）分类

生产经营费用按经济内容（或性质）划分，可分为劳动对象消耗的费用、劳动手段消耗的费用和活劳动中必要劳动消耗（或构成成本的活劳动费用）的费用，这构成工业企业费用的三大要素，具体由以下八个项目组成：

①外购材料：企业耗用的从企业外部购入的原材料及主要材料、半成品、辅助材料、包装物、修理用备件和低值易耗品等。

②外购燃料：企业耗用的从外部购入的各种燃料，包括固体燃料、液体燃料和气体燃料。

③外购动力：企业耗用的从外部购入的各种动力，包括热力、电力和蒸汽等。

④职工薪酬：企业应计入生产经营费用的职工工资，以及企业按照工资总额的一定比例计提并计入的各项费用。

⑤固定资产折旧费、修理费：企业所控制的固定资产按照使用情况计提的折旧费和保证固定资产运行的修理费。

⑥利息支出：企业计入期间费用的负债利息净支出（即利息支出减利息收入后的余额）。

⑦税金：计入企业成本费用的各种税金，如印花税、房产税、车船使用税和土地使用税等。

⑧其他费用：不属于以上各项费用要素的其他费用，如办公费、差旅费等。

生产经营费用按经济内容分类，是企业花钱买了物品回来，将这些物品分类，相当于企业的投入。

（2）生产经营费用按经济用途分类

生产经营费用按照经济用途进行分类，首先要将企业发生的生产经营费用划分为应计入产品成本和不应计入产品成本两大类。对于应计入产品成本的费用，再进一步划分为直接费用和间接费用。直接费用包括直接材料、直接人工和其他直接费用，间接费用指制造费用，这些项目作为产品成本构成内容，在会计上称为成本项目。对于不应计入产品成本的费用，再进一步划分为管理费用、财务费用和销售费用。这些不能计入产品成本，由当期损益负担的费用项目，在会计上称为期间费用。

对于成本项目的设置，企业应根据生产特点和管理要求来进行。在进行成本核算过程中，一般应设置以下成本项目：

①直接材料：直接用于产品生产，构成产品实体的原料及主要材料、外购半成品（外购件）、修理用备件（备品配件）、包装物和有助于产品形成的辅助材料、燃料以及其他直接材料。

②直接人工：企业在生产产品和提供劳务过程中，直接从事产品生产的工人工资以及按生产工人工资总额和规定的比例计算的教育经费、工会经费、各种保险费及住房公积金等。

③制造费用：企业为生产产品而发生的各项间接费用，包括车间管理工人工资薪酬、车间固定资产折旧费、修理费、办公费、水电费、机物料消耗、劳动保护费、季节性和修理期间的停工损失等，但不包括企业行政管理部门为组织和管理生产经营活动而发生的管理费用。

需要说明的是，企业可根据管理需要对成本项目进行适当调整，如将“燃料与动力”单设一个成本项目，还可设置“废品损失”、“停工损失”等成本项目。

对于不能计入产品成本的费用，应作为期间费用由当期损益负担。其主要包括：行政管理部门为组织和管理生产经营活动而发生的管理费用；为筹集资金而发生的财务费用；为销售商品而发生的销售费用。

生产经营费用按经济用途分类，是企业花钱买了物品回来都分给了哪些部门，将这些物品进行归属，相当于企业的产出。

（3）生产费用的其他分类

对于企业发生的生产费用，还有以下两种分类：

①生产费用按与生产工艺的关系分类。计入产品成本的各项生产费用，按与生产工艺的关系，可以分为直接生产费用和间接生产费用。直接生产费用是指由于生产工艺本身引

起的、直接用于产品生产的各项费用，如材料费用、生产工人工资和机器设备折旧费等。间接生产费用是指与生产工艺没有联系，间接用于产品生产的各项费用，如机物料消耗、辅助工人工资和车间厂房折旧费等。

②生产费用按计入产品成本的方法分类。计入产品成本的各项生产费用，按计入产品成本的方法，可以分为直接计入费用（一般称为直接费用）和间接计入（或称分配计入）费用（一般称为间接费用）。直接计入费用是指可以分清由哪种产品所耗用、可以直接计入某种产品成本的费用。间接计入费用，是指不能分清由哪种产品所耗用、不能直接计入某种产品成本，而必须按照一定标准分配计入有关的各种产品成本的费用。

业务链接2-4

恒利制药厂生产费用的确定

恒利制药厂期末材料汇总表显示基本生产车间领用淀粉18 000元，磺胺类化工原料20 000元，工人领用工作服800元，工人领用老虎钳200元；期末工资汇总表显示基本生产车间工人工资120 000元，车间技术人员工资20 000元，车间主任工资8 000元；另外车间排污不符合环保要求，支付环保罚款2 000元，生产工人违纪收缴罚款500元。

请计算恒利制药厂本月生产费用（料、工、费）。

解析：恒利制药厂本月生产费用为187 000元（18 000+20 000+800+200+120 000+20 000+8 000），生产费用各成本项目中直接材料38 000元（18 000+20 000）、直接人工120 000元、制造费用29 000元（800+200+20 000+8 000）。支付环保罚款和收缴违纪罚款不属于成本费用范围。

2）正确划分各种费用界限

（1）正确划分支出是否计入成本费用的界限

企业的经济活动是多方面的，企业发生的支出也是多方面的，有的用于生产经营活动，有的用于生产经营以外的活动。

企业用于产品生产和销售、用于组织和管理生产经营活动以及用于筹集生产经营资金的各种费用，即收益性支出，包括：①产品生产过程中实际消耗的原材料、辅助材料、修理用备件、外购半成品、燃料、动力、包装物等。②企业直接从事产品生产的生产人员工资及各种社会保险费用及住房公积金等；生产部门使用的低值易耗品摊销、固定资产折旧费、租赁费、修理费。③生产部门发生停工损失、废品损失等；生产部门为组织、管理生产活动所发生的各项间接支出。④企业为销售产品发生的销售费用，管理部门组织和管理生产经营活动所发生的管理费用，企业为筹集资金发生的财务费用等。以上支出应计入成本费用。

对于资本性支出或不是由于企业日常生产经营活动而发生的费用支出，如企业购建固定资产、无形资产和其他资产的支出，对外投资的支出，固定资产盘亏和清理损失，非正常原因的停工损失和自然灾害损失，被没收的财物损失，支付的滞纳金、违约金、罚款以及企业的赞助支出、股利分配等，都不应计入产品成本费用。企业应严格遵守成本开支范围，执行国家相关规定。

如果把资本性支出列作收益性支出，其结果将会导致少计了资产价值，多计了当期费用，导致当期营业净收益减少；反之，则可能多计了资产价值，少计了当期费用，导致当期营业净收益增加。不论是何种情况，所提供的会计信息都未能反映客观实际，不利于正确进行产品成本计算和企业的成本管理工作。

职业道德与会计伦理2-1

调整成本费用，套现发奖金

背景与情境：甲车辆段隶属沈阳铁路局，主要承担铁路车辆检测和修理任务，2009年12月份发生以下事项：（1）以空调客车调试工费名义虚开税务发票5.4万元，列入客车整备费用中，从而套取现金用于发放奖金；（2）未将发生的超运车检修材料费4.1万元列入当期成本费用，在“预收账款——超运车检修费”科目挂账；（3）该段有12项固定资产被封存，固定资产原价值为250.22万元，12月份这部分固定资产没有提取折旧（如果提折旧费用为0.42万元）；（4）供给该段多种经处理废油273吨，应收取废油成本5.46万元冲减主营业务成本，实际未冲减，收取的现金用于发放奖金。审计部门进行查账时，领导以不了解详细工作为由，强调会计人员业务不精，才造成这样的局面。

问题：以上问题的处理都不正确吗？若不正确，违反了哪项规定？领导的解释和会计人员行为有违职业道德与会计伦理吗？

分析提示：以上问题的处理都不正确。以上行为违反了《会计法》第九条“各单位必须根据实际发生的经济业务事项进行会计核算，填制会计凭证，登记会计账簿，编制财务会计报告”的规定；违反了《会计法》第二十六条关于不得“随意改变费用、成本的确认标准或者计量方法，虚列、多列、不列或者少列费用、成本”的规定；违反了《会计法》第四条关于公司领导对单位会计信息的真实性、完整性负责的规定。

领导的解释和财会人员的行为，严重违背了职业道德与会计伦理。企业领导推卸责任；财会人员进行成本核算时，不能如实反映企业成本费用，应计入成本费用不计，而且巧立名目，套现发奖。二者为所欲为，未能达到爱岗敬业、客观公正、坚持准则、提高技能的会计职业道德要求。

（2）正确划分生产费用和期间费用界限

企业发生的生产经营支出，一部分构成产品成本，一部分列入期间费用。在工业企业中，生产一定种类和数量的产品而发生的材料耗费、工资等生产性支出，都计入产品的成本，而产品成本要在产品出售后将成本转入当期损益。企业为销售产品而发生的销售费用、为管理和组织企业生产经营活动而发生的管理费用，以及为筹集资金而发生的财务费用均是在经营过程中发生的，与产品生产无直接关系，因而作为期间费用，直接计入当期损益。为了正确计算产品成本，必须分清哪些支出属于产品的生产费用，哪些应作期间费用，防止混淆两者的界限，将某些期间费用计入产品成本，或者将产品的生产费用计入期间费用，借以调节各期产品成本和各期损益。

（3）正确划分各个会计期间的生产费用界限

企业在生产过程中发生的生产费用，有的应计入当期的产品成本，有的应计入以后各期产品的成本。为了按月分析和考核产品成本，正确计算各期的损益，必须将已经发生的支出，在各个月份之间进行正确的划分，防止出现任意列支成本、人为调节各个期间成本。

（4）正确划分不同产品的生产费用界限

为了便于分析和考核不同产品的成本计划执行情况，对于计入产品成本的费用，必须划清不同产品之间所应负担成本的界限。属于某种产品单独耗用的资源，应直接计入该种产品的成本；属于应由几种产品共同耗用的资源，应选择合理的分配方法分配后，分别计入这几种产品的成本，以正确反映各种产品的成本水平。

（5）正确划分完工产品和在产品的费用界限

通过以上几种成本界限的划分，确定了各成本计算对象本期应负担的成本。期末，如果某种产品部分完工，部分未完工，就需要采用适当的分配方法，将该成本对象应负担的成本在完工产品与在产品之间进行分配，分别计算出该产品的完工成本与未完工产品成本。

各种费用界限的划分，应贯彻受益原则，即谁受益谁负担成本，何时受益何时负担成本，负担成本多少应与受益程度大小成正比。

业务链接 2–5

协和玻璃器皿厂产品原材料耗费的确定

协和玻璃器皿厂共生产四种玻璃器皿，期末原材料汇总表显示四种产品领用原材料100 000 元，按消耗定额标准分配后，四种产品领用原材料分别为 26 000 元、22 000 元、26 800 元和 25 200 元；期末产品成本计算单显示四种完工器皿耗用原材料分别为 18 000 元、20 000 元、20 800 元和 20 200 元，四种在产品耗用原材料分别为 8 000 元、2 000 元、6 000 元和 5 000 元。

如何确定出四种完工器皿的原材料耗费？

解析：首先，将企业领用的生产用原材料确认为成本费用范畴中的生产费用；第二，企业领用的生产用原材料为本期使用；第三，企业领用的生产用原材料为四种产品共用，采用消耗定额标准分配后，计算出每种器皿的原材料耗费；第四，将计算出每种器皿的原材料耗费在完工产品与在产品之间分配，得出四种完工器皿的原材料耗费。

职业道德与会计伦理 2–2

年终决算之判

背景与情境：江南机床制造厂是有限责任公司。年终财务决算会议上，财务负责人提出以下调账事宜：将企业为生产车间购买一台 1.2 万元的电脑服务器已计入企业固定资产调成车间制造费用计入成本；将一部分管理人员的奖金已计入管理费用调成车间管理费用；将车间在产品成本除材料外一律计入完工入库产品成本，调整已销售产品的成本。这样就在合理的范围内增加了企业的产品成本，达到调整利润的目的，而且报表是真实的。成本核算员小张认为第一项调账不合规，原账是正确的，第二、第三项是在合规范围内，可以调整。

问题：

（1）本案例中财务负责人和小张谁是正确的？案例中存在哪些道德伦理问题？

（2）对财务负责人的三种调账作出你的善恶研判。

（3）通过适当途径搜集你作善恶研判所依据的行业规范。

(4) 本案例对你有哪些启示？

分析提示：

(1) 本案例中财务负责人和小张都不正确。小张反对财务负责人第一项调账是正确的，但认可第二、三项调账是错误的。成本核算要求必须正确划分各种费用界限，他们没有分清能计入和不能计入成本费用的界限、生产费用和期间费用界限、完工产品和在产品的费用界限。

本案例违反了会计“职业情感”、“职业良心”、“职业作风”、“职业守则”。职业情感要求对职业或职业模拟有愉快的主观体验、稳定的情绪表现、健康的心态、良好的心境，具有强烈的职业认同感、职业荣誉感和职业敬业感；职业良心要求在履行职业义务时具有强烈的道德责任感和较高的自我评价能力；职业作风要求在职业模拟、职业实践或职业生活的自觉行动中，具有体现职业道德内涵的一贯表现；职业守则要求会计人员爱岗敬业、诚实守信、廉洁自律、客观公正、坚持原则、提高技能、参与管理、强化服务。

(2) 财务负责人的三种调账都是违背成本会计核算要求的。第一种调账从业务上看，混淆了应计入成本费用和不应计入成本费用的界限，从而调整企业的固定资产达到避税的目的；第二项是将管理费用调成制造费用，混淆了应计入生产费用和不应计入生产费用的界限，降低管理费用，规避管理费用超支缴纳所得税的风险；第三笔调账是全部成本除材料外，均有完工产品承担，混淆完工产品成本和在产品成本费用的界限，从而提高已销产品成本，达到减少利润的目的。财务负责人的三种调账都是为达目的不择手段，违反了国家法规和会计职业道德。

(3) 企业成本核算要求必须正确划分各种费用界限，包括正确划分支出是否计入成本费用的界限、正确划分生产费用和期间费用界限、正确划分各个会计期间的生产费用界限、正确划分不同产品的生产费用界限、正确划分完工产品和在产品的费用界限。

会计行业规范是：①爱岗敬业：热爱会计工作，安心本职岗位，忠于职守，尽心尽力，尽职尽责；②诚实守信：做老实人，说老实话，办老实事，执业谨慎，信誉至上，不为利益所诱惑，不弄虚作假，不泄露秘密；③廉洁自律：公私分明、不贪不占、遵纪守法、清正廉洁；④客观公正：端正态度，依法办事，实事求是，不偏不倚，保持应有的独立性；⑤坚持原则：熟悉国家法律、法规和国家统一的会计制度，始终坚持按法律、法规和国家统一的会计制度的要求进行会计核算，实施会计监督；⑥提高技能：增强提高专业技能的自觉性和紧迫感，勤学苦练，刻苦钻研，不断进取，提高业务水平；⑦参与管理：在做好本职工作的同时，努力钻研相关业务，全面熟悉本单位经营活动和业务流程，主动提出合理化建议，协助领导决策，积极参与管理；⑧强化服务：树立服务意识，提高服务质量，努力维护和提升会计职业的良好社会形象。

(4) 合理避税是国家法律法规允许的，但必须合法合规，不能随意调账。

3) 正确确定财产物资的计价与价值结转的方法

(1) 直接消耗物资的计价与价值结转

直接消耗的物资主要是企业在生产经营过程中耗用的原材料、辅助材料、燃料、包装物等。对这些物资可以采用实际成本计价，也可以采用计划成本计价。采用实际成本计价时，对消耗物资的价值应当采用先进先出法、加权平均法、个别计价法等方法进行计量和确认，并将确认的物资消耗价值结转计入当期的成本费用。采用计划成本计价时，对消耗物资的价值先按事先确定的计划成本计入当期的成本费用，到月末再确认消耗物资应负担的材料成本差异，据以将计入当期成本费用的消耗物资的计划成本调整为实际成本。

（2）间接消耗物资的计价与价值结转

间接消耗的物资主要是为企业生产经营服务的劳动资料及其他长期资产，如固定资产、无形资产等。对间接消耗物资的计价包括初始价值计价及磨损价值计价。初始价值通常以历史成本原则计价，即按取得这些物资时所发生的实际支出作为入账价值；磨损价值则依据国家有关规定结合企业实际情况确定计价方法。

无论是直接消耗物资还是间接消耗物资，都必须正确确定计价方法和价值结转方法，做到既合理又简便。企业对消耗物资的计价和价值结转方法属于企业的会计政策，一旦确定，不得随意变更。更不能利用任意改变财产物资的计价和价值结转方法来调节成本费用。

4）做好成本核算的基础工作

为了保证成本费用核算的正确，以便加强成本费用的管理，提供真实可靠的成本会计信息，必须做好成本核算的基础工作。

（1）健全原始记录

健全的原始记录包括材料物资购进、验收、领用与消耗的记录，燃料、动力费用的发生与分配记录，人工费用的发生与分配记录，辅助生产费用的发生与分配记录，制造费用的发生与分配记录，工时消耗记录，半成品转移记录，产品质量检验记录，废品发生与分配记录，产品入库记录，在产品盘存记录等。

企业需要制定原始记录制度，确定原始记录的责任人员，明确记录人员的岗位职责，规范原始记录的传递程序和传递时限，保证原始记录真实、可靠、正确、及时。

职业道德与会计伦理 2-3

王强的工作观点

背景与情境：2008 年，王强大学毕业后应聘到一家企业从事出纳工作，他意气风发，决心靠自己的努力有一番作为。4 月，王强在办理报销工作中，发现采购科送来报销的 3 张由购货方开具的发票有更改现象：其中 2 张发票分别更改了数量和用途，另外 1 张发票更改了金额；3 张发票的更改处均盖有本公司采购科的业务印章。王强犹豫了一下，但考虑到 3 张发票已经公司总经理、财务科长签字同意，最后均予以报销。月末，在财务工作会议上，王强说：《中华人民共和国会计法》规定了公司领导对单位会计信息的真实性负责，作为一般会计人员应该服从领导的安排，领导让干啥就干啥，公司的一些业务也没有必要去问个明白，领导签字同意就给报销，只要两袖清风，不贪不占，就能把会计工作做好。

问题：王强对 3 张更改的发票予以报销的做法是否符合规定？从会计职业道德角度，王强在财务工作会议上的观点是否正确，简要说明理由。

分析提示：王强对 3 张更改的发票予以报销的做法不符合规定。健全的原始记录包括材料物资购进凭证的真实、完整。会计制度规定：原始凭证所记载的各项内容均不得涂改；原始凭证记载的内容有错误的，应当由开具单位重开或更正，更正工作须由原始凭证出具单位进行，并在更正处加盖出具单位印章，对更改了金额的发票应予以退回，应当由出具单位重开。

王强在财务工作会议上的观点不正确，不符合“坚持准则”的会计职业道德规范。会计职业道德要求会计人员“坚持准则”，始终坚持按法律、法规和国家统一的会计制度的要求进行会计核算，实施会计监督。

（2）强化定额管理

工业企业制定的定额主要有：生产工时定额、产品产量定额、材料单耗定额、费用开支定额、资金管理定额等。定额的制定要体现先进性、科学性、可控性、可行性的要求。并根据企业生产经营条件的变动、经营管理水平的提高、生产工艺技术的改进，适时进行修订，真正起到定额的作用。

（3）严格计量验收

严格的计量验收制度应当包括计量器具的配置、检测和校正制度，财产物资的出入库手续制度，有关责任人员的岗位责任制度及财产物资的清查制度等。

（4）实施内部结算

对企业内部各单位、各部门之间发生财产物资的转移和劳务的供应等，可以在合理确定内部结算价格的基础上，进行内部结算，计算内部各单位、各部门的经营业绩。采取内部结算方式，可以方便成本费用的核算工作，但由于内部结算价格背离了材料、物资、劳务的实际成本，必须在月末采用一定的方法，对内部结算价格与实际成本之间的差异进行调整，保证产品成本和期间费用核算的正确性。

（5）适应生产特点和管理要求，采用适当的成本计算方法

企业在进行成本核算时，应根据本企业的具体情况，选择适合于本企业特点的成本计算方法进行成本核算。成本计算方法的选择，应同时考虑企业生产类型的特点和管理要求两个方面。在同一企业里，可以采用一种成本计算方法，也可以采用多种成本计算方法，即多种成本计算方法同时使用或多种成本计算方法结合使用。成本计算方法一经选定，一般不得随意变更。

同步思考 2-2

小店是盈利还是亏损?

小华根据自己的特长，完成学业后进行自主创业，筹资 24 万元（贷款 20 万元，贷款利率 6%，自筹资金 4 万元），在某大学附近开办一家学习用品零售小店，店面房屋投资 21 万元，然后到工商行政管理部门申办了个体工商户营业执照，正式开始营业。经营之初，商店雇佣 1 名营业员（月工资 1 500 元），购买 2 万元学习用品。一个月经营下来，卖出学习用品的成本为 5 000 元，获得营业收入 8 400 元，同时，支付了进货费用 100 元，缴纳工商管理费 200 元、营业税费 320 元，支付了商店雇员的工资。小华一算账，认为自己盈利 280 元，初战有点成绩，又不放心自己的计算，找来做会计的朋友小张再算一算，结果亏损 70 元。

问题：小店为什么由盈利变成了亏损？运用成本核算要求的理论回答。

理解要点：

（1）小华的计算为：8 400−5 000＝3 400（元），这是毛利，再扣除相关成本费用即为利润。

相关成本费用：雇员工资1 500元，利息为1 000元（200 000×6%÷12），进货费用100元，管理费200元，税费320元，利润为280元（3 400－1 500－1 000－100－200－320）。

（2）小张的计算为：8 400元为收入，再扣除相关的成本费用和其他支出即为利润。

21万元店面房屋投资属于资本性投资，购买了长期资产，不属于成本费用范畴，但该项投资需要在受益期内，按财产物资的计价与价值结转的方法进行结转，即按国家要求房屋使用50年，采用平均年限法计提折旧，月折旧额为350元（210 000÷50÷12），因折旧计提没有原始凭证，需要会计人员做会计记录，这是成本核算基础工作。另外，5 000元学习用品为商品（原材料）成本；1 500元为人工费用；100元为进货费用，属于购买商品（原材料）的费用，计入原材料采购成本，为生产费用；200元缴纳工商管理费属于管理费用；1 000元（200 000×6%÷12）贷款利息，属于财务费用；总计成本费用8 150元（350+5 000+1 500+100+200+1 000）。营业税费320元，属于主营业务税金。利润为－70元（8 400－8 150－320），所以亏损70元。

同步案例2-1

山地自行车厂应该招聘哪位做成本会计

背景与情境：山地自行车厂由于业务拓展成立了分厂，需要招聘成本会计，在业务考核中给出了5月份发生的各项支出，要求应聘人员按自己的理解给出答案。5月份领用材料汇总表显示：钢管50 000元，自行车外胎10 000元，自行车里胎5 000元，自行车外圈2 000元，自行车车轴15 000元，自行车车条2 000元，油漆1 000元，其他配件2 000元。5月份动力汇总表显示：车间用电费3 000元，厂部用电费800元。5月份工资汇总表显示：生产工人工资80 000元，车间技术员及车间领导工资10 000元，厂长等行政管理人员工资30 000元。其他发票显示：贷款200 000元购买设备已经安装使用，外聘厂外机修员修理机器费用500元。银行计息单据显示：设备款贷款当月利息1 000元。会计人员会计记录显示：生产设备折旧费10 000元，行政管理办公楼折旧费2 000元。生产自行车当月投产至月末时，完工产品成本占生产费用的90%，未完工产品成本占生产费用的10%。

应聘人员得出三种结果：

①外购材料87 000元，外购动力3 800元，职工薪酬120 000元，折旧费12 000元，修理费500元，利息支出1 000元。成本费用合计为224 300元。

②生产费用191 300元，其中直接材料90 800元（50 000+10 000+5 000+2 000+15 000+2 000+1 000+2 000+3 000+800），直接人工80 000元，制造费用20 500元（10 000+10 000+500）。期间费用33 000元，其中管理费用32 000元（30 000+2 000），财务费用1 000元。产品成本191 300元。

③生产费用191 300元，其中直接材料90 800元（50 000+10 000+5 000+2 000+15 000+2 000+1 000+2 000+3 000+800），直接人工80 000元，制造费用20 500元（10 000+10 000+500）。期间费用33 000元，其中管理费用32 000元（30 000+2 000），财务费用1 000元。完工产品成本172 170元，在产品成本19 130元。

问题：如何贯彻执行成本核算要求？三种结果哪一种正确？为什么？招聘哪位做

会计？

分析提示：成本核算要求包括对企业生产经营费用进行正确分类，正确划分各种费用界限，正确确定财产物资的计价与价值结转的方法，做好成本核算的基础工作，选择适当的成本核算方法等。当企业发生生产经营活动支出时，按照成本核算要求，第一，确认企业的支出是否为成本费用范畴；第二，如果属于成本费用范畴就要区分是生产费用还是期间费用；第三，企业的支出要确认是全部当期负担还是以后各期分摊；第四，企业当期的生产费用要分清归属对象；第五，考虑期末完工产品与在产品之间的分配问题；第六，注重企业基础工作，特别是原始凭证的审核；第七，考虑财产物资的计价与结转方法，特别是原材料等的计划成本核算，固定资产折旧等；第八，恰当选择成本核算方法。这样才能正确核算企业的产品成本。

正确结果为答案③。应招聘给出答案③的人做成本会计。

因为按照上述成本核算要求，每发生支出都要经过上述七步，企业发生支出时是企业购入，即用钱买了什么，也就是按经济内容分类，得到答案①；而企业成本核算是将发生的支出进行归属，即用钱买的东西都分给了谁，也就是按经济用途分类，得到答案②；②和答案③的区别是考虑期末产品完工与未完工情况，成本核算最终结果必须计算出完工产品成本，得到答案③。

2.4 产品成本核算的基本程序和主要会计账户

成本核算的基本程序，是对生产过程的各项支出进行分类核算，将生产过程中的要素支出按经济用途归类反映的过程。为了将生产过程中发生的支出计入各成本计算对象，计算出各成本计算对象的生产成本，需要建立一个完整的账户体系。

2.4.1 产品成本核算的基本程序

产品成本核算程序是指企业在计算产品成本过程中，从生产费用的归集、分配到确定完工产品成本的工作过程。这一工作过程包括：确定成本计算对象、确定成本项目、确定成本计算期、审核生产费用、归集分配生产费用、计算完工产品成本。

1）确定成本计算对象

对大量大批生产的产品，通常以产品品种作为产品成本计算对象；对按小批或单件组织生产的产品，通常按产品的生产批次作为产品成本计算对象；对产品生产步骤较多，又需要计算每一生产步骤半成品成本的产品，则可以按产品的生产步骤作为产品成本计算对象；对生产过程相同、生产工艺相近的同类产品，还可以按产品的类别作为产品成本计算对象。

2）确定成本项目

产品成本项目一般分为三个项目：直接材料、直接人工和制造费用。也可以按照成本管理的需要，将成本项目分为原料及主要材料、燃料及动力、人工费、其他直接费、废品损失、停工损失和制造费用等七项。

3）确定成本计算期

当企业按产品品种、产品生产步骤、产品生产类别作为成本计算对象时，产品成本的计算期通常与会计期间相同，即在每月月末计算产品成本。当企业按产品的生产批别作为产品成本计算对象时，产品成本的计算期则与该批产品的生产周期相一致，即在该批产品完工时计算产品成本。

4）审核生产费用

审核生产费用是指对发生的生产费用进行审查与核实，审核生产费用是否客观真实、合法合理、正确无误，是否属于产品成本的开支范围，是否符合产品成本的开支标准，把住关口，以保证产品成本计算的真实正确。

5）归集分配生产费用

对审核无误的生产费用要按产品成本计算对象进行归集，并按其经济用途分别计入各个成本项目之中。归集和分配生产费用的原则是：谁受益，谁承担。归集和分配生产费用的方法是：直接计入费用直接认定，间接计入费用按合适的分配方法分配计入。

6）计算月末完工产品成本和在产品成本

产品成本计算期要按规定计算当期完工产品的总成本与单位成本。具体有两种情况：一是到了产品成本计算期末，本期生产的产品已全部完工，则在成本计算期内所归集的生产费用就是完工产品的总成本；二是到了产品成本计算期末，还有部分产品尚未完工而存在月末在产品，要运用一定的方法将所归集的生产费用在完工产品与月末在产品之间进行分配，先计算出月末在产品应负担的生产费用，作为月末在产品成本，再确定本期完工产品应负担的生产费用，作为完工产品的总成本。

同步思考2-3

学会弹钢琴

毛泽东在《党委会的工作方法》中指出："要学会弹钢琴"。弹钢琴要十个指头都有动作，不能有的动，有的不动。但是，十个指头同时都按下去，那也不成调子。要将乐曲弹奏好，十个指头动作要有节奏、相互配合，即先后有序、轻重配合，否则，就变成"乱弹琴"了。

问题： 企业成本核算工作与"弹钢琴"同理吗？运用成本核算的基本程序理论回答。

理解要点： 企业成本核算工作与"弹钢琴"的道理相同，必须"先后有序、轻重配合"。企业成本核算程序：确定成本计算对象→确定成本项目→确定成本计算期→审核生产费用→归集分配生产费用→计算月末完工产品成本和在产品成本，这样才能完成单位产品成本的核算。同时，成本核算的各项工作，各个阶段重点不同，这样才能做好管理。

互动专栏2-2

互动问题：

（1）产品成本核算程序的六项是否可以互相对调顺序？

（2）产品成本核算是基本职能，产品成本核算程序中最重要的是归集分配生产费用吗？

要求： 同"互动专栏1-1"的"要求"。

2.4.2 产品成本核算应用的主要会计账户

产品成本核算的过程是：确定成本计算方法、设置有关的成本核算账户、归集并分配发生的生产费用、辅助生产费用的分配、制造费用的分配、产成品成本的计算。在这一过程中，所应用的主要会计账户如下：

1）"生产成本"账户

"生产成本"账户用来核算企业进行产品生产（包括完工产品、自制半成品生产和提供劳务等）、自制材料、自制工具、自制设备等所发生的各项生产费用。下设"基本生产成本"和"辅助生产成本"两个二级账户，分别用来核算企业发生的基本生产成本与辅助生产成本。对于生产规模较大、业务量较多的企业，为了核算方便，企业根据需要，也可以将"基本生产成本"和"辅助生产成本"设为一级账户。

（1）"基本生产成本"账户

基本生产是指为完成企业主要生产目的而进行的产品生产。为了归集生产所发生的各种生产费用，计算基本生产产品成本，应设置"基本生产成本"账户。该账户借方登记企业为进行基本生产而发生的各种费用；贷方登记转出的完工入库的产品成本；余额在借方，表示基本生产的在产品成本，即基本生产在产品占用的资金。"基本生产成本"科目应按产品品种或产品批别、生产步骤等成本计算对象设置产品成本明细分类账。产品成本明细账采用多栏式账页，其基本格式见表 2–1。在实际工作中还有成本计算单，其基本格式见表 2–2。

表 2–1　　**基本生产成本明细账**

生产车间：　　　　总第　页

产品名称：　　　　年　月　　　　金额单位：　　　　字第　页

年		凭证		摘要	成本项目				合计
月	日	字	号		直接材料	直接人工	其他直接费用	制造费用	

表 2–2　　**车间制造成本计算单**

产品名称：　　　　年　月　日　　　　完工产量：

成本项目	月初在产品成本	本月生产费用	费用合计	完工产品数量	约当产量	分配率	完工产品成本	月末在产品成本
直接材料								
直接人工								
其他直接费用								
制造费用								
合计								

制表：

（2）"辅助生产成本"账户

辅助生产是指为整个企业服务而进行的其他产品生产和劳务供应（如机械行业的工具制造，修理、运输、供水、供电等劳务的提供）。辅助生产产品的目的，主要不是对外销售，而是供企业内部使用。应设置"辅助生产成本"账户，该账户借方登记辅助生产过程发生的全部耗费，贷方登记转出完工产品成本或分配转出的劳务耗费；期末一般无余额，若有余额在其借方，表示辅助生产在产品的成本。该账户的明细账簿应按辅助生产车间和生产的其他产品品名或不同劳务设置，若辅助生产车间生产其他产品，则账页格式与基本生产成本明细账相同；若辅助生产车间提供劳务，一般采用多栏式明细账页，其基本格式见表2–3。

表2–3 **多栏式明细账**

________级科目编号及名称：辅助生产成本

________级科目编号及名称：××车间

<table>
<tr><th colspan="2">年</th><th rowspan="3">凭证号数</th><th rowspan="3">摘要</th><th rowspan="3">借或贷</th><th colspan="9" rowspan="2">余额</th><th colspan="18">（　　）方金额</th></tr>
<tr><th rowspan="2">月</th><th rowspan="2">日</th><th colspan="9">发生支出各项目</th><th colspan="9">……</th></tr>
<tr><th>百</th><th>十</th><th>万</th><th>千</th><th>百</th><th>十</th><th>元</th><th>角</th><th>分</th><th>百</th><th>十</th><th>万</th><th>千</th><th>百</th><th>十</th><th>元</th><th>角</th><th>分</th><th>百</th><th>十</th><th>万</th><th>千</th><th>百</th><th>十</th><th>元</th><th>角</th><th>分</th></tr>
<tr><td></td><td></td><td></td><td></td><td></td><td></td><td></td><td></td><td></td><td></td><td></td><td></td><td></td><td></td><td></td><td></td><td></td><td></td><td></td><td></td><td></td><td></td><td></td><td></td><td></td><td></td><td></td><td></td><td></td><td></td><td></td><td></td></tr>
<tr><td></td><td></td><td></td><td></td><td></td><td></td><td></td><td></td><td></td><td></td><td></td><td></td><td></td><td></td><td></td><td></td><td></td><td></td><td></td><td></td><td></td><td></td><td></td><td></td><td></td><td></td><td></td><td></td><td></td><td></td><td></td><td></td></tr>
<tr><td></td><td></td><td></td><td></td><td></td><td></td><td></td><td></td><td></td><td></td><td></td><td></td><td></td><td></td><td></td><td></td><td></td><td></td><td></td><td></td><td></td><td></td><td></td><td></td><td></td><td></td><td></td><td></td><td></td><td></td><td></td><td></td></tr>
</table>

2）“制造费用”账户

制造费用是企业生产车间在生产产品或提供劳务过程中发生的各项间接费用，如车间管理人员的工资及社保费、折旧费、水电费、机物料消耗、劳动保护费等。应设置“制造费用”账户。该账户借方登记企业各个生产单位（分厂、车间）为组织和管理产品生产、提供劳务所发生的各项间接费用，贷方登记转给“基本生产成本”、“辅助生产成本”等相关账户的制造费用，除季节性生产企业外，本账户结转后期末无余额。为了反映不同生产车间所发生的制造费用，应当按不同的生产车间分户设置制造费用明细账。对制造费用发生额较少的辅助生产车间，或生产单一产品的基本生产车间，可以不设“制造费用”明细账，发生制造费用时，直接计入成本。制造费用明细账一般采用多栏式账页，格式同上。

3）“废品损失”账户

需要单独核算废品损失的企业，应设置“废品损失”账户。该账户的借方登记不可修复废品的生产成本和可修复废品的修复费用；贷方登记废品残料回收的价值、应收的赔款以及转出的废品净损失；该账户期末应无余额。“废品损失”账户应按车间设置明细分类账，账内按产品品种设专户，并按成本项目设置专栏或专行进行明细登记。

4）“库存商品”账户

企业生产产品完工入库，应设置“库存商品”账户。该账户的借方登记完工入库产品生产成本；贷方登记已经销售产品结转的生产成本；该账户期末余额在借方，表示尚未出售的完工产品生产成本。

业务链接2–6

红旗服装加工厂成本核算账户的设置

红旗服装加工厂主要对外承接服装加工业务，通过签订合同方式完成销售，采用分批法核算产品成本；同时，常年加工四种化工企业工作服，通过市场销往全国各地。半成品不核算，不设半成品库，采用品种法核算产品成本。红旗服装加工厂设有裁剪、缝纫、熨烫整理三个基本生产车间，一个机修辅助车间。

请设置红旗服装加工厂成本核算账户。

解析：红旗服装加工厂成本核算账户的设置：①采用分批法核算产品成本应设置“基本生产成本——××批号产品”，“辅助生产成本——机修车间”，“制造费用——裁剪车间”、“制造费用——缝纫车间”、“制造费用——熨烫整理车间”，“库存商品——××批号产品”等账户，根据需要还可以设置“废品损失”或“基本生产成本——废品损失”明细账。②采用品种法核算产品成本应设置“基本生产成本——A 产品”、“基本生产成本——B 产品”、“基本生产成本——C 产品”、“基本生产成本——D 产品”，“辅助生产成本——机修车间”，“制造费用——裁剪车间”、“制造费用——缝纫车间”、“制造费用——熨烫整理车间”，“库存商品——A 产品”、“库存商品——B 产品”、“库存商品——C 产品”、“库存商品——D 产品”等账户。

成本核算的基本程序和主要会计账户，用产品成本核算账务处理图表示，产品成本核算账务处理如图 2-1 所示。

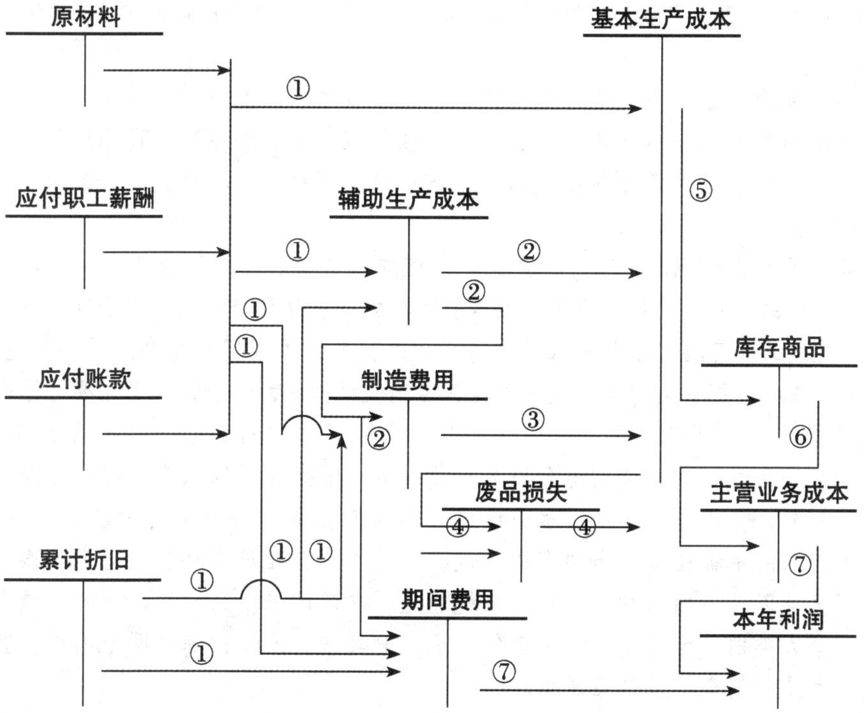

说明：
① 对发生的要素费用进行归集与分配；
② 按受益情况分配辅助生产成本；
③ 分配基本生产车间的制造费用；
④ 核算废品损失；
⑤ 确定月末在产品成本，计算并结转完工产品成本；
⑥ 产品出售结转成本；
⑦ 期末结转损益类科目，计算本年利润。

图 2-1　产品成本核算账务处理程序图

同步案例2-2

江城织袜厂成本核算及管理要求

背景与情境：江城织袜厂生产男袜、女袜、儿童袜三个类别系列产品，每个系列有五个品牌，通过市场将产品销往全国各地。企业注册资金2 000万元，全厂职工200人。产品花色棉线袜生产过程为：绞装原料→煮练→丝光→染色→络纱→织罗口→织袜→检验→缝头→检验→烫袜→整理→成品。该厂设有4个基本生产车间，即织袜车间、缝头车间、定型车间、包装车间；设有2个辅助生产车间，即机修和配电车间，负责全厂机器设备的维修及接受外来电源、厂内供给用电及电器的维修。

企业通过成本数据核算发现产品成本波动较大，不知是核算有误还是成本控制不好，在财务管理会议上，会计负责人认为，财务部门应设成本核算中心，成本中心负责成本核算的全面工作、成本报表的编制与分析和成本考核，这样才能够真正控制成本；李会计认为，没有必要成立成本核算中心，根据企业生产特点和管理要求，采用品种法核算同时辅以分类法即可。

问题：

（1）会计负责人的观点是否正确？该企业设置成本中心对吗？为什么？

（2）李会计的观点是否正确？该企业成本核算应选择哪种方法？说明原因。

（3）企业成本核算应设置哪些成本明细账？选择哪种账页格式？

分析提示：

（1）会计负责人的观点正确，该企业应设置成本中心。因为该企业产品市场竞争较为激烈，产品定价的基础必须相对稳定，成本控制与成本核算是市场竞争的保证，从某种程度上讲，成本控制的好坏决定了利润水平的高低，也就是成本管理质量决定了企业经济效益。企业设置成本中心，能够更好地为成本管理和控制提供信息，这也体现了重要性原则。

（2）李会计的观点部分不正确，该企业应设置成本中心。李会计的观点部分正确，成本核算应选择品种与定额法相结合核算产品成本。该企业可以以产品的品种或生产步骤为成本计算对象，但织袜在生产过程中半成品不具有独立经济意义，所以半成品不核算，而且原材料投入基本都在第一车间完成，这种情况下，企业没有必要以生产步骤为成本计算对象，而直接以产品的品种为计算对象就满足要求，即采用品种法；同时，该企业的产品又分为三个大类别，为了简化核算工作，适用分类法。所以，综合两个因素，企业采用品种法与分类法相结合核算产品成本。

（3）企业成本核算应选择多栏式明细账账页格式。第一步，设置“基本生产成本——男袜类”、“基本生产成本——女袜类”、“基本生产成本——儿童袜类”，“辅助生产成本——机修车间”、“辅助生产成本——配电车间”等账户，“制造费用——基本生产车间”等账户。第二步，在第一步基础上，将各类分为各个品种，即“基本生产成本——女袜类（A产品）”、“基本生产成本——女袜类（B产品）”、“基本生产成本——女袜类（C产品）”、“基本生产成本——女袜类（D产品）”、“基本生产成本——女袜类（E产品）”，“库存商品——女袜类（A产品）”、“库存商品——女袜类（B产品）”等账户，根据需要还可以设置“废品损失”或“基本生产成本——废品损失”明细账。其他男袜与儿童袜核算同理。

企业成本核算及管理的具体要求根据国家规定和企业实际确定。

第3章 生产费用要素的归集与分配

学习目标

通过本章学习，应该达到以下目标：

理论目标：学习和把握生产费用要素的分类和内容，生产费用、辅助生产费用和制造费用归集与分配中的相关概念与内涵，生产损失核算中的相关概念与内涵等陈述性知识；能用其指导“生产费用要素归集与分配”的相关认知活动。

实务目标：学习和把握生产费用要素分配的一般原则与程序，材料费用、燃料动力费用、人工费用、折旧费用等生产费用要素的计量与计价，各要素分配程序、方法（或原则）、计算公式及账务处理原则与方法，辅助生产费用和制造费用的归集与各种分配方法运用与计算公式，生产损失的核算及会计处理方法，“业务链接”等程序性知识；能用所学实务知识规范“生费用要素归集与分配”的相关技能活动。

案例目标：能运用所学理论与实务知识研究“生产费用要素的归集与分配”的相关案例，培养和提高学生在特定业务情境中分析问题与决策设计的能力；能结合本章教学内容，依照“职业道德与会计伦理”的行业规范或标准，分析企业与会计人员行为的善恶，强化学生的职业道德素质。

实训目标：参加“生产费用要素归集与分配运作”业务胜任力的实践训练。在了解和把握本实训所及“能力与道德领域”相关技能点的“规范和标准”基础上，通过切实体验各实训任务的完成、系列技能操作的实施、相应《实训报告》的准备、撰写、讨论与交流等有质量、有效率的活动，培养“生产费用要素归集与分配”的专业能力，强化“数字应用”、“与人交流”、“与人合作”、“解决问题”和“革新创新”等职业核心能力（中级），并通过“认同级”践行“职业理想”、“职业态度”、“职业良心”、“职业作风”、“职业守则”和“会计职业道德”等行为规范，促进健全职业人格的塑造。

引例　春城机床厂的生产费用要素分配

背景与情境：春城机床厂主要生产Ⅰ型机床和Ⅱ型机床两种产品，产品销往全国各地。厂内设有铸造、机械加工和装配三个基本生产车间，机修和配电两个辅助生产车间。

企业成本核算采用分步法，管理上要求各车间进行成本控制，成本效益与经济效益挂钩。同时，企业有Ⅰ型机床和Ⅱ型机床两种产品的材料消耗定额，有Ⅰ型机床和Ⅱ型机床两种产品的生产工人工时定额和生产工人工资资料，有两个辅助生产车间劳务量资料。

企业成本核算员对实际发生的各项生产费用是这样处理的：领用的材料费用，能分清成本计算对象的直接计入相应的账户中，两种产品共同耗用的原材料，能取得第一手资料的，就按该资料显示的标准分配，确实没有相应资料的，就按产品数量分配；支付的人工费用分配，能分清成本计算对象的直接计入相应的账户中，两种产品共同耗用的计时工资形式下的人工费用，按工人的人数进行分配；耗用的燃料动力费用，按电表记录的耗电度数进行分配，两种产品共同耗用的电费，各自一半平均分配电费；各部门使用固定资产的折旧费，按各使用部门分配，基本生产车间固定资产折旧费直接计入“制造费用”，不直接分配给两种产品；归集的辅助生产费用，因企业管理上要求各车间进行成本控制，成本效益与经济效益挂钩，采用交互分配法进行分配；归集的制造费用，按各生产车间采用生产工人工时比例法进行分配。

各生产车间负责人认为成本核算员对实际发生的各项生产费用的处理符合实际，没有意见，但财务负责人对成本核算员的处理提出了质疑。如果你是该企业成本核算员，你想怎样分配各项生产费用？

本章将系统地阐述生产费用要素，生产费用、辅助生产费用和制造费用等要素的归集与分配，以及生产损失的核算。

3.1　生产费用要素概述

企业在生产经营过程中发生的各项耗费，称之为生产经营费用，也可简称为成本费用或费用。为了便于合理地确认和计量成本费用，正确地计算产品成本，应确定生产经营费用要素的内容。

3.1.1　生产费用要素分类

1）按支出（投入）的内容划分

企业的生产经营投入，是企业花钱买回物资用于企业生产，相当于企业的投入，即生产经营费用要素支出（投入）的内容。

生产经营费用要素按支出（投入）的内容，也是按经济内容划分，可分为劳动对象消耗的费用、劳动手段消耗的费用和活劳动中必要劳动消耗（或构成成本的活劳动费用）的费用，这构成工业企业费用的三大要素，具体由以下几个项目组成，称之为费用要素：

①外购材料：企业耗用的从企业外部购入的原材料及主要材料、半成品、辅助材料、包装物、修理用备件和低值易耗品等。

②外购燃料：企业耗用的从外部购入的各种燃料，包括固体燃料、液体燃料和气体燃料。

③外购动力：企业耗用的从外部购入的各种动力，包括热力、电力和蒸汽等。

④职工薪酬：企业应计入生产经营费用的职工工资，以及企业按照工资总额的一定比例计提并计入各项费用。

⑤固定资产折旧费、修理费：企业所控制的固定资产按照使用情况计提的折旧费和企业保证固定资产运行的修理费。

⑥其他费用：不属于以上各项费用要素的其他费用，如办公费、差旅费等。

2）按归属（产出）的内容划分

生产经营费用要素按归属（产出）的内容，也是按经济用途划分，可以分为应计入产品成本和不应计入产品成本两大部分。对于应计入产品成本的费用，称之为生产费用内容，即**生产费用**是计入产品成本的费用，也就是企业在生产产品过程中所发生的费用（生产车间的费用）。生产费用再进一步划分为直接费用和间接费用。其中，直接费用包括直接材料、直接人工和其他直接费用，间接费用指制造费用，这些项目作为产品成本构成内容，在会计上称为成本项目。对于不应计入产品成本的费用，称之为期间费用内容，再进一步划分为管理费用、财务费用和销售费用，这些不能计入产品成本，由当期损益负担的费用项目，在会计上称为期间费用。

（1）生产费用（应计入产品成本的内容）

生产费用要素应计入产品成本的内容就是成本项目的内容，也可以称之为生产费用。对于生产费用的成本项目设置，企业应根据生产特点和管理要求来进行。在进行成本核算过程中，一般应设置以下成本项目：

①直接材料：直接用于产品生产，构成产品实体的原料及主要材料、外购半成品（外购件）、修理用备件（备品配件）、包装物、有助于产品形成的辅助材料、燃料以及其他直接材料。

②直接人工：企业在生产产品和提供劳务过程中，直接从事产品生产的工人工资以及按生产工人工资总额和规定的比例计算提取的教育经费、工会经费、各种保险费及住房公积金等。

③**制造费用**：企业为生产产品而发生的各项间接费用，包括车间管理人员人工费用、折旧费、修理费、办公费、水电费、机物料消耗、劳动保护费、季节性和修理期间的停工损失等，但不包括企业行政管理部门为组织和管理生产经营活动而发生的管理费用。

需要说明的是，企业可根据管理需要对成本项目进行适当调整，如将“燃料与动力”单设一个成本项目，还可设置“废品损失”、“停工损失”等成本项目。

（2）期间费用（不应计入产品成本的内容）

对于不能计入产品成本的费用，在国家规定的成本费用开支范围内的应作为期间费用计入当期损益，主要包括管理费用、财务费用和销售费用。

管理费用是企业行政管理部门为组织和管理生产经营活动而发生的各项费用，如企业行政管理部门人员的工资、工会经费、职工教育经费、劳动保险费、固定资产折旧费、差旅费、公司经费、董事会费、咨询费、审计费、诉讼费、排污费、绿化费、税金、土地使用费、土地使用补偿费、转让费、技术开发费、无形资产摊销、开办费摊销、业务招待费、坏账损失和存货盘亏、毁损和报废（减盘盈），以及其他管理费用等。

财务费用是企业为筹集生产经营所需资金等发生的费用，如利息净支出、汇兑净损失、金融机构的手续费等。

销售费用是企业在销售产品过程中，为销售商品而发生的各项支出，如销售过程中应由企业负担的运输费、装卸费、包装费、保险费、展览费、广告费，以及为销售本企业商品而专设销售机构产生的各种费用等。

业务链接3-1

富源食品厂生产费用和管理费用的确定

富源食品厂为单步骤生产企业，设有一个基本生产车间，大量生产甲、乙两种产品。本月甲产品直接材料费用50万元、直接人工费用20万元，乙产品直接材料费用40万元、直接人工费用20万元，车间管理人员工资2万元，行政管理人员工资10万元；本月生产车间水电费2万元、固定资产折旧费10万元，管理部门水电费0.5万元、固定资产折旧费1万元、办公费用0.2万元、业务招待费1万元。

计算富源食品厂的生产费用（料、工、费）和管理费用。

解析：本月企业生产费用是144万元，其中直接材料90万元、直接人工40万元、制造费用14万元；管理费用12.7万元。

职业道德与会计伦理3-1

陈刚的业务技能与职业态度

背景与情境：陈刚是万达机车车辆厂成本核算会计。2009年6月5日，机械加工车间核算员找到陈刚，认为本车间上月成本核算有误，其一是原料领用后未用部分已办理了退料手续，而成本核算未予扣除；其二是为本车间购买的一项新技术费用不应归属本车间，因为是全厂受益。陈刚答复，办理了退料手续的材料费用可以予以扣除，但上月账算完了，等到下月处理吧；新技术是机加工车间使用，费用就应该由机加工车间承担。

问题：陈刚的答复是否正确？是否符合职业观念、职业态度、职业理想规范？

分析提示：陈刚的答复不正确。首先，办理了退料手续的材料费用应该在材料领用中予以扣除，应在当月处理，这样才能保证成本核算的正确性，不能账算完了就不更正；其二，购买新技术费用属于管理费用范围，不应计入产品成本。可见，陈刚的业务本领不精，不注重业务学习，其行为不符合职业观念、职业态度、职业理想规范。

3.1.2 生产费用要素分配的一般原则

费用要素的归集与分配原则，应按照费用要素的用途和发生的地点，将各种费用要素区分为应计入产品成品的费用和不应计入产品成品的费用要素。对于应计入产品成品的各种费用要素，还应按其与产品的关系进行归集和分配：凡是专为某种产品所直接耗用的直接费用（即形成产品实体的费用），如直接材料费、直接人工费等，能直接确认归属的，应根据原始凭证直接计入某种产品成本，不能直接确认归属的，应按照一定的分配标准确定其负担数额，分配计入某种产品成本；凡是多种产品共同耗用的间接费用，如制造费用，则应先行归集，然后再采取适当的方法分配计入产品成本。在费用要素的分配中，应特别强调直接费用与直接计入费用不能等同，直接费用是为某种产品所直接耗用的费用，可以是直接计入成本方式，也可以是分配计入成本的方式。间接费用通常为分配计入费用。凡是能够确认为某种产品所发生的费用，都应尽量采取直接计入的方法，若采用一定的标准进行分配，其结果的准确性要差一些，进而影响产品成本的真实性。

在只生产一种产品的企业，生产费用不存在分配问题，应直接计入产品成本，产品的成本为全部生产费用。在生产多种产品的企业，生产费用应计入产品成本的费用要素，有的是为某种产品所耗用，有的是为几种产品共同耗用，这就要根据实际情况，按照上述费用要素分配的一般原则区别对待。对于能够定为某种产品所耗用的直接费用要直接计入或直接分配计入；为几种产品共同耗用的间接费用，要采用一定的方法分配计入。

生产费用要素的归集与分配，是通过编制费用要素分配表来进行的。费用要素分配表的编制，应根据成本核算的体制、凭证的份数以及传递程序等具体条件的不同而有所区别。企业实行一级成本核算体制时，应由财会部门来编制，实行两级成本核算体制时，则是由各车间的成本会计人员来编制。费用要素分配不论由谁来编制，其编制的要求和基本方法都是一样的。财会部门和各车间或部门要合理分工互相配合，认真做好各项费用要素和分配工作，以便正确计算产品成本。

3.1.3　生产费用要素分配的一般程序

生产费用要素分配的一般程序为：

（1）根据发生费用的原始凭证或原始凭证汇总表，编制费用分配表或费用汇总分配表；

（2）根据原始凭证或费用分配表编制记账凭证；

（3）根据原始凭证和记账凭证登记各种成本明细账；

（4）根据选定的账务处理程序要求登记成本类总账。

3.2　生产费用要素归集与分配

产品生产过程中发生的各项生产费用应采用一定的方法进行归集并分配计入产品成本中。生产费用要素的归集是指企业为生产产品所发生的各项生产费用按照成本计算对象汇集到各自明细账户的过程；生产费用要素的分配是指企业生产多种产品共同耗用某一资源（金额），因无法直接确认该产品资源耗用量（金额），需要按照一定标准进行分配，然后确定该产品耗用某一资源量（金额）的过程。

企业发生的生产费用需要按照产品成本计算对象进行归集。生产单一产品的生产费用要素处理：不论是基本生产车间还是辅助生产车间，如果一个车间只生产一种产品，则该车间发生的全部生产费用都应当由该产品负担，在生产费用发生时直接记入该产品成本。生产多种产品的生产费用要素处理：一个生产车间同时生产几个品种的产品，发生在该车间的生产费用，有的费用可以在发生时就明确是用于何种产品，有的费用则是几种产品共同承担，共同承担的费用称为间接计入费用，对间接计入费用要采用一定分配标准进行分配，分配后再记入各种产品的生产成本。费用分配率＝待分配费用金额÷分配标准总数，某受益对象应负担费用＝该受益对象耗用的分配标准数×费用分配率，运用公式分配各种间接计入费用，必须合理确定分配标准，才能正确分配各种生产费用，保证产品成本核算的正确。

3.2.1 材料费用的归集与分配

材料是产品成本的重要组成部分。企业产品的生产过程，也是各种材料的消费过程。材料费用归集与分配的主要任务是：一是反映和监督材料采购计划的执行情况，控制材料采购支出，降低材料采购成本；二是反映和监督材料的收入、发出和结存情况，降低材料储备所占用的资金和储存成本，做到既要满足生产需要，又要防止储备不足；三是反映和监督材料费用的归集情况，应按材料发生的地点和用途进行材料费用的归集；四是反映和监督材料费用的分配情况，材料费用发生后，要按材料的用途，采用既简便又合理的方法，将材料费用在各种产品中进行分配。材料费用的分配方法一经确定后，没有特殊情况，不应经常变动，以使各期的成本资料便于进行比较。

企业的材料包括原材料、辅助材料、修理用备件、外购半成品、燃料、低值易耗品和包装物等。材料费用的归集与分配要解决的问题是如何将发生的材料费用计入各个受益对象的成本费用之中。

1）材料费用的归集

对于生产过程所发生的材料费用，应首先按其发生地点和用途进行归集。

材料费用的归集是进行材料分配的基础和前提。为了完成材料费用归集任务，要做好材料费用归集的基础工作，主要包括以下工作：

（1）材料消耗的原始记录

材料消耗的原始记录是通过领料凭证来体现的，包括收料单（入库单）、领料单、限额领料单、领料登记簿、退料单等，见表3-1、表3-2和表3-3。

表3-1 **收　料　单**

××××年××月××日

供应单位：　　　　提货单号数：　　　　收料仓库：

发票号数：　　　　发票金额：　　　　短缺损坏清单号数：

材料编号	材料名称、型号、规格	计量单位	数量		计划价格（元）		备注
			应收	实收	单价	总额	
××××	圆钢 Φ10	吨	10	10	2 000	20 000	

记账：　　　　收料：　　　　制单：

表3-2 **领　料　单**

领料部门：××××车间　　　　开票日期：×××× 年××月××日　　　　字第 004 号

材料编号	材料名称	规格	单位	请领数量	实发数量	价格（元）	
						单价	金额
1601	润滑油		千克	7	7	25	175
用途	1#机械产品、2#机械产品	领料部门			发料部门		
		负责人		领料人	核准人		发料人
				王冠			李大力

表3-3　**退　料　单**

××××年××月30日

退料原因：　　　　　　　　退料单位：　　　　　　　　收料仓库：××库

材料编号	材料名称规格	计量单位	数量		计划价格成本（元）		备注
			交库	实收	单价	总额	
××××	木材	立方米	1	1	500	500	

记账：　　　　　　　　收料：　　　　　　　　退料：

（2）材料消耗量的计算

企业材料消耗量的计算通常采用：

①永续盘存制也称账面盘存制。这种方法必须按材料的具体品种设置材料明细账，逐笔或逐日登记收入和发出的数量，因而随时可以从账上结算出每种材料的收、发、存数量。材料的收入、结存、发出均逐笔登记入账。其计算公式为：

期末结存数量=期初结存数量+本期收入数量-本期发出数量

②实地盘存制也称实物盘存制。这种方法，是在期末通过实地盘点实物来确定材料发出的数量。材料出库不入账，当期材料消耗量通过期末盘点后倒挤算出。其计算公式为：

材料发出数量=期初结存数量+本期收入数量-期末结存数量

（3）消耗材料的计价

①材料按计划成本计价

企业对原材料采用计划成本计价时，发出材料时均按计划单价确认其价值，计划成本与实际成本之间存在的差异在“材料成本差异”中归集，然后，按材料成本差异率分摊材料差异，将发出材料的计划成本调整为实际成本，正确核算产品成本。

消耗材料的实际成本=消耗材料的计划成本+消耗材料应分摊的成本差异

消耗材料的计划成本=材料实际消耗量×计划单价

消耗材料应分摊的成本差异=消耗材料的计划成本×材料成本差异率

$$\text{材料成本差异率}=\left(\text{月初结存材料的成本差异}+\text{本月收入材料的成本差异}\right)\div\left(\text{月初结存材料的计划成本}+\text{本月收入材料的计划成本}\right)$$

②材料按实际成本计价

材料一般分批分次购入，其单价并不一致，材料发出时可采用先进先出法、加权平均法、个别计价法。

先进先出法就是假定先收入的材料先发出，并按这种假定的成本流程确定发生材料成本与期末结存材料成本的方法。

加权平均法是以总数量为权数计算出材料的加权平均单价，据以确定期末结存材料的价值和本期发出材料的价值的方法。

个别计价法就是按材料实际购入价对每一项购入物资进行具体计价。

2）材料费用的分配

对于材料费用的分配，企业应定期编制发出材料汇总表，并对材料的发出进行财务核算。成本核算人员要对材料进行分配，并编制材料费用分配表。材料费用的分配又有广义分配和狭义分配之分。广义分配，是指材料在全企业各部门之间的分配；狭义分配是指材料在各种产品之间的分配。

（1）分配程序

材料费用的分配程序是指对发生的原材料费用分配计入各个受益对象的会计处理顺序。一般而言，凡能辨清原材料费用承担对象的，应直接计入该分配对象。属于几种产品共同耗用的，即间接计入的，应采用适当的分配方法，分配计入各有关产品成本。

材料费用的分配程序通常包括：确定被分配的原材料费用数额→确定各个原材料费用受益对象的分配标准→计算原材料费用的分配率→计算每一受益对象应负担的原材料费用→编制材料费用分配表→根据分配结果进行账务处理。

（2）分配方法

材料费用的分配方法是费用分配基本方法在材料费用分配中的具体运用。在多种产品共同消耗原材料的情况下，必须按一定的分配标准分配原材料费用。分配方法的计算步骤是：计算某种产品材料分配标准总量；计算单位材料分配标准费用分配率；计算某种产品应分摊的材料费用。具体计算公式如下：

产品材料分配标准总量 $=\sum$ 某种产品实际产量 × 单位产品消耗材料分配标准

材料费用分配率 = 材料实际耗用量费用 ÷ 产品材料分配标准总量

某种产品应负担的材料费用 = 该种产品耗用分配标准数 × 材料费用分配率

由于选择的分配标准不同，使费用分配率基本公式的分母发生了变化，从而产生了材料定额耗用量比例分配法、材料定额费用比例分配法和材料实际耗用量比例分配法等材料费用分配方法。

①材料定额耗用量比例分配法。材料定额耗用量是指企业生产一定数量的产品按事先核定的单位产品消耗定量计算确定的材料理论耗用数量。材料定额耗用量比例分配法是指以各个材料费用受益产品的原材料定额耗用量为分配标准，以单位材料定额耗用量应负担的材料费用为分配率，据以分配材料费用的方法。适用于材料消耗比较单一、单位产品消耗定量比较准确的产品。

采用材料定额耗用量分配法分配原材料费用时，涉及的计算公式如下：

受益产品定额耗用量＝受益产品产量×单位产品消耗定量

材料费用分配率＝待分配原材料费用÷各受益对象材料定额耗用量之和

某受益产品（或部门）应负担材料费用＝该受益对象定额耗用量×材料费用分配率

业务链接 3–2

$1^{\#}$、$2^{\#}$产品的材料费用

某机械制造厂铸造车间，$1^{\#}$、$2^{\#}$产品共同领用生铁 43 吨，每吨生铁 2 400 元，已知 $1^{\#}$产品产量 30 台，单位消耗定额 1 050 千克，$2^{\#}$产品产量 15 台，单位消耗定额 400 千克。

计算 $1^{\#}$、$2^{\#}$产品各自应负担的材料费。

解析： 生铁费用＝2 400×43＝103 200（元）

生铁消耗定额总数＝1 050×30+400×15＝37 500（千克）

材料费用分配率＝103 200÷37 500＝2. 752（元 / 千克）

$1^{\#}$产品应负担的材料费用＝2. 752×（1 050×30）＝86 688（元）

$2^{\#}$产品应负担的材料费用＝2. 752×（400×15）＝16 512（元）

借：基本生产成本——1#产品　　86 688
　　　　　　　　——2#产品　　16 512
　贷：原材料——生铁　　103 200

②材料定额费用比例分配法。材料定额费用是指企业生产一定数量的产品按事先核定的单位产品定额费用计算确定的理论原材料费用。材料定额费用比例分配法是指以各个材料费用受益产品的原材料定额费用为分配标准，以实际消耗的原材料费用占各受益产品定额费用之和的比例为分配率，据以分配原材料费用的方法。适用于产品生产过程中消耗的原材料品种较多，不宜按品种确定原材料消耗定量，但有比较合理的材料费用消耗定额的产品。

采用材料定额费用分配法分配原材料费用时，涉及的计算公式如下：

受益产品定额费用=受益产品产量×单位产品定额费用

材料费用分配率=待分配原材料费用÷各受益产品材料定额费用之和

某受益产品（或部门）应负担材料费用=受益产品定额费用×定额费用分配率

业务链接 3-3

甲、乙产品的材料费用

某企业生产甲、乙两种产品，共同耗用某种材料 1 100 千克，每千克 8 元。甲产品的实际产量为 150 件，单件产品材料定额费用为 32 元；乙产品的实际产量为 80 件，单件产品材料定额费用为 40 元。

计算甲、乙产品各自应负担的材料费。

解析：甲产品材料定额费用=150×32=4 800（元）

乙产品材料定额费用=80×40=3 200（元）

材料费用分配率=1 100×8÷（4 800+3 200）=1.1（元/千克）

甲产品应负担的材料费用=4 800×1.1=5 280（元）

乙产品应负担的材料费用=3 200×1.1=3 520（元）

账务处理原理同“业务链接 3-2”。

③材料实际耗用量比例分配法。材料实际耗用量是指企业在生产产品过程中所记录的各种产品的材料消耗重量或产量。材料实际耗用量比例分配法是以各种产品的材料实际耗用量（重量或产量）为分配标准，以实际发生的材料费用占各受益产品材料实际耗用量之和计算的比例为分配率，据以分配材料费用的方法。适用于能分清材料消耗对象，并有健全的材料消耗记录的产品。

采用材料实际耗用量分配法分配原材料费用时，涉及的计算公式如下：

材料费用分配率=待分配原材料费用÷各受益对象材料实际耗用量之和

某受益产品（或部门）应负担材料费用=受益对象材料实际耗用量×材料费用分配率

业务链接 3-4

甲、乙两种产品的材料费用

某企业生产甲、乙两种产品，共同耗用某种材料 1 100 千克，每千克 8 元。甲产品的实际产量为 300 件，单件产品材料重量为 1.6 千克；乙产品的实际产量为 160 件，单件产品材料重量为 2.0 千克。

计算甲、乙产品各自应负担的材料费。

解析： 甲产品材料重量为300×1.6=480（千克）

乙产品材料重量为160×2.0=320（千克）

材料费用分配率=8 800÷（480+320）=11（元/千克）

甲产品应负担的材料费用=480×11=5 280（元）

乙产品应负担的材料费用=320×11=3 520（元）

账务处理原理同“业务链接3-2”。

3）材料费用的账务处理

对发生的材料费用进行分配后，要编制“材料费用分配表”反映分配结果，以便进行会计核算。企业材料费用分配结果的账务处理原则是：被分配的材料记入贷方，分配给材料费用受益（承担）对象记入借方，即借记“基本生产成本”、“辅助生产成本”、“制造费用”、“管理费用”等账户，贷记“原材料”、“材料成本差异”（也可以在借方）等账户。

实际工作中，材料费用分配的过程与材料费用分配表的编制是结合在一起进行的。操作时，由仓库保管人员依据材料发料凭证（领料单、限额领料单、领料登记簿等）及余料退回凭证、废料交库凭证等确定实际的原材料发出数量，填制“发出材料明细表”；财会部门根据仓库部门提供的发出材料明细表，结合产量记录、定额资料或投料记录等分配原材料费用，编制“材料费用分配表”，一般在月末进行汇总编制；然后再根据材料费用分配表等原始凭证编制记账凭证，登记有关账簿，见表3-4、表3-5。

表3-4　　**发出材料明细表**

××××年××月××日

材料类别	发料数量	单位成本	用途
原材料A	1 100千克	8元/千克	甲、乙两种产品共用
燃料B	50千克	240元/千克	管理部门用
辅助材料	200千克	40元/千克	基本生产车间用
修理用备件	50件	20元/件	基本车间修理用

制表：

表3-5　　**材料费用分配表**

××××年××月××日　　单位：元

<table>
<tr><th colspan="2" rowspan="2">应借账户</th><th rowspan="2">成本或费用明细项目</th><th colspan="3">间接计入</th><th rowspan="2">直接计入</th><th rowspan="2">合计</th></tr>
<tr><th>定额耗用量</th><th>费用分配率</th><th>分配额</th></tr>
<tr><td rowspan="3">基本生产成本</td><td>××产品</td><td>直接材料</td><td></td><td></td><td></td><td></td><td></td></tr>
<tr><td>××产品</td><td>直接材料</td><td></td><td></td><td></td><td></td><td></td></tr>
<tr><td>小计</td><td></td><td></td><td></td><td></td><td></td><td></td></tr>
<tr><td rowspan="3">辅助生产成本</td><td>××车间</td><td>直接材料</td><td></td><td></td><td></td><td></td><td></td></tr>
<tr><td>××车间</td><td>直接材料</td><td></td><td></td><td></td><td></td><td></td></tr>
<tr><td>小计</td><td></td><td></td><td></td><td></td><td></td><td></td></tr>
<tr><td rowspan="2">制造费用</td><td rowspan="2">基本生产车间</td><td>机物料消耗</td><td></td><td></td><td></td><td></td><td></td></tr>
<tr><td>小计</td><td></td><td></td><td></td><td></td><td></td></tr>
<tr><td colspan="2">管理费用</td><td>机物料消耗</td><td></td><td></td><td></td><td></td><td></td></tr>
<tr><td colspan="2">合计</td><td></td><td></td><td></td><td></td><td></td><td></td></tr>
</table>

制表：

企业的辅助材料分配、燃料分配、外购半成品分配、低值易耗品和包装物的分配，与上述分配原理相同。修理用备件属于固定资产维修费用，计入“制造费用”，然后对“制造费用”进行分配。

燃料费用的分配与核算，通常情况下，可以并入原材料费用统一核算，对发生的燃料费用连同原材料费用经分配后一并计入有关的成本费用项目即可。如燃料费用发生额较小，可以将发生的动力费用作为“制造费用”处理；如燃料费用发生额较大，企业可以单设“燃料”账户对燃料进行核算，发生的燃料费用也可以与动力费用一起，单设“燃料及动力”成本项目予以反映。

低值易耗品费用是价值较低的劳动工具在使用过程中磨损的价值。低值易耗品摊销方法有三种：一次摊销法、分次摊销法、五五摊销法。一次摊销法，是将领用的低值易耗品价值一次计入有关的成本费用，报废低值易耗品的残料价值作为当月低值易耗品摊销额的减少，冲减有关的成本费用；分次摊销法，是将领用的低值易耗品价值先记入“周转材料——低值易耗品”或“长期待摊费用”账户，再在预计的受益期内，分期均衡地进行摊销并计入各期的成本费用，报废处理与上述方法相同；五五摊销法，是在领用低值易耗品时先将一半的价值计入当月的成本费用，报废时再将另一半价值扣除残值后计入报废当月的成本费用。当期发生的低值易耗品费用，按低值易耗品的用途计入成本费用各项目：生产领用低值易耗品，能分清领用对象时，借记“基本生产成本——××产品”账户，不能分清领用对象时，借记“制造费用——基本生产车间”账户，贷记“低值易耗品”账户；辅助生产领用低值易耗品，借记“辅助生产成本”账户，贷记“低值易耗品”账户；行政管理部门领用低值易耗品，借记“管理费用”账户，贷记“低值易耗品”账户。

包装物费用是企业使用包装物品形成的包装物费用。根据包装物品领用的发生环节及价值确认方式的不同，包装物费用的分配与核算亦有所不同：在生产过程中领用的包装物品，作为产品成本的构成部分，借记“基本生产成本——××产品”账户的“直接材料”成本项目，贷记“包装物”（或“原材料——包装物”）账户；在产品销售时领用，随同产品出售的包装物，区分是否单独计价，作不同处理，对不单独计价的包装物品，作为产品销售成本，借记“销售费用”账户，贷记“包装物”（或“原材料——包装物”）账户，对单独计价的包装物品，取得的销售收入作为企业的“其他业务收入”，结转的包装物成本作为“其他业务成本”处理。

业务链接3-5

婕凯汽车配件厂甲、乙产品材料分配方法的选择与材料费用计算

婕凯汽车配件厂生产甲、乙两种产品，耗用材料品种比较单一，且每种产品有较为准确的消耗定额。甲、乙产品共同耗用某种材料1 300千克，每千克8元。甲产品的实际产量为200件，单件产品材料消耗定额为4千克；乙产品的实际产量为100件，单件产品材料消耗定额为5千克。

请问婕凯汽车配件厂甲、乙产品材料分配应选择哪种方法？其负担的材料费用是多少？

解析：婕凯汽车配件厂甲、乙产品材料分配方法选择材料定额耗用量分配法。

其具体分配过程为：

甲、乙产品消耗定额总量＝200×4＋100×5＝1 300（千克）

材料费用分配率＝8×1 300÷（200×4＋100×5）＝8（元／千克）

甲产品应负担的材料费用＝8×800＝6 400（元）

乙产品应负担的材料费用＝8×500＝4 000（元）

3.2.2 燃料动力费用的归集与分配

外购动力费用主要指从企业外部购入的电力与蒸汽（热力）等动力费用。外购动力的性质类似于原材料的购进，不同之处是外购动力没有实物形态。

外购动力应根据使用的数量，向供应单位支付款项。一般情况下，企业动力没有特殊要求，则将动力直接接入各生产车间，根据仪表上记录的耗用数分配动力费用；特殊情况下，企业对动力有特殊要求，则将动力接入动力车间（辅助生产车间），经动力车间转换后，接入生产车间，根据辅助动力车间的辅助生产费用和提供的劳务量（动力数），分配辅助生产费用，然后才能确定产品耗用动力费用。

1）外购动力费用的归集

对于生产过程所发生的动力费用，应首先按其发生地点和用途进行归集。

燃料动力费用的归集是进行燃料动力费用分配的基础和前提。为了完成燃料动力费用归集任务，要做好燃料动力费用归集的基础工作，主要包括以下工作：

（1）外购动力费用的原始记录

企业外购动力费用的原始记录一般为外来账单（或外来发票），内部动力消耗通常采用仪表记录，分配标准明确。

（2）外购动力费用的计价

企业外购动力费用的计价是按照外来账单（或外来发票）金额进行计价的。

2）外购动力费用的分配

外购动力费用的分配原则是：在不同受益单位或对象有仪表记录的情况下，应根据各仪表所示耗用动力的数量以及动力的单价直接计算计入受益单位的成本、费用；在没有仪表的情况下，则要按一定的标准分配计入各受益对象，如可以按生产工时的比例、机器功率时数的比例或定额耗用量的比例分配。

外购动力费用的分配一般是通过编制“外购动力费用分配表”进行的，外购动力费用分配原理与材料费用分配原理相同。如果外购动力是通过动力车间转换进入生产车间，则需要进行辅助生产费用归集，然后再将辅助生产费用分配，从而完成动力费用的分配。

3）账务处理

在实际工作中，由于外购动力付款期与成本、费用核算期并不一致，即外购动力付款日期往往是下月初，而成本、费用核算期一般在月末进行，因而付款时并不是真实地反映本期成本、费用，所以先记入“应付账款”账户，等到月末核算成本、费用时，再将其分配到各有关成本、费用账户。

企业对发生的动力费用，一种情况是计入直接费用，可以和燃料费用合并单设“燃料及动力”成本项目，即借记“基本生产成本——××产品”、“应交税费——应交增值税（进项税额）”、“管理费用”，贷记“应付账款”。也可以不单设“燃料及动力”成本项目，而将发生的动力费用作为“制造费用”处理，即借记“制造费用——基本生产车间”、“应交税费——应交增值税（进项税额）”、“管理费用”，贷记“应付账款”。另一种情况是，企业设置辅助生产动力车间，企业将发生的动力费用计入“辅助生产成本”，之后再对辅助生产费用进行分配，即借记“辅助生产成本——××车间”、“应交税费——应交增值税（进项税额）”、“管理费用”，贷记“应付账款”。

3.2.3 人工费用的归集与分配

人工费用是产品成本的重要构成内容，人工费用的归集与分配主要任务是：一是做好工资费用的原始记录，包括考勤记录、产量记录、质量检验记录及工时记录等；二是正确计算职工的工资，应采用适当的工资计算方法，正确计算每位职工应付工资和实付工资；三是正确归集工资费用，按其发生地点和用途进行归集，按国家工资总额范围规定进行归集；四是正确分配工资费用，分配时要区分应计入产品成本中的工资费用和不应计入产品成本中的工资费用，应计入产品成本中的工资费用如果需要分配，还需选择正确的分配方法。

人工费用是企业根据有关规定应付给职工的各种薪酬，主要包括：①职工工资、奖金、津贴和补贴；②发放的职工福利费；③社会保险费；④住房公积金；⑤工会经费和职工教育经费；⑥非货币性福利；⑦辞退福利；⑧股利。职工薪酬是企业必须付出的人力成本，既是职工对企业投入劳动获得的报酬，也是企业的成本费用。

1）人工费用的归集

对于生产过程所发生的人工费用，应首先按其发生地点和用途进行归集。

人工费用的归集是进行人工分配的基础和前提。为了完成人工费用归集，要做好人工费用归集的基础工作，主要包括以下工作：

（1）应付职工薪酬的原始记录

企业计算职工工资的原始记录一般有“考勤记录”和“产量记录”等。考勤记录是登记职工出勤和缺勤情况的记录，为计时工资计算提供依据；产量记录是登记工人或生产小组在出勤时间内完成产品的数量、质量和耗用工时的原始记录，是计件工资计算的依据，同时也是统计产量和工时的依据。

（2）应付职工薪酬的计算

应付职工薪酬的计算方法一般有两种：计件工资和计时工资。

①计件工资

计件工资是按照工人生产的产品数量、产品质量和单位计件工资标准计算的劳动报酬。计件工资的计算包括个人计件工资的计算和集体计件工资的计算。

a. 个人计件工资的计算。个人计件工资是按个人完成的产品数量和单位计件工资标准计算的工资。个人计件工资计算的公式是：

$$个人计件工资 = \sum[（合格品数量 + 客观原因料废品数量）\times 单位计件工资额]$$

b. 集体计件工资的计算。对需要两人以上共同生产产品的计件工资，要采用集体计件工资的计算方法进行计算。

第一，计算出集体计件工资总额。

$$集体计件工资 = \sum（集体完成工作数量 \times 单位计件工资额）$$

第二，按一定分配标准分配集体计件工资。

集体计件工资分配率=集体计件工资总额÷分配标准总数

个人计件工资=个人分配标准数×集体计件工资分配率

计件工资制只适用于产品生产工人工资的计算，因此，计件工资的分配只涉及基本生产车间生产工人工资的分配。

②计时工资

计时工资是指按计时工资标准和职工工作时间支付的劳动报酬。计算计时工资的依据是企业劳动部门提供的反映职工工资级别及工资标准的“工资条”和反映职工出勤情况的“考勤记录”。

计算计时工时的方法有月薪制和日薪制两种。

a. 月薪制。按月薪制计算计时工资，不考虑当月的实际日历天数，职工只要出全勤，就可以得到固定的月标准工资。如有缺勤，按规定标准扣薪，又称“扣缺勤法”。计算公式如下：

应付计时工资=月标准工资-缺勤应扣工资

缺勤应扣工资=缺勤天数×日工资×应扣比例

日工资=月标准工资÷月工作天数

月工作天数的确定，一种是按月工作日30天计算，一种是按月工作日20.9天（(365-104-10）÷12）计算。

缺勤包括旷工、事假、6个月以内的短期病假和超过6个月的长期病假。缺勤应扣发工资的比例为：旷工扣发比例企业根据管理需要自行确定，事假按日工资的100%扣发，病假扣发根据劳动部门发布的《劳动保险条例实施细则修正草案》规定比例执行，见表3-6。

表3-6 **企业职工病假工资扣发比例一览表**

	连续病假在6个月以内（短病假）					连续病假在6个月以上（长病假）		
工龄	2年以下	2~4年	4~6年	6~8年	8年及以上	不满1年	1~3年	3年及以上
扣发比例（%）	40	30	20	10	0	60	50	40
应发比例（%）	60	70	80	90	100	40	50	60

业务链接3-6

王某的月工资是多少

某企业某工人王某的月工资标准为1 672元。4月份30天，病假4天，周末休假8天，出勤18天。根据该工人的工龄，其病假工资按工资标准的60%计算。

计算该工人本月应得工资。

解析：该工人本月日工资=1 672÷20.9=80（元/天）

本月扣款=4×80×（1-60%）=128（元）

该工人本月应得工资=1 672-128=1 544（元）

特殊情况下支付的工资是指对职工非劳动时间所支付工资，如职工享受国家规定的休假期间，因工受伤治疗休养期间，职工外出学习、参观、进修、开会期间，女职工的产假期间等所支付的工资，可视同出勤处理。

b. 日薪制。采用日薪制计算计时工资，按职工的出勤天数和日标准工资计算应付职工薪酬，如有病假，按病假期间应发工资比例加计应付职工薪酬，又称“出勤工资累计法”。计算公式如下：

应付计时工资=出勤天数×日工资+病假应发工资

病假应发工资=病假天数×日工资×病假应发比例

企业可以根据本企业实际情况，确定计时工资的计算方法，一经确定，不得随意变动。

2）人工费用的分配

人工费用的分配方法指的是人员工资计入产品成本的方法。人员工资计入产品成本的方法因工资的计算形式不同而有所区别。

（1）计时工资形式下工资的分配

在计时工资形式下，基本生产部门的生产工人工资计入产品成本的方法是：

如果该生产部门只是生产一种产品，则直接计入“基本生产成本”账户的“直接人工”成本项目；如果是两种及两种以上的产品，则要把生产工人的工资按适当的分配标准分配计入“基本生产成本”账户的“直接人工”成本项目。

工资分配的计算公式如下：

工资费用分配率=生产工人工资总额÷分配标准工时之和

某产品负担的工资费用=该产品耗用分配标准工时×工资费用分配率

对工资费用进行分配的分配标准通常为生产工时，一般有定额生产工时、实际生产工时两种选择。

（2）计件工资形式下工资的分配

生产工人的计件工资与产品生产直接联系，因此，发生时直接计入“基本生产成本”账户的“直接人工”成本项目。对于基本生产工人的奖金、津贴则要采用一定的标准分配计入产品成本的“直接人工”成本项目。

在实际工作中，工资费用的分配，一般是通过编制“工资费用分配表”进行的。人工费用分配原理与材料费用分配原理相同。

3）账务处理

在实际工作中，月度终了时，根据“工资费用汇总表”和“人工费用分配表”对人工费用分配结果进行账务处理。直接从事产品生产的工人工资及附加费用由各种产品负担，借记“基本生产成本——××产品”账户的“直接人工”成本项目，贷记“应付职工薪酬”账户；辅助生产车间人员的工资及附加费用由各辅助车间的劳务或产品负担，借记“辅助生产成本”账户，贷记“应付职工薪酬”账户；各生产车间管理人员的工资及附加费用由制造费用负担，借记“制造费用”账户，贷记“应付职工薪酬”账户；从事基本建设工作的人员工资由在建工程负担，销售人员的工资由销售费用负担，企业管理人员工资及辞退福利由管理费用负担，分别借记“在建工程”、“销售费用”、“管理费用”等账户，贷记“应付职工薪酬”账户。

业务链接 3–7

婕凯汽车配件厂甲、乙产品人工费用分配方法的选择与人工费用计算

婕凯汽车配件厂生产甲、乙两种产品，生产时间采用定额生产工时进行控制，且生产

工人工资采用计时工资与计件工资相结合的方式，基本工资为计时，绩效工资为计件，相关保险等费用按工资总额的36%计提。甲、乙产品生产共同耗用生产工人计时工资13 000元。甲产品的实际产量为200件，单件产品定额生产工时为4小时；乙产品的实际产量为100件，单件产品定额生产工时为5小时。

确定婕凯汽车配件厂甲、乙产品工资费用分配方法。计算甲、乙产品应负担的工资费用。

解析：婕凯汽车配件厂甲、乙产品工资费用分配方法选择定额生产工时分配法。

甲、乙产品应负担的工资费用计算过程：

甲、乙产品定额生产工时总量=4×200+5×100=1 300（小时）

工资费用分配率=13 000÷1 300=10（元/小时）

甲产品应负担的工资费用=800×10=8 000（元）

工资附加费用=8 000×36%=2 880（元）

乙产品应负担的工资费用=500×10=5 000（元）

工资附加费用=5 000×36%=1 800（元）

3.2.4 折旧费用的归集与分配

折旧费用是指企业固定资产在使用过程中因磨损而发生的耗费，通常采用平均年限法、工作量法、双倍余额递减法和年数总和法对固定资产计提折旧。

1）折旧费用的归集

对于生产过程所发生的折旧费用，应首先按其发生地点和用途进行归集。

为了完成对固定资产折旧费用的归集，要做好折旧费用归集的基础工作，主要包括以下工作：

（1）计提固定资产折旧费用的原始记录

企业计提固定资产折旧费用的原始记录是会计人员做出的“会计记录”或“固定资产折旧额汇总表”，其金额是按照已经确定的固定资产折旧方法计算出的各项固定资产折旧额。

（2）固定资产折旧费用的计算

固定资产折旧，指在固定资产的使用寿命内，按照确定的方法对固定资产应计折旧额进行的系统分摊。固定资产折旧的范围是除已经提足折旧超龄使用的固定资产、提前报废的固定资产和经营租入固定资产不提折旧外，其他一律计提固定资产折旧，折旧基数为“固定资产”账户期初余额，即当月增加固定资产当月不提折旧，当月减少固定资产当月照提折旧。固定资产折旧计算方法如下：

①平均年限法

平均年限法的基本计算公式为：

年折旧率=（1-预计净残值率）÷预计使用年限

年折旧额=固定资产原价×年折旧率

月折旧率=年折旧率÷12

月折旧额=固定资产原价×月折旧率=年折旧额÷12

②工作量法

工作量法的基本计算公式为：

单位工作量折旧额=固定资产原价×（1-残值率）÷预计总工作量

某项固定资产月折旧额=该项固定资产当月工作量×单位工作量折旧额

③双倍余额递减法

双倍余额递减法是指在不考虑固定资产残值的前提下，根据每期期初固定资产净值和双倍直线折旧率计提折旧的方法。

基本计算公式为：

年折旧率=2÷预计的折旧寿命（年）×100%

年折旧额=年初固定资产账面价值×年折旧率

月折旧率=年折旧率÷12

月折旧额=年折旧额÷12

实务中，采用双倍余额递减法计提折旧时，在固定资产使用寿命的最后 2 年里，将扣除预计净残值后的固定资产余额平均摊销。

④年数总和法

年数总和法的基本计算公式为：

年折旧率=尚可使用寿命÷预计使用寿命的年数总和

月折旧率=年折旧率÷12

月折旧额=（固定资产原价-预计净残值）×月折旧率

2）折旧费用的分配

固定资产折旧费用的分配原则是：按受益对象进行分配。谁使用固定资产，其折旧费用就由谁负担。

固定资产折旧费用的分配一般是通过编制“固定资产折旧费用分配表”进行的，按固定资产计提折旧要求，已经提足折旧超龄使用的固定资产和提前报废的固定资产，以及以经营租赁方式租入的固定资产不提折旧，其余各项固定资产依据已经确定的折旧方法计提固定资产折旧。

3）账务处理

在实际工作中，月度终了时，根据“会计记录”和“固定资产折旧费用分配表”对固定资产折旧费用分配结果进行账务处理。基本生产车间使用的固定资产，其固定资产折旧费用由基本生产车间负担，借记“制造费用——基本生产车间”账户，贷记“累计折旧”账户；辅助生产车间使用的固定资产，其固定资产折旧费用由辅助生产车间负担，借记“辅助生产成本”账户，贷记“累计折旧”账户；其他各部门使用的固定资产，其固定资产折旧费用由各部门负担，如管理部门、销售机构使用的固定资产，其固定资产折旧费用由管理部门、销售机构负担，借记“管理费用”、“销售费用”等账户，贷记“累计折旧”账户。

业务链接 3-8

婕凯汽车配件厂固定资产折旧费用的处理

婕凯汽车配件厂生产甲、乙两种产品，本月生产设备计提折旧 1 000 元，生产厂房计提折旧 2 000 元，行政办公大楼计提折旧 1 000 元。

对婕凯汽车配件厂固定资产折旧费用进行会计处理。

解析：本月生产设备和生产厂房计提固定资产折旧费用计入制造费用，共计 3 000

元；行政办公大楼计提折旧计入管理费用，计1 000元。

3.2.5 其他费用的归集与分配

其他费用为直接材料、直接人工、燃料动力、折旧费用之外的其他要素费用，具体包括邮电费、租赁费、印刷费、图书报刊资料费、办公用品费、试验检验费、排污费、差旅费、保险费、交通补助费、误餐补贴费、职工技术补助费以及利息和有关费用性税金等，这些费用有的应计入产品成本，有的应计入期间费用。由于在成本核算时，对这些费用未设其相应的成本项目，因而在实际发生时，如果是基本生产车间发生的费用，记入“制造费用——基本生产车间”账户；如果是辅助生产车间发生的费用，记入“辅助生产成本”账户；不是基本生产和辅助生产发生的费用，即在发生时列入“管理费用”、“财务费用”和“销售费用”。

同步思考3-1

婕凯汽车配件厂费用分配方法的选择

婕凯汽车配件厂生产甲、乙两种产品，耗用材料品种比较单一，且每种产品有较为准确的消耗定额；生产时间采用定额生产工时进行控制，且生产工人工资采用计时工资与计件工资相结合的方式，基本工资为计时，绩效工资为计件，相关保险等费用按工资总额的36%计提。

问题：企业材料费用分配为什么选择材料定额耗用量分配法？工资费用分配为什么选择定额生产工时分配法？运用生产费用要素分配的理论回答。

理解要点：企业材料费用分配选择材料定额耗用量分配法是因为材料费用要素分配包括材料定额耗用量分配法、材料定额费用分配法、材料实际耗用量分配法。材料定额耗用量分配法，适用于材料消耗比较单一，单位产品消耗定量比较准确的产品；材料定额费用分配法，适用于产品生产过程中消耗的原材料品种较多，不宜按品种确定原材料消耗定量，但有比较合理的材料费用消耗定额的产品；材料实际耗用量分配法，适用于能分清材料消耗对象，并有健全的材料消耗记录的产品。本企业生产的产品只有两种，材料消耗比较单一，而且单位产品消耗定额资料齐全又比较准确，所以采用材料消耗定额比例分配法分配原材料费用。

企业工资费用分配选择定额生产工时分配法是因为生产工人计时工资的分配通常有按定额生产工时分配和按实际生产工时分配两种选择，本企业有生产工人定额生产工时资料，并且是工人生产时间的考核依据，所以生产工人计时工资的分配宜采用定额生产工时分配法。对于计件工资，应能分清是哪一位工人生产，即能分清成本计算对象，所以不需要分配。

同步案例3-1

红河工厂生产费用要素的分配

背景与情境：红河工厂为单步骤生产企业，设有一个基本生产车间，大量生产A、B两种产品。原材料在生产开始时一次投入，A产品投产150件，B产品投产200件，月末在产品完工程度为50%。该企业有关资料如下：

①产量：月末，A 产品完工 100 件，月末在产品 50 件；B 产品 200 件全部完工。

②总工时记录：A 产品实际工时共 1 000 小时，B 产品实际工时共 1 500 小时。

③乙材料消耗定额：A 产品 10 千克/件，B 产品 3 千克/件。

④本月发生费用见表 3-7、表 3-8、表 3-9。

表 3-7　**本月发生材料费用表**　单位：元

用途	直接领用甲材料	共同耗用乙材料
A 产品	5 000	
B 产品	6 000	
小计	11 000	4 200
基本生产车间	1 300	
一般耗用		
合计	12 300	4 200

表 3-8　**本月人工费用表**　单位：元

人员类别	应付职工薪酬
生产工人	28 500
基本车间管理人员	5 700
行政管理人员	5 700
合计	39 900

表 3-9　**折旧及其他费用表**　单位：元

使用单位	折旧费用	其他费用（办公）
基本生产车间	10 000	500
管理部门	2 000	1 000
合计	12 000	1 500

该厂财务部要求其成本核算员王某根据上述资料回答如下问题：（1）红河工厂生产费用要素的内容是什么？（2）A、B 产品共同耗用材料、人工费用分配应选择哪种方法？（3）红河化工厂 A、B 产品直接材料、直接人工、制造费用各是多少？

王某提供的解答如下：

（1）红河工厂生产费用要素的内容包括：①原材料费用；②人工费用；③其他办公费；④固定资产折旧费；⑤制造费用。

（2）材料分配选择产品产量比例分配法，人工费用分配选择实际生产工时比例分配法。

（3）红河化工厂 A、B 产品直接材料、直接人工、制造费用计算如下：

①乙原材料费用分配率 = 4 200÷（100+200）= 14（元/件）

A 产品乙原材料费用 = 100×14 = 1 400（元）

B 产品乙原材料费用 = 200×14 = 2 800（元）

A 产品直接领用甲材料 5 000 元，则 A 产品直接材料费为 6 400 元。

B 产品直接领用甲材料 6 000 元，则 B 产品直接材料费为 8 800 元。

②人工费用分配率=28 500÷（1 000+1 500）=11.4（元/小时）

A 产品人工费用=1 000×10=11 400（元）

B 产品人工费用=1 500×10=17 100（元）

③制造费用合计=车间机物料消耗+车间管理人员人工费用+折旧费+办公费

=1 300+5 700+10 000+500=17 500（元）

问题：

1）在本案例中，王某提供的哪些解答和说明正确无误？为什么？

2）在本案例中，王某提供的哪些解答和说明有误？分析其错误原因。

3）对本案例中的有误回答及其说明进行分析更正。

分析提示：

1）王某对第（1）个问题的回答是正确的。因为根据生产费用要素所包含的内容，结合本案例“红河工厂”发生的主要经济活动，按照成本核算生产费用的范围，本公司生产费用为：①原材料费用；②人工费用；③其他办公费；④固定资产折旧费；⑤制造费用。王某对第（2）个问题人工费用所选择分配方法和计算的回答是正确的。因为生产工人计时工资的分配通常有按定额生产工时分配和按实际生产工时分配两种选择，而本企业有产品实际生产工时记录，资料比较准确，所以应选用实际生产工时比例法分配生产工人计时工资。王某对第（3）个问题的回答是正确的。因为制造费用包括车间机物料消耗、车间管理人员人工费用、车间固定资产折旧费、车间办公费等车间所发生的各项间接费用。

2）王某对第（2）个问题材料费用分配方法的选择和计算的回答是错误的。王某选择的是按产量比例分配法分配原材料费用，错误在于 A、B 产品共同耗用乙材料的消耗定额是不同的，即单个产品耗用量有很大差异：A 产品为 10 千克/件，B 产品为 3 千克/件，不能用产品数量作为分配标准。

3）A、B 产品共同耗用材料分配选择材料消耗定额比例分配法，因为材料费用要素分配包括材料定额耗用量分配法、材料定额费用分配法、材料实际耗用量分配法等，而本企业有比较准确的单位产品消耗定量资料。

红河化工厂 A、B 产品直接材料费用计算如下：

A、B 产品共同耗用乙原材料费用分配率=4 200÷（1 500+600）=2（元/千克）

A 产品乙原材料费用=1 500×2=3 000（元）

B 产品乙原材料费用=600×2=1 200（元）

A 产品直接领用甲材料 5 000 元。

B 产品直接领用甲材料 6 000 元。

A 产品直接材料费用 8 000 元。

B 产品直接材料费用 7 200 元。

3.3 辅助生产费用归集与分配

辅助生产在工业企业指的是为基本生产服务而进行的产品生产和劳务供应。辅助生产车间的类型有两种：只生产一种产品或只提供一种劳务，如供电、供水、供气、运输等辅助生产车间；生产多种产品或提供多种劳务，如从事工具、模具、修理用备件的制造及机器设备修理等活动的辅助生产车间。**辅助生产费用**是辅助生产车间为生产产品或提供劳务而发生的原材料费用、动力费用、人工费用以及辅助生产车间的制造费用。

3.3.1 辅助生产费用的归集

辅助生产费用的归集，是在生产费用发生时按照受益对象归属到辅助生产成本账户中的过程和结果。其具体内容包括：辅助生产车间领用材料费用；辅助生产车间生产和管理人员人工费用；辅助生产车间动力费用；辅助生产车间固定资产折旧费用；辅助生产车间制造费用；辅助生产车间其他费用。

辅助生产费用通过“辅助生产成本”账户归集和分配，为了反映各个辅助生产车间的费用发生情况，在“辅助生产成本”账户下，按不同的辅助生产车间分户，进行辅助生产的明细分类核算。

要说明的是，在辅助车间辅助生产为基本生产提供劳务的情况下，一般不设置“制造费用”账户，辅助车间发生的各项费用直接计入“辅助生产成本”；在辅助车间辅助生产为基本生产不仅提供劳务，还提供辅助产品的情况下，可以设置“制造费用——辅助生产车间”账户，期末将制造费用分配记入“辅助生产成本”，其原理与基本生产车间相同。

业务链接3-9

辅助生产费用的归集

某机械制造厂设有配电和机修两个辅助生产车间，机修车间负责对全厂机器设备的维修，配电车间接受外来电源，负责供给和记录全厂各部门的用电及电器的维修。本企业生产1#、2#机械产品。通过对本月经济活动发生过程进行归集，提供劳务量见表3-10，具体会计账务处理为：

转1	借：辅助生产成本——机修车间	7 500	
	贷：原材料		7 500
转2	借：辅助生产成本——机修车间	3 060	
	——配电车间	460	
	贷：低值易耗品		3 520
转3	借：辅助生产成本——机修车间	10 495.98	
	——配电车间	4 514.4	
	贷：应付职工薪酬		15 010.38
转4	借：辅助生产成本——机修车间	357.15	
	——配电车间	478.58	
	贷：应付账款——水费		835.73
转5	借：辅助生产成本——配电车间	53 000	
	贷：应付账款——电费		53 000
转6	借：辅助生产成本——机修车间	2 480	
	——配电车间	3 600	
	贷：低值易耗品		6 080

自行设计辅助生产提供劳务量表格，登记辅助生产成本明细账。

解析：辅助生产提供劳务量表格见表3–10。

表3–10 **辅助生产提供用电、机修劳务数量**

××××年12月31日

辅助生产车间	铸造车间		机械加工车间		装配车间		机修车间	配电车间	厂部	合计
	生产	车间	生产	车间	生产	车间	生产	生产		
机修（检修时点）		12 400		30 100		26 026		300	5 000	73 826
配电（度）	15 000	1 144	6 000	1 644	3 000	1 214	3 180		21 810	52 992

辅助生产明细账归集结果见表3–11、表3–12。

表3–11 **辅助生产成本明细账（一）**

一 级科目编号及名称：辅助生产成本　　　　二 级科目编号及名称：机修车间

××××年		凭证号数	摘要	（借）方金额					
月	日			原材料	低值易耗品	人工费	水费分配	计提折旧	合计
12	31	转1	领用原材料	7 500					
		转2	领用工具		3 060				
		转3	分配人工费			10 495.98			
		转4	水费分配				357.15		
		转6	计提折旧					2 480	
			合计						23 893.13

表3–12 **辅助生产成本明细账（二）**

一 级科目编号及名称：辅助生产成本　　　　二 级科目编号及名称：配电车间

××××年		凭证号数	摘要	（借）方金额					
月	日			低值易耗品	人工费	水费分配	电费分配	计提折旧	合计
12	31	转2	领用工具	460					
		转3	分配人工费		4 514.4				
		转4	水费分配			478.58			
		转5	电费分配				53 000		
		转6	计提折旧					3 600	
			合计						62 052.98

3.3.2 辅助生产费用的分配

辅助生产费用分配是指将辅助生产成本各明细账上所归集的费用，采用一定的方法计算出产品或劳务的总成本和单位成本，并按受益对象耗用的数量计入基本生产成本或期间费用的过程。

辅助生产费用的分配方法通常有：直接分配法、交互分配法、代数分配法、顺序分配法和计划成本分配法。

1）直接分配法

直接分配法是指将辅助生产部门发生的辅助生产费用，全部直接分配给辅助生产部门以外各受益对象负担的一种方法。它的特点是辅助生产部门之间相互提供产品或劳务成本互不分配，既不转出，也不转入。它的分配计算公式如下：

费用分配率（单位成本）= 某辅助生产部门待分配费用 ÷ 该辅助生产部门提供给辅助生产部门以外受益对象的劳务总量

某受益对象应负担的费用=该受益对象接受的劳务供应总量×费用分配率

业务链接3-10

直接分配法分配辅助生产费用

按"业务链接3-9"给定资料，机修车间辅助生产成本为23 893.13元，配电车间辅助生产成本为62 052.98元。

请采用直接分配法分配辅助生产费用。

解析： 第一步，计算辅助车间对外分配费用的费用分配率。

机修车间费用分配率=23 893.13÷（73 826-300）=0.3250（元/检修时点）

配电车间费用分配率=62 052.98÷（52 992-3 180）=1.2457（元/度）

第二步，计算对外分配辅助费用。

铸造车间承担的机修费用=12 400×0.3250=4 030（元）

机械加工车间承担的机修费用=30 100×0.3250=9 782.50（元）

装配车间承担的机修费用=26 026×0.3250=8 458.45（元）

厂部承担的机修费用=23 893.13-4 030-9 782.5-8 458.45=1 622.18（元）

铸造车间1#、2#产品承担的配电电费=15 000×1.2457=18 685.50（元）

铸造车间承担的配电电费=1 144×1.2457=1 425.08（元）

机械加工车间1#、2#产品承担的配电电费=6 000×1.2457=7 474.20（元）

机械加工车间承担的配电电费=1 644×1.2457=2 047.93（元）

装配车间1#、2#产品承担的配电电费=3 000×1.2457=3 737.1（元）

装配车间承担的配电电费=1 214×1.2457=1 512.28（元）

厂部承担的配电电费=62 052.98-18 685.50-1 425.08-7 474.20-2 047.93-3 737.10-1 512.28
=27 170.89（元）

编制辅助生产费用直接分配表，见表3-13。

再将各车间1#、2#产品的电费按工时定额进行分配，铸造车间工时定额1#产品3 500小时、2#产品1 500小时；机械加工车间工时定额1#产品6 000小时、2#产品1 500小时；装配车间工时定额1#产品4 500小时、2#产品3 000小时。分配结果：

铸造车间产品电费分配率=18 685.50÷5 000=3.7371（元/小时）

铸造车间1#产品承担电费=3 500×3.7371=13 079.85（元）

铸造车间2#产品承担电费=18 685.50-13 079.85=5 605.65（元）

机械加工车间产品电费分配率=7 474.20÷7 500=0.9966（元/小时）

机械加工车间1#产品承担电费=6 000×0.9966=5 979.60（元）

机械加工车间2#产品承担电费=7 474.20-5 979.60=1 494.60（元）

装配车间产品电费分配率=3 737.10÷7 500=0.4983（元/小时）

装配车间1#产品承担电费=4 500×0.4983=2 242.35（元）

表 3-13 **辅助生产费用直接分配表**

××××年××月××日 金额单位：元

项目			待分配辅助生产成本	劳务量	分配率	分配后金额	合计
直接分配	机修车间		23 893.13	73 826 (300)	0.3250		
	配电车间		62 052.98	52 992 (3 180)	1.2457		
铸造车间	1$^{\#}$、2$^{\#}$机械产品			15 000	1.2457	18 685.50	18 685.50
	制造费用	机修		12 400	0.3250	4 030	5 455.08
		配电		1 144	1.2457	1 425.08	
	合计					24 140.58	24 140.58
机械加工车间	1$^{\#}$、2$^{\#}$机械产品			6 000	1.2457	7 474.20	7 474.20
	制造费用	机修		30 100	0.3250	9 782.50	11 830.43
		配电		1 644	1.2457	2 047.93	
	合计					19 304.63	19 304.63
装配车间	1$^{\#}$、2$^{\#}$机械产品			3 000	1.2457	3 737.10	3 737.10
	制造费用	机修		26 026	0.3250	8 458.45	9 970.73
		配电		1 214	1.2457	1 512.28	
	合计					13 707.83	13 707.83
管理部门	机修			5 000	0.3250	1 622.18	28 793.07
	配电			21 810	1.2457	27 170.89	
合计						85 946.11	85 946.11

装配车间 2$^{\#}$产品承担电费 = 3 737.10 − 2 242.35 = 1 494.75（元）

编制动力费用分配表，见表 3-14。

表 3-14 **动力费用分配表**

××××年××月××日 金额单位：元

项目		定额工时	分配率	动力费用分配额
铸造车间	1$^{\#}$机械产品	3 500		13 079.85
	2$^{\#}$机械产品	1 500		5 605.65
	合计	5 000	3.7371	18 685.50
机械加工车间	1$^{\#}$机械产品	6 000		5 979.60
	2$^{\#}$机械产品	1 500		1 494.60
	合计	7 500	0.9966	7 474.20
装配车间	1$^{\#}$机械产品	4 500		2 242.35
	2$^{\#}$机械产品	3 000		1 494.75
	合计	7 500	0.4983	3 737.10
总计		20 000		29 896.80

第三步，账务处理。

根据“辅助生产费用分配表”，对辅助生产费用结果进行账务处理。

借：基本生产成本——铸造车间（1#产品）	13 079. 85	
——铸造车间（2#产品）	5 605. 65	
制造费用——铸造车间	5 455. 08	
基本生产成本——机械加工车间（1#产品）	5 979. 60	
——机械加工车间（2#产品）	1 494. 60	
制造费用——机械加工车间	11 830. 43	
基本生产成本——装配车间（1#产品）	2 242. 35	
——装配车间（2#产品）	1 494. 75	
制造费用——装配车间	9 970. 73	
管理费用	28 793. 07	
贷：辅助生产成本——机修车间		23 893. 13
——配电车间		62 052. 98

采用直接分配法分配辅助生产费用比较简单，但分配结果不够正确。直接分配法适用于辅助生产车间之间互相消耗的劳务量较少的企业。

2）交互分配法

交互分配法是将辅助生产部门相互提供的劳务先行交互分配，然后再将各辅助生产部门交互分配后的实际辅助生产费用，全部分配给辅助生产部门以外各受益单位的一种分配方法。

这种方法的特点是两次分配。第一次分配是，先根据各辅助生产部门相互提供的劳务数量和交互分配前的分配率进行一次交互分配；第二次分配是，将各辅助生产部门交互分配后的实际费用（交互分配前的费用加上交互分配转入的费用减去交互分配转出的费用），再按向辅助生产部门以外各受益单位提供的劳务量进行分配。

（1）计算交互分配的交互分配率

交互分配率＝辅助生产成本直接归集费用额÷劳务供应总量

某辅助生产部门分入的辅助生产费用＝该辅助生产部门受益的劳务量×对应的交互分配率

某辅助生产部门分出的辅助生产费用＝提供给某辅助生产部门的劳务量×对应的交互分配率

（2）将交互分配后辅助生产费用对外分配

某辅助生产部门对外费用分配率＝该辅助生产部门对外待分配费用÷对外提供的劳务总量

某辅助生产部门对外待分配费用＝该辅助生产部门直接费用+交互分入的费用−交互分出的费用

某受益单位应承担辅助生产费用＝该单位受益的劳务量×对外费用分配率

业务链接 3-11

交互分配法分配辅助生产费用

按“业务链接 3-9”给定资料，机修车间辅助生产成本为 23 893. 13 元，配电车间辅助生产成本为 62 052. 98 元。

请采用交互分配法分配辅助生产费用。

解析：第一步，计算辅助车间交互分配的费用分配率和交互分配结果。

机修车间交互分配率=23 893. 13÷73 826=0. 3236（元/检修时点）

配电车间交互分配率=62 052. 98÷52 992=1. 1710（元/度）

机修车间分出去的机修费用=300×0. 3236=97. 08（元）

机修车间转入的电费=3 180×1. 1710=3 723. 78（元）

配电车间分出去的电费=3 180×1. 1710=3 723. 78（元）

配电车间转入的机修费用=300×0. 3236=97. 08（元）

交互分配后的结果：

机修车间实际辅助生产费用=23 893. 13−97. 08+3 723. 78=27 519. 83（元）

配电车间实际辅助生产费用=62 052. 98−3 723. 78+97. 08=58 426. 28（元）

第二步，将辅助生产车间实际辅助生产费用对外分配。

分配原理同“业务链接 3−10”。

分配结果见表 3−15、表 3−16。

表 3−15

辅助生产费用交互分配表

××××年××月××日

金额单位：元

项目			待分配辅助生产成本	劳务量	分配率	交互分配金额	合计
交互分配	机修车间		23 893. 13	73 826	0. 3236	−97. 08+3 723. 78	27 519. 83
	配电车间		62 052. 98	52 992	1. 1710	+97. 08−3 723. 78	58 426. 28
对外分配	机修车间		27 519. 83	73 526	0. 3743		27 519. 83
	配电车间		58 426. 28	49 812	1. 1729		58 426. 28
铸造车间	$1^{\#}$、$2^{\#}$机械产品			15 000	1. 1729	17 593. 50	17 593. 50
	制造费用	机修转入		12 400	0. 3743	4 641. 32	5 983. 12
		配电转入		1 144	1. 1729	1 341. 80	
	合计					23 576. 62	23 576. 62
机械加工车间	$1^{\#}$、$2^{\#}$机械产品			6 000	1. 1729	7 037. 40	7 037. 40
	制造费用	机修转入		30 100	0. 3743	11 266. 43	13 194. 68
		配电转入		1 644	1. 1729	1 928. 25	
	合计					20 232. 08	20 232. 08
装配车间	$1^{\#}$、$2^{\#}$机械产品			3 000	1. 1729	3 518. 70	3 518. 70
	制造费用	机修转入		26 026	0. 3743	9 741. 53	11 165. 43
		配电转入		1 214	1. 1729	1 423. 90	
	合计					14 684. 13	14 684. 13
管理部门		机修转入		5 000	0. 3743	1 870. 55	27 453. 28
		配电转入		21 810	1. 1729	25 582. 73	
合计						85 946. 11	85 946. 11

表3-16　**动力费用分配表**

××××年××月××日　单位：元

项目		定额工时	分配率	动力费用分配额
铸造车间	1#机械产品	3 500		12 315.45
	2#机械产品	1 500		5 278.05
	合计	5 000	3.51870	17 593.50
机械加工车间	1#机械产品	6 000		5 629.92
	2#机械产品	1 500		1 407.48
	合计	7 500	0.93832	7 037.40
装配车间	1#机械产品	4 500		2 111.22
	2#机械产品	3 000		1 407.48
	合计	7 500	0.46916	3 518.70
总计		20 000		28 149.60

第三步，账务处理。

根据“辅助生产费用交互分配表”，对辅助生产费用分配结果进行账务处理。

交互分配结果的账务处理如下：

借：辅助生产成本——机修车间　3 723.78
　　　　　　　　——配电车间　97.08
　贷：辅助生产成本——机修车间　97.08
　　　　　　　　　——配电车间　3 723.78

对外分配结果的账务处理：

借：基本生产成本——铸造车间（1#产品）　12 315.45
　　　　　　　　——铸造车间（2#产品）　5 278.05
　　制造费用——铸造车间　5 983.12
　　基本生产成本——机加工车间（1#产品）　5 629.92
　　　　　　　　——机加工车间（2#产品）　1 407.48
　　制造费用——机加工车间　13 194.68
　　基本生产成本——装配车间（1#产品）　2 111.22
　　　　　　　　——装配车间（2#产品）　1 407.48
　　制造费用——装配车间　11 165.43
　　管理费用　27 453.28
　贷：辅助生产成本——机修车间　23 893.13
　　　　　　　　　——配电车间　62 052.98

采用交互分配法分配的结果较直接分配法分配的结果更符合实际，也比较正确，但增加了分配的工作量。同时，在进行交互分配时，计算交互分配率及辅助生产车间提供劳务的实际单位成本，因而分配的结果也不可能完全正确。交互分配法通常适用于辅助生产车间之间相互耗用劳务较多的企业。

3）代数分配法

代数分配法是运用代数中解联立方程式原理求出辅助生产单位劳务或产品的单位成本以后，再按各个受益对象耗用劳务或产品数量分配辅助生产费用的一种方法。其基本计算步骤如下：

（1）设辅助生产单位成本为未知数，并根据辅助生产车间之间交互服务关系建立方程组，解方程组，算出各种产品或劳务的单位成本。

（2）用辅助生产单位成本乘以各受益部门的耗用量，求出各受益部门应承担的辅助生产费用。

业务链接 3-12

代数分配法分配辅助生产费用

按“业务链接 3-9”给定资料，机修车间辅助生产成本为 23 893. 13 元，配电车间辅助生产成本为 62 052. 98 元。

请采用代数分配法分配辅助生产费用。

解析：第一步，设机修车间单位成本为 x，配电车间单位成本为 y，联立方程组。

$$\begin{cases} 73\ 826x = 23\ 893.13 + 3\ 180y \\ 52\ 992y = 62\ 052.98 + 300x \end{cases}$$

解得 x=0. 3742，y=1. 1731

第二步，用求得的各单位成本分配辅助生产费用。

分配机修车间费用：

配电车间承担的机修费用=300×0. 3742=112. 26（元）

铸造车间承担的机修费用=12 400×0. 3742=4 640. 08（元）

机械加工车间承担的机修费用=30 100×0. 3742=11 263. 42（元）

装配车间承担的机修费用=26 026×0. 3742=9 738. 93（元）

厂部承担的机修费用=23 893. 13+3 730. 46-112. 26-4 640. 08-11 263. 42-9 738. 93=1 868. 90（元）

分配配电车间费用：

机修车间承担的用电费用=3 180×1. 1731=3 730. 46（元）

铸造车间 1#、2#产品承担的配电电费=15 000×1. 1731=17 596. 50（元）

铸造车间承担的配电电费=1 144×1. 1731=1 342. 03（元）

机械加工车间 1#、2#产品承担的配电电费=6 000×1. 1731=7 038. 60（元）

机械加工车间承担的配电电费=1 644×1. 1731=1 928. 58（元）

装配车间 1#、2#产品承担的配电电费=3 000×1. 1731=3 519. 30（元）

装配车间承担的配电电费=1 214×1. 1731=1 424. 14（元）

厂部承担的配电电费=62 052. 98+112. 26-3 730. 46-17 596. 50-1 342. 03-7 038. 60-1 928. 58-3 519. 30-1 424. 14

=25 585. 63（元）

1#、2#产品承担的配电电费分配原理同“业务链接 3-10”。

第三步，账务处理。

账务处理原理同上，这里不再赘述。

代数分配法是一种“运用数学方法，准确分配费用”的分配方法。其特点是：运用数学方法求得辅助生产费用的分配率，使计算的结果正确，但计算过程比较复杂。适用于实现会计电算化的企业。

4）顺序分配法

顺序分配法又称阶梯法，它是指各辅助生产部门分配费用按照受益多少的顺序排列，受益少的排在前面，先行分配，受益多的排在后面，再行分配的一种方法。其分配特点是：前者分配给后者，而后者不分配给前者，后者的分配额等于其直接费用加上前者分配来的费用之和。其计算公式及步骤如下：

（1）确定辅助生产费用分配顺序

按照辅助生产部门之间收益的多少排序，受益少的排在前，先分配出去；受益多的排在后，后分配出去。

（2）按顺序进行分配

其计算公式为：

$$\text{费用分配率（单位成本）}=\left(\text{某辅助生产部门待分配费用}+\text{前已经分配的辅助生产部门分配计入该部门的费用}\right)\div\left(\text{该辅助生产部门提供给受益对象的劳务总量}-\text{前已经分配的辅助生产部门耗用本部门的劳务量}\right)$$

某受益对象应负担的费用=该受益对象接受的劳务供应总量×费用分配率

业务链接 3-13

顺序分配法分配辅助生产费用

按“业务链接 3-9”给定的资料，机修车间辅助生产成本为 23 893. 13 元，配电车间辅助生产成本为 62 052. 98 元，机修车间用电 3 180 度，配电车间用 300 机修时点。

请采用顺序分配法分配辅助生产费用。

解析：第一步，确定辅助车间分配顺序。

根据给定资料，先计算各自的受益金额。根据交互分配法交互分配结果，机修车间受益 3 723. 78 元，配电车间受益 97. 08 元。所以，配电车间分配顺序排在第一位，机修车间分配顺序排在第二位。

第二步，按顺序分配辅助生产费用。

分配配电车间辅助生产费用：

配电车间分配率=62 052. 98÷52 992=1. 1710（元/度）

机修车间承担的配电电费=3 180×1. 1710=3 723. 78（元）

铸造车间 1#、2#产品承担的配电电费=15 000×1. 1710=17 565. 00（元）

铸造车间承担的配电电费=1 144×1. 1710=1 339. 62（元）

机械加工车间 1#、2#产品承担的配电电费=6 000×1. 1710=7 026. 00（元）

机械加工车间承担的配电电费=1 644×1. 1710=1 925. 12（元）

装配车间 1#、2#产品承担的配电电费=3 000×1. 1710=3 513. 00（元）

装配车间承担的配电电费=1 214×1. 1710=1 421. 59（元）

厂部承担的配电电费=6 2052. 98-3 723. 78-17 565-1 339. 62-7 026-1 925. 12-3 513-1 421. 59
=25 538. 87（元）

1#、2#产品承担的配电电费分配原理同“业务链接 3-10”，这里不再赘述。

分配机修车间辅助生产费用：

机修车间实际辅助生产费用=23 893.13+3 723.78=27 616.91（元）

机修车间对外分配劳务量=73 826-300=73 526（检修时点）

机修车间分配率=27 616.91÷（73 826-300）=0.3756（元/检修时点）

铸造车间承担的机修费用=12 400×0.3756=4 657.44（元）

机加工车间承担的机修费用=30 100×0.3756=11 305.56（元）

装配车间承担的机修费用=26 026×0.3756=9 775.37（元）

厂部承担的机修费用=27 616.91-4 657.44-11 305.56-9 775.37=1 878.54（元）

第三步，账务处理。

账务处理原理同“业务链接3-10”，这里不再赘述。

顺序分配法的分配顺序按受益的劳务金额从小到大排列，分配的过程是前者分配给后者，后者不分配给前者，每一辅助生产车间被分配的辅助生产费用是归集的辅助生产费用加上其他辅助生产车间分来的生产费用。顺序分配法适用于辅助生产车间较多、相互耗用的劳务金额相差较大的企业。

5）计划成本分配法

计划成本分配法，是根据辅助生产提供劳务的计划单位成本和各受益单位的受益量分配辅助生产费用的一种方法。其内容也是进行两次分配，先是按劳务的计划单位成本分配辅助生产部门为各受益单位（包括其他辅助生产部门）提供的劳务费用，然后再将辅助生产部门实际发生的费用（包括交互分配转入的费用在内）与按计划成本分配出去的费用的差额，即成本差异，分配给辅助生产以外的受益单位。其计算公式及步骤如下：

（1）按计划成本分配辅助生产费用。

某受益对象应承担劳务费用（含辅助生产部门）=该受益对象的受益数量×计划单位成本

（2）分配计划成本差异

成本差异=各辅助生产部门发生的费用+按计划成本分配转入的费用-按计划成本分配转出的费用

成本差异分配率=成本差异÷辅助生产部门以外的受益单位劳务量（或分配的计划成本）

某受益单位应分摊的成本差异=该受益单位受益量（或分摊的计划成本）×成本差异分配率

业务链接3-14

计划成本分配法分配辅助生产费用

按“业务链接3-9”给定资料，机修车间辅助生产成本为23 893.13元，配电车间辅助生产成本为62 052.98元。设定机修车间计划成本率为0.3742，配电车间计划成本率为1.1732。

请采用计划成本分配法分配辅助生产费用。

解析：第一步，计算辅助车间计划成本分配结果。

分配机修车间费用：

配电车间承担的机修费用=300×0.3742=112.26（元）

铸造车间承担的机修费用=12 400×0.3742=4 640.08（元）

机械加工车间承担的机修费用=30 100×0.3742=11 263.42（元）

装配车间承担的机修费用=26 026×0.3742=9 738.93（元）

厂部承担的机修费用=5 000×0.3742=1 871.00（元）

机修车间按计划成本分配总额为27 625.69元。

分配配电车间费用：

机修车间承担的配电电费=3 180×1.1732=3 730.78（元）

铸造车间1#、2#产品承担的配电电费=15 000×1.1732=17 598.00（元）

铸造车间承担的配电电费=1 144×1.1732=1 342.14（元）

机械加工车间1#、2#产品承担的配电电费=6 000×1.1732=7 039.20（元）

机械加工车间承担的配电电费=1 644×1.1732=1 928.74（元）

装配车间1#、2#产品承担的配电电费=3 000×1.1732=3 519.60（元）

装配车间承担的配电电费=1 214×1.1732=1 424.26（元）

厂部承担的配电电费=21 810×1.1732=25 587.49（元）

配电车间按计划成本分配总额为62 170.21元。

第二步，计算辅助车间计划成本差异。

机修车间差异=23 893.13+3 730.78−27 625.69=−1.78（元）

配电车间差异=62 052.98+112.26−62 170.21=−4.97（元）

第三步，处理计划成本差异。

因差异很小，直接列入当月管理费用。

账务处理原理同上，这里不再赘述。

实际工作中，为简化核算手续，可以将上述劳务成本差异全部列为当月的管理费用。其特点是：对辅助生产费用进行两次分配，第一次根据辅助生产车间提供的劳务总量，按计划分配率进行分配；第二次对劳务成本差异采用直接分配法，在辅助生产车间以外的受益部门中进行分配，或全部列为管理费用。计划成本分配法适用于计划分配率比较准确的企业。

业务链接3-15

西安现代农药厂辅助生产费用分配方法的选择

西安现代农药厂属于季节性生产企业，夏季7、8两月因高温不生产农药，进行设备维修。辅助生产费用采用年度数进行控制。设有两个辅助车间，机修车间和配电车间，机修车间负责全厂机器设备维修，配电车间负责全厂配电供给。

请选择生产费用分配方法。

解析：西安现代农药厂辅助生产费用分配方法应选择计划成本分配法，因为本企业辅助生产费用采用年度数进行控制，属于计划分配率比较正确的企业，适用计划成本分配法。

同步思考3-2

西安现代农药厂辅助生产费用分配方法为什么选择计划成本分配法

西安现代农药厂属于季节性生产企业，夏季7、8两月因高温不生产农药，进行设备维修。辅助生产费用采用年度数进行控制。设有两个辅助车间，即机修车间和配电车间。机修车间负责全厂机器设备维修，配电车间负责全厂配电供给。西安现代农药厂辅助生产费用分配方法应选择计划成本分配法。

问题：企业辅助生产费用分配为什么选择计划成本分配法？运用辅助生产费用分配的理论回答。

理解要点：辅助生产费用分配通常有直接分配法、交互分配法、代数分配法、顺序分配法、计划成本分配法。计划成本分配法的特点是对辅助生产费用进行两次分配：第一次根据辅助生产车间提供的劳务总量，按计划分配率进行分配；第二次对劳务成本差异采用直接分配法，适用于计划分配率比较准确的企业。

本企业辅助生产费用采用年度数进行控制，属于计划分配率比较准确的企业，适用计划成本分配法。

互动专栏 3-1

互动问题：

(1) 辅助生产费用分配方法与企业类型及生产特点是否紧密相连？

(2) 辅助生产费用分配方法与企业辅助生产车间数量及管理要求是否相关？

要求： 同“互动专栏 1-1”的“要求”。

3.4 制造费用归集与分配

制造费用是企业为生产产品而发生的应该计入产品成本，但没有专设成本项目的各项生产费用，是在生产车间发生的各项间接费用。生产车间制造费用是本车间发生的各项间接费用，分配时，只能分给本车间生产的产品或提供的劳务，不得分配给本车间以外的对象。

3.4.1 制造费用的归集

制造费用的归集，是在生产费用发生时按照受益车间归属到“制造费用”账户中的过程和结果。具体内容为：①直接用于产品生产未单独设置成本项目的费用，即未单独设置“燃料及动力”成本项目的燃料及动力费、机器设备折旧费、修理费、租赁费、保险费、生产车间的工具费、图纸设计费和产品试验检验费用等；②间接用于产品生产不能单设产品成本项目的费用，如房屋建筑物折旧费用，修理费用，保险费用及租赁费用，机物料消耗费用，车间的照明、取暖、降温、通风、除尘等费用，工人的劳动保护费用，发生的季节性停工或固定资产大修理期间停工造成的损失等；③为组织和管理产品生产而发生的费用，如生产管理人员人工费用，生产管理部门使用的固定资产折旧费用，修理费用，保险费用，租赁费用，生产管理部门发生的照明、取暖、降温、通风、出差、办公费用等。

制造费用通过“制造费用”账户归集和分配，为了反映各个生产车间的费用发生情况，在“制造费用”账户下，按不同的生产车间分户，进行制造费用的明细分类核算。

业务链接 3-16

制造费用的归集

某机械制造厂设有铸造、机械加工和装配三个基本生产车间，顺序加工生产 1# 和 2# 产品。通过对经济活动过程中发生的费用进行归集，具体会计账务处理为：

转 2	借：制造费用——铸造车间	700	
	——机加工车间	494	
	——装配车间	990	
	贷：低值易耗品		2 184
转 3	借：制造费用——铸造车间	4 902	
	——机加工车间	4 560	
	——装配车间	3 516.90	

贷：应付职工薪酬　　12 978. 90

转 4　借：制造费用——铸造车间　　1 071. 45

——机加工车间　　785. 73

——装配车间　　571. 44

贷：应付账款——水费　　2 428. 62

转 6　借：制造费用——铸造车间　　17 640

——机加工车间　　41 900

——装配车间　　27 000

贷：累计折旧　　86 540

转 8　借：制造费用——铸造车间　　5 983. 12

——机加工车间　　13 194. 68

——装配车间　　11 165. 43

贷：辅助生产成本　　30 343. 23

请登记制造费用明细账，并归集制造费用。

解析： 登记制造费用明细账，归集结果见表 3-17、表 3-18 和表 3-19。

表 3-17　　**制造费用明细账（一）**

一 级科目编号及名称：制造费用　　二 级科目编号及名称：铸造车间

××××年		凭证号数	摘要	（　借　）方金额					
月	日			低值易耗品	应付职工薪酬	计提折旧	水费	辅助生产成本	合计
12	31	转 2	领用劳动工具	700					
		转 3	分配人工费		4 902				
		转 4	分配水费				1 071. 45		
		转 6	计提折旧			17 640			
		转 8	辅助生产成本转入					5 983. 12	
		转 9	分配制造费用						-30 296. 57

注：转 9 为下一节分配制造费用登记的明细账。

表 3-18　　**制造费用明细账（二）**

一 级科目编号及名称：制造费用　　二 级科目编号及名称：机械加工车间

××××年		凭证号数	摘要	（　借　）方金额					
月	日			低值易耗品	应付职工薪酬	计提折旧	水费	辅助生产成本	合计
12	31	转 2	领用劳动工具	494					
		转 3	分配人工费		4 560				
		转 4	分配水费				785. 73		
		转 6	计提折旧			41 900			
		转 8	辅助生产成本转入					13 194. 68	
		转 9	分配制造费用						-60 934. 41

注：转 9 为下一节分配制造费用登记的明细账。

表 3—19 **制造费用明细账（三）**

一 级科目编号及名称：制造费用 二 级科目编号及名称：装配车间

××××年		凭证号数	摘要	（借）方金额					
月	日			低值易耗品	应付职工薪酬——工资	计提折旧	水费	辅助生产成本	合计
12	31	转 2	领用劳动工具	990					
		转 3	分配人工费		3 516.9				
		转 4	分配水费				571.44		
		转 6	计提折旧			27 000			
		转 8	辅助生产成本转入					11 165.43	
		转 9	分配制造费用						–43 243.77

注：转 9 为下一节分配制造费用登记的明细账。

3.4.2 制造费用的分配

通过制造费用的归集，企业在某一会计期间发生的制造费用都已归属到了制造费用的明细账中，在会计期末时，为了正确计算产品的生产成本，还要将其合理地分配到有关产品的成本中去。

分配的原则是：在基本生产部门只生产一种产品的情况下，其归集的制造费用应直接计入该种产品的成本；在生产多种产品的情况下，则制造费用应采用适当的分配方法分配计入各种产品的成本。分配的方法很多，但通常采用的有生产工人工时比例法、生产工人工资比例法、机器工时比例法、年度计划分配率法等。

1）生产工人工时比例法

生产工人工时比例法是按照各种产品所用生产工人工时的比例分配制造费用，其计算公式为：

制造费用分配率＝制造费用总额÷各产品生产工人工时总数

某种产品应承担的制造费用＝该种产品生产工人工时×制造费用分配率

业务链接 3–17

生产工人工时比例法分配制造费用

按“业务链接 3–16”给定资料，某机械制造厂生产 1#、2#两种机械产品，月末归集各车间制造费用为：铸造车间 30 296.57 元，机械加工车间 60 934.41 元，装配车间 43 243.77元。各产品在每个车间的生产工人工时为：铸造车间 1#机械产品 3 500 工时，2#机械产品 1 500 工时；机械加工车间 1#机械产品 6 000 工时，2#机械产品 1 500 工时；装配车间 1#机械产品 4 500 工时，2#机械产品 3 000 工时。

请采用生产工人工时比例法分配制造费用。

解析：制造费用分配过程：

铸造车间制造费用率＝30 296.57÷（3 500+1 500）＝6.0593（元/工时）

$1^{\#}$机械产品承担的制造费用＝3 500×6.0593＝21 207.55（元）

$2^{\#}$机械产品承担的制造费用＝30 296.57－21 207.55＝9 089.02（元）

机械加工车间制造费用率＝60 934.41÷（6 000+1 500）＝8.1246（元/工时）

$1^{\#}$机械产品承担的制造费用＝6 000×8.1246＝48 747.60（元）

$2^{\#}$机械产品承担的制造费用＝60 934.41－48 747.60＝12 186.81（元）

装配车间制造费用率＝43 243.77÷（4 500+3 000）＝5.7658（元/工时）

$1^{\#}$机械产品承担的制造费用＝4 500×5.7658＝25 946.10（元）

$2^{\#}$机械产品承担的制造费用＝43 243.77－25 946.1＝17 297.67（元）

制造费用分配结果见表 3-20。

表 3-20 **制造费用分配表**

××××年 12 月 31 日 单位：元

车间、产品		生产工人工时	分配率	分配后金额
铸造车间	$1^{\#}$机械产品	3 500		21 207.55
	$2^{\#}$机械产品	1 500		9088.95
	合计	5 000	6.0593	30 296.50
机械加工车间	$1^{\#}$机械产品	6 000		48 747.60
	$2^{\#}$机械产品	1 500		12 186.90
	合计	7 500	8.1246	60 934.50
装配车间	$1^{\#}$机械产品	4 500		25 946.10
	$2^{\#}$机械产品	3 000		17 297.40
	合计	7 500	5.7658	43 243.50

账务处理：

借：基本生产成本——铸造车间（$1^{\#}$产品） 21 207.55

——铸造车间（$2^{\#}$产品） 9 088.95

贷：制造费用——铸造车间 30 296.50

借：基本生产成本——机械加工车间（$1^{\#}$产品） 48 747.60

——机械加工车间（$2^{\#}$产品） 12 186.90

贷：制造费用——机械加工车间 60 934.50

借：基本生产成本——装配车间（$1^{\#}$产品） 25 946.10

——装配车间（$2^{\#}$产品） 17 297.40

贷：制造费用——装配车间 43 243.50

按生产工时比例分配制造费用，能将劳动生产率与产品负担的制造费用结合起来，使分配结果比较合理，在实际工作中用得也较多。

2）生产工人工资比例法

生产工人工资比例法是按照计入各种产品成本的生产工人实际工资的比例分配制造费用的方法。其计算公式为：

制造费用分配率=制造费用总额÷各种产品生产工人工资总额

某种产品应负担的制造费用=该种产品生产工人工资×制造费用分配率

制造费用分配原理同上，这里不再赘述。

采用这种分配方法，由于其分配依据即生产工人工资的资料在工资分配表中是现成的，因而核算工作很简便；并且，如果生产工人工资对产品来说是直接计入费用，则生产工人的工资便能直接反映产品生产的多少，从而使用此方法分配的制造费用对不同产品来说负担也比较合理。但要注意的是，采用这种方法的前提是各种产品生产的机械化程度应该相差不多。

3）机器工时比例法

机器工时比例法是按照各种产品生产时所用机器设备时数作为分配标准来分配制造费用的一种方法。其计算公式为：

制造费用分配率=制造费用总额÷各种产品机器工时总数

某种产品应负担的制造费用=该种产品机器工时数×制造费用分配率

制造费用分配原理同上，这里不再赘述。

当机器设备是主要的生产因素，以及机器工时与人工时间没有必然联系时，这种方法较为适用，特别是在机械化生产程度较高的生产部门，这种分配结果较为精确。但采用这种方法，必须具备各种产品所用的机器工时的原始记录。

4）年度计划分配率法

年度计划分配率法也叫预定分配率法，它是根据企业正常经营条件下的年度制造费用预算数和预计产量的定额标准数预先计算分配率，然后按此分配率分配制造费用的一种方法。这种分配方法的基本步骤是：

（1）计算年度计划分配率

制造费用计划分配率=年度制造费用计划总额÷年度预计产量的定额标准数

（2）按计划分配率分配制造费用

某种产品应分配的制造费用=该种产品的实际产量定额标准×计划分配率

（3）处理分配的差异

按计划分配率分配的制造费用数额与制造费用实际数额之间一般存在着差异，对此差异的处理方法是：年末时，将其差异额按已分配的比例进行一次再分配，计入到各生产单位所生产的各产品成本中去。实际数大于已分配数的，用蓝字补计，小于已分配数的用红字冲回。

这种分配方法下，年度中间制造费用明细账以及与之相联系的制造费用总账账户不仅可能有月末余额，而且既可能是借方余额，也可能是贷方余额。到年底时，如果制造费用账户仍然有余额，就是全年制造费用的实际发生额与计划分配额的差异，那么，就要进行一次再分配，予以调整使之无余额。

业务链接 3-18

年度计划分配率法分配制造费用

某企业某会计年度，一车间计划发生制造费用 180 000 元，该车间生产的 A、B 产品计划产量分别为 20 000 件和 5 000 件。A、B 产品的定额工时分别为 5 小时和 10 小时。假定该车间当年12月份实际产品产量为A产品2 000件，B产品400件，该企业计划分配率法分配后，出现借方差异（实际数大于计划分配数的差异）423.50元。

请采用年度计划分配率法进行制造费用分配。

解析： 第一步，计算制造费用年度计划分配率。

一车间制造费用分配率＝180 000÷（20 000×5+5 000×10）＝1.2（元/小时）

第二步，计算年度计划制造费用差异分配率。

A产品12月应承担计划制造费用＝2 000×5×1.2＝12 000（元）

B产品12月应承担计划制造费用＝400×10×1.2＝4 800（元）

制造费用差异分配率＝423.50÷（12 000+4 800）＝0.0252

第三步，分配差异。

A产品年末应承担制造费用差异额＝12 000×0.0252＝302.40（元）

B产品年末应承担制造费用差异额＝423.50−302.40＝121.10（元）

采用年度计划分配率分配制造费用，分配手续简便，有利于及时计算产品成本，适用于季节性生产企业，使单位产品负担的制造费用相对均衡。为保证产品成本计算的正确性，要求采用年度计划分配率的企业有比较准确的定额标准和较高的计划管理水平。

制造费用的分配方法，企业可根据自身实际情况合理地加以选用，而且在条件没有变化的情况下，不应随便改变分配方法。如需变更，应在会计报表附注中予以说明。

同步思考3-3

西安现代农药厂制造费用分配方法为什么选择年度计划率分配法

西安现代农药厂属于季节性生产企业，夏季7、8月份因高温不生产农药，进行设备维修。制造费用采用年度数进行控制。该厂设有两个辅助车间，即机修车间和配电车间。制造费用分配方法应选择年度计划率分配法。

问题： 企业制造费用分配为什么选择年度计划率分配法？运用制造费用分配的理论回答。

理解要点： 制造费用分配通常有生产工人工时比例法、生产工人工资比例法、机器工时比例法、年度计划分配率法。生产工人工时比例法，能将劳动生产率与产品负担的制造费用结合起来，使分配结果比较合理，在实际工作中用得也较多；生产工人工资比例法，工资资料在工资分配表中是现成的，核算工作很简便，采用这种方法的前提是各种产品生产的机械化程度应该相差不多；机器工时比例法，当机器设备是主要的生产因素，以及机器工时与人工时间没有必然联系时，这种方法较为适用，特别是在机械化生产程度较高的生产部门，这种分配结果较为精确，前提是具备各种产品所用的机器工时的原始记录；年度计划分配率法，采用年度计划分配率分配制造费用，分配手续简便，有利于及时计算产品成本，适用于季节性生产企业，使单位产品负担的制造费用相对均衡。

本企业属于季节性生产企业，且制造费用采用年度数进行控制，符合年度计划分配率法的特点，因此适用年度计划分配率法。

职业道德与会计伦理3-2

高参的建议

背景与情境： 红福汽车配件厂是为捷达汽车进行配套的私营企业，年终进行会计成果计算时，老板提出在合法范围内减少企业利润，进行合理避税。会计科召开会议，大家献计献策，最后一致认可了高参的方法，即将原来辅助生产费用交互分配法改成直接分配法，将原来制造费用生产工人工时比例法改成年度计划分配率法。原因有三：其一是经测算更改后计算成本结果大于更改前；其二是制造费用采用年度计划分配率法，可以设定较大的计划分配率，不处理差异；其三是账面采用新方法，制造费用实际成本控制还采用原方法，这样两全其美。

问题： 将生产要素核算方法更改是否符合规定？阐述的原因是否符合会计法规和会计职业道德规范要求？

分析提示： 将生产要素核算方法更改，如果是企业根据生产特点和管理要求进行变更是允许的，但该企业是为调整利润，这样是不允许的。调整阐述的三个原因均不符合会计法规和会计职业道德规范要求：其一不能将成本要素分配各方法之间差异作为调整依据；其二不能人为制造出没有发生的生产费用，不能存侥幸心理做违反会计法规、会计职业道德的事情，差异挂账不处理也不符合会计业务规范；其三，不能设置两套账。

3.5 生产损失的核算

生产损失是指企业在生产产品过程中不能正常生产产品所发生的耗费，包括产品生产过程中发生的正常损耗、产生的边角废料、不符合产品质量标准的废品损失、因各种原因停工而造成的损失等。生产过程中发生的正常损耗及边角废料，在产品成本计算时已经进行了考虑。因此，真正属于成本核算中的生产损失主要指的是废品损失和停工损失。

3.5.1 废品损失的核算

废品是指不符合规定的技术标准，不能按原定用途使用，或需要加工修理后才能正常使用的产品，包括在生产过程中发现的不合格的在产品、入库时发现的不合格的半成品或完工产品，但不包括可以降价销售的次品或等外品、合格品入库后因保管不善发生损坏变质的产品、在产品销售时发现的废品、实行“三包”的企业在产品出售后发现的废品等所发生的一切损失。

废品按照是否可以修复，分为可修复废品与不可修复废品两类。可修复废品是指经过加工修理后可以按原定用途进行使用，而且在经济上是合算的废品；不可修复的废品是指在技术上无法修复，或修复成本过大，在经济上不合算而放弃修复的废品。

为了单独核算废品损失，可以专设“废品损失”账户，同时在“基本生产成本”账户成本项目中增设“废品损失”成本项目。“废品损失”账户借方登记不可修复废品的生产成本和可修复废品的修复费用；贷方反映废品材料回收的价值，有关赔偿的数额以及分配转出的废品损失。

1）不可修复废品损失的核算

对不可修复的废品损失进行核算需要解决两个问题：一是确定发生的废品损失，二是进行废品损失的核算。

计算不可修复的废品损失，就是要将废品应负担的生产费用从全部生产费用中分离出来，具体有两种方法：按实际成本计算和按定额成本计算。

（1）按废品实际成本计算废品损失的核算

采用的方法是将全部生产费用在合格品与废品之间进行分配，分配公式如下：

$$\text{废品承担的直接材料费用}=\text{某产品直接材料费用总额}\div(\text{合格品}+\text{废品数量或约当产量})\times\text{废品数量或约当产量}$$

$$\text{废品承担的直接人工费用}=\text{某产品直接人工费用总额}\div(\text{合格品}+\text{废品数量或约当产量})\times\text{废品数量或约当产量}$$

$$\text{废品承担的制造费用}=\text{某产品制造费用总额}\div(\text{合格品}+\text{废品数量或约当产量})\times\text{废品数量或约当产量}$$

如果该产品于月末尚有部分产品未完工，则上述公式中的分母还应包括在产品数量或约当产量（或工时）。约当产量是指将在产品折合成相当于完工产品的数量。

业务链接3-19

废品损失的会计处理

某企业的基本生产车间生产甲产品500件，生产过程中发现有不可修复废品10件。本月生产甲产品的生产费用为：材料费用100 000元，人工费用24 750元，制造费用14 850元，合计139 600元。废品残料500元入库。分配材料费用时，废品按完工产品计算，分配其他生产费用时，废品折合为约当产量5件。

请确定废品损失，并进行会计处理。

解析：废品损失计算见表3-21。

表3-21　**不可修复废品损失计算表**

生产车间：××基本生产车间

产品名称：甲产品　　××××年××月××日　　金额单位：元

项目	产量	直接材料	约当产量	直接人工	制造费用	成本合计
生产费用	500	100 000	495	24 750	14 850	139 600
分配率		200		50	30	
废品成本	10	2 000	5	250	150	2 400
残料收回		500				500
废品损失		1 500		250	150	1 900

会计主管：×××　　复核：×××　　制单：×××

根据“不可修复废品损失计算表”，编制会计分录：

①借：废品损失——甲产品　　2 400

贷：生产成本——基本生产成本（甲产品） 2 400

②借：原材料 500

贷：废品损失——甲产品 500

③借：生产成本——基本生产成本（甲产品） 1 900

贷：废品损失——甲产品 1 900

根据资料及会计分录（记账凭证）登记“生产成本——基本生产成本（甲产品）”账户，见表3-22。

表3-22 **基本生产成本明细账** 总第 页

产品名称：甲产品 生产车间：××基本生产车间 字第 页

××××年		凭证		摘要	产量（件）	成本项目				合计
月	日	字	号			直接材料	直接人工	制造费用	废品损失	
××	××		×	材料费用	500	100 000				100 000
			×	人工费用			24 750			24 750
			×	制造费用				14 850		14 850
			×	转出废品损失		2 000	250	150		2 400
			×	转入废品损失					1 900	1 900
				生产费用合计	490	98 000	24 500	14 700	1 900	139 100

（2）按废品定额成本计算废品损失的核算

这是按废品数量和事先核定的各项定额费用计算出废品的定额成本，再扣除废品残值及责任人赔偿款后确定废品损失的方法。其特点是不考虑废品实际发生的生产成本。

业务链接3-20

废品损失的计算

某企业第一基本生产车间生产A产品，本月发生不可修复的废品20件。采用定额成本计算废品损失。该企业核定A产品单位直接材料成本300元；核定定额工时20小时，每小时定额人工费用6元，每小时定额制造费用4元。该产品所耗材料在生产开始时一次投入，废品的平均完工率为50%。废品残值共计500元，责任人应付赔偿款1 000元。

请计算该企业的废品损失。

解析：废品损失计算见表3-23。

表 3-23　　**不可修复废品损失计算表**

生产车间：第一基本生产车间

产品名称：A 产品　　××××年××月××日　　金额单位：元

项目	废品数量	直接材料	工时			直接人工	制造费用	合计
			定额工时	完工率	已耗工时			
单位定额	20	300	20	50%	10	6	4	
废品定额成本		6 000				1 200	800	8 000
减：残值收回		500						500
赔偿款		1 000						1 000
废品损失额		4 500				1 200	800	6 500

会计主管：×××　　复核：×××　　制单：×××

采用定额成本计算废品损失的会计处理，与按实际成本计算的废品损失的会计处理相同。

2）可修复废品损失的核算

可修复废品损失指的是在修复过程中发生的各种费用，即废品的修复费用。

可修复废品损失在废品修复时计算。计算公式如下：

可修复废品损失=修复废品材料费用+修复废品人工费用+修复废品制造费用

上述公式中的材料费用、人工费用和制造费用数额按实际发生额取得。

在不单独核算“废品损失”的生产企业，不设“废品损失”账户，在产品成本项目中也不设“废品损失”项目，只是在回收残值或应收赔偿款时冲减“基本生产成本”账户，并从其产品成本明细账的有关成本项目中扣除。

可修复废品损失是对废品进行修复所支付的修复费用。经修复后，其产品成本由原生产成本和修复费用构成。如果有废品收回残值或赔偿收入，冲减可修复废品的损失。可修复废品损失在进行修复时归集，其计算公式是：

$$\text{可修复废品损失}=\text{修复废品材料费用}+\text{修复废品人工费用}+\text{修复废品制造费用}-\text{废品收回残值或赔偿收入}$$

对发生的修复费用，从各种费用分配表中取得，并据以编制如下会计分录：

（1）发生修复废品的材料费用（人工费用、制造费用）时：

借：废品损失——××产品

　贷：原材料（应付职工薪酬、银行存款、制造费用等）

（2）确定责任人赔偿款或收回废品残值时：

借：其他应收款（责任人赔偿款）

　原材料（残值入库）

　贷：废品损失——××产品

（3）结转可修复废品损失时：

借：生产成本——基本生产成本——××产品

　贷：废品损失——××产品

若对发生的废品损失不单独设置“废品损失”账户进行核算，则在“基本生产成本”

账户中也不设“废品损失”成本项目。对发生的不可修复废品损失先记入“制造费用”账户，连同其他制造费用在受益产品中进行分配。对发生的可修复废品损失若不单独进行核算，则只反映收回的残值及赔偿款，冲减“基本生产成本”。

业务链接 3-21

大连机车车辆厂废品损失核算

大连机车车辆厂某月废品通知单见表 3-24。

表 3-24　　**废　品　通　知　单**　　大连机车车辆厂　　5 号表（检）

原因代码： 1. 操作者　2. 材料　3. 机器　4. 工具 5. 安装调整　6. 装卸运输　7. 技术指导　8. 设计　9. 未知情况

废品发现于						产品工作号	补废工号	责任单位
年	月	日	车间	班组	责任人	701		机加一车间
××	××	24	机加一	波纹管	赵军	项目	该废品加工之工序	

废品	名称	小波纹管			工序	二次下料　车压型
	图纸号	C8-71-31A			时间	
	数量	25 个	单重	0.547	发现单位：检察员	调送　月　日 经手人
	材质	G18M911	总重	13.759		
废品缺陷	精度 2　压型度 5				原因代码	1；3

费用（金额单位：元）	工时	工资	材料	费用	损失总额	残值	赔偿	净损失额	材料员定额员　会计员
	32.8	317.25	1 412.77	200.87	1 930.89	501.71	53.00	1 376.18	刘丽　李梅

请核算该厂的废品损失，并进行会计处理。

解析：根据废品通知单，大连机车车辆厂波纹管废品损失为：材料费 1 412.77 元、人工费用 317.25 元、制造费用 200.87 元，总计损失 1 930.89 元；残值收入 501.71 元，赔偿 53 元。会计处理为：

借：废品损失　　1 930.89

　贷：基本生产成本——波纹管　　1 930.89

借：原材料　　501.71

　　其他应收款　　53.00

　贷：废品损失　　554.71

借：基本生产成本——波纹管　　1 376.18

　贷：废品损失　　1 376.18

互动专栏 3-2

互动问题：

（1）可修复废品损失与不可修复废品损失的会计处理是否可以一致？

（2）废品损失是增加了总生产成本还是增加了单位生产成本？

要求：同“互动专栏 1-1”的“要求”。

3.5.2　停工损失的核算

停工损失是企业发生非季节性停工所造成的损失，造成停工的主要原因是停电、待料、机器故障或大修、灾害或事故、计划减产等。停工损失由停工期间消耗的燃料及动力、人工费用和制造费用等构成。由过失方或者保险公司支付的赔偿款冲减停工损失。

企业发生停工，由生产车间将停工范围、起止时间、停工原因、过失方等情况在“停工单”中加以记录，送财会部门审核后，作为计算停工损失的原始依据。

为了单独核算停工损失，可以专设“停工损失”账户，同时在“基本生产成本”账户成本项目中增设“停工损失”成本项目。“停工损失”账户的借方归集本月发生的停工损益，贷方登记分配结转的停工损失，分配后该账户一般无余额。该账户应按车间分别设置明细账，账内分设专栏或专行进行明细分类核算。停工损失由于产生的原因不同，其分配结转的方法也不同。

由过失方或保险公司赔偿的停工损失，转作“其他应收款”；属于非正常损失引起的停工损失，列为“营业外支出”；对于其他原因引起的停工损失，计入产品成本。停工损失归集与分配的核算简述如下：

（1）发生各种停工损失时：

借：停工损失——××车间

　贷：应付职工薪酬

　　　累计折旧

　　　制造费用

（2）分配结转停工损失时：

借：基本生产成本——××产品（计入成本部分）

　　其他应收款（过失方或者保险公司支付的赔偿）

　　营业外支出（非正常损失）

　贷：停工损失——××车间

企业也可以不单设“停工损失”账户，而将发生的停工损失直接列入“制造费用”、“其他应收款”和“营业外支出”账户。

职业道德与会计伦理 3-3

调账风波

背景与情境：浩宇机械制造厂是家私营企业，注册为有限责任公司。年终会计结账前，老板提出要在合法范围内减少企业利润，进行合理避税，与会计主管协商调账事宜：一是将老板为自己购买的一辆 20 万元的汽车调成企业的固定资产，原因是老板是企业的员工，老板买的车就是企业使用的车，使得企业增加固定资产20万元，增加累计折旧1.5万元；二是企业招待费超过税法规定的税前抵扣标准部分按照职工培训费处理，原因是可以由管理费用转成制造费用，合理避税，该项费用为10万元；三是企业外购原材料直接计入基本生产成本，原因是原材料就是为生产产品购入的，结果也是由产品承担，省掉中间环节，使得“基本生产成本——直接材料”增加35万元。年终报表完成后，税务部门进行查账，认定企业进行的调整均属错误并构成主观故意，为此与企业发生激烈辩论，企业不认为此种行为有错误。

问题：

（1）本案例中存在哪些道德伦理问题?

（2）对企业的三种调账作出你的善恶研判。

（3）通过适当途径搜集你作善恶研判所依据的行业规范。

（4）本案例对你有哪些启示?

分析提示：

（1）本案例违反了会计“职业观念”、“职业态度”、“职业良心”、“职业守则”。职业观念要求对职业、职业选择、职业工作、会计人员职业道德和会计伦理等问题具有正确的看法；职业态度要求对职业选择或模拟选择有充分的认知和积极的倾向与行动；职业良心要求在履行职业义务时具有强烈的道德责任感和较高的自我评价能力；职业守则要求会计人员爱岗敬业、诚实守信、廉洁自律、客观公正、坚持原则、提高技能、参与管理、强化服务。

（2）关于企业的三种调账；第一种调账从业务上看是可以作为企业的固定资产处理，达到避税的目的，但应在购买时就作为固定资产处理，不宜过后调账；第二笔和第三笔调账是错误的，违反国家法规和会计职业道德。

（3）会计行业规范是：①爱岗敬业：热爱会计工作，安心本职岗位，忠于职守，尽心尽力，尽职尽责；②诚实守信：做老实人，说老实话，办老实事，执业谨慎，信誉至上，不为利益所诱惑，不弄虚作假，不泄露秘密；③廉洁自律：公私分明、不贪不占、遵纪守法、清正廉洁；④客观公正：端正态度，依法办事，实事求是，不偏不倚，保持应有的独立性；⑤坚持原则：熟悉国家法律、法规和国家统一的会计制度，始终坚持按法律、法规和国家统一的会计制度的要求进行会计核算，实施会计监督；⑥提高技能：增强提高专业技能的自觉性和紧迫感，勤学苦练，刻苦钻研，不断进取，提高业务水平；⑦参与管理：在做好本职工作的同时，努力钻研相关业务，全面熟悉本单位经营活动和业务流程，主动提出合理化建议，协助领导决策，积极参与管理；⑧强化服务：树立服务意识，提高服务质量，努力维护和提升会计职业的良好社会形象。

（4）合理避税是国家法律法规允许的，但必须合法合规，会计专业技能过硬。

同步案例3-2

红艺饰品公司生产费用要素分配方案

背景与情境： 红艺饰品公司生产甲、乙、丙三种饰品，设有一个基本生产车间、一个辅助生产车间（机修车间）。产品生产工艺简单，期末没有在产品。主要过程是：材料采购入库、材料领出生产、支付水电费、支付生产及相关管理人员薪酬、计提固定资产折旧、产品完工入库、产品对外销售。该企业有关资料如下：

（1）产品工时定额：甲产品2小时/件，乙产品3小时/件，丙产品5小时/件。

（2）A材料定额：甲产品40克/件，乙产品80克/件。B材料定额：丙产品300克/件。

（3）本月投产甲产品800件、乙产品600件、丙产品500件。

（4）机修车间提供1 880机修小时，其中基本车间1 700小时、管理部门180小时。

（5）本月发生费用见表3-25、表3-26和表3-27。

表3-25 **本月发生材料费用表** 单位：元

用途	共同耗用A材料	直接领用B材料	领用劳动工具
甲产品			
乙产品			
丙产品		9 000	
小计	16 000		
基本生产车间一般耗用			500
机修车间	1 000	1 000	1 000
合计	17 000	10 000	1 500

表3-26 **本月人工费用表** 单位：元

人员类别	应付工资	计提工资相关费用（工资的36%）
生产工人工资	59 000	21 240
基本车间管理人员	5 000	1 800
机修车间人员	10 000	3 600
管理人员工资	10 000	3 600
合计	84 000	30 240

表3-27 **折旧及其他费用表** 单位：元

使用单位	折旧费用	水电费	其他办公费用
基本生产车间	11 000	5 000	720
机修车间	2 000	100	100
管理部门	4 000	500	1 000
合计	17 000	5 600	1 820

成本核算员余志认为该企业成本核算应做以下工作：一是确定成本核算的内容，包括：①材料费用；②人工费用；③水电费及其他费用；④固定资产折旧费。二是原材料费用分配采用材料消耗定额比例分配法分配、劳动工具费用计入生产成本、工资费用采用产品产量比例分配法分配、折旧费用和水电费及办公费用按使用部门直接归属。三是辅助生产费用，因只有一个辅助车间，不需要分配，直接计入基本生产车间的制造费用。四是制造费用采用生产工人定额工时比例法分配。

问题：

（1）成本核算员余志认为该企业成本核算工作哪部分是正确的，为什么？

（2）成本核算员余志认为该企业成本核算工作哪部分是错误的，错在哪里？

（3）对成本核算员余志错误工作处理进行分析更正。

（4）设计各要素分配表格及分配结果。

（5）对生产费用要素分配结果进行会计处理。

分析提示：

（1）成本核算员余志认为该企业成本核算中原材料费用分配采用材料消耗定额比例

分配法分配、折旧费用和水电费及办公费用按使用部门直接归属、制造费用采用生产工人定额工时比例法分配的处理是正确的。因为根据企业经济活动，原材料费用分配方法为：丙产品能直接分清成本对象，不需要分配，甲、乙产品共同耗用原材料有消耗定额基础，原材料费用分配应采用材料消耗定额比例分配法分配；折旧费用和水电费及办公费用能分清使用对象，所以按使用部门直接归属；制造费用为车间间接费用，本例中有生产工人定额工时资料，可以采用生产工人定额工时比例法分配制造费用。

(2) 成本核算员余志认为该企业成本核算中成本核算内容、劳动工具费用计入生产成本、工资费用采用产品产量比例分配法分配、辅助生产费用不需要分配而直接计入基本生产车间的制造费用的处理是错误的。成本核算员余志确认的成本核算内容不全；劳动工具费用不能直接计入生产成本；工资费用分配没有产品产量比例分配法；辅助生产费用是按受益对象进行分配的，不能直接计入基本生产车间的制造费用。

(3) 对于成本核算员余志的错误之处，其正确的处理为：

首先，确定本企业生产费用要素包含的内容，根据“红艺饰品公司”发生的主要经济活动，按照成本核算生产费用的范围，确定本公司生产费用为以下内容：①材料费用；②人工费用；③水电费及其他费用；④固定资产折旧费；⑤辅助生产费用；⑥制造费用。

其次，劳动工具属低值易耗品，基本车间领用应计入基本车间的制造费用。

再次，工资费用分配，因该企业有定额生产工时资料，应采用定额生产工时分配法进行分配。

最后，辅助生产费用，因只有一个车间，应采用直接分配法按受益对象进行分配。

(4) 按上述正确的处理方法，设计各要素分配表格及分配结果。

根据企业生产过程，按生产费用要素分配方法，设计各要素分配表格及分配结果，见表3-28、表3-29、表3-30和表3-31。

表3-28　**材料费用分配表**

××××年××月 ××日　　金额单位：元

应借账户		成本或费用明细项目	A材料费用			B材料费用	低值易耗品	合计
			定额耗用量	费用分配率	分配额			
基本生产成本	甲产品	直接材料	800×40	0.2	6 400			6 400
	乙产品	直接材料	600×80	0.2	9 600			9 600
	丙产品	直接材料				9 000		9 000
	小计			0.2	16 000	9 000		25 000
辅助生产成本	机修车间				1 000	1 000	1 000	3 000
	小计				1 000	1 000	1 000	3 000
制造费用	基本生产车间	机物料消耗					500	500
		小计					500	500
合计					17 000	10 000	1 500	28 500

制表：

表 3-29

人工费用分配表

××××年××月 ××日

金额单位：元

应借账户		成本或费用明细项目	间接计入工资			直接计入工资	工资相关费用（36%）	合计
			生产工人定额工时	费用分配率	分配额			
基本生产成本	甲产品	直接人工费	800×2	10	16 000		5 760	21 760
	乙产品	直接人工费	600×3	10	18 000		6 480	24 480
	丙产品	直接人工费	500×5	10	25 000		9 000	34 000
	小计			10	59 000		21 240	80 240
辅助生产成本	机修车间	辅助生产人员				10 000	3 600	13 600
	小计					10 000	3 600	13 600
制造费用	基本生产车间	车间管理人员				5 000	1 800	6 800
		小计				5 000	1 800	6 800
管理费用		管理人员人工费				10 000	3 600	13 600
合计					59 000	25 000	30 240	114 240

制表：

表 3-30

辅助生产费用直接分配表

××××年××月 ××日

金额单位：元

应借账户		待分配辅助生产成本	劳务量（小时）	分配率	分配后金额	合计
制造费用	基本生产车间		1 700		17 000	17 000
	合计				17 000	17 000
管理费用			180		1 800	1 800
合计		18 800	1 880	10	18 800	18 800

制表：

表 3-31

制造费用分配表

××××年××月 ××日

金额单位：元

应借账户		成本或费用明细项目	生产工人定额工时	分配率	分配后金额
基本生产成本	甲产品	制造费用	800×2		11 124.8
	乙产品	制造费用	600×3		12 515.4
	丙产品	制造费用	500×5		17 379.8
	合计		5 900	6.953	41 020

制表：

（5）根据生产要素分配结果，进行会计处理。

根据本企业生产要素分配结果，进行会计处理如下：

①材料费用分配账务处理：

借：基本生产成本——甲产品	6 400	
——乙产品	9 600	
——丙产品	9 000	
辅助生产成本——机修车间	2 000	
贷：原材料——A 材料		17 000
——B 材料		10 000
借：制造费用——基本生产车间	500	
辅助生产成本——机修车间	1 000	
贷：低值易耗品		1 500

②人工费用分配账务处理：

借：基本生产成本——甲产品	21 760	
——乙产品	24 480	
——丙产品	34 000	
辅助生产成本——机修车间	13 600	
制造费用——基本生产车间	6 800	
管理费用	13 600	
贷：应付职工薪酬——应付工资		84 000
——各种保险		30 240

③折旧费及其他费用账务处理：

折旧费及其他费用见表 3-27。

借：制造费用——基本生产车间	11 000	
辅助生产成本——机修车间	2 000	
管理费用	4 000	
贷：累计折旧		17 000
借：制造费用——基本生产车间	5 720	
辅助生产成本——机修车间	2 00	
管理费用	1 500	
贷：银行存款		7 420

④辅助生产费用分配账务处理：

辅助生产费用＝1 000+1 000+1 000+10 000+3 600+2 000+100+100＝18 800（元）

其分配结果见表 3-30。

借：制造费用——基本生产车间	17 000	
管理费用	1 800	
贷：辅助生产成本——机修车间		18 800

⑤制造费用分配账务处理：

制造费用＝材料费+车间管理人员人工费用+辅助生产分配费用+折旧费+水电费+其他费用

＝500+6 800+17 000+11 000+5 000+720＝41 020（元）

借：基本生产成本——甲产品　　11 124.8
　　　　　　　　——乙产品　　12 515.4
　　　　　　　　——丙产品　　17 379.8
　贷：制造费用——基本生产车间　　41 020

第 4 章
生产费用在完工产品和在产品之间的分配

学习目标

通过本章学习，应该达到以下目标：

理论目标：理解在产品的含义；懂得在产品数量的确定和在产品清查的会计处理；掌握生产费用在完工产品和在产品之间分配方法的计算，并能用其指导产品生产费用分配的相关认知活动。

实务目标：熟悉在产品数量的日常核算，根据各种产品不同的具体条件，选择既合理又简便的方法，将生产费用在完工产品与月末在产品之间进行分配并掌握各种分配方法的原理及应用，以及“业务链接”所及相关业务等知识，能用所学程序性知识规范生产费用分配的相关技能活动。

案例目标：运用所学的“生产费用在完工产品和在产品之间分配”的计算方法和观念研究相关案例，培养和提高学生在特定业务情境中分析问题与解决问题的能力；应用“会计职业道德”规范，分析会计人员行为的善恶，强化学生的“职业道德素质”。

实训目标：引导学生认真并积极参加“生产费用在完工产品与月末在产品之间的分配”的业务胜任力的实践训练。在了解和把握本实训所及“能力与素质领域”相关“技能点”的“规范和标准”基础上，通过切实体验各实训任务的完成、系列技能操作的实施及单据填制，培养“生产费用分配”的专业能力，强化“信息处理”、“数字应用”、“与人交流”、“与人合作”、“解决问题”、“革新创新”的职业核心能力（中级），并通过“认同级”践行“职业理想”、“职业态度”、“职业良心”、“职业作风”、“职业守则”和“会计职业道德”等规范，促进健全职业人格的塑造。

引例　通达机床厂产品数量的确定

背景与情境：通达机床厂生产的机床经过铸造、加工和装配三个工序完成，某月月末各工序在产品数量为：第一道工序 200 件，第二道工序 300 件，第三道工序 400 件。该月加工完成的产品有 1 400 件，但其中有 200 件尽管完工，但尚未办理入库手续。三道工序核定的工时定额分别为 8 小时、6 小时和 4 小时。在月末将直接材料费用、直接人工费用和制造费用在完工产成品与在产品之间分配时，会计李强将直接材料费用按照产成品数量 1 400 件和在产品数量 900 件进行了平均分配，即单位产成品和在产品负担的直接材料费用一样多；直接人工费用和制造费用则对单位在产品按照单位产成品的一半分配，即分给每件在产品的直接人工费用和制造费用等于每件产成品应负担的直接人工费用和制造费用的 50%。主管会计张明达审核时告诉李强：产成品的数量应为 1 200 件，在产品的数量是 1 100 件；另外，对直接人工费用和制造费用的分配不能简单地按完工产品的一半对在产品进行分配，要根据各工序的在产品完工程度确认在产品相当于产成品的数量比例来分配。这是怎么回事呢？

此案例涉及在产品数量的确认方法和生产费用在完工产品和在产品之间分配的方法问题。学完本章将为你提供明确的思路。

4.1 在产品核算概述

4.1.1 在产品的含义

简言之，在产品就是尚未最终完工的产品，包括广义在产品与狭义在产品。广义在产品是指从投产开始至尚未制成最终产品入库的产品，包括正在加工过程中的在制品、正在返修过程中的废品、已完成一个或几个生产步骤还需继续加工的半成品、已完工但尚未入库的完工产品、等待返修的可修复废品等。狭义在产品仅指正在各个生产车间处于相关生产步骤进行加工的在制品。这里所讲的在产品是狭义在产品。

同步思考 4-1

顺兴服装厂如何确认在产品？

顺兴服装厂的经营范围是设计、加工各种职业装、工装，如工作服、汽修服、保洁服、连体服、校服，保安服、美容服、护士服以及各种棉大衣等，同时厂家直销全棉帆布、涤棉帆布、沙卡、细珠帆布、涤卡等面料。月末核算在产品数量时，刚来厂里实习的会计小李对以下事项是否为在产品犯了难：(1) 正在第一生产车间加工中的学生校服 500 件；(2) 库存的等待销售涤棉帆布 200 匹；(3) 库存等待下一生产环节领用的涤卡 150 匹；(4) 已经加工完毕但未经验收入库的学生校服 2 000 件。

问题：上述 4 批产品是完工产品还是在产品？运用在产品的含义分析回答。从分配完工产品和月末在产品应负担生产费用的角度看，你认为哪些是月末在产品？

理解要点：在产品包括广义在产品和狭义在产品。广义在产品是指从投产开始至尚未制成最终入库产品的产品，包括正在加工过程中的在制品、正在返修过程中的废品、已完成一个或几个生产步骤还需继续加工的半成品、已完工但尚未入库的完工产品、等待返修的可修复废品等。狭义在产品仅指正在各个生产车间处于相关生产步骤进行加工的在制品。根据在产品的含义，上述事项（2）、（3）、（4）属于广义的在产品，事项（1）属于狭义的在产品。

4.1.2 在产品数量与完工产品成本计算的联系

任何产品的生产，都要经历在产品的过程。除了简单的单步骤生产以外，企业在连续生产产品的每一个时点上，都会存在正处于加工过程中的在产品。在产品同样消耗了一定的材料费用、人工费用，同样要承担相应的制造费用。因此，存在月末在产品的制造企业，所归集的生产费用应当由本期完工产品与月末在产品共同负担。

在产品数量是核算在产品成本的基础，在产品成本与完工产品成本之和就是产品的生产费用总额。由于本期期末在产品成本就是下期期初在产品成本，因此，在产品成本与完工产品成本的计算关系可用以下公式表示：

月初在产品成本+本月生产费用=本月完工产品成本+月末在产品成本

公式的前两项是已知数，后两项是未知数，前两项的费用之和，在完工产品和月末在产品之间采用一定的方法进行分配。分配的方法有两种：

一是将公式前两项之和按照一定比例在完工产品和月末在产品之间进行分配，同时求得完工产品成本和月末在产品成本；

二是先计算确定月末在产品成本，然后倒算出完工产品成本。

本月完工产品成本=月初在产品成本+本月生产费用-月末在产品成本

无论采用哪一种方法，各月末在产品的数量和费用的大小以及数量或费用变化的大小，对于完工产品成本计算都有很大影响。欲计算完工产品的成本，需取得在产品增减动态和实际结存的数量资料，因而需正确组织在产品收发结存的数量核算。

4.1.3 在产品数量的确定

要确定月末在产品成本，必须先确定月末在产品的数量。对在产品数量进行核算的方法一般有两种：一是设置“在产品台账”，进行台账记录，反映在产品的结存数量；二是通过实地盘点方式确定月末在产品数量。在实际工作中，往往将两种方法结合使用，通过“在产品台账”反映在产品的理论结存数量，通过实地盘点确定在产品的实际结存数量，两者差额表现为在产品的盘点溢余或短缺的数量。

“在产品台账”的格式见表4-1。

表4-1 **在产品台账**

生产车间： 工序： 在产品名称： 计量单位：

日期	凭证号数	摘要	收入数量	转出数量		结存数量			备注
				合格品	废品	已完工	未完工	废品	

4.1.4 在产品清查结果的处理

在产品清查应当在每月月末进行，通过实地盘点确定在产品的实际结存数量，与

“在产品台账”记录的结存数量进行核对，如有不符，编制“在产品盘盈盘亏报告表”，填明在产品名称、盈亏数量、金额、原因等。对于毁损的在产品还要登记残值，经有关领导批准后进行账务处理。为了反映在产品盘盈、盘亏和毁损的处理过程，应当设置“待处理财产损溢”账户。盘亏和毁损在产品价值登记在其借方，盘盈在产品价值登记在其贷方，盘盈、盘亏和毁损在产品经批准转销后，该账户应无余额。企业盘盈的在产品，冲减管理费用；由于日常管理原因造成的盘亏、毁损的在产品，扣除过失人或者保险公司赔款和回收的残料价值以后，计入管理费用。在产品因非常损失造成的毁损，扣除保险公司赔款和回收的残料价值以后，计入营业外支出。具体处理程序和方法如下：

1）盘盈的会计处理

（1）发生盘盈时：

借：基本生产成本——××产品

　贷：待处理财产损溢——待处理流动资产损溢

（2）批准后予以转销时：

借：待处理财产损溢——待处理流动资产损溢

　贷：管理费用

2）盘亏及毁损的会计处理

（1）发生盘亏及毁损时：

借：待处理财产损溢——待处理流动资产损溢

　贷：基本生产成本——××产品

（2）批准后转销时，区别不同情况处理：

借：直接材料（毁损在产品收回的残值）

　　其他应收款（应收过失人或保险公司赔偿损失）

　　营业外支出（非常损失的净损失）

　　管理费用（无法收回的损失）

　贷：待处理财产损溢——待处理流动资产损溢

应注意的是，如果在产品发生非正常损失，其应负担的增值税进项税额也应转出，借记“待处理财产损溢”账户，贷记“应交税费——应交增值税（进项税额转出）”账户。

业务链接 4-1

顺风工厂在产品清查的处理

鲲鹏公司顺风工厂基本生产车间在产品清查结果如下：A 产品的在产品盘盈 5 件，单位成本 10 元；B 产品的在产品毁损 8 件，单位定额成本 15 元，由过失人李林赔款 80 元，其余计入管理费用。

请对顺风工厂在产品清查结果进行账务处理。

解析：盘盈的处理：

借：生产成本——基本生产成本——A 产品　　50

　贷：待处理财产损溢——待处理流动资产损溢　　50

批准后转销：

借：待处理财产损溢——待处理流动资产损溢　　50

　贷：管理费用　　50

盘亏、毁损的处理：

借：待处理财产损溢——待处理流动资产损溢　　120

　贷：生产成本——基本生产成本——B 产品　　120

批准后：

借：其他应收款——李林　　80

　　管理费用　　40

　贷：待处理财产损溢——待处理流动资产损溢　　120

职业道德与会计伦理 4-1

于涛的发现

背景与情境：会计师事务所注册会计师于涛在对某企业的审计过程中发现，该企业12 月份的完工产品数量和在产品数量与以往各月数据相差很大，而该企业由于工艺连接紧凑，生产组织合理，期末在产品的数量往往比较稳定，该月份其他成本资料与同期没有太大差别。经过于涛的进一步调查，发现该企业的成本会计人员及相关人员在确认在产品数量时，通过少计在产品数量、少负担月末在产品成本的方法以达到调增完工产品成本进而增加产品销售成本以及调减产品销售利润的目的。产品销售利润虚减的结果直接导致少缴所得税，影响了国家财政收入，也影响了成本信息在不同期间的可比性。

问题：该企业的会计相关人员违反了哪些会计职业道德的要求？并说明理由。

分析提示：该企业会计人员在此过程中，违反了诚实守信、客观公正的会计职业道德要求。企业要确定月末在产品成本，必须先确定月末在产品的数量。在实际工作中，通过“在产品台账”反映在产品的理论结存数量，通过实地盘点确定在产品的实际结存数量，保证实存与账面数额相符。作为企业的会计人员，确保会计核算资料的准确性和真实性，以实际发生的经济活动为依据，对会计事项进行确认、计量、记录和报告，客观地反映企业的生产经营活动，保护企业财产的安全，促进企业遵守财经纪律。

4.2　生产费用在完工产品与在产品之间的分配

由于各个制造企业的生产规模、工艺流程、成本构成、管理水平、核算要求各不相同，因此，企业在选择完工产品和在产品之间分配费用的方法时应考虑的因素有：月末在产品数量的多少；各月末在产品数量变化的大小；各项费用在成本中的比重；定额管理基础（定额是否准确、稳定）的好坏。在产品成本的确定方法也比较多，目前常用的在产品成本计算方法有：在产品忽略不计算成本法、在产品按固定成本计价法、在产品按所耗直接材料费用计价法、约当产量比例法、在产品按定额成本计价法、在产品按完工产品成本计算法、定额比例分配法。企业可以根据实际情况选择使用，在产品成本计算方法一经确定，不得随意变更，以保证产品成本资料的可比性。

4.2.1　在产品忽略不计算成本法

在产品忽略不计算成本法，简称“不计成本法”，是指月末在产品不计算成本，本期归集的生产费用全部由本期完工产品承担的方法。

它的特点是存在月末在产品，但不计算其应负担的生产费用。这种方法适用的条件是月末在产品数量很少，是否计算其成本，对完工产品成本影响很小。如采煤企业，工作面小，在产品数量少，月末在产品就可以不计算成本。

采用这种方法确定在产品成本，则本月完工产品总成本就是本月该产品所归集的生产费用。其公式为：

本月完工产品总成本=本月发生的生产费用

业务链接4-2

在产品忽略不计法计算产品成本

明达工厂生产A产品，因为A产品生产周期较短，月末在产品数量很少，采用不计算在产品成本法。本月A产品成本计算单登记的生产费用总额为200 000元，其中，直接材料115 000元，直接人工50 000元，制造费用35 000元。本月完工入库A产品5 000件，在产品4件。

请根据本月发生的生产费用资料，计算A产品完工产品总成本和单位成本。

解析：本月完工产品总成本=115 000+50 000+35 000=200 0000（元）

本月完工产品单位成本=200 000÷5 000=40（元/件）

明达产品成本计算见表4-2。

表4-2　**明达产品成本计算单**

产品名称：A产品　产量：件　20××年×月　金额单位：元

摘要	直接材料	直接人工	制造费用	合计
本月生产费用合计	115 000	50 000	35 000	200 000
本月完工产品成本	115 00	50 000	35 000	200 000
本月完工产品单位成本	23	10	7	40

4.2.2 在产品按固定成本计价法

该方法的基本特点是：年内各月在产品成本都按年初在产品成本计算，固定不变，也就是每年只在年末根据实地盘点法计算12月末在产品成本，在次年1—11月，不论在产品数量是否发生变化，都固定地以上年12月末的在产品成本作为各月在产品成本。它适用于各月末之间在产品数量变化不大的产品。在这种分配方法下，每月发生的生产费用就是该月份完工产品的成本。

$$\text{本月完工产品成本}=\text{月初在产品成本（固定年初数额）}+\text{本月发生生产费用}-\text{月末在产品成本（固定年初数额）}=\text{本月发生生产费用}$$

如炼钢、化工企业等有固定容器装置的在产品生产，在产品数量都较稳定，其月初月末在产品之间的差额对完工产品成本影响不大，为了简化计算，月末在产品成本都可以固定不变。但在年末，应该根据实际盘点的在产品数量，具体确认年末在产品的实际成本，并据以计算12月份的完工产品成本。将计算出的年末在产品成本，作为下一年度各月固定的在产品成本，以免相隔时间过长，使在产品成本与实际出入过大，影响产品生产成本计算的正确性。

4.2.3 在产品按所耗直接材料费用计价法

该方法的基本特点是：在确定月末在产品成本时，只计算在产品所消耗的直接材料费用，将人工费用与制造费用全部由当期完工产品负担。这种方法适用于各月在产品数量较多，且各月末在产品数量变化较大，并且直接材料费用在产品成本中所占比重较大的产品。因为在产品的成本构成中，如果材料费用占绝大比重，不计算在产品应负担的人工费用与制造费用，对正确计算完工产品成本影响不大。为了简化计算，在产品可以不计算人工费用及制造费用，如纺织、造纸和酿酒等生产工业的产品，直接材料费用比重较大都可以采用这种分配方法。

不同企业在投料方式、投料时间上不一致，因此在计算月末在产品所消耗的材料费用的方法也不同，下面以生产开始时材料一次投入为例，说明具体的计算公式运用：

本月完工产品成本＝月初在产品成本＋本月发生生产费用－月末在产品成本

业务链接 4-3

大地工厂的在产品成本核算

大地工厂生产 A 产品，A 产品直接材料费用在产品成本总额中所占比重较大，在产品只计算直接材料成本。A 产品本月完工 400 件，月末在产品 100 件，原材料于生产开始时一次投入。本月费用资料见表 4-3。

表 4-3 **大地工厂生产费用表**

产品名称：A 产品　　20××年××月　　金额单位：元

摘要	直接材料	直接人工	制造费用	合计
月初在产品成本	1 000			1 000
本月发生生产费用	5 000	500	800	6 300
本月生产费用合计	6 000	500	800	7 300

请采用在产品按所耗直接材料费用计价法计算完工产品和在产品成本。

解析：由于原材料于生产开始时一次投入，则一件完工产品与一件在产品消耗的直接材料费用相同，直接材料费用可以按完工产品和月末在产品的数量比例分配。

根据以上资料，完工产品与月末在产品成本计算如下：

（1）月末在产品的直接材料费用

直接材料费用分配率＝（1 000+5 000）÷（400+100）＝12（元）

月末在产品成本＝100×12＝1 200（元）

（2）本月完工产品成本所耗直接材料费用＝400×12＝4 800（元）

本月完工产品成本＝4 800+500+800＝6 100（元）

上述计算结果见表 4-4。

表 4-4　　完工产品与月末在产品费用分配表

产品名称：A 产品　产量：400 件　　20××年×月　　金额单位：元

成本项目	月初在产品成本	本月生产费用	合计	月末在产品	本月完工产品成本
直接材料	1 000	5 000	6 000	1 200	4 800
直接人工		500	500		500
制造费用		800	800		800
合计	1 000	6 300	7 300	1 200	6 100

同步思考 4-2

谁的观点正确?

天宇公司是一家造纸企业，该企业生产的某包装纸月末在产品数量较多，变化也较大，用于造纸的原料木材、竹子等在产品成本总额中所占比重较大，达70%以上。该企业的在产品成本的处理方法应该选择哪种呢？李同学认为，该企业的在产品数量较多，应该按固定成本计价法，这样算起来比较简单，便于核算。王同学认为，天宇公司的原材料在产品总额中所占比重较大，各月在产品数量也较大，应该选择按所耗直接材料费用计价法。

问题：在产品成本处理方法是按什么原则选择的？两位同学的观点哪位正确呢？

理解要点：在产品按固定成本计价法适用于各月末之间在产品数量稳定、变化不大的产品，虽然月末在产品核算时考虑了各项成本项目，但由于各月末在产品数量的变化将导致各月末成本不一，因而李同学的观点是不对的。在产品按所耗直接材料费用计价法适用于各月在产品数量多，各月在产品数量变化较大，且直接材料费用在产品成本中所占比重较大的产品。因为在产品的成本构成中，如果材料费用占绝大比重，不计算在产品应负担的直接人工费用与制造费用，对正确计算完工产品成本影响不大。为了简化计算，在产品可以不计算人工费用及制造费用。如纺织、造纸和酿酒等生产工业的产品，直接材料费用比重较大都可以采用这种分配方法。所以王同学的观点是正确的。

4.2.4　约当产量比例法

该方法的基本特点是：将期初结存在产品成本与本期发生的生产费用之和，按完工产品数量与月末在产品约当产量的比例进行分配，以计算完工产品成本和月末在产品成本。分配时按成本项目进行。它适用于月末在产品数量较大，各月末在产品数量变化也较大，产品成本中直接材料费用和直接人工及制造费用的比重相差不大的产品。计算公式如下：

某项费用分配率=某项费用总额÷（完工产品数量+月末在产品约当产量）

完工产品应分配某项费用=完工产品产量×某项费用分配率

在产品应分配某项费用=在产品约当产量×某项费用分配率

采用约当产量比例法分配生产费用，关键在于月末在产品约当产量计算，将月末在产品数量按照其完工程度折算为相当于完工产品的产量，即**约当产量**。其计算公式为：

在产品约当产量=在产品实际数量×在产品完工程度（或投料程度）

计算约当产量的关键，在于在产品完工程度或投料程度的确定。由于产品生产过程中，直接材料费用、直接人工费用和制造费用的发生情况不同，在产品完工程度（投料程度）的确认方法也不一样。下面按成本项目分别加以说明。

1）用以分配直接材料费用的在产品约当产量计算

用以分配直接材料费用的在产品约当产量一般是按投料程度计算的。因为月末在产品中的直接材料成本与在产品的投料程度关系密切，而与在产品的完工程度没有直接关系。在产品的投料程度是指在产品已投材料占完工产品应投材料的百分比。

生产过程中，原材料投入方式通常有三种，即在生产开始时一次投入，在生产过程中陆续投入以及在生产过程中分阶段批量投入。由于投料方式不同，在产品的投料程度也不一样。

（1）如原材料为生产开始时一次投入，则在产品和完工产品所耗材料数量相同，因而在产品的投料程度为100%。这样无论在产品的完工程度如何，在分配直接材料费用时，直接按完工产品和在产品数量比例分配。

（2）如原材料为随生产过程陆续投入，则原材料的投料程度与生产工时的投入进度基本一致，而分配直接材料费用的在产品约当产量按在产品的完工程度折算。

（3）如原材料为分工序投入，并在每道工序开始时一次投入，则月末在产品的投料程度按下列公式计算：

$$\text{某工序投料程度}=\left(\frac{\text{在产品上道工序}}{\text{累计投入材料费}}+\frac{\text{在产品在本工序}}{\text{投入材料费}}\right)\div\frac{\text{完工产品应投}}{\text{全部材料费}}\times 100\%$$

上述公式中的材料费用或数量可以是实际数，也可以是定额数。

业务链接 4-4

明达公司在产品的约当产量计算

明达公司A车间生产甲产品需经过三道工序，每道工序所需原材料均在开始时一次投入，投料数量分别为第一工序50千克、第二工序30千克、第三工序20千克。20××年5月31日各工序的月末在产品数量分别是100件、80件和120件。

请据此计算月末在产品约当产量。

解析：计算月末在产品约当产量见表4-5。

表4-5 **甲产品月末在产品约当产量计算表**

20××年5月31日

项目	第一工序	第二工序	第三工序	合计
产品投料数量（件）	50	30	20	100
月末在产品数量（件）	100	80	120	300
各工序累计投料程度	50%	80%	100%	—
月末在产品约当产量（件）	50	64	120	234

会计主管：王华　　　　复核：李朋　　　　制单：肖强

（4）如原材料为分工序投入，并在每道工序随加工进度逐步投入，则月末在产品的投料程度按下列公式计算：

$$\text{某工序投料程度}=\left(\frac{\text{在产品上道工序}}{\text{累计投入材料费}}+\frac{\text{在产品在本工序}}{\text{投入材料费}}\times 50\%\right)\div\frac{\text{完工产品应投}}{\text{全部材料费}}\times 100\%$$

2）用以分配“直接材料费用”以外的其他成本项目在产品约当产量计算

对于直接材料费用以外的其他成本项目在产品约当产量计算，通常按完工程度进行。因为这些费用的发生与完工程度关系密切，它们随着工艺过程的进行而逐渐投入耗费，产品完工程度越高，该产品应负担的这部分费用也越多。完工程度可按照各道工序分别计算，也可不分工序，确定一个平均完工程度。

（1）分工序计算在产品完工程度

分工序计算在产品完工程度是指根据截止到某一工序为止在产品实耗工时（或定额工时）占完工产品实耗工时（或定额工时）的百分比，来确定各工序在产品完工程度的一种方法。其计算公式为：

$$\frac{\text{某工序在产品}}{\text{完工程度}}=\left(\frac{\text{单位在产品前面各道工序}}{\text{实耗工时(或定额工时)之和}}+\frac{\text{单位在产品本工序实}}{\text{耗工时(或定额工时)}}\times50\%\right)\div\frac{\text{单位完工产品工时定}}{\text{额(或者定额工时)}}\times100\%$$

公式中，本工序的实耗工时（或定额工时）之所以乘以50%，是因为工序中各件在产品的完工程度不同，为了简化测算工作，都按平均完工50%计算；当在产品从上一道工序转入下一道工序时，其上一道工序已经完工，因而前面各道工序的实耗工时（或定额工时）应按100%计算。

业务链接4-5

在产品完工程度及约当产量计算

假定某企业丙产品需要经两道工序加工制成，其工时定额为100小时。在产品完工程度及约当产量计算见表4-6。

表4-6　**在产品完工程度及约当产量计算表**

工序	工时消耗定额（小时）	完工程度	在产品数量（件）	在产品约当产量（件）
第一道	20	10%	30	3
第二道	80	60%	60	36
合计	100		90	39

请写出表中各工序完工程度及约当产量的计算过程。

解析：表中各工序完工程度及约当产量的计算如下：

第一道工序在产品完工程度=（20×50%）÷100×100%=10%

第一道工序在产品完工程度=（20+80×50%）÷100×100%=60%

在产品约当产量=30×10%+60×60%=39（件）

（2）不分工序确定在产品完工程度

不分工序确定在产品完工程度是指企业对在产品确定一个平均完工程度（一般确定为50%）作为各工序在产品完工程度的一种方法。这种方法适用于各工序在产品数量和单位产品在各工序的加工量都相差不多的情况。以【业务链接4-5】中丙产品为例，假定各工序在产品完工程度均为50%，则在产品约当产量为45件（30×50%+60×50%）。由此可以看出，不分工序确定在产品完工程度不能用于各工序在产品数量和单位产品在各工序加工量相差很大的产品，否则，计算出的约当产量与实际情况相差太大。

下面举例说明采用约当产量法分配生产费用的计算过程及原理。

同步案例4-1

采用约当产量法计算江城宏博机械厂完工产品和在产品成本

背景与情境：江城宏博机械厂的1#机械产品要经过三个车间生产完成，直接材料投入均为每个车间开始时一次投料，每个车间在产品完工程度为50%。本月完工产品数量为50件，在产品数量17件，本月有关的生产费用和在产品结存于各车间的数量及定额资料见表4-7。

表4-7 **本月有关生产费用**

产品名称：1#机械产品　　××××年12月31日　　完工产量：50件　单位：元

摘要	直接材料	直接人工	制造费用	其他直接支出	合计
月初在产品成本	157 535	37 500	24 765	5 250	225 050
本月生产费用	615 495.60	205 599	95 901.25	20 056.59	937 052.44
生产费用合计	773 030.60	243 099	120 666.25	25 306.59	1 162 102.44

表4-8 **在产品结存于各车间数量及定额资料**

车间	在产品数量（件）	材料消耗（元）	定额工时（小时）
铸造车间	10	99 988	3 500
机械加工车间	5	76 668	6 000
装配车间	2	438 839.60	4 500
合计	17	615 495.60	14 000

黄晓明同学在用约当产量法计算时进行了以下分析：首先要计算在产品的约当产量，然后将各项费用在完工产品和在产品之间分配。直接材料为每个车间生产开始时候一次投料，所以直接材料的分配计算如下：

铸造车间投料程度=99 988÷615 495.6×100%=16.25%

机械加工车间投料程度=（99 988+76 668）÷615 495.6×100%=28.70%

装配车间投料程度=（99 988+76 668+438 839.60）÷615 495.60×100%=100%

直接材料约当产量=16.25%×10+28.70%×5+100%×2=5.06（件）

直接材料费用分配率=773 030.6÷（50+5.06）=14 039.79（元/件）

完工产品应该分摊的材料费用=14 039.79×50=701 989.50（元）

月末在产品应该分摊的材料费用=14 039.79×5.06=71 041.34（元）

黄晓明同学认为再接下来的计算过程中就更为简单了，因为已经得出在产品约当产量是5.06件，所以接下来的其他三项成本项目的计算都可以将费用在完工产量50件和约当产量5.06件之间分配。并且他认为，应该将全部生产费用除以完工产品和在产品总量，即1 162 102.44÷（50+5.06）=21 106.11（元/件），得出单位成本，便可求出完工产品成本和在产品成本，这样计算更为简单。

问题：请对黄晓明同学的以上计算进行分析，找出正确与错误的地方。

分析提示：

（1）直接材料的分配计算正确。

（2）但是在计算直接人工费用、制造费用、其他直接支出的分配时，在产品的完工程度与工时进度有关，所以应该用定额工时计算约当产量，而不能直接采用直接材料费用分配的结果5.06件。并且，生产费用在完工产品和在产品之间的分配必须按照成本项目计算，不能只计算总成本的分配结果，不利于产品成本的分析与成本控制。

（3）直接人工、制造费用、其他直接支出的分配计算如下：

铸造车间在产品完工程度=3 500×50%÷14 000×100%=12.50%

机械加工车间在产品完工程度=（3 500+6 000×50%）÷14 000×100%=46.43%

装配车间在产品完工程度=（3 500+6 000+4 500×50%）÷14 000×100%=83.93%

约当产量=12.5%×10+46.43%×5+83.93%×2=5.25（件）

直接人工分配率=243 099÷（50+5.25）=4 399.98（元/件）

完工产品应分摊的直接人工费用=4 399.98×50=219 999.00（元）

月末在产品应分摊的直接人工费用=4 399.98×5.25=23 099.90（元）

制造费用分配率=120 666.25÷（50+5.25）=2 184.00（元/件）

完工产品应分摊的制造费用=2 184.00×50=109 200.00（元）

月末在产品分摊的制造费用=2 184.00×5.25=11 466.00（元）

其他直接支出分配率=25 306.59÷（50+5.25）=458.04（元/件）

完工产品应分摊的其他直接支出=458.04×50=22 902.00（元）

月末在产品应分摊的其他直接支出=458.04×5.25=2 404.71（元）

根据上述计算归集完工产品和月末在产品成本分别为：

完工产品成本=701 989.50+219 999.00+109 200.00+22 902.00=1 054 090.50（元）

月末在产品成本=71 041.34+23 099.90+11 466.00+2 404.71=108 011.95（元）

互动专栏4-1

互动问题：

（1）为什么约当产量法下计算约当产量要按成本项目进行？

（2）如果原材料投料方式为分工序陆续投入，应如何计算约当产量？

要求：同“互动专栏1-1”的“要求”。

4.2.5 在产品按定额成本计价法

该方法的基本特点是：月末在产品成本根据月末在产品数量和单位定额成本计算，然后从本月该种产品的全部生产费用（如果有月初在产品，包括月初在产品成本）中扣除，以求得完工产品的成本。

这种方法适用于各项消耗定额或费用定额比较准确、稳定，各月末在产品数量变化不大的产品。因为如果产品各项定额准确，月初和月末单位在产品实际费用脱离定额的差异就不会大；各月末在产品数量变化不大，月初在产品费用总额脱离月末在产品定额费用的总额差异也就不大。所以，月末在产品成本不计算成本差异，对完工产品成本影响不大。另外，如果消耗定额不稳定，那么在修改消耗定额时，月末在产品按新定额计算所发生的差额由完工产品负担，这是不合理的，不利于完工产品成本的分析和考核。因此，采用这种方法要求消耗定额比较稳定，不宜经常修改。

采用这种方法，应根据各种在产品有关定额资料，以及在产品月末结存数量，计算各种月末在产品的定额成本。

月末在产品定额成本的计算公式为：

月末在产品直接材料成本=在产品数量×单位在产品定额材料费用

月末在产品直接人工成本=在产品数量×单位在产品定额人工费用

或　　　　　　　　=在产品完成定额工时×单位工时定额人工费用

月末在产品制造费用=在产品数量×单位在产品定额制造费用

或　　　　　　　=在产品完成定额工时×单位工时定额制造费用

完工产品总成本=月初在产品定额成本+本月生产费用-该产品月末在产品定额成本

业务链接 4-6

在产品按定额成本法计算月末在产品成本

荣发工厂 B 产品的生产分两道工序制成，原材料在各道工序开始时一次投入，各道工序内在产品的平均加工程度为 50%。在产品的有关资料如下：

费用定额：直接材料 200 元，直接人工 0.8 元/小时，制造费用 1.0 元/小时。工时定额：第一道工序 44 小时，第二道工序 24 小时。月末在产品为第一道工序 55 件，第二道工序 45 件。

B 产品月初在产品和本月生产费用合计为：直接材料 64 000 元，直接人工 20 100 元，制造费用 23 200 元。

请按月末在产品按定额成本计价法分配计算本月完工产品和月末在产品成本。

解析： 月末在产品定额成本计算见表 4-9。

表 4-9　　**月末在产品定额成本计算表**

工序	在产品数量（件）	直接材料费用（元）	定额工时（小时）	直接人工（元）	制造费用（元）	定额成本合计（元）
第一道	55	55×200=11 000	55×44×50% =1 210	968	1 210	13 178
第二道	45	45×200=9 000	45×(44+24×50%)=2 520	2 016	2 520	13 536
合计	100	20 000	3 730	2 984	3 730	26 714

完工产品与月末在产品费用分配见表 4-10。

表 4-10　　**完工产品与月末在产品费用分配表**

产品名称：B 产品　　××××年××月　　金额单位：元

成本项目	生产费用合计	月末在产品	本月完工产品成本
直接材料	64 000	20 000	44 000
直接人工	20 100	2 984	17 116
制造费用	23 200	3 730	19 470
合计	107 300	26 714	80 586

4.2.6　在产品按完工产品成本计价法

该方法的特点是：在产品视同完工产品分配生产费用。它适用于在产品已接近完工，或已经完工但尚未包装或尚未验收入库的产品。这是因为在这种情况下，在产品已接近完工产品成本，为了简化产品成本计算工作，可以将在产品可以视同完工产品，按两者数量比例分配生产费用。

业务链接 4-7

在产品按完工产品成本计价法

明达工厂生产的 C 产品月初在产品费用和本月发生生产费用累计数为：直接材料费用 12 800 元，直接人工费 2 800 元，制造费用 3 200 元。本月完工入库 300 件；月末在产品 100 件，该产品已经接近完工。

请问采用月末在产品成本按完工产品成本计价法该如何分配？

解析：分配结果见表 4-11。

表 4-11　**C 产品生产成本计算单**　单位：元

摘要	直接材料	直接人工	制造费用	合计
生产费用合计	12 800	2 800	3 200	18 800
本月完工产品数量	300	300	300	300
月末在产品数量	100	100	100	100
费用分配率	32	7	8	
本月完工产品成本	9 600	2 100	2 400	14 100
月末在产品成本	3 200	700	800	4 700

职业道德与会计伦理 4-2

李强的选择

背景与情境：某企业生产 A 产品，月末产品还需要进行一定时间的加工，才能制造成产品，但在选用完工产品与在产品费用分配方法时，会计人员李强选择了在产品成本按完工产品成本计算法。审计人员在对产品的生产、工艺过程等进行调查，了解在产品的加工情况，审阅生产成本计算单，确定了原因所在。原来是该企业总经理为了使企业的财务报表数据“好看一些”，指使会计人员想办法降低成本，增加利润，会计人员李强不得已而为之，明知该企业在产品还需进一步加工才能入库，但在月末计算完工产品与在产品成本时选择了在产品成本按完工产品成本计算法，这样就影响了完工产品成本计算的正确性，使得在产品成本加大，完工产品成本减少。

问题：根据《会计法》和会计职业道德的要求，分析李强的做法违反了哪项职业道德，并简要说明理由。

分析提示：李强应当拒绝总经理的要求。因为总经理的要求违反了《会计法》第四条“单位负责人对本单位的会计工作和会计资料的真实性、完整性负责”、第五条“任何单位或者个人不得以任何方式授意、指使、强令会计机构、会计人员伪造、变造会计凭证、会计账簿和其他会计资料，提供虚假财务会计报告”。李强违背了会计职业道德中的会计人员应当诚实守信、客观公正、遵守准则的要求，作为会计人员应根据实际情况和具体条件选择合理的分配方法，正确计算月末在产品成本和完工产品成本。

4.2.7 定额比例分配法

该方法的基本特点是：完工产品和月末在产品的成本计算按照生产费用占完工产品和月末在产品的定额消耗量或定额费用的比例来分配求得，而且在计算时，也是分成本项目进行的。其中，直接材料费用按原材料定额消耗量或原材料定额费用比例分配，其他成本项目按定额工时比例分配。它适用于各项消耗定额或费用定额比较准确、稳定，但各月末在产品数量变动较大的产品，克服了定额计算法中将在产品实际成本与定额成本之间的差额计入完工产品成本，可能造成完工产品成本计算不够正确的问题。采用按定额比例计算在产品成本法计算产品成本的程序及相关公式如下：

$$\text{直接材料费用分配率}=\frac{\text{月初在产品原材料成本}+\text{本期发生的原材料费用}}{\text{月末在产品定额原材料耗用量（或费用）}+\text{完工产品定额原材料耗用量（或费用）}}$$

完工产品应分配直接材料费用=完工产品定额直接材料费用×直接材料费用分配率

月末在产品应分配直接材料费用=月末在产品定额直接材料费用×直接材料费用分配率

$$\text{或}\quad=\text{月初在产品成本}+\text{本月发生的直接材料费用}-\text{完工产品直接材料成本}$$

$$\text{直接人工、制造费用分配率}=\frac{\text{月初在产品直接人工、制造费用等}+\text{本期发生的直接人工、制造费用等}}{\text{月末在产品定额工时}+\text{完工产品定额工时}}$$

完工产品应分配的直接人工、制造费用等=完工产品定额工时×直接人工分配率

月末在产品应分配的直接人工、制造费用等=月末在产品定额工时×直接人工分配率

$$\text{或}\quad=\text{月初在产品直接人工、制造费用等}+\text{本月发生的直接人工、制造费用等}-\text{完工产品的直接人工、制造费用等}$$

同步案例4-2

天丰制造厂本月生产费用在完工产品与在产品之间的分配

背景与情境：天丰制造厂本月生产丙产品，本月完工产品 2 000 件，直接材料费用定额 5 元，工时定额 2 小时。月末在产品 500 件，直接材料费用定额 4 元，工时定额 1 小时。生产丙产品发生的费用资料见表 4-12。

表 4-12 **丙产品生产费用** 金额单位：元

摘要	直接材料	直接人工	制造费用	合计
月初在产品生产费用	2 000	800	1 500	4 300
本月发生生产费用	12 000	4 000	6 000	22 000
本月生产费用合计	14 000	4 800	7 500	26 300

本厂成本定额管理较好，计划采用定额法核算产品成本，同学们在讨论本厂生产费用在完工产品与在产品之间的分配方法时，甲认为根据此题的条件只能采用定额比例法核算产品成本，而乙同学认为完全可以采用月末在产品定额成本法核算产品成本，且更为简便。

问题：根据以上资料是否能确定采用哪种方法？如果采用定额比例法分配本月生产费

用，请完成计算结果。

分析提示：

（1）根据以上资料采用两种方法都可以计算完工产品成本和月末在产品成本，但是以上资料不是决定采用哪种方法的关键，到底采用哪种方法是根据各月末在产品数量变动的情况。

各月末在产品数量变动较大的产品，适合采用定额比例法，因为克服了定额计算法中将在产品实际成本与定额成本之间的差额计入完工产品成本，可能造成完工产品成本计算不够正确的问题。而各月末在产品数量变动不大的产品，适合采用月末在产品定额成本法。

（2）根据以上资料，采用定额比例法计算本月完工产品成本和月末在产品成本的方法及结果见表4-13。

表4-13中，完工产品定额耗用量或工时和月末在产品定额耗用量或工时计算如下：

完工产品直接材料定额费用＝5×2 000＝10 000（元）

月末在产品直接材料定额费用＝4×500＝2 000（元）

完工产品直接人工（制造费用）定额工时＝2×2 000＝4 000（小时）

月末在产品直接人工（制造费用）定额工时＝1×500＝500（小时）

表4-13 **完工产品与月末在产品费用分配表**

产品名称：丙产品　　××××年××月　　金额单位：元

成本项目	月初在产品成本	本月生产费用	生产费用合计	分配率	本月完工产品		月末在产品	
					定额费用或工时	实际费用	定额费用或工时	实际费用
	1	2	3＝1+2	4＝3/(5+7)	5	6＝4×5	7	8＝4×7
直接材料	2 000	12 000	14 000	1.1667	10 000	11 667	2 000	2 333.4
直接人工	800	4 000	4 800	1.0667	4 000	4 266.8	500	533.4
制造费用	1 500	6 000	7 500	1.6667	4 000	6 666.8	500	833.4
合计	4 300	22 000	26 300			22 600.6		3 700.2

要说明的是，在实务中，生产费用在完工产品与月末在产品之间的分配可以通过编制“完工产品与月末在产品费用分配表”来完成，更多的是直接在“产品成本计算单”中完成关于基本生产成本明细账的登记。产品成本计算单的基本格式与上述的分配表基本相同。

表 4-14

产品成本计算单

××××年××月

产品名称：丙产品　　完工产品：2 000 件　　月末在产品：500 件　　金额单位：元

摘要		直接材料	直接人工	制造费用	合计
月初在产品生产费用		2 000	800	1 500	4 300
本月发生生产费用		12 000	4 000	6 000	22 000
本月生产费用合计		14 000	4 800	7 500	26 300
定额费用、定额工时	完工产品	10 000	4 000	4 000	
	月末在产品	2 000	500	500	
直接材料费用分配率		1.1667	1.0667	1.6667	
费用分配	完工产品	11 667	4 266.8	6 666.8	22 600.6
	月末在产品	2 333.4	533.4	833.4	3 700.2

互动专栏 4-2

互动问题：

(1) 相同的资料下，采用完工产品和在产品成本分配的各种不同方法，计算出来的完工产品成本是否都应该相同？

(2) 各种不同分配在产品和完工产品的方法中，在产品忽略不计法是最简单也最不精确的方法，这种说法对吗？

要求：同“互动专栏 1-1”的“要求”。

4.3 完工产品成本的结转

4.3.1 账户设置

完工产品是指完成全部生产过程，符合技术与质量要求，验收入库，具备对外销售条件的产品。为了反映完工产品入库情况，需要设置“库存商品”账户进行核算。“库存商品”账户是资产类账户，用来核算企业自行生产完工并入库的完工产品和从企业外部购进直接用于对外销售的商品。在制造企业中，该账户的借方登记验收入库的外购商品或完工入库的完工产品的实际成本，贷方登记结转的商品销售成本和其他原因付出的商品实际成本，余额在借方，表示企业在库商品的实际成本。

4.3.2 会计处理

无论采用何种方法确定月末在产品成本，在计算出本期完工产品的总成本和单位成本后，都要根据编制的产品生产费用分配表或产品成本计算单，结合产品入库单进行会计处理。

借：库存商品（自制半成品）

　贷：生产成本——基本生产成本

根据会计分录（记账凭证）登记基本生产成本明细账，转出完工产品成本，结出月末在产品成本。

职业道德与会计伦理 4-3

会计方法是否可以变更

背景与情境：2010 年 1 月，东方红公司新招进来的会计李长征，被任命担任出纳并兼任成本会计核算工作。上任三个月，在工作中李长征发现，东方红公司生产是一家生产实木门的小企业，但是实行了成本核算的定额管理，但原材料耗用定额及工时定额等的制定已经是两年前的事了，两年来由于财务人手紧张，所以没有再制订新的计划，已经与实际严重不符，而且企业成本在完工产品和在产品分配时采用的是月末在产品按定额成本计算法，可是由于企业主要是采取订单式加工产品，所以各月末在产品数量变动较大，因而李长征对会计科长王万里提出了以下几点建议：企业应该重新制定原材料及各种成本项目的消耗定额，否则不利于企业的成本控制，计算出来的各项差异也没有实际意义，并且企业更适合采用定额比例法，建议变更。会计科长王万里认为：企业采用的会计处理方法前后各期应当一致，不得随意变更，否则不符合一贯性原则，因而告诉李长征做好本职工作即可，这些事不是他这个层次的会计人员应该担心的。

问题：

（1）本案例中存在哪些道德伦理问题？

（2）对李长征在工作中遇到的问题作出你的善恶研判。

（3）通过适当途径搜集你作善恶研判所依据的行业规范。

（4）本案例对你有哪些启示？

分析提示：

（1）本案例违反了会计“职业观念”、“ 职业态度”、“ 职业良心”、“职业守则”。职业观念要求对职业、职业选择、职业工作、会计人员职业道德和会计伦理等问题具有正确的看法；职业态度要求对职业选择或模拟选择有充分的认知和积极的倾向与行动；职业良心要求在履行职业义务时具有强烈的道德责任感和较高的自我评价能力；职业守则要求会计人员爱岗敬业、诚实守信、廉洁自律、客观公正、坚持原则、提高技能、参与管理、强化服务。

（2）李长征遇到的下列问题当中应作如下处理：

a 企业的会计处理方法在以下情况下可以变更：一是法律、行政法规或者国家统一的会计制度等要求变更的情况下；二是会计政策变更能够提供更可靠、更相关的会计信息的情况下，企业应当采用追溯调整法进行会计处理，并在会计报表附注中予以说明。

b 李长征提出的建议都是符合企业实际情况的正确建议，会计行业规范中的参与管理要求会计人员在做好本职工作的同时，努力钻研相关业务，全面熟悉本单位经营活动和业务流程，主动提出合理化建议，协助领导决策，积极参与管理；因而即使提出的建议不可行，李长征的做法也是符合会计人员基本准则的，作为会计科长王万里应该鼓励和支持。

c 本案例中，李长征所提出的建议是符合企业情况的正确建议，王万里应该采纳并作出正确的会计处理和管理工作，作为会计人员王万里没有做到会计职业道德中爱岗敬业，坚持准则，提高技能等要求。

(3) 会计行业规范是：①爱岗敬业：热爱会计工作，安心本职岗位，忠于职守，尽心尽力，尽职尽责；②诚实守信：做老实人，说老实话，办老实事，执业谨慎，信誉至上，不为利益所诱惑，不弄虚作假，泄露秘密；③廉洁自律：公私分明、不贪不占、遵纪守法、清正廉洁；④客观公正：端正态度，依法办事，实事求是，不偏不倚，保持应有的独立性；⑤坚持原则：熟悉国家法律、法规和国家统一的会计制度，始终坚持按法律、法规和国家统一的会计制度的要求进行会计核算，实施会计监督；⑥提高技能：增强提高专业技能的自觉性和紧迫感，勤学苦练，刻苦钻研，不断进取，提高业务水平；⑦参与管理：在做好本职工作的同时，努力钻研相关业务，全面熟悉本单位经营活动和业务流程，主动提出合理化建议，协助领导决策，积极参与管理；⑧强化服务：树立服务意识，提高服务质量，努力维护和提升会计职业的良好社会形象。

(4) 爱岗敬业要求我们会计人员热爱会计工作，安心本职岗位，忠于职守，尽心尽力，尽职尽责；参与管理要求我们会计人员在做好本职工作的同时，努力钻研相关业务，全面熟悉本单位经营活动和业务流程，主动提出合理化建议，协助领导决策，积极参与管理。

第 5 章
成本核算基本方法

学习目标

通过本章学习，应该达到以下目标：

理论目标：学习和把握成本核算基本方法——品种法、分步法、分批法各自的含义、特点、适用范围和优缺点等陈述性知识；能用其指导“成本核算基本方法”的相关认知活动。

实务目标：学习和把握企业成本核算方法的选择，品种法、分步法和分批法的成本核算程序和账务处理规则，以及“业务链接”等程序性知识；能用所学实务知识规范“成本核算基本方法运作”的相关技能活动。

案例目标：能运用所学理论和实务知识研究“产品成本核算基本方法”的相关案例，培养和提高学生在特定业务情境中分析问题与决策设计的能力；能结合本章教学内容，依照“职业道德与会计伦理”的行业规范或标准，分析企业与会计人员行为的善恶，强化学生的职业道德素质。

实训目标：参加“成本核算基本方法运用”业务胜任能力的实践训练。在了解和把握本实训所及“能力与道德领域”相关技能点的“规范和标准”基础上，通过切实体验各实训任务的完成、系列技能操作的实施、相应《实训报告》的准备、撰写、讨论与交流等有质量、有效率的活动，培养“成本核算基本方法运用”的专业能力，强化其“与人交流”、“与人合作”、“解决问题”和“革新创新”等职业核心能力（中级），并通过“认同级”践行“职业态度”、“职业良心”、“职业作风”、“职业守则”和“会计职业道德”等行为规范，促进其健全职业人格的塑造。

引例　春城机床厂的成本核算方法

背景与情境：春城机床厂主要生产Ⅰ型机床和Ⅱ型机床两种产品，产品销往全国各地。厂内设有铸造、机械加工和装配三个基本生产车间，顺序加工生产产品，各车间均不设半成品库；设有机修和配电两个辅助生产车间，机修车间负责对全厂机器设备的维修，配电车间接受外来电源，负责供给和记录全厂各部门的用电及电器的维修。

成本核算要求：

第一，本企业是大量大批多步骤的车床生产企业，同时管理上要求各车间进行成本控制，提供各车间半成品成本，成本效益与经济效益挂钩。企业采用分步法核算。

成本核算对象是产成品及其所经生产步骤的半成品。各个生产步骤需要计算出半成品成本，并随着半成品实物的转移进行半成品成本的结转，直到最后步骤计算出最终产品成本。

第二，企业成本核算明细账设置到车间、到产品，将“基本生产成本”和“辅助生产成本”账户设为一级账户，下设“基本生产成本——铸造车间（Ⅰ型机床）”、“基本生产成本——铸造车间（Ⅱ型机床）”、“基本生产成本——机械加工车间（Ⅰ型机床）”、“基本生产成本——机械加工车间（Ⅱ型机床）”、“基本生产成本——装配车间（Ⅰ型机床）”、“基本生产成本——装配车间（Ⅱ型机床）”和“辅助生产成本——机修车间”、“辅助生产成本——配电车间”等明细账；设置“制造费用”一级账户，下设“制造费用——铸造车间”、“制造费用——机械加工车间”、“制造费用——装配车间”等明细账。明细账页均采用多栏式账页格式。

第三，辅助车间生产费用和辅助生产车间的制造费用均在“辅助生产成本”账户归集。

第四，成本核算按国家相关要求和实际成本进行核算。

第五，根据有关经济业务的原始凭证，在审核无误的情况下，进行汇总原始凭证、分配材料费用、分配工资及相关费用、分配其他费用、分配辅助生产成本费用、分配制造费用、计算产品成本以及产品成本结转；填制记账凭证，登记与生产成本核算相关的明细账和总账。

问题：你认为企业成本核算应采取哪种成本核算方法?

本章主要阐述产品成本计算的品种法、分步法和分批法的特点、适用范围、计算程序和相应的账务处理。

5.1　品种法

品种法，亦称简单法，是以产品品种作为成本计算对象来归集生产费用，计算产品成本的方法。品种法是最基本的产品成本计算方法。不论是何种生产类型、采用何种生产工艺、实行何种成本管理策略，最终都必须计算出每种产品的成本。因此，按照产品品种计算产品成本是进行产品成本核算最基本、最起码的要求。

5.1.1　品种法成本计算程序

1）品种法的适用范围

品种法广泛应用于大量大批单步骤生产的企业，如发电业、供水业、采掘业等。在大量大批多步骤生产类型的企业或车间，如果生产规模较小，或者按流水线组织生产，或者产品生产的全过程是集中封闭式生产，而成本管理上又不要求按照各生产步骤计算产品成本，也可以采用品种法计算产品成本。例如砖瓦厂、糖果厂、织布厂、造纸厂和小型水泥厂等，虽然是大量大批多步骤生产，但也可以采用品种法计算产品成本。企业的辅助生产单位，如供水车间、供汽车间和供电车间等，也可以采用品种法计算其产品（劳务）的成本。

2）品种法的特点

（1）以产品品种作为成本计算对象，设置生产成本明细账（产品成本计算单）

在采用品种法计算产品成本的企业或车间，产品的品种就是成本计算对象，以产品品种作为成本计算对象时，应以产品品种来开设基本生产明细账，并按成本项目设置专栏归集各种产品的费用，计算各种产品的成本。

采用品种法计算成本时，如果企业只生产一种产品，成本核算对象就是该种产品的产成品。基本生产成本明细账就是按该种产品设置，所有生产费用都可以直接计入该种产品基本生产成本明细账相应的成本项目，不存在在各成本计算对象之间分配费用的问题。

如果生产多种产品，则应该按照产品的品种分别设置基本生产成本明细账，发生的直接费用可以直接计入各品种基本生产成本明细账相应的成本项目；间接费用应另行归集，然后采用适当的分配方法在各成本计算对象之间分配，再计入各品种基本生产成本明细账相应的成本项目。

（2）成本计算定期按月进行

品种法的成本计算是定期按月进行的，与会计报告期一致，与产品生产周期不一致。采用品种法计算成本的工业企业采用的是大量大批单步骤生产组织形式，以及不需要分步骤计算成本的大量大批多步骤生产组织形式。大量大批生产意味着原材料不断投入，就会不断有产品完工，所以也就不可能在产品全部完工以后才计算成本，因而产品成本的计算只能定期按月进行。

（3）有期末在产品时需要在本期完工产品和期末在产品之间分配费用

采用品种法的单步骤生产企业，产品生产周期较短，一般没有在产品或在产品数量很少，或期初在产品的数量比较稳定，因而一般不需要将生产费用在完工产品与在产品间进行分配。

采用品种法的多步骤生产企业，由于其生产工艺过程是由若干个可以间断的、分散在不同地点、分别在不同时间进行的生产步骤所组成的，因而月末一般都有在产品，这就需要选择适当的分配方法，将产品成本明细账中归集的生产费用在完工产品与在产品之间进行分配，以便计算确定在产品成本和完工产品成本。

同步思考5-1

宏博火力发电厂成本核算方法为什么选择品种法?

宏博火力发电厂只生产电力一种产品，设有燃料、锅炉、汽机和电气生产四个基本生产车间，一个机修辅助车间为电力生产和企业管理部门提供修理服务。该发电厂按车间分别登记各个生产车间发生的生产费用，并按成本项目汇总登记基本生产成本二级账。该厂企业管理部门耗用机修车间的服务较少，不分配机修车间的生产费用。该发电厂所生产的电力除了对外销售以外，还有一部分供本企业使用。企业以电力为成本计算对象，采用品种法进行成本核算。

问题：企业为什么采用品种法核算？运用品种法的特点、适用范围和管理要求理论来回答。

理解要点：企业采用品种法进行成本核算要考虑以下因素，即品种法的特点、适用范围和管理要求。

因为品种法广泛应用于大量大批单步骤生产的企业。发电厂属于大量大批单步骤生产的企业，由于发电厂自燃料等投入到燃料车间生产后，生产过程就不间断地进行，直至最终生产出电力产品为止，企业以电力为成本计算对象，设置生产成本明细账（产品成本计算单），成本计算定期按月进行，期末没有在产品。所以，企业采用品种法核算产品成本。

3）品种法成本计算程序

（1）按产品品种设置有关成本明细账

企业应以产品品种作为成本计算对象，开设基本生产成本明细账（或产品成本计算单），并根据企业成本管理的要求设置成本项目专栏，如果有月初在产品，在基本生产成本明细账中过入月初在产品成本。按照辅助生产单位或辅助生产单位提供的产品（劳务）品种，设置辅助生产成本明细账；在“制造费用”总分类账户下，按生产单位（分厂、车间）设置制造费用明细账，制造费用明细账应当按费用项目设专栏。

（2）归集和分配本月发生的各项费用

企业应根据发生各项费用的原始凭证和其他有关凭证归集和分配材料费用、人工费用和其他各项费用。按成本核算对象（产品品种）归集和分配生产费用时，凡能直接计入有关基本生产成本明细账的应当直接计入；不能直接计入的，应当按照受益原则分配，再根据有关费用分配表分别计入有关产品基本生产成本明细账。各生产单位发生的制造费用，先通过制造费用明细账归集，计入有关制造费用明细账。直接计入当期损益的管理费用、销售费用、财务费用，应分别计入有关期间费用明细账。

（3）分配辅助生产费用

根据辅助生产成本明细账归集的本月辅助生产费用总额，按照企业确定的辅助生产费用分配方法，分别编制各辅助生产单位的“辅助生产费用分配表”，分配辅助生产费用。根据分配结果，编制会计分录，分别计入有关产品生产成本明细账（产品成本计算单）、制造费用明细账和期间费用明细账。

辅助生产单位发生的制造费用，如果通过制造费用明细账归集，应在分配辅助生产费用前分别转入各辅助生产成本明细账，并计入该辅助生产单位本期费用（成本）总额。

（4）分配基本生产单位制造费用

根据各基本生产单位制造费用明细账归集的本月制造费用，按照企业确定的制造费用分配方法，分别编制各基本生产单位的“制造费用分配表”，分配制造费用。根据分配结果，编制会计分录，分别计入有关产品基本生产成本明细账。

（5）计算本月完工产品实际总成本和单位成本

根据产品基本生产成本明细账归集的本月生产费用合计数，在本月完工产品和月末在产品之间分配生产费用，计算出本月完工产品的实际总成本和月末在产品成本。各产品完工产品实际总成本分别除以其实际总产量，可以计算出该产品本月实际单位成本。

（6）结转本月完工产品成本

根据产品成本计算结果，编制本月“完工产品成本汇总表”，编制结转本月完工产品成本的会计分录，并分别计入有关产品基本生产成本明细账和库存商品明细账。

业务链接 5-1

宏博服装加工厂采用品种法计算产品成本

宏博服装加工厂常年加工四种施工企业工作服，通过市场销往全国各地。加工过程为：下料裁剪车间—缝纫车间—熨烫整理车间，之后产成品入库。宏博服装加工厂设有一个机修辅助车间。宏博服装加工厂为大量大批多步骤生产的企业，成本管理不需要计算各步骤半成品成本。

确定成本计算对象、成本核算方法，设置成本核算明细账。

解析：以工作服的品种为成本计算对象，采用品种法核算产品成本。核算产品成本时，应设置的生产成本明细账为：“基本生产成本——A 产品”、“基本生产成本——B 产品”、“基本生产成本——C 产品”、“基本生产成本——D 产品”，“辅助生产成本——机修车间”，“制造费用——裁剪车间”、“制造费用——缝纫车间”、“制造费用——裁剪车间”等。

5.1.2　品种法应用举例

1）企业基本情况

宏博工厂为单步骤简单生产企业，设有一个基本生产车间，大量生产甲、乙两种主要产品；另设有供电、机修两个辅助生产车间，为全厂提供产品和劳务。辅助生产车间相互提供的产品和劳务，需进行交互分配，采用的是计划成本分配法。辅助生产不单独核算制造费用。月末在产品完工程度均为 50%。原材料均为生产开始时一次投入。

2）20××年 10 月，有关成本计算资料

（1）月初在产品成本：甲、乙产品的月初在产品成本见表 5-1。

表 5-1　**甲、乙产品月初在产品成本资料表**

20××年 10 月　　单位：元

产品名称	直接材料	直接人工	制造费用
甲产品	10 000	3 420	6 180
乙产品	9 000	1 140	3 060

（2）本月生产数量：产量资料见表 5-2。

表 5-2　**产量资料表**

20××年 10 月　　单位：件

产品名称	月初在产品	本月投入	本月完工产品	月末在产品
甲产品	50	450	400	100
乙产品	80	400	480	

（3）本月发生生产费用如下：

①本月发出材料汇总表见表5-3。

表5-3

发出材料汇总表

20××年10月

单位：元

领料部门和用途	材料类别		合计
	原材料	低值易耗品	
基本生产车间产品耗用			
甲产品耗用	80 000		80 000
乙产品耗用	60 000		60 000
甲、乙产品共同耗用	28 000		28 000
基本生产车间一般耗用	5 000	4 000	9 000
辅助生产车间耗用			
机修车间耗用	12 000		12 000
供电车间耗用	6 000		6 000
厂部管理部门耗用	3 000	500	3 500
合计	194 000	4 500	198 500

②本月人工费用计算表（简化格式）见表5-4。

表5-4

人工费用计算表

20××年10月

单位：元

人员类别	人工费用总额	合计
基本生产车间	47 880	47 880
产品生产工人	45 600	45 600
车间管理人员	2 280	2 280
辅助生产车间	14 820	14 820
机修车间	5 700	5 700
供电车间	9 120	9 120
厂部管理人员	11 400	11 400
合计	74 100	74 100

③本月固定资产折旧费用见表5-5。

表5-5

折旧费用表

20××年10月

单位：元

车间部门	提取的折旧费用
基本生产车间	12 000
机修车间	3 000
供电车间	4 000
厂部管理部门	8 000
合计	27 000

④本月其他费用见表5-6。

表5-6

其他费用表

20××年10月

单位：元

车间部门	费用项目					
	办公费	水费	保险费	其他	合计	支付方式
基本生产车间	1 500	2 200	2 000	500	6 200	银行付款5 500，现金付款700
机修车间	900	1 000	500	500	2 900	银行付款2 000，现金付款900
供电车间	600	500	1 200	700	3 000	银行付款2 500，现金付款500
厂部管理部门	6 000	1 500	1 800	700	10 000	银行付款8 500，现金付款1 500
合计	9 000	5 200	5 500	2 400	22 100	银行付款18 500，现金付款3 600

（4）工时记录：甲产品2 000小时，乙产品3 000小时。

（5）辅助生产产品及劳务供应量，见表5-7。

表5-7

辅助生产产品及劳务供应量

受益单位	机修车间（小时）	供电车间（度）	单位计划成本
供电车间	200		1.1元/度
机修车间		1 000	8.5元/小时
基本生产车间一般耗用	2 300	14 000	
厂部管理部门	500	5 000	
合计	3 000	20 000	

计划成本与实际成本的差额全部计入管理费用。

（6）有关费用分配方法：

①甲、乙产品共同耗用的材料费用按定额耗用量比例分配。甲产品定额耗用量1 000千克，乙产品定额耗用量1 800千克。

②生产工人工资按甲、乙两产品生产工时比例分配。

③制造费用按甲、乙两产品生产工时比例分配。

3）品种法实例计算过程

（1）设置有关成本费用明细账和成本计算单

按品种设置基本生产成本明细账（见表5-17、表5-18）和成本计算单（略），按车间设置辅助生产成本明细账（见表5-11、表5-12）和制造费用明细账（见表5-14），其他与成本计算无关的管理费用明细账等。

（2）归集和分配本月发生的各项费用

根据各项生产费用发生的原始凭证和其他有关资料，编制各项要素费用分配表，分配各项要素费用。

①分配材料费用，见表5-8。

表5-8

材料费用分配表

20××年10月　　　　金额单位：元

应借账户		成本或费用明细项目	直接计入	间接计入			合计
				定额用量	分配率	分配额	
基本生产成本	甲产品	直接材料	80 000	1 000		10 000	90 000
	乙产品	直接材料	60 000	1 800		18 000	78 000
	小计		140 000	28 000	10	28 000	168 000
辅助生产成本	机修车间	机物料消耗	12 000				12 000
	供电车间	机物料消耗	6 000				6 000
	小计		18 000				18 000
制造费用	基本生产车间	机物料消耗	5 000				5 000
		低值易耗品	4 000				4 000
		小计	9 000				9 000
管理费用	厂部管理部门	机物料消耗	3 000				3 000
		低值易耗品	500				500
		小计	3 500				3 500
合计			170 500			28 000	198 500

根据材料费用汇总表，编制发出材料的会计分录如下：

借：基本生产成本——甲产品　　90 000
　　　　　　　　——乙产品　　78 000
　　辅助生产成本——供电车间　　6 000
　　　　　　　　——机修车间　　12 000
　　制造费用——基本生产车间　　9 000
　　管理费用　　3 500
　贷：原材料　　194 000
　　周转材料——低值易耗品　　4 500

②分配工资费用，见表5-9。

根据职工薪酬费用分配表，编制会计分录如下：

借：基本生产成本——甲产品　　18 240
　　　　　　　　——乙产品　　27 360
　　辅助生产成本——供电车间　　9 120
　　　　　　　　——机修车间　　5 700
　　制造费用——基本生产车间　　2 280
　　管理费用　　11 400
　贷：应付职工薪酬　　74 100

表 5-9

职工薪酬费用分配表

20××年 10 月

金额单位：元

应借账户			分配标准/生产工时	分配率	应分配人工费	合计
总账账户	明细账户	成本费用项目				
基本生产成本	甲产品	直接人工	2 000		18 240	18 240
	乙产品	直接人工	3 000		27 360	27 360
	小计		5 000	9.12	45 600	45 600
辅助生产成本	机修车间	职工薪酬			5 700	5 700
	供电车间	职工薪酬			9 120	9 120
	小计				14 820	14 820
制造费用	基本生产车间	职工薪酬			2 280	2 280
管理费用	厂部管理部门	职工薪酬			11 400	11 400
合计					74 100	74 100

③分配折旧及其他费用，见表 5-10。

表 5-10

折旧及其他费用汇总表

20××年 10 月

金额单位：元

应借账户		金额					
总账账户	明细账户	折旧费	办公费	水费	保险费	其他	合计
制造费用	基本生产车间	12 000	1 500	2 200	2 000	500	18 200
辅助生产成本	机修车间	3 000	900	1 000	500	500	5 900
	供电车间	4 000	600	500	1 200	700	7 000
	小计	7 000	1 500	1 500	1 700	1 200	12 900
管理费用	厂部管理部门	8 000	6 000	1 500	1 800	700	18 000
合计		27 000	9 000	5 200	5 500	2 400	49 100

根据折旧及其他费用分配表，编制会计分录如下：

借：制造费用——基本生产车间　　12 000
　　辅助生产成本——供电车间　　4 000
　　　　　　　　——机修车间　　3 000
　　管理费用　　8 000
　贷：累计折旧　　27 000

借：制造费用——基本生产车间　　6 200
　　辅助生产成本——供电车间　　3 000
　　　　　　　　——机修车间　　2 900
　　管理费用　　10 000
　贷：库存现金　　3 600
　　　银行存款　　18 500

（3）分配辅助生产费用

根据上述有关费用要素分配表，将属于辅助生产车间耗用的费用归集到辅助生产成本明细账，见表5-11、表5-12。

表5-11　　辅助生产成本明细账

车间名称：机修车间　　单位：元

20××年		凭证号数	摘要	机物料	职工薪酬	折旧费	办公费	水费	保险费	其他费用	合计
月	日										
10	31	略	材料费用分配表	12 000							12 000
	31		职工薪酬费用分配表		5 700						5 700
	31		折旧及其他费用分配表			3 000	900	1 000	500	500	5 900
	31		本月合计	12 000	5 700	3 000	900	1 000	500	500	23 600
	31		结转各受益部门	12 000	5 700	3 000	900	1 000	500	500	23 600

表5-12　　辅助生产成本明细账

车间名称：供电车间　　单位：元

20××年		凭证号数	摘要	机物料	职工薪酬	折旧费	办公费	水费	保险费	其他费用	合计
月	日										
10	31	略	材料费用分配表	6 000							6 000
	31		职工薪酬费用分配表		9 120						9 120
	31		折旧及其他费用分配表			4 000	600	500	1 200	700	7 000
	31		本月合计	6 000	9 120	4 000	600	500	1 200	700	22 120
	31		结转各受益部门	6 000	9 120	4 000	600	500	1 200	700	22 120

根据“辅助生产成本明细账”中归集的辅助生产费用，采用计划成本分配法分配给各受益对象，见表5-13。

根据辅助生产费用分配表，结转辅助生产计划成本，编制会计分录如下：

借：制造费用——基本生产车间　　34 950
　　辅助生产成本——供电车间　　1 700
　　　　　　　　——机修车间　　1 100
　　管理费用　　9 750
　贷：辅助生产成本——供电车间　　22 000
　　　　　　　　　——机修车间　　25 500

结转辅助生产成本差异，为了简化成本计算工作，成本差异全部计入管理费用。

借：管理费用　　1 020
　贷：辅助生产成本——供电车间　　1 820
　　　　　　　　　——机修车间　　800

表 5-13

辅助生产费用分配表

20××年 10 月

金额单位：元

劳务耗费 \ 劳务供应			机修车间		供电车间		合计
			数量（小时）	费用	数量（度）	费用	
待分配的数量和费用			3 000	23 600	20 000	22 120	45 720
计划单位成本				8.5		1.1	
辅助生产成本	机修车间	电费			1 000	1 100	1 100
	供电车间	修理费	200	1 700			1 700
	小计		200	1 700	1 000	1 100	2 800
制造费用	基本生产车间	电费			14 000	15 400	15 400
		修理费	2 300	19 550			19 550
	小计		2 300	19 550	14 000	15 400	34 950
管理费用	厂部管理部门	电费			5 000	5 500	5 500
		修理费	500	4 250			4 250
	小计		500	4 250	5 000	5 500	9 750
按计划成本分配合计				25 500		22 000	47 500
辅助生产实际成本				24 700		23 820	48 520
辅助生产成本差异				-800		+1 820	+1 020

（4）分配制造费用（见表 5-14、表 5-15）

表 5-14

制造费用明细账

车间名称：基本生产车间

单位：元

××年		凭证号数	摘要	机物料	职工薪酬	折旧费	低值易耗品	办公费	保险费	水费	其他	修理费	电费	合计
月	日													
10	31	略	材料表	5 000			4 000							9 000
	31		工资表		2 280									2 280
	31		折旧表			12 000		1 500	2 000	2 200	500			18 200
	31		辅助表									19 550	15 400	34 950
	31		本月合计	5 000	2 280	12 000	4 000	1 500	2 000	2 200	500	19 550	15 400	64 430
	31		分配转出	5 000	2 280	12 000	4 000	1 500	2 000	2 200	500	19 550	15 400	64 430

表 5-15

制造费用分配表

20××年 10 月

金额单位：元

分配对象	分配标准/生产工时（小时）	分配率	应分配金额
甲产品	2 000		25 772
乙产品	3 000		38 658
合计	5 000	12.886	64 430

根据制造费用分配表，编制会计分录如下：

借：基本生产成本——甲产品　　25 772

　　　　　　　　——乙产品　　38 658

　贷：制造费用——基本生产车间　　64 430

（5）在完工产品与在产品之间分配生产费用

产品到月末时，既有完工产品又有在产品，因而要将甲产品基本生产成本明细账中归集的生产费用在完工产品和月末在产品之间进行分配。又因资料告知该企业月末在产品完工程度为50%，加上没有产品的定额成本以及成本计算方法的其他要求，因而适用约当产量法分配生产费用。乙产品由于没有月末在产品，则基本生产成本明细账中归集的生产费用全部是完工产品成本。

该企业本月甲产品完工入库400件，月末在产品100件，按约当产量法计算甲产品的完工产品成本和月末在产品成本。月末在产品约当产量计算情况见表5-16。

表5-16　**在产品约当产量计算表**

产品名称：甲产品　　单位：件

成本项目	在产品数量	投料程度（完工程度）	约当产量
直接材料	100	100%	100
直接人工	100	50%	50
制造费用	100	50%	50

表5-17　**基本生产成本明细账**

产品名称：甲产品　　完工数量：400件　　在产品数量：100件　　金额单位：元

20××年		凭证号数	摘要	成本项目			合计
月	日			直接材料	直接人工	制造费用	
10	1		月初在产品成本	10 000	3 420	6 180	19 600
10	31	略	材料费用表	90 000			90 000
	31	略	职工薪酬费用表		18 240		18 240
	31	略	制造费用表			25 772	25 772
	31		生产费用合计	100 000	21 660	31 952	153 612
	31		分配率	200	48.13	71	319.13
	31		结转完工产品成本	80 000	19 252	28 400	127 652
	31		月末在产品成本	20 000	2 408	3 552	25 960

（6）编制完工产品成本汇总表

根据表5-17、表5-18中的结果，编制完工产品成本汇总表（见表5-19），并据以结转完工产品成本。

表5-18 **基本生产成本明细账**

产品名称：乙产品　　完工数量：480件　　在产品数量：0件　　单位：元

20××年		凭证号数	摘要	成本项目			合计
月	日			直接材料	直接人工	制造费用	
10	1		月初在产品成本	9 000	1 140	3 060	13 200
10	31	略	材料费用表	78 000			78 000
	31	略	职工薪酬费用表		27 360		27 360
	31	略	制造费用表			38 658	38 658
	31		生产费用合计	87 000	28 500	41 718	157 218
	31		结转完工产品成本	87 000	28 500	41 718	157 218

表5-19 **完工产品成本汇总表**

20××年10月　　金额单位：元

成本项目	甲产品（400件）		乙产品（480件）	
	总成本	单位成本	总成本	单位成本
	127 652	319.13	157 218	327.5375
直接材料	80 000	200	87 000	181.25
直接人工	19 252	48.13	28 500	59.375
制造费用	28 400	71	41 718	86.9125

根据完工产品成本汇总表或成本计算单及成品入库单，结转完工入库产品的生产成本。编制会计分录如下：

借：库存商品——甲产品　　127 652

　　　　　　——乙产品　　157 218

　贷：基本生产成本——甲产品　　127 652

　　　　　　　　　——乙产品　　157 218

职业道德与会计伦理5-1

王明签发空头支票

背景与情境：2009年6月，春城供货商多次到宏博公司催要货款。双方合同约定交货时付款。宏博公司购买的原材料早已验收入库，但货款一直未付。为了解决当时的“困境”，出纳王明签发一张金额为20万元的转账支票，交给春城供货商。春城供货商到银行提示付款时，发现该支票是空头支票。遂要求宏博公司给予经济赔偿。

问题：供货商要求该公司因签发空头支票而承担经济赔偿责任是否符合规定？银行对该公司签发空头支票应如何处理？会计人员行为是否违背职业道德与会计伦理？

分析提示：供货商要求该公司因签发空头支票而承担经济赔偿责任符合规定。持票人签发空头支票，银行应予以退票，并按票面金额处以5%但不低于1 000元的罚款；持票人有权要求出票人赔偿支票金额2%的赔偿金。

会计人员行为有违职业道德与会计伦理，违背了会计职业道德中的会计人员应当诚实守信、客观公正、遵守准则的要求。

同步案例 5-1

鸿博企业产品成本核算方法——品种法

背景与情境： 鸿博企业生产 A、B 两种产品，设有一个基本生产车间、一个辅助生产车间（机修车间）。产品生产工艺简单。主要过程是：材料采购入库、材料领出生产、支付生产及相关管理人员人工费用、计提固定资产折旧、产品完工入库、产品对外销售。该企业 20××年 10 月有关资料如下：

（1）产品生产工时：A 产品 300 小时，B 产品 500 小时。

（2）丙材料定额：A 产品 60 千克/件，B 产品 40 千克/件。

（3）本月 A 产品完工 200 件，月末没有在产品；B 产品本月完工 160 件，月末在产品 40 件，完工程度为 50%，原材料在生产开始时一次投入。

（4）机修车间提供 1 200 机修小时：提供给基本生产车间 800 小时，其中 A 产品 300 小时，B 产品 400 小时；车间管理部门 100 小时；企业管理部门 400 小时。

（5）基本生产车间本月计提固定资产折旧费用 12 000 元。

（6）月初在产品成本，见表 5-20。

表 5-20　**A 产品、B 产品月初在产品成本资料表**

20××年 10 月　　金额单位：元

产品名称	直接材料	直接人工	其他直接支出	制造费用
A 产品	5 000	2 632	368	4 000
B 产品	14 000	4 386	614	6 000

（7）本月发生费用见表 5-21、表 5-22。

表 5-21　**本月发生材料费用表**　　金额单位：元

用途	共同耗用丙材料	直接领用甲材料	直接领用乙材料
A 产品		20 000	
B 产品			28 000
小计	16 000	20 000	28 000
基本生产车间一般耗用		2 000	
机修车间			3 900
合计	16 000	22 000	31 900

表 5-22　**本月职工薪酬费用表**　　金额单位：元

人员类别	应付职工薪酬
生产工人工资	27 360
机修车间人员	5 700
基本车间管理人员	5 244
行政管理人员	11 400
合计	49 704

该厂财务部要求其成本核算员周某根据上述资料回答如下问题：(1) 鸿博企业应选择哪种成本计算方法？(2) A、B 产品共同耗用丙材料，材料费用分配应选择哪种方法？(3) 鸿博企业应设置何种有关成本费用明细账账页格式？

周某提供的解答如下：

(1) 鸿博企业应选择品种法为成本计算方法。因为鸿博企业生产 A、B 两种产品，产品生产工艺简单，属于大量大批单步骤生产类型企业，适宜选择品种法进行成本计算。

(2) A、B 产品共同耗用丙材料，材料费用分配应选择产品产量比例分配法。

(3) 鸿博企业应设置的有关成本费用明细账账页格式为多栏式。

问题：

1）在本案例中，周某提供的哪些解答和说明正确无误？为什么？

2）在本案例中，周某提供的哪些解答和说明有误？分析其错误原因。

3）对本案例中的有误回答及其说明进行分析更正。

分析提示：

1）周某对第（1）个问题的回答是正确的，因为根据品种法的特点和适用范围，结合本案例，鸿博企业生产 A、B 两种产品，产品生产工艺简单，属于大量大批单步骤生产类型企业，适宜选择品种法进行成本计算。

周某对第（3）个问题的回答是正确的，根据企业发生的主要经济活动，按照成本核算范围，确定本企业有关成本费用明细账：基本生产成本——A 产品、基本生产成本——B 产品，辅助生产成本——机修车间，制造费用——基本生产车间。应选择多栏式账页格式，见表 5-23。

表 5-23　　**基本生产成本明细账**

产品名称：A 产品　　完工数量：200 件　　金额单位：元

20××年		凭证号数	摘要	成本项目				合计
月	日			直接材料	直接人工	其他直接支出	制造费用	
10	1		月初在产品成本	5 000	2 632	368	4 000	12 000
	31	略	材料费用分配表	29 600				29 600
	31	略	人工费用表		10 260			10 260
	31	略	辅助生产分配表			2 400		2 400
	31	略	制造费用表				7 516.50	7 516.50
			生产费用合计	34 600	12 892	2 768	11 516.50	61 776.50
			分配率	173	64.46	13.84	57.58	308.88
			结转完工产品成本	34 600	12 892	2 768	11 516.50	61 776.50

2）周某对第（2）个问题丙材料费用分配方法选择的回答是错误的，周某选择的是按产量比例分配法分配原材料费用，错误在于 A、B 产品共同耗用丙材料的消耗定额是不

同的，即单个产品耗用量有很大差异：A 产品 60 千克/件，B 产品 40 千克/件，不能用产品数量作为分配标准。

3）A、B 产品共同耗用材料分配选择材料消耗定额比例分配法，因为材料费用要素分配包括材料定额耗用量分配法、材料定额费用分配法、材料实际耗用量分配法等，而本企业有比较准确的单位产品消耗定量资料。

5.1.3 品种法优缺点

按照产品品种计算产品成本，是产品成本计算最一般、最起码的要求，因为不论何种组织方式的制造企业，不论何种生产类型的产品，也不论成本管理要求如何，最终都必须按照产品品种计算出产品成本。品种法成本计算程序简单，适用性强。但如果企业生产的产品品种繁多，就会增加成本核算的工作量。

5.2 分步法

分步法是指以产品的品种及所经生产步骤作为成本核算对象来归集生产费用、计算产品生产成本的方法。

5.2.1 分步法种类

1）分步法的种类

采用分步法计算产品成本时，由于不同企业对于生产步骤成本管理有不同要求，出于简化成本核算工作的考虑，按照产品生产步骤来归集费用、计算产品成本时，各个生产步骤成本的计算和结转有逐步结转和平行结转两种不同方法，产品成本计算的分步法也就分为逐步结转分步法和平行结转分步法两种。

（1）逐步结转分步法

逐步结转分步法是按照生产步骤逐步计算并结转半成品成本，直到最后步骤计算出产成品成本的方法。计算各生产步骤所产半成品成本，是逐步结转分步法的显著特征。因此，逐步结转分步法也称作计算半成品成本的分步法。

（2）平行结转分步法

平行结转分步法是将各生产步骤应计入相同产成品成本的份额平行汇总，以求得产成品成本的方法。平行结转分步法按照生产步骤归集费用，但只计算完工产成品在各生产步骤的成本“份额”，不计算和结转各生产步骤的半成品成本。因此，平行结转分步法也称作不计算半成品成本的分步法。

2）分步法的适用范围

分步法主要适用于大量大批生产组织形式的多步骤生产，包括冶金、纺织、造纸和机械制造等。在这类企业中，产品生产可以划分为若干生产步骤。例如，冶金企业的生产可以分为炼铁、炼钢等生产步骤；纺织企业的生产可以分为纺纱、织布、印染等生产步骤；造纸企业的生产可以分为制浆、制纸等生产步骤；机械制造企业的生产可以分为铸造、加工、装配等生产步骤。在这些企业中，为了加强各生产步骤的成本管理，不仅要求按照产品的品种计算各种产成品的实际总成本和单位成本，而且还要求按照生产步骤归集生产费用，计算各生产步骤的成本，以便考核产成品及其生产步骤成本计划的执行情况。

（1）逐步结转分步法的适用范围

计算半成品成本的逐步结转分步法，主要适用于半成品可以加工为不同产品或者有半成品对外销售和需要考核半成品成本的企业，特别是大量大批连续式多步骤生产企业。在这些企业中，从原材料投入生产到产成品制成，中间要顺序经过若干个生产步骤，前面各个生产步骤所生产的都是半成品，只有在最后生产步骤完工的才是产成品。各生产步骤所产半成品，既可以转交给下一生产步骤继续加工，耗用在不同产品上，又可以作为商品对外出售。例如，纺织企业生产的棉纱，既可以为本企业自用，继续加工成各种成品布，又可以作为商品，直接对外出售。在这种情况下，为了计算产品销售成本，除了需要计算各种产成品成本外，还必须计算各生产步骤所产半成品成本。有的企业自制半成品不一定对外销售，但为了考核半成品成本，也需要计算半成品成本。

业务链接5-2

江城棉纺织厂采用逐步结转分步法进行成本核算

江城棉纺织厂主要生产棉纱和各种棉布产品，通过市场销往全国各地。生产工艺过程包括纺纱和织布两大步骤。在纺纱步骤中，原料（原棉）投入生产之后；经过清花、梳棉、并条、粗纺、细纱等工序，纺成各种棉纱；然后送往织布步骤，经过络经、整经、浆纱、穿筘、织造等工序，织成各种棉布，再经过整理、打包，即可入库等待销售。本企业生产的棉纱，既可以为本企业自用，继续加工成各种棉布，又可以作为商品，直接对外出售。

请说明成本核算采用的方法。

解析：在这种情况下，为了计算产品销售成本，除了需要计算各种产成品成本外，还必须计算各生产步骤所产半成品成本。江城棉纺织厂以棉布及其生产所经的各个生产步骤为成本计算对象，采用逐步结转分步法核算产品成本。

（2）平行结转分步法的适用范围

不计算半成品成本的平行结转分步法，主要适用于在成本管理上要求分步骤归集费用，但不要求计算半成品成本的企业，特别是没有半成品对外销售的大量大批装配式多步骤生产企业。在这些企业中，从原材料投入生产到产成品制成，是先由各生产步骤对各种原材料平行地进行加工，使之成为各种零件和部件（半成品），然后由总装车间（最后生产步骤）装配成各种产成品。如果各生产步骤所产半成品的种类比较多，半成品对外销售的情况也很少，为了简化和加速成本核算工作，可以采用平行结转分步法。在某些连续式多步骤生产企业，如果各生产步骤所产半成品仅供本企业下一步骤继续加工，不准备对外出售，也可以采用平行结转分步法。

业务链接5-3

江城机械制造厂采用平行结转分步法进行成本核算

江城机械制造厂主要生产各种机械产品，通过市场销往全国各地。企业的车间一般按生产工艺过程设置，设有铸工、锻工、加工、装配等车间。铸工车间利用生铁、钢、铜等各种原料熔铸各种铸件；锻工车间利用各种外购钢材锻造各种锻件。铸件和锻件都是用来进一步加工的毛坯。加工车间对各种铸件、锻件、外购半成品和外购材料进行加工，制造各种产品的零件和部件；然后转入装配车间进行装配，生产各种机械产品。本企业各生产步骤所产半成品的种类很多，而半成品外售的情况却较少，因此在管理上不要求计算半成品成本。

请确定成本计算对象及成本核算方法。

解析：江城机械制造厂以各种机械产品及其所经生产步骤为成本计算对象，采用平行结转分步法核算产品成本。

3）分步法的特点

（1）以产品的品种及所经生产步骤作为成本核算对象

分步法的成本核算对象是产品的品种及所经过的生产步骤，但逐步结转分步法和平行结转分步法略有区别。

逐步结转分步法是计算半成品成本的分步法，其成本核算对象是产成品及其所经生产步骤的半成品。各个生产步骤需要计算出半成品成本，并随着半成品实物的转移进行半成品成本的结转，直到最后步骤，计算出最终产品成本。

平行结转分步法是不计算半成品成本的分步法，其成本核算对象是产成品及其所经生产步骤。各个生产步骤只归集本步骤发生的生产费用，只计算和结转最终产成品在本生产步骤的成本份额，虽然半成品发生实物转移，但不计算也不结转半成品成本。

采用分步法计算产品成本时，应当按照产品的生产步骤设立产品生产成本明细账（产品成本计算单）。如果只生产一种产品，成本核算对象就是该种产成品及其所经生产步骤，产品生产成本明细账应当按照产品的生产步骤设立；如果生产多种产品，成本核算对象则是各种产品成本及其所经生产步骤，产品生产成本明细账应当按照生产步骤分产品品种设立。

企业各种产品发生的直接材料费用、直接人工费用和其他直接费用，凡能直接计入各成本核算对象的，应当直接计入按成本核算对象设立的产品生产成本明细账；不能直接计入各成本核算对象的，应当先按生产步骤归集，月末再按一定的标准分配计入各成本核算对象的产品生产成本明细账。企业发生的制造费用，应当先按生产单位（车间、分厂）归集，月末再直接计入或者分配计入各成本核算对象的产品生产成本明细账。

应当指出，分步法中作为成本核算对象的生产步骤，是按照企业成本管理要求来划分的。它与产品的实际生产步骤（加工步骤）可能一致，也可能不一致。在大量大批多步骤生产企业中，生产单位（分厂、车间）一般是按照生产步骤设立的，为了加强生产单位的成本管理，也要求按照生产单位（分厂、车间）来归集生产费用，计算产品成本。

因此，分步骤计算成本一般也就是分生产单位（分厂、车间）计算成本。但是，当一个生产单位（分厂、车间）的规模比较大，生产单位内包含几个生产步骤，而企业成本管理上又要求在生产单位内部再分生产步骤计算成本时，成本核算对象中的生产步骤就不应当是生产单位（分厂、车间），而应当是生产单位内部的生产步骤。此外，为了简化成本核算，按照企业成本管理的要求，也可以将几个生产步骤或几个生产车间合并为一个成本核算对象（成本核算的一个步骤），来归集生产费用，计算生产步骤的成本。因此，采用分步法计算产品成本，应当根据企业生产特点和成本管理的要求，本着既要加强成本管理，又要简化成本核算的原则，合理确定作为成本核算对象的生产步骤。

（2）成本计算定期按月进行，与产品生产周期不一致

分步法以产品品种及其所经生产步骤为成本核算对象，企业生产组织通常是大量大批生产，因此，成本计算期与生产周期无法一致，而是与会计报告期一致，即定期按月计算产品成本。

（3）通常需要在本月完工产品与月末在产品之间分配生产费用

由于分步法的成本计算期与生产周期不一致，在大量大批多步骤生产企业，月末通常有在产品，因此，分步法月末计算产品成本时，通常需要将已记入产品生产成本明细账的生产费用合计数在本月完工产品与月末在产品之间进行分配，即需要正确计算各生产步骤的月末在产品成本。

逐步结转分步法和平行结转分步法在成本核算对象上有所不同，生产费用在完工产品与在产品之间的分配上也有所不同。

逐步结转分步法的成本核算对象是产成品及其所经生产步骤的半成品。各个生产步骤都需要计算所产半成品成本。半成品成本随着半成品实物的转移而结转，直到最后生产步骤计算出完工产成品成本。因此，月末各生产步骤将生产费用在本月完工产品与月末在产品之间进行分配时，生产费用是本步骤发生的费用加上上一步骤转入的半成品成本。本月完工产品是指本生产步骤已经完工的半成品（最后生产步骤为产成品）；月末在产品是指本生产步骤正在加工尚未完工的在制品，即狭义的在产品。

平行结转分步法的成本核算对象是产成品及其所经过的生产步骤。各个生产步骤只归集本步骤发生的生产费用，不计算半成品成本。半成品的实物已经转移，但半成品的成本不结转。因此，月末各生产步骤将生产费用在本月完工产品与月末在产品之间进行分配时，生产费用仅指本步骤发生的费用，不包括上步骤转入的费用。本月完工产品是指企业最终完工的产成品；月末在产品是指广义的在产品，既包括本生产步骤正在加工的在制品（狭义在产品），又包括本步骤已经加工完成，已经转入以后各生产步骤，但尚未最终制成产成品的半成品。平行结转分步法的本月完工产成品成本，是通过对各生产步骤本月应计入相同产成品成本的份额平行汇总来求得的。

5.2.2　逐步结转分步法的成本计算程序

采用分步法计算产品成本，应当先计算各生产步骤的成本，再计算最终完工产成品成本。由于各生产步骤成本计算和结转方式不同而形成的逐步结转分步法和平行结转分步法，其成本计算程序是不相同的。

采用逐步结转分步法，其成本计算程序是：计算第一步骤所产半成品成本，并将其转入第二步骤；将第二步骤发生的各种费用，加上第一步骤转入的半成品成本，计算出第二步骤所产半成品成本，并将其转入第三步骤；按照生产步骤逐步计算并且结转半成品成本以后，在最后步骤计算出完工产成品成本。在设有半成品仓库的企业，还应当在半成品仓库和有关生产步骤（生产半成品和领用半成品的生产步骤）之间，随着半成品实物的收入（生产完工验收入库）和发出（生产领用），进行半成品成本的结转。逐步结转分步法的成本计算程序如图5-1和图5-2所示。

1）半成品完工和领用通过仓库收发

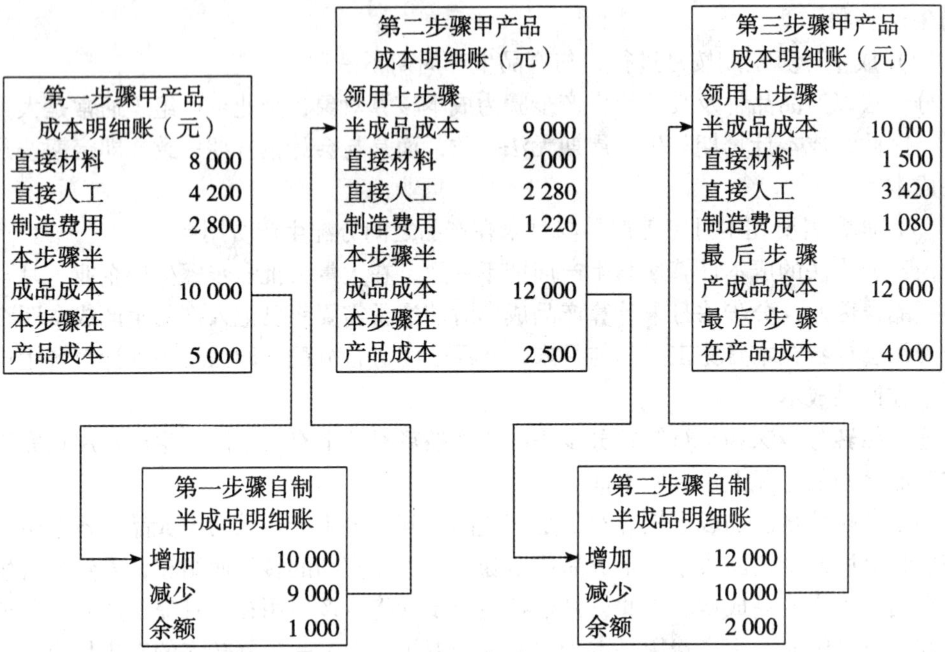

图 5-1　逐步结转分步法的成本计算程序（通过仓库收发）

2）半成品不通过仓库收发

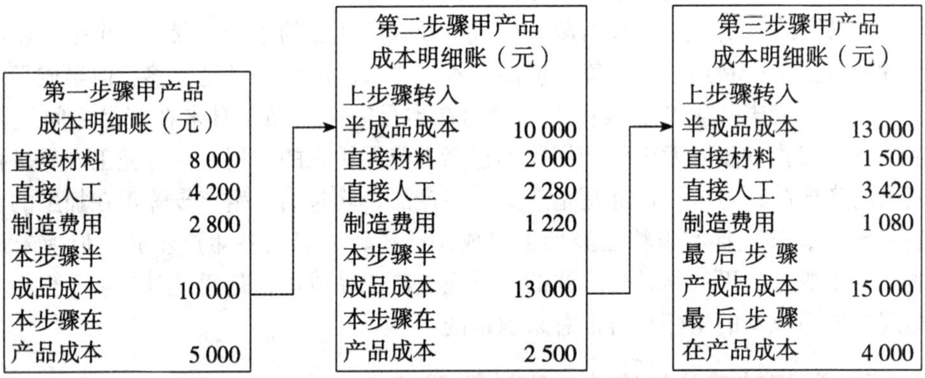

图 5-2　逐步结转分步法的成本计算程序（不通过仓库收发）

从以上所述的成本结转计算程序可以看出，逐步结转分步法实际上就是品种法的多次连续应用。在采用品种法计算上一步骤的半成品成本以后，按照下一步骤的耗用数量转入下一步骤成本，下一步骤再一次采用品种法归集所耗半成品的费用和本步骤其他费用，计算其半成品成本，如此逐步结转，直至最后一个步骤算出产成品成本。

3）半成品成本结转的方式

采用逐步结转分步法，各生产步骤之间半成品成本的结转，按照半成品成本在下一生产步骤产品生产成本明细账中反映方法的不同，分为综合结转法和分项结转法两种。

（1）逐步结转分步法的综合结转法

半成品成本的综合结转，是将上一生产步骤转入下一生产步骤的半成品成本，不分成本项目，全部记入下一生产步骤产品生产成本明细账中的“直接材料”成本项目或专设的“半成品”成本项目，综合反映各步骤所耗上一步骤所产半成品成本。半成品成本的综合结转可以按照上一步骤所产半成品的实际成本结转，也可以按照企业确定的半成品计划成本或定额成本结转。

(2) 逐步结转分步法的分项结转法

半成品成本的分项结转，是将上一生产步骤转入本生产步骤的半成品成本，按其原始成本项目，分别记入本生产步骤产品生产成本明细账中对应的成本项目，分项反映各步骤所耗上一步骤所产半成品成本。

5.2.3 逐步结转分步法应用举例

1) 逐步综合结转法及其应用举例

(1) 按实际成本综合结转半成品成本

按实际成本综合结转半成品成本时，对各步骤所耗上一步骤的半成品成本，应根据所耗半成品数量乘以半成品实际单位成本计算。在通过仓库收发半成品的情况下，发出半成品的单位成本可用加权平均法、先进先出法或个别计价法等存货计价方法计算。下面举例说明。

业务链接 5-4

宏博工厂按实际成本综合结转半成品成本的计算

宏博工厂从 20××年 1 月份开始生产 A 产品，该产品经过三个生产车间加工，一车间投入原材料加工成甲半成品，二车间领用甲半成品加工成乙半成品，三车间领用乙半成品加工成 A 产成品，原材料在一车间生产时一次性投入，各步骤的在产品在本步骤的完工程度均为 50%（有关资料见表 5-24、表 5-25）。

表 5-24 **产量资料**

20××年 1 月 数量单位：件

项目	一车间	二车间	三车间
投入产量（或领用量）	10	9	7
本月完工	9	7	6
月末在产品	1	2	1

表 5-25 **费用资料**

20××年 1 月 金额单位：元

项目	直接材料	直接人工	制造费用
一车间	2 000	1 520	1 140
二车间		1 120	800
三车间		780	520

请计算该企业每个车间的半成品成本和产成品成本。

解析： 该企业每个车间的半成品成本和产成品成本计算见表 5-26、表 5-27 和表 5-28。

表 5-26 **第一车间基本生产成本明细账**

产品名称：甲半成品　　20××年 1 月　　金额单位：元

20××年		凭证号数	摘要	成本项目			合计
月	日			直接材料	直接人工	制造费用	
1	31	略	材料费用表	2 000			2 000
	31		职工薪酬费用表		1 520		1 520
	31		制造费用表			1 140	1 140
	31		生产费用合计	2 000	1 520	1 140	4 660
	31		费用分配率	200	160	120	480
	31		完工半成品成本	1 800	1 440	1 080	4 320
	31		月末在产品成本	200	80	60	340

直接材料单位产品成本＝2 000÷（9+1）＝200（元）

直接人工单位产品成本＝1 520÷（9+1×50%）＝160（元）

制造费用单位产品成本＝1 140÷（9+1×50%）＝120（元）

表 5-27 **第二车间基本生产成本明细账**

产品名称：乙半成品　　20××年 1 月　　单位：元

20××年		凭证号数	摘要	成本项目			合计
月	日			自制半成品	直接人工	制造费用	
1	31	略	上步骤转入	4 320			4 320
	31		职工薪酬费用表		1 120		1 120
	31		制造费用表			800	800
	31		生产费用合计	4 320	1 120	800	6 240
	31		费用分配率	480	140	100	720
	31		完工半成品成本	3 360	980	700	5 040
	31		月末在产品成本	960	140	100	1 200

直接人工单位产品成本＝1 120÷（7+2×50%）＝140（元）

制造费用单位产品成本＝800÷（7+2×50%）＝100（元）

表 5-28 **第三车间基本生产成本明细账**

产品名称：A 产成品　　20××年 1 月　　单位：元

20××年		凭证号数	摘要	成本项目			合计
月	日			自制半成品	直接人工	制造费用	
1	31	略	上步骤转入	5 040			5 040
	31		职工薪酬费用表		780		780
	31		制造费用表			520	520
	31		生产费用合计	5 040	780	520	6 340
	31		费用分配率	720	120	80	920
	31		完工产成品成本	4 320	720	480	5 520
	31		月末在产品成本	720	60	40	820

直接人工单位产品成本=780÷（6+1×50%）=120（元）

制造费用单位产品成本=520÷（6+1×50%）=80（元）

以上各步骤成本计算为没有月初在产品成本，下面举例有月初在产品成本的各步骤成本计算。

业务链接5-5

宏博工厂按实际成本综合结转半成品成本的计算

假定“业务链接5-4”中该厂2月份继续生产A产品，原材料在一车间生产时一次性投入，各步骤的在产品在本步骤的完工程度均为50%。20××年2月份有关资料见表5-29、表5-30。

表5-29 **产量资料**

20××年2月 数量单位：件

项目	一车间	二车间	三车间
月初在产品	1	2	1
投入产量（或领用量）	13	12	10
本月完工	12	10	9
月末在产品	2	4	2

表5-30 **费用资料**

20××年2月 金额单位：元

项目	直接材料	直接人工	制造费用
一车间	2 600	2 000	1 500
二车间		1 540	1 100
三车间		1 140	760

请计算该企业每个车间的半成品成本和产成品成本。

解析：根据上述资料，计算各步骤产品成本的方法见表5-31、表5-32和表5-33。

表5-31 **第一车间基本生产成本明细账**

产品名称：甲半成品 20××年2月 金额单位：元

20××年		凭证号数	摘要	成本项目			合计
月	日			直接材料	直接人工	制造费用	
2	28	略	月初在产品成本	200	80	60	340
	28		材料费用表	2 600			2 600
	28		职工薪酬费用表		2 000		2 000
	28		制造费用表			1 500	1 500
	28		生产费用合计	2 800	2 080	1 560	6 440
	28		费用分配率	200	160	120	480
	28		完工半成品成本	2 400	1 920	1 440	5 760
	28		月末在产品成本	400	160	120	680

直接材料单位产品成本=2 800÷（12+2）=200（元）

直接人工单位产品成本=2 080÷（12+2×50%）=160（元）

制造费用单位产品成本=1 560÷（12+2×50%）=120（元）

表 5-32　　　　**第二车间基本生产成本明细账**

产品名称：乙半成品　　　　20××年 2 月　　　　金额单位：元

20××年		凭证号数	摘要	成本项目			合计
月	日			自制半成品	直接人工	制造费用	
2	28		月初在产品成本	960	140	100	1 200
	28	略	上步骤转入	5 760			5 760
	28		职工薪酬费用表		1 540		1 540
	28		制造费用表			1 100	1 100
	28		生产费用合计	6 720	1 680	1 200	9 600
	28		费用分配率	480	140	100	720
	28		完工半成品成本	4 800	1 400	1 000	7 200
	28		月末在产品成本	1 920	280	200	2 400

直接人工单位产品成本=1 680÷（10+4×50%）=140（元）

制造费用单位产品成本=1 200÷（10+4×50%）=100（元）

表 5-33　　　　**第三车间基本生产成本明细账**

产品名称：A 产成品　　　　20××年 2 月　　　　单位：元

20××年		凭证号数	摘要	成本项目			合计
月	日			自制半成品	直接人工	制造费用	
2	28		月初在产品成本	720	60	40	820
	28	略	上步骤转入	7 200			7 200
	28		职工薪酬费用表		1 140		1 140
	28		制造费用表			760	760
	28		生产费用合计	7 920	1 200	800	9 920
	28		费用分配率	720	120	80	920
	28		完工产成品成本	6 480	1 080	720	8 280
	28		月末在产品成本	1 440	120	80	1 640

直接人工单位产品成本=1 200÷（9+2×50%）=120（元）

制造费用单位产品成本=800÷（9+2×50%）=80（元）

上述两个例子都是上一步骤生产的半成品直接转入下一加工步骤继续加工，没有通过半成品库，因而不需要编制半成品入库和从仓库领用的会计分录。如果每个步骤加工完成的半成品先入半成品库，然后再办理领料手续领料，用于下一步骤生产，则要作两步会计分录，即：

借：自制半成品——××产品

　贷：基本生产成本——××车间（××产品）

下一步骤领用半成品时：

借：基本生产成本——××车间（××产品）

　贷：自制半成品——××产品

以上两个例子又都是上一步骤生产的自制半成品全部转为下一步骤生产耗用，若下一步骤仅领用上一步骤部分自制半成品，则各步骤成本计算方法如下例。

业务链接 5-6

宏博工厂按实际成本综合结转半成品成本的计算

假定对于“业务链接 5-5”给定资料，第二车间、第三车间领用量见表 5-34，费用资料见表 5-35，其余资料不变。

表 5-34

产量资料

20××年 2 月

数量单位：件

项目	一车间	二车间	三车间
月初在产品	1	2	1
投入产量（或领用量）	13	11	9
本月完工	12	10	9
月末在产品	2	3	1

表 5-35

费用资料

20××年 2 月

金额单位：元

项目	直接材料	直接人工	制造费用
一车间	2 600	2 000	1 500
二车间		1 540	1 100
三车间		1 140	760

计算该企业每个车间的半成品成本和产成品成本。

解析：根据上述资料，计算各步骤产品成本的方法见表 5-36、表 5-37 和表 5-38。

表 5-36

第一车间基本生产成本明细账

产品名称：甲半成品　　20××年 2 月　　金额单位：元

20××年		凭证号数	摘要	成本项目			合计
月	日			直接材料	直接人工	制造费用	
2	28	略	月初在产品成本	200	80	60	340
	28		材料费用表	2 600			2 600
	28		职工薪酬费用表		2 000		2 000
	28		制造费用表			1 500	1 500
	28		生产费用合计	2 800	2 080	1 560	6 440
	28		费用分配率	200	160	120	480
	28		完工半成品成本	2 400	1 920	1 440	5 760
	28		月末在产品成本	400	160	120	680

直接材料单位产品成本=2 800÷（12+2）=200（元）
直接人工单位产品成本=2 080÷（12+2×50%）=160（元）
制造费用单位产品成本=1 560÷（12+2×50%）=120（元）

表 5-37 第二车间基本生产成本明细账

产品名称：乙半成品 20××年 2 月 金额单位：元

20××年		凭证号数	摘要	成本项目			合计
月	日			自制半成品	直接人工	制造费用	
2	28	略	月初在产品成本	960	140	100	1 200
	28		上步骤转入	5 280			5 280
	28		职工薪酬费用表		1 540		1 540
	28		制造费用表			1 100	1 100
	28		生产费用合计	6 240	1 680	1 200	9 120
	28		费用分配率	480	146.09	104.35	730.44
	28		完工半成品成本	4 800	1 460.90	1 043.50	7 304.40
	28		月末在产品成本	1 440	219.10	156.50	1 815.60

自制半成品本月生产费用=480×11=5 280（元）
自制半成品单位产品成本=6 240÷（10+3）=480（元）
直接人工单位产品成本=1 680÷（10+3×50%）=146.09（元）
制造费用单位产品成本=1 200÷（10+3×50%）=104.35（元）

表 5-38 第三车间基本生产成本明细账

产品名称：A 产成品 20××年 2 月 金额单位：元

20××年		凭证号数	摘要	成本项目			合计
月	日			自制半成品	直接人工	制造费用	
2	28		月初在产品成本	720	60	40	820
	28	略	上步骤转入	6 573.96			6 573.96
	28		职工薪酬费用表		1 140		1 140
	28		制造费用表			760	760
	28		生产费用合计	7 293.96	1 200	800	9 293.96
	28		费用分配率	729.40	126.32	84.21	939.93
	28		完工产成品成本	6 564.60	1 136.88	757.89	8 459.37
	28		月末在产品成本	729.36	63.12	42.11	834.59

自制半成品本月生产费用=730.44×9=6 573.96（元）
自制半成品单位产品成本=7 293.96÷（9+1）=729.40（元）
直接人工单位产品成本=1 200÷（9+1×50%）=126.32（元）
制造费用单位产品成本=800÷（9+1×50%）=84.21（元）

（2）按计划成本综合结转半成品成本

采用这种方法结转时，半成品的日常收、发均按计划单位成本计算，在半成品的实际成本算出以后，再计算出半成品成本差异率，调整半成品成本差异。

由以上各例可知，各个生产步骤领用上一步骤的半成品，就相当于领用原材料。因此，综合结转半成品成本的核算就相当于各生产步骤领用原材料核算。

2）逐步综合结转法的成本还原

（1）成本还原的意义

逐步结转分步法采用半成品成本综合结转方式时，上一生产步骤转入的自制半成品成本，综合登记在本步骤产品生产成本明细账中的“自制半成品”（或“直接材料”）成本项目。综合结转法虽然可以简化成本核算工作，但是在最后生产步骤计算出的产品成本中，除了本步骤发生的加工费用是按原始成本项目反映外，前面各步骤发生的各种费用都集中在“自制半成品”一个成本项目中。

成本还原就是把本月产成品成本中所耗上一步骤半成品的综合成本，还原成“直接材料”、“直接人工”和“制造费用”等原始成本项目，从而取得按原始成本项目反映的产成品成本资料。

（2）成本还原的方法

成本还原是按照反工艺顺序进行的，即从最后一个生产步骤开始，将其所耗用的上一生产步骤自制半成品的综合成本，按照上一生产步骤所产半成品的成本构成，分解还原为原来成本项目的成本，直到第一个生产步骤；然后，将各生产步骤相同成本项目的成本数额加以汇总，就可以求得成本还原以后产成品的实际总成本，即按原始成本项目反映的产成品实际总成本。这一实际总成本与成本还原前产成品的实际总成本一定是相等的。也就是说，成本还原恢复了产成品成本的原始构成情况，但不会增加或减少产成品的实际总成本。成本还原的具体方法，有项目比重还原法和成本还原分配率还原法。下面主要介绍成本还原分配率还原法。

成本还原分配率法是按照本月完工产品所耗上步骤半成品费用占本月所产该种半成品总成本的比例（即成本还原分配率）进行成本还原。具体的计算程序如下：

①计算成本还原分配率

成本还原分配率，是本月产成品所耗上一步骤半成品费用与该步骤本月所产半成品成本的比率，用公式表示为：

还原分配率=本月产成品所耗上一步骤半成品费用÷本月所产该种完工半成品成本合计

②计算半成品各成本项目还原值

应还原为上步骤某项成本项目金额=上一步骤生产的半成品某个成本项目的成本×成本还原分配率

③计算产成品还原后各成本项目金额

在成本还原的基础上，将各步骤还原前和还原后相同的成本项目金额相加，即可计算出产成品还原后各成本项目金额，从而取得按原始成本项目反映的产成品成本资料。成本还原一般是通过成本还原计算表进行的。

业务链接5-7

对完工产品成本进行成本还原

江城机械制造厂主要生产1#机械产品，其经两步骤生产完工。20××年9月部分成本资料和产品成本还原见表5-39、表5-40。

表 5-39 **成本资料**

20××年 9 月 单位：元

成本项目	自制半成品	直接材料	直接人工	制造费用	成本合计
还原前产成品成本	13 500		7 900	2 900	24 300
本月所产半成品成本		8 000	2 000	5 000	15 000

请对完工产品成本进行成本还原。

解析： 成本还原分配率=13 500÷15 000=0.9

产成品所耗上一步骤半成品费用中的直接材料费用=8 000×0.9=7 200（元）

产成品所耗上一步骤半成品费用中的直接人工费用=2 000×0.9=1 800（元）

产成品所耗上一步骤半成品费用中的制造费用=5 000×0.9=4 500（元）

直接材料项目还原后总成本=7 200 元

直接人工项目还原后总成本=7 900+1 800=9 700（元）

制造费用项目还原后总成本=2 900+4 500=7 400（元）

还原后总成本合计=7 200+9 700+7 400=24 300（元）

表 5-40 **产品成本还原计算表**

20××年 9 月 单位：元

项目	还原分配率	自制半成品	直接材料	直接人工	制造费用	合计
还原前产成品成本	—	13 500		7 900	2 900	24 300
本月所产半成品成本	—		8 000	2 000	5 000	15 000
成本还原	13 500÷15 000=0.9	-13 500	7 200	1 800	4 500	0
还原后产成品成本	—		7 200	9 700	7 400	24 300

以“业务链接 5-6”为例子（具体数据见表 5-34、表 5-35、表 5-36、表 5-37 和表 5-38）。

请对完工产品成本进行成本还原。

解析： 从最后一个步骤起进行成本还原的方法和步骤如下：

第一次还原=6 564.60÷7 304.40=0.8987

A 产成品所耗乙半成品费用中的直接材料费用=4 800×0.8987=4 313.76（元）

A 产成品所耗乙半成品费用中的直接人工费用=1 460.90×0.8987=1 312.91（元）

A 产成品所耗乙半成品费用中的制造费用=6 564.60-4 313.76-1 312.91=937.93（元）

第二次还原=4 313.76÷5 760=0.7489

乙半成品所耗甲半成品费用中的直接材料费用=2 400×0.7489=1 797.36（元）

乙半成品所耗甲半成品费用中的直接人工费用=1 920×0.7489=1 437.89（元）

乙半成品所耗甲半成品费用中的制造费用=4 313.76-1 797.36-1 437.89=1 078.51（元）

将成本还原以前和还原以后相同成本项目的成本汇总，就可以求得 A 产品还原以后的总成本和单位成本。

直接材料项目还原后总成本=1 797.36 元

直接人工项目还原后总成本=1 136.88+1 312.91+1 437.89=3 887.68（元）

制造费用项目还原后总成本=757.89+937.93+1 078.51=2 774.33（元）

还原后总成本合计=1 797.36+3 887.68+2 774.33=8 459.37（元）

产成品成本还原计算见表5-41。

表5-41 **产成品成本还原计算表**

20××年××月 金额单位：元

行次	项目	产量	还原分配率	半成品	直接材料	直接人工	制造费用	合计
1	还原前产成品成本	9件		6 564.60		1 136.88	757.89	8 459.37
2	第二步骤半成品成本			4 800		1 460.90	1 043.50	7 304.40
3	第一次成本还原		0.8987	4 313.76		1 312.91	937.93	6 564.60
4	第一步骤甲半成品成本				2 400	1 920	1 440	5 760
5	第二次成本还原		0.7489	-4 313.76	1 797.36	1 437.89	1 078.51	0
6	还原后产成品总成本				1 797.36	3 887.68	2 774.33	8 459.37
7	还原后产成品单位成本	9件			199.71	431.96	308.26	939.93

采用综合结转法逐步结转半成品成本，便于分析和考核各步骤所耗半成品费用水平，以利于加强内部成本控制，努力降低成本，但还原工作量较大。因此，一般适用于管理上既要求单独计算各步骤所耗半成品费用又不要求成本还原的情况。

同步案例5-2

宏博企业产品成本核算方法——逐步结转分步法

背景与情境：江城宏博机械制造厂是大批大量多步骤生产企业，主要生产1#机械产品，产品销往全国各地，厂内设有铸造车间，机械加工车间和装配车间三个基本生产车间，顺序加工生产产品。管理上要求提供半成品成本（半成品对外销售或内部厂内价格清算），所以，以产品的生产步骤（生产车间）作为成本计算对象；铸造车间投入原材料后生产铸件半成品，交机械加工车间生产钢材半成品，再交装配车间加工成产成品1#机械产品，自制半成品通过半成品仓库收发，发出自制半成品的计价采用加权平均法，材料在铸造车间开始加工时一次投入，月末在产品完工程度均为50%，该企业20××年4月份有关成本计算资料如下：

（1）产量情况记录见表5-42。

表5-42 **产量资料**

20××年4月 数量单位：件

项目	铸造车间	机加工车间	装配车间
月初在产品	50	30	80
投入产量（或领用量）	300	250	190
本月完工	240	200	250
月末在产品	110	80	20

（2）期初在产品成本资料见表5-43。

表5-43 **期初在产品成本资料**

20××年4月 单位：元

项目	直接材料	自制半成品	直接人工	制造费用
铸造车间	3 500		690	1 400
机械加工车间		4 190	430	1 380
装配车间		18 250	7 100	3 950

（3）期初库存铸件半成品资料。

铸件半成品仓库月初结存60件，实际成本为8 700元。

（4）本月生产费用发生额见表5-44。

表5-44 **生产费用**

20××年4月 单位：元

项目	直接材料	直接人工	制造费用	合计
铸造车间	28 000	5 800	9 810	43 610
机械加工车间		10 850	10 620	21 470
装配车间		21 500	19 450	40 950

该厂财务部要求其成本核算员周某根据上述资料回答如下问题：（1）江城宏博机械制造厂应采用哪种方法计算产品成本？（2）该企业应设置哪些生产成本明细账（产品成本计算单）？（3）该企业如何登记基本生产成本明细账？

周某提供的解答如下：

（1）江城宏博机械制造厂应采用品种法计算产品成本。

（2）根据企业发生的主要经济活动，按照成本核算范围，确定本企业生产成本明细账：①基本生产成本——铸造车间（铸件）；②基本生产成本——机械加工车间（钢材）；③基本生产成本——装配车间（1#机械产品）。

（3）该企业登记基本生产成本明细账见表5-45、表5-46和表5-47。

表 5-45

铸造车间基本生产成本明细账

产品名称：铸件半成品

单位：元

20××年		凭证号数	摘要	成本项目			合计
月	日			直接材料	直接人工	制造费用	
4	30	略	月初在产品成本	3 500	690	1 400	5 590
	30		材料费用表	28 000			28 000
	30		职工薪酬费用表		5 800		5 800
	30		制造费用表			9 810	9 810
	30		生产费用合计	31 500	6 490	11 210	49 200
	30		费用分配率	90	22	38	150
	30		完工半成品成本	21 600	5 280	9 120	36 000
	30		月末在产品成本	9 900	1 210	2 090	13 200

表 5-46

机加工车间基本生产成本明细账

产品名称：钢材半成品

单位：元

20××年		凭证号数	摘要	成本项目			合计
月	日			自制半成品	直接人工	制造费用	
4	30	略	月初在产品成本	4 190	430	1 380	6 000
	30		上步骤转入	37 250			37 250
	30		职工薪酬费用表		10 850		10 850
	30		制造费用表			10 620	10 620
	30		生产费用合计	41 440	11 280	12 000	64 720
	30		费用分配率	148	47	50	245
	30		完工半成品成本	29 600	9 400	10 000	49 000
	30		月末在产品成本	11 840	1 880	2 000	15 720

表 5-47

装配车间基本生产成本明细账

产品名称：1#机械产品

单位：元

20××年		凭证号数	摘要	成本项目			合计
月	日			自制半成品	直接人工	制造费用	
4	30		月初在产品成本	18 250	7 100	3 950	29 300
	30	略	上步骤转入	46 550			46 550
	30		职工薪酬费用表		21 500		21 500
	30		制造费用表			19 450	19 450
	30		生产费用合计	64 800	28 600	23 400	116 800
	30		费用分配率	240	110	90	440
	30		完工产成品成本	60 000	27 500	22 500	110 000
	30		月末在产品成本	4 800	1 100	900	6 800

问题：

1）在本案例中，周某提供的哪些解答和说明正确无误？为什么？

2）在本案例中，周某提供的哪些解答和说明有误？分析其错误原因。

3）对本案例中的有误回答及其说明进行分析更正。

分析提示：

1）周某对第（2）个问题的回答是正确的，根据企业发生的主要经济活动，按照成本核算范围，确定本企业生产成本明细账：①基本生产成本——铸造车间（铸件）；②基本生产成本——机械加工车间（钢材）；③基本生产成本——装配车间（1#机械产品）。

周某对第（3）个问题的回答是正确的，登记基本生产成本明细账见表5-45、表5-46和表5-47。（略）

2）周某对第（1）个问题的回答是错误的，周某采用品种法计算产品成本，错误在于江城宏博机械制造厂是大批大量多步骤生产企业，管理上要求提供半成品成本（半成品对外销售或内部厂内价格清算）。

3）江城宏博机械制造厂是大批大量多步骤生产企业，主要生产1#机械产品，厂内设有铸造车间、机械加工车间和装配车间三个基本生产车间，顺序加工生产产品。管理上要求提供半成品成本（半成品对外销售或内部厂内价格清算），所以，以产品的生产步骤（生产车间）作为成本计算对象，选择逐步结转分步法进行成本计算。

3）逐步分项结转法及其应用举例

分项结转法是将各生产步骤所耗上一步骤半成品费用，按照成本项目分项转入该步骤产品成本明细账中相应的成本项目。如果半成品通过仓库收发，那么在自制半成品明细账中登记半成品成本时，也要按照成本项目分别登记。

业务链接5-8

宏博工厂逐步分项结转法计算产品成本

宏博工厂甲产品本月生产数量见表5-48，月初在产品成本和本月发生生产费用见表5-49。根据表5-49，甲产品月初在产品成本为146 500元，其中，第一车间为14 500元，第二车间为52 000元，第三车间为80 000元。在分项结转的情况下，上一步骤转入的半成品成本是按其原始成本项目登记的，因此，月初在产品成本中各个成本项目的成本数额与在综合结转方式下的不同。采用分项结转方式时，宏博工厂月初在产品成本和本月本步骤发生生产费用见表5-48、表5-49和表5-50。

表5-48 **宏博工厂生产数量记录资料**

产品：甲产品 20××年10月 数量单位：件

项目	第一车间	第二车间	第三车间
月初在产品	40	80	80
本月投入或上步骤转入	440	400	400
本月完工转入下步骤或交库	400	400	440
月末在产品	80	80	40

表5-49 **宏博工厂生产费用记录资料（逐步综合结转法）**

产品：甲产品 20××年10月 单位：元

项目	第一车间	第二车间	第三车间
月初在产品成本	14 500	52 000	80 000
其中：直接材料（半成品）	10 000	38 000	66 000
直接人工	2 500	8 000	8 000
制造费用	2 000	6 000	6 000
本月本步骤发生生产费用	204 500	140 000	147 000
其中：直接材料	110 000		
直接人工	52 500	80 000	84 000
制造费用	42 000	60 000	63 000

表5-50 **宏博工厂生产费用记录资料（逐步分项结转法）**

产品：甲产品 20××年10月 单位：元

项目	第一车间	第二车间	第三车间
月初在产品成本	14 500	52 000	80 000
其中：直接材料	10 000	20 000	20 000
本步骤发生	10 000	0	0
上步骤转入		20 000	20 000
直接人工	2 500	18 000	34 000
本步骤发生	2 500	8 000	8 000
上步骤转入		10 000	26 000
制造费用	2 000	14 000	26 000
本步骤发生	2 000	6 000	6 000
上步骤转入		8 000	20 000
本月本步骤发生生产费用	204 500	140 000	147 000
其中：直接材料	110 000		
直接人工	52 500	80 000	84 000
制造费用	42 000	60 000	63 000

请采用逐步分项结转法计算宏博工厂完工产品成本。

解析：产品成本计算程序如下：

①计算第一车间本月所生产A半成品的实际成本

逐步结转分步法中的半成品按实际成本综合结转与分项结转，在成本核算程序上是完全相同的。第一车间为生产甲产品的第一个生产步骤，没有上步骤转入费用，半成品按实际成本分项结转和综合结转在成本核算方法上也是完全相同的。为使分项结转实例完整，列示宏博工厂第一车间产品生产成本计算单（见表5-51）。产品生产成本明细账略。

表 5-51　　宏博工厂第一车间产品生产成本计算单

产品：A 半成品　　20××年 10 月　　单位：元

项目	直接材料	直接人工	制造费用	合计
月初在产品成本	10 000	2 500	2 000	14 500
本月发生生产费用	110 000	52 500	42 000	204 500
生产费用合计	120 000	55 000	44 000	219 000
完工产品数量	400	400	400	
月末在产品约当量	80	40	40	
约当量总产量	480	440	440	
费用分配率（完工 A 半成品单位成本）	250	125	100	475
本月完工 A 半成品总成本	100 000	50 000	40 000	190 000
月末在产品成本	20 000	5 000	4 000	29 000

②计算第二车间本月所生产 B 半成品的实际成本

采用逐步结转分步法，第二车间所生产 B 半成品成本包括上一生产步骤（第一车间）转入的 A 半成品成本。在半成品按实际成本分项结转的情况下，本月第一车间完工转入 400 件 A 半成品的总成本 190 000 元，应当按其原始成本项目分别在第二车间产品生产成本计算单中对应的成本项目栏内登记。第二车间上一步骤转入费用和本步骤发生费用的登记结果见表 5-52。

表 5-52　　宏博工厂第二车间产品生产成本计算单

产品：B 半成品　　20××年 10 月　　单位：元

项目	直接材料		直接人工		制造费用		合计
	上步骤转入	本步骤发生	上步骤转入	本步骤发生	上步骤转入	本步骤发生	
月初在产品成本	20 000		10 000	8 000	8 000	6 000	52 000
本月本步骤发生费用				80 000		60 000	140 000
本月上步骤转入费用	100 000		50 000		40 000		190 000
生产费用合计	120 000		60 000	88 000	48 000	66 000	382 000
完工产品数量	400		400	400	400	400	
月末在产品约当量	80		80	40	80	40	
约当总产量	480		480	440	480	440	
费用分配率（完工 B 半成品单位成本）	250		125	200	100	150	825
本月完工 B 半成品总成本	100 000		50 000	80 000	40 000	60 000	330 000
月末在产品成本	20 000		10 000	8 000	8 000	6 000	52 000

从表 5-52 可以看到，在登记第一车间转入的 A 半成品成本时，都登记在与 A 半成品

原始成本项目相对应的成本项目中的“上步骤转入”栏内。为什么一个成本项目内要分为上步骤转入和本步骤发生两栏呢？这是因为，对于月末在产品成本来说，上步骤转入的半成品成本已经全部投入，应当与本月完工产品（半成品或产成品）同等分配生产费用；本步骤发生的生产费用尚未全部投入，应当在计算在产品的约当量后，再由月末在产品与本月完工产品一起分配。这样，在采用分项结转方式时，产品生产成本计算单中的每一个成本项目都区分为上步骤转入费用和本步骤发生费用，有利于正确计算月末在产品成本。为了简化计算，如果各成本项目内不区分为上步骤转入费用和本步骤发生费用，应当在考虑这两种费用投入的不同情况以后，再确定月末在产品各成本项目的完工程度或已完成的定额工时等，正确地将生产费用在本月完工产品和月末在产品之间进行分配。

宏博工厂第二车间生产费用在本月完工B半成品和月末在产品之间的分配，由于区分了上步骤转入费用和本步骤发生费用，采用约当产量法计算就比较简便。第二车间月末在产品数量为80件，在各成本项目中上步骤转入费用栏内的在产品约当量也为80件，即完工程度为100%；本步骤发生费用栏内，在产品约当量为40件，表明月末在产品约当量是按照本步骤在产品完工程度为50%计算的。表5-52中，完工产品单位成本（费用分配率）、完工产品总成本和月末在产品总成本的计算过程不再列示。根据成本计算结果，编制结转本月完工入库B半成品成本的会计分录仍为：

借：自制半成品——B半成品　　330 000

　贷：基本生产成本——第二车间（B半成品）　　330 000

③计算第三车间本月所产甲产品产成品的实际成本

宏博工厂第三车间生产的甲产品成本，包括本步骤发生的生产费用和从半成品仓库领用的B半成品成本。逐步结转分步法在采用分项结转方式时，自制半成品明细账中的B半成品成本，应当分成本项目登记。采用加权平均法计算发出（生产领用）半成品成本时，也应当分成本项目计算。宏博工厂B半成品加权平均单位成本的计算和自制半成品资料见表5-53。

表5-53　**宏博工厂自制半成品资料（汇总账页）**

品名：B半成品　　20××年10月　　单位：元

项目	数量	金额合计	其中		
			直接材料	直接人工	制造费用
月初结存	80	66 000	20 000	26 000	20 000
本月第二车间交库	400	330 000	100 000	130 000	100 000
合计	480	396 000	120 000	156 000	120 000
加权平均单位成本		825	250	325	250
本月第三车间领用	400	330 000	100 000	130 000	100 000
月末结存	80	66 000	20 000	26 000	20 000

根据自制半成品资料（见表5-53）的计算结果，编制结转本月第三车间领用B半成品总成本的会计分录如下：

借：基本生产成本——第三车间（甲产品）　　330 000

　贷：自制半成品——B半成品　　330 000

根据上述会计分录，将第三车间领用B半成品的总成本计入其产品生产成本计算单（见表5-54）时，应当分成本项目登记。

表5-54　　　　宏博工厂第三车间产品生产成本计算单

产品：甲产品　　　　20××年10月　　　　金额单位：元

项目	直接材料		直接人工		制造费用		合计
	上步骤转入	本步骤发生	上步骤转入	本步骤发生	上步骤转入	本步骤发生	
月初在产品成本	20 000		26 000	8 000	20 000	6 000	80 000
本月本步骤发生费用				84 000		63 000	147 000
本月领用B半成品成本	100 000		130 000		100 000		330 000
生产费用合计	120 000		156 000	92 000	120 000	69 000	557 000
完工产品数量	440		440	440	440	440	440
月末在产品约当量	40		40	20	40	20	
约当总产量	480		480	460	480	460	
费用分配率	250		325	200	250	150	1 175
本月完工甲产品总成本	110 000		143 000	88 000	110 000	66 000	517 000
月末在产品成本	10 000		13 000	4 000	10 000	3 000	40 000

第三车间产品生产成本计算单（见表5-54）中，有关月末在产品约当量、完工产品单位成本（费用分配率）、完工产品总成本和月末在产品总成本的计算过程，与第二车间相同，不再列示。根据表5-54的成本计算结果，编制“宏博工厂完工产品成本汇总表”，见表5-55。

表5-55　　　　宏博工厂完工产品成本汇总表

产品：甲产品　　产量：440件　　　　20××年10月　　　　单位：元

项目	直接材料	直接人工	制造费用	合计
本月完工产品总成本	110 000	143 000+88 000＝231 000	110 000+66 000＝176 000	517 000
本月完工产品单位成本	250	525	400	1 175

根据完工产品成本汇总表，编制结转完工入库甲产品总成本的会计分录如下：

借：库存商品——甲产品　　　　517 000

　贷：基本生产成本——第三车间（甲产品）　　　　517 000

表5-55的计算结果表明，本月完工甲产品440件的实际总成本为517 000元，其中，直接材料110 000元，直接人工231 000元，制造费用176 000元。可见，采用分项结转法结转半成品成本，可以直接、准确地提供按原始成本项目反映的企业产品成本资料，不需要进行成本还原。但是，这种方式的成本结转工作比较复杂，产品生产成本明细账中各个成本项目都要区分为上步骤转入费用和本步骤发生费用；自制半成品明细账登记的生产成本也要分成本项目反映，成本计算、结转和登记的工作量比较大。

这种方法一般适用于管理上只要求按原始成本项目计算产品成本，不要求计算各步骤完工产品所耗半成品费用和本步骤加工费用的企业。

同步思考 5-2

江城棉纺织厂成本核算方法为什么选择逐步结转分步法？

江城棉纺织厂主要生产棉纱和各种棉布产品，通过市场销往全国各地。生产工艺过程包括纺纱和织布两大步骤。在纺纱步骤中，原料（原棉）投入生产之后，经过清花、梳棉、并条、粗纺、细纱等工序，纺成各种棉纱；然后送往织布步骤，经过络经、整经、浆纱、穿筘、织造等工序，织成各种棉布，再经过整理、打包，即可入库等待销售。本企业生产的棉纱，既可以为本企业自用，继续加工成各种棉布，又可以作为商品，直接对外出售。在这种情况下，为了计算产品销售成本，除了需要计算各种产成品成本外，还必须计算各生产步骤所产半成品成本。江城棉纺织厂以棉布及其生产所经的各个生产步骤为成本计算对象，采用逐步结转分步法核算产品成本。

问题：企业为什么采用逐步结转分步法核算？运用逐步结转分步法的特点、适用范围和管理要求理论来回答。

理解要点：企业采用逐步结转分步法进行成本核算要考虑以下因素，即逐步结转分步法的特点、适用范围和管理要求。

因为本企业属于大量大批连续式多步骤生产的企业，计算半成品成本的逐步结转分步法，主要适用于半成品可以加工为不同产品或者有半成品对外销售和需要考核半成品成本的企业，特别是大量大批连续式多步骤生产企业。在这些企业中，从原材料投入生产到产成品制成，中间要顺序经过若干个生产步骤，前面各个生产步骤所生产的都是半成品，只有在最后生产步骤完工的才是产成品。各生产步骤所产半成品，既可以转交给下一生产步骤继续加工，耗用在不同产品上，又可以作为商品对外出售。

本企业生产的棉纱，既可以为本企业自用，继续加工成各种棉布，又可以作为商品，直接对外出售。在这种情况下，为了计算产品销售成本，除了需要计算各种产成品成本外，还必须计算各生产步骤所产半成品成本。

所以江城棉纺织厂采用逐步结转分步法核算产品成本。

互动专栏 5-1

互动问题：

（1）产品成本计算方法选择与企业类型及生产特点是否紧密相连？

（2）产品成本计算方法选择与企业成本管理要求是否相关？

要求：同"互动专栏 1-1"的"要求"。

5.2.4　逐步结转分步法的优缺点

（1）逐步结转分步法的成本计算对象是企业产成品及其各步骤的半成品，这就为分析和考核企业产品成本规划和各生产步骤半成品成本规划的执行情况，以及为正确计算半成品销售成本提供了资料。

（2）不论是综合结转还是分项结转，半成品成本都是随着半成品实物的转移而结转，各生产步骤产品成本明细账中的生产费用余额，反映了留存在各个生产步骤的在产品成本，因而还能为在产品的实物管理和生产资金管理提供资料。

（3）采用综合结转法结转半成品成本时，由于各生产步骤产品成本中包括所耗上一生产步骤半成品成本，从而能全面反映各步骤完工产品中所耗上一步骤半成品费用水平和本步骤加工费用水平，有利于各步骤的成本管理。

（4）这一方法的核算工作比较复杂，核算工作的及时性也较差。如果采用综合结转法，需要进行成本还原；如果采用分项结转法，结转的核算工作量大；如果半成品按计划成本结转，还要计算和调整半成品成本差异；如果半成品按实际成本结转，各步骤则不能同时计算成本，成本计算的及时性差。

因此，采用这一方法时，必须从实际出发，根据管理要求，权衡利弊，做到既满足管理要求，提供所需的各种资料，又能简化核算工作。

5.2.5 平行结转分步法成本计算程序

1）平行结转分步法成本计算程序

（1）按每种产品的品种及其所经过的生产步骤设置产品成本计算单归集生产费用。

（2）按每种产品和它所经过的生产步骤归集生产费用，计算出每一步骤所发生的生产费用总额。

（3）采用一定的方法计算每一生产步骤应计入产成品成本的“份额”。在计算各步骤应计入产成品成本的“份额”时，需将各步骤成本计算单上的生产费用，采用一定的方法，在完工产品和在产品之间进行分配。这里所指完工产品是指最后步骤完工产成品，在产品是指广义在产品。由于在平行结转分步法下上一步骤半成品的实物转入下一步骤时，半成品的成本并不转入下一步骤。所以，在计算分配各步骤发生的费用时，凡各步骤已转出但尚未制成产成品的半成品，其费用仍保留在原来的成本计算单中。因此，各步骤的在产品是指广义在产品，它不但包括本步骤尚未完工的在产品，而且还包括本步骤加工完成转入下一步骤或半成品库但尚未制成为产成品的在产品。所要分配的费用只是本步骤发生的费用，不包括上一步骤转入的半成品的成本。

（4）将各生产步骤中确定的应计入产成品成本的“份额”平行汇总，计算出每种产成品的总成本。

（5）将各步骤产品成本计算单上归集的生产费用，扣除应计入产成品成本中的“份额”，其余额就是在产品成本。

平行结转分步法的成本计算程序如图 5-3 所示。

2）平行结转分步法下应计入产成品成本中的“份额”及约当产量的计算

平行结转分步法的关键在于合理计算各步骤应计入产成品成本中的“份额”。各步骤应计入产成品成本的“份额”，一般按下列公式计算：

某步骤应计入产成品成本份额＝产成品数量×该步骤半成品单位成本

其中“该步骤半成品单位成本”，在实际计算时，要分成本项目进行确定，即分成本项目计算它的分配率。计算时可采用约当产量法求得。

在这种方法下，一般是首先以某产品的完工产成品和期末广义在产品为产量基数，计算各步骤各项费用计入产品成本单位费用分配率，然后按完工产品数量，计算各步骤各项

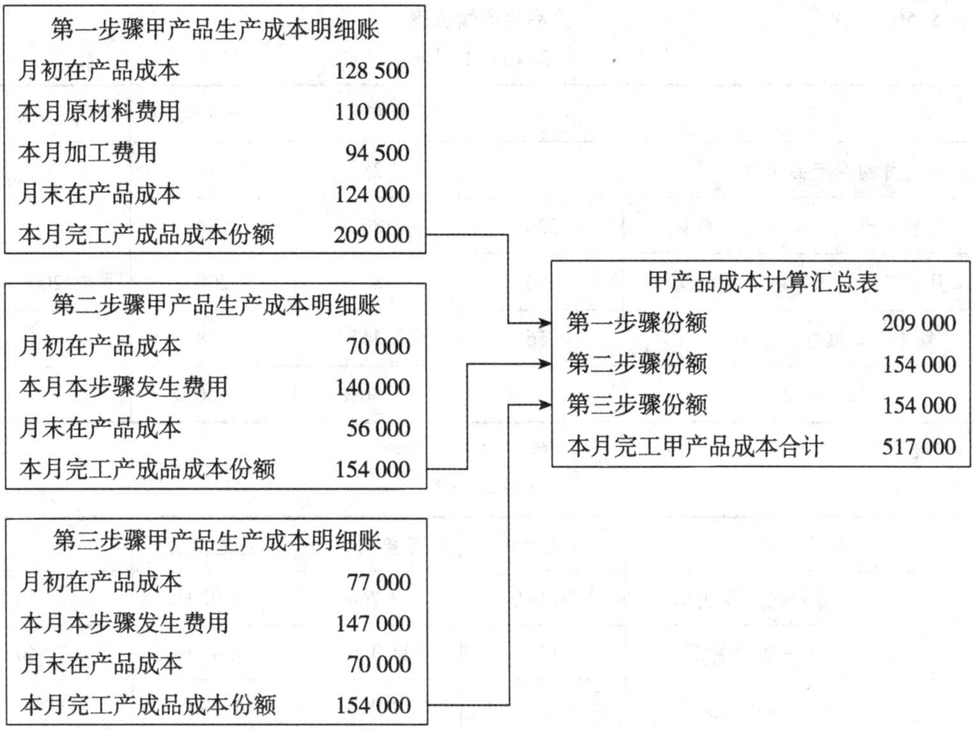

图5-3 平行结转分步法成本计算程序图（单位：元）

费用计入产品成本的份额。计算公式如下：

$$\frac{\text{某步骤某项费用应计入}}{\text{产品成本单位费用分配率}}=\left(\frac{\text{该步骤该项费用}}{\text{期初在产品成本}}+\frac{\text{本步骤该项费用}}{\text{本期发生额}}\right)\div\left(\frac{\text{产成品}}{\text{数量}}+\frac{\text{该步骤期末广义}}{\text{在产品约当产量}}\right)$$

其中，期末广义在产品约当产量要分成本项目计算确定。

$$\frac{\text{某步骤分配材料费用的期末}}{\text{广义在产品约当产量}}=\frac{\text{已经本步骤加工而留存以后各步骤}}{\text{（含半成品库）的月末半成品数量}}+\frac{\text{本步骤期末}}{\text{在产品数量}}\times\frac{\text{本步骤期末}}{\text{在产品投料程度}}$$

$$\frac{\text{某步骤分配工资、制造费用}}{\text{的期末广义在产品约当产量}}=\frac{\text{已经本步骤加工而留存以后各步骤}}{\text{（含半成品库）的月末半成品数量}}+\frac{\text{本步骤期末}}{\text{在产品数量}}\times\frac{\text{本步骤期末}}{\text{在产品加工程度}}$$

$$\frac{\text{某步骤某项费用}}{\text{应计入产成品份额}}=\frac{\text{产成品}}{\text{数量}}\times\frac{\text{单位产成品需要}}{\text{该步骤半成品数量}}\times\frac{\text{该步骤该项费用应计入}}{\text{产成品单位费用分配率}}$$

$$\frac{\text{某步骤某项费用}}{\text{期末在产品成本}}=\frac{\text{该步骤该项费用}}{\text{期初在产品成本}}+\frac{\text{该步骤该项费用}}{\text{本期发生额}}-\frac{\text{该步骤该项费用}}{\text{应计入产成品成本的份额}}$$

5.2.6 平行结转分步法应用举例

业务链接5-9

宏博工厂平行结转分步法计算产品成本

宏博工厂生产的甲产品经过三个生产车间完成。原材料于生产开始时一次投入，各生产车间的在产品完工程度均为50%。由于该产品在各步骤的半成品不对外出售，管理上也不需要核算各步骤半成品生产成本，所以，为简化核算，企业采用平行结转分步法计算产品成本。而且采用约当产量比例法计算各步骤应计入产成品的成本份额。20××年8月份有关资料见表5-56、表5-57。

表 5-56 **产品生产情况表**

20××年 8 月 数量单位：件

项目	一车间	二车间	三车间	产成品
月初在产品数量	16	28	44	
本月投产或上一车间转入数量	220	180	184	
本月完工或转入下一车间数量	180	184	200	200
期末各车间在产品数量	56	24	28	
加工程度	50%	50%	50%	

表 5-57 **生产费用表**

20××年 8 月 单位：元

项目		直接材料	直接人工	制造费用	合计
一车间	月初在产品成本	10 060	3 760	1 920	15 740
	本月生产费用	50 000	11 360	6 480	67 840
二车间	月初在产品成本		1 900	1 360	3 260
	本月生产费用		8 660	7 040	15 700
三车间	月初在产品成本		1 080	1 320	2 400
	本月生产费用		9 620	7 882	17 502

根据上述资料，用约当产量法计算各生产车间应计入产品成本的份额。

解析：根据上述资料，用约当产量法计算各生产车间应计入产品成本的份额程序如下：

（1）第一车间成本计算

①直接材料成本

第一车间期末广义在产品约当产量＝56×100%＋24＋28＝108（件）

材料费用分配率＝（10 060＋50 000）÷（200＋108）＝195（元/件）

原材料费用应计入产成品成本份额＝200×195＝39 000（元）

期末广义在产品的原材料费用＝10 060＋50 000－39 000＝21 060（元）

②直接人工成本

第一车间期末广义在产品约当产量＝56×50%＋24＋28＝80（件）

人工费用分配率＝（3 760＋11 360）÷（200＋80）＝54（元/件）

直接人工应计入产成品成本份额＝200×54＝10 800（元）

期末广义在产品直接人工费用＝3 760＋11 360－10 800＝4 320（元）

③制造费用成本

制造费用分配率＝（1 920＋6 480）÷（200＋80）＝30（元/件）

制造费用应计入产成品成本份额＝200×30＝6 000（元）

期末广义在产品制造费用＝1 920＋6 480－6 000＝2 400（元）

将上述计算结果，列入基本生产成本计算单，见表5-58。

表5-58　**第一车间成本计算单**

产品名称：甲产品　　完工产成品产量：200件　　单位：元

月	日	项目	直接材料	直接人工	制造费用	合计
8	1	月初在产品成本	10 060	3 760	1 920	15 740
	31	本月发生生产费用	50 000	11 360	6 480	67 840
	31	合计	60 060	15 120	8 400	83 580
	31	单位费用分配率	195	54	30	279
	31	应计入产成品成本份额	39 000	10 800	6 000	55 800
	31	期末在产品成本	21 060	4 320	2 400	27 780

（2）第二车间成本计算

①第二车间期末广义在产品约当产量

约当产量=24×50%+28=40（件）

②直接人工成本

人工费用分配率=（1 900+8 660）÷（200+40）=44（元/件）

人工费用应计入产成品成本份额=200×44=8 800（元）

期末广义在产品直接人工费用=40×44=1 760（元）

③制造费用

制造费用分配率=（1 360+7 040）÷（200+40）=35（元/件）

制造费用应计入产成品成本份额=200×35=7 000（元）

期末广义在产品制造费用=40×35=1 400（元）

将上述计算结果列入成本计算单，见表5-59。

表5-59　**第二车间成本计算单**

产品名称：甲产品　　完工产量：200件　　单位：元

月	日	项目	直接材料	直接人工	制造费用	合计
8	1	月初在产品成本		1 900	1 360	3 260
	31	本月发生生产费用		8 660	7 040	15 700
	31	合计		10 560	8 400	18 960
	31	单位费用分配率		44	35	79
	31	应计入产成品成本份额		8 800	7 000	15 800
	31	期末在产品成本		1 760	1 400	3 160

（3）第三车间成本计算

①第三车间期末广义在产品约当产量

约当产量=28×50%=14（件）

②直接人工成本

人工费用率＝（1 080+9 620）÷（200+14）＝50（元/件）

直接人工应计入产成品成本份额＝200×50＝10 000（元）

期末在产品直接人工费用：50×14＝700（元）

③制造费用

制造费用分配率＝（1 320+7 882）÷（200+14）＝43（元/件）

制造费用应计入产成品成本份额＝200×43＝8 600（元）

期末在产品制造费用＝43×14＝602（元）

第三车间成本计算单见表5-60。

表5-60 **第三车间成本计算单**

产品名称：甲产品　　完工产成品产量：200件　　单位：元

月	日	项目	直接材料	直接人工	制造费用	合计
8	1	月初在产品成本		1 080	1 320	2 400
8	31	本月发生生产费用		9 620	7 882	17 502
	31	合计		10 700	9 202	19 902
	31	单位费用分配率		50	43	93
	31	应计入产成品成本份额		10 000	8 600	18 600
	31	期末在产品成本		700	602	1 302

甲产品按成本项目平行汇总：

直接材料应计入产成品成本份额汇总＝39 000（元）

直接人工应计入产成品成本份额汇总＝10 800+8 800+10 000＝29 600（元）

制造费用应计入产成品成本份额汇总＝6 000+7 000+8 600＝21 600（元）

甲产品总成本合计＝39 000+29 600+21 600＝90 200（元）

由上述举例可以看出，平行结转分步法由于不计算各步骤半成品成本，只是平行汇总各步骤应计入产成品成本的份额，因而能加速成本计算；另外，不需要成本还原，大大地简化了成本计算工作。因而这种方法适用于半成品种类较多，管理上又不要求提供各步骤半成品成本资料的产品。

同步思考5-3

江城机械制造厂成本核算方法为什么选择平行结转分步法？

江城机械制造厂主要生产各种机械产品，通过市场销往全国各地。企业的车间按生产工艺过程设置，设有铸工、锻工、加工、装配等车间。铸工车间利用生铁、钢、铜等各种原料熔铸各种铸件；锻工车间利用各种外购钢材锻造各种锻件。铸件和锻件都是用来进一步加工的毛坯。加工车间对各种铸件、锻件、外购半成品和外购材料进行加工，制造各种产品的零件和部件；然后转入装配车间进行装配，生产各种机械产品。本企业各生产步骤所产半成品的种类很多，而半成品外售的情况却较少，因此在管理上不要求计算半成品成本。江城机械制造厂以各种机械产品及其所经生产步骤为成本计算对象，采用平行结转分步法核算产品成本。

问题：企业为什么采用平行结转分步法核算？运用平行结转分步法的特点、适用范围和管理要求来回答。

理解要点：企业采用平行结转分步法进行成本核算要考虑以下因素，即平行结转分步法的特点、适用范围和管理要求。

因为本企业属于大量大批装配式多步骤生产的企业，计算半成品成本的平行结转分步法，主要适用于在成本管理上要求分步骤归集费用，但不要求计算半成品成本的企业，特别是没有半成品对外销售的大量大批装配式多步骤生产企业。在这些企业中，从原材料投入生产到产成品制成，是先由各生产步骤对各种原材料平行地进行加工，使之成为各种零件和部件（半成品），然后由装配车间（最后生产步骤）装配成各种产成品。如果各生产步骤所产半成品的种类比较多，半成品对外销售的情况也很少，为了简化和加速成本核算工作，可以采用平行结转分步法。

本企业各生产步骤所产半成品的种类很多，而半成品外售的情况却较少，因此在管理上不要求计算半成品成本。

所以江城机械制造厂以各种机械产品及其所经生产步骤为成本计算对象，采用平行结转分步法核算产品成本。

5.2.7　平行结转分步法的优缺点

1）平行结转分步法的优点

（1）采用这一方法，各步骤可以同时计算产品成本，然后将应计入完工产品成本的“份额”平行结转汇总计入产成品成本，不必逐步结转半成品成本，从而可以简化和加速成本计算工作。

（2）采用这一方法，一般是按成本项目平行结转汇总各步骤成本中应计入产成品成本的“份额”，因而能够直接提供按原始成本项目反映的产成品成本资料，不必进行成本还原，省去了大量繁琐的计算工作，有利于生产单位独立考核。

2）平行结转分步法的缺点

（1）不能提供各步骤半成品成本资料及各步骤所耗上一步骤半成品费用资料，因而不能全面地反映各步骤生产耗费的水平，不利于各步骤的成本管理。

（2）由于各步骤间不结转半成品成本，使半成品实物转移与费用结转脱节，因而不能为各步骤在产品的实物管理和资金管理提供资料。

3）平行结转分步法与逐步结转分步法的区别

（1）成本管理的要求不同

逐步结转分步法是计算半成品成本的分步法，平行结转分步法是不计算半成品成本的分步法。要不要计算自制半成品成本，取决于成本管理的要求。因此，这两种方法的区别首先表现在它们体现了不同的成本管理要求。当企业自制半成品的种类比较多且不对外销售时，在成本管理上可以不要求计算半成品成本。这样，采用平行结转分步法，各生产步骤可以同时计算应计入相同产成品成本的份额，不需要逐步计算和结转半成品成本，可以简化和加速成本核算工作。

当企业自制半成品可以加工为多种产成品，或者有自制半成品对外销售，或者需要进行半成品成本控制和同行业半成品成本比较时，在成本管理上必然要求计算自制半成品成本。这样，采用逐步结转分步法可以为分析和考核各生产步骤半成品成本计划的执行情况及正确计算自制半成品的销售成本提供资料。

（2）产成品成本的计算方式不同

平行结转分步法是将各生产步骤应计入相同产成品成本的份额汇总来求得产成品成本的，各生产步骤应计入相同产成品成本的份额可以同时计算，不需要等待，可以简化和加速成本核算工作。

逐步结转分步法按照产品成本核算所划分的生产步骤，逐步计算和结转自制半成品成本，直到最后步骤计算出产成品成本。各生产步骤的成本核算要等待上一步骤的成本核算结果（转入的自制半成品成本数额）。半成品按实际成本综合结转时，为了从整个企业的角度反映产品成本的构成，必须进行成本还原，从而增加了成本核算的工作量。

采用分项结转方式时，虽然可以直接、正确地提供按原始成本项目反映的产品成本构成，不需要进行成本还原，但成本结转工作比较复杂，在各生产步骤完工产品成本中也不能直接反映所耗上一步骤的自制半成品费用，不便于成本分析。自制半成品按计划成本结转时，各生产步骤的成本核算工作可以同时进行，但存在半成品成本差异的计算和分摊问题，也比较复杂。

（3）在产品的含义不同

平行结转分步法不计算也不结转自制半成品成本，各生产步骤完工产品仅指最终产成品所耗用的各步骤的半成品。月末在产品则既包括各步骤正在加工的在制品，又包括已经完工交给以后各步骤但尚未最终完工的半成品，即为广义在产品。自制半成品的实物已经转移，但成本仍留在本步骤；即使有半成品仓库办理自制半成品的收入、发出和存放，也只进行数量核算。各生产步骤产品生产成本明细账中的月末在产品成本与该步骤月末在产品的实物不相符，不利于加强在产品和自制半成品的管理。

逐步结转分步法计算并结转半成品成本，自制半成品成本随着实物的转移而结转，设有半成品仓库时，设置“自制半成品”账户，同时进行数量和金额的核算。各生产步骤的完工产品是指本步骤已经完工的半成品（最后步骤为产成品），月末在产品仅指本步骤正在加工的在制品，即为狭义在产品。这样，各生产步骤产品生产成本明细账中的月末在产品成本与该步骤月末在产品的实物一致，有利于加强在产品和自制半成品的管理。

职业道德与会计伦理 5-2

李明的成本核算方法选择

背景与情境：李明毕业于某财经大学会计系，现在某家会计咨询公司工作。最近，公司经理派李明去新成立的金陵事事可乐饮料公司帮助设计可乐饮料产品成本核算制度。李明调查得知，该公司主要生产罐装事事可乐饮料，该饮料所需要的直接材料是糖浆、碳酸水和易拉罐。其生产过程是：第一步是生产糖浆；第二步是将糖浆与碳酸水混合制成可灌装的液体，在这一步骤中，直接材料费用是糖浆和碳酸水的成本；第三步是将可乐的液体装入易拉罐空罐，这一步骤的成本主要是人工成本；第四步是在罐上加盖，然后将已装罐的可乐包装成箱，从而完成整个生产流程。根据调查掌握的资料，李明认为该企业生产的产品是典型的分步骤生产，因此将其成本核算方法设计为分步成本计算法。

问题：这种分析设计是否科学合理？是否还有其他方法可供选择？李明的做法是否符合职业观念、职业态度、职业理想规范？

分析提示：李明的分析设计不是很正确。因为采用分步法计算产品成本时，由于不同企业对于生产步骤成本管理有不同要求，出于简化成本核算工作的考虑，按照产品生产步骤来归集费用、计算产品成本时，各个生产步骤成本的计算和结转有逐步结转和平行结转两种不同方法，产品成本计算的分步法也就分为逐步结转分步法和平行结转分步法两种。李明说的分步法不明确。

按照企业生产工艺特点，如果成本管理不要求按照各生产步骤计算产品成本，还可以采用品种法计算产品成本。李明对成本核算的分步法的分类划分不明确，业务本领不精，不注重业务学习。所以李明的行为不符合职业观念、职业态度、职业理想规范。

5.3 分批法

产品成本计算的分批法，是指以产品批号或订单作为成本计算对象，归集生产费用，计算产品成本的一种方法。在小批、单件生产的情况下，企业通常是按照订货单位的订单签发生产通知单组织生产的，即产品的品种和每批产品的批量往往是根据客户的订单确定，因此按照产品批号计算产品成本，往往也就是按照订单计算产品成本。所以，分批法也叫订单法。

5.3.1 分批法成本计算程序

1）分批法的适用范围

（1）按产品批号组织生产的企业，如根据购买者订单生产的企业、经常需要变换产品种类的小型企业等。

（2）提供机器设备修理等劳务的企业或生产单位。

（3）从事新产品试制、自制设备、自制工具、自制模具等生产任务的生产单位。

2）分批法的特点

（1）以产品批号作为成本核算对象

分批法以产品批号或订单作为成本计算对象，按生产批号或订单设置基本生产成本明细账，归集生产费用。对于能分清产品批次的直接计入费用，直接记入各批产品的基本生产成本明细账；对于各批产品共同消耗的间接计入费用，应采用适当的方法在各批产品之间进行分配，然后再记入各批产品的基本生产成本明细账。在实际工作中，产品的订单与组织产品生产的批号之间存在以下三种情况：①一份订单一个批号；②一份订单几个批号；③几份订单一个批号。

（2）成本计算期与生产周期一致

在分批法下，要按月汇集各批产品的实际生产费用，但只有该批产品全部完工，才能计算其实际成本。因此，分批法的成本计算期就是每批产品的生产周期，它与会计报告期通常不一致。每一批次产品的生产周期依据合同要求而定，即分批法的成本计算期是不固定的。

（3）一般不需要在完工产品和在产品之间分配生产费用

从成本计算期与生产周期一致这一点来看，分批法不存在生产费用在本月完工产品和月末在产品之间分配的问题。按产品批号归集的生产费用，如果到月末该批产品都已完工，这些生产费用就是本月完工产品的实际总成本；如果该批产品全部未完工，这些生产费用就是月末在产品成本。

3）分批法成本计算程序

（1）按产品批别设置生产成本明细账（产品成本计算单）

分批法以产品批别作为成本核算对象，因此，应当按产品批别设置生产成本明细账（产品成本计算单），用以归集和分配生产费用，计算各批产品的实际总成本和单位成本。

（2）按产品批别归集和分配本月发生的各种费用

企业当月发生的生产费用，能够按照批次划分的直接计入费用，包括直接材料费用、直接人工费用等，要在费用原始凭证上注明产品批号（或工作令号），以便据以直接记入各批产品生产成本明细账（产品成本计算单）；对于多批产品共同发生的直接材料和直接人工等费用，则应在费用原始凭证上注明费用的用途，以便按费用项目归集，按照企业确定的费用分配方法，在各批产品（各受益对象）之间进行分配以后，再分别记入各批产品生产成本明细账（产品成本计算单）。

（3）分配辅助生产费用

在设有辅助生产单位的企业，月末应将汇集的辅助生产费用分配给各受益对象，包括直接分配给产品的基本生产成本和基本生产单位的制造费用等。

（4）分配基本生产单位制造费用

基本生产单位的制造费用应由该生产单位的各批产品负担，月末应将汇集的基本生产单位的制造费用分配给各受益对象。

（5）计算完工产品成本

采用分批法一般不需要在本月完工产品和月末在产品之间分配生产费用。某批产品全部完工，则该批别产品生产成本明细账（产品成本计算单）归集的生产费用合计数就是该批产品的实际总成本。如果某批产品少量跨月陆续完工，可以用完工产品实际数量乘以近期实际单位成本或计划单位成本、定额单位成本，作为完工产品实际总成本。为了正确分析和考核该批产品成本计划的执行情况，在该批产品全部完工时还应计算该批产品的实际总成本和单位成本。

（6）结转完工产品成本

期末，根据成本计算结果结转本期完工产品的实际总成本。

业务链接 5-10

上海重型机器厂采用分批法进行成本核算

上海重型机器厂是中国目前三个拥有万吨级锻造水压机的大型重机厂之一，是中国华东地区最大的重型机械制造厂和铸锻中心，位于闵行区黄浦江畔，水陆交通便利，全厂占地面积96.3万平方米，建筑面积33.4万平方米。本厂设有上海重型机械研究所、上海大型铸锻件研究所和工艺处，有专门从事技术开发的人员700余名，并配备了一些先进的现代化测试仪器，从事新产品、新技术、新工艺新材料的开发研制工作。本厂拥有冷、热加工齐全的先进的大型生产设备，能为国内外用户提供冶炼、轧钢、电站、化工、锻压、矿山、水利和水泥建材等各类重型设备，以及各种优质大型铸锻件。该厂在扩大国内市场的同时，不断开拓国际市场。历年来曾向美国、丹麦、日本、德国、法国、澳大利亚、新加坡等厂商提供了各类机械产品及大型铸锻件，获得了良好的声誉。

请确定成本计算对象及成本核算方法。

解析：该厂主要以签订合同的订单为成本计算对象，采用分批法核算产品成本。

5.3.2 分批法应用举例

业务链接 5-11

宏博工厂分批法计算产品成本

宏博工厂根据客户的订单组织生产，采用分批法计算产品成本。该厂有两个生产车间，原材料在一车间生产开始时一次投入，20××年12月份的有关资料如下：

（1）各批产品的生产情况见表5-61。

表5-61 **各批产品的生产情况**

产品批号	产品名称	开工日期	批量/台	完工产量/台		本月耗用工时/小时	
				11月	12月	一车间	二车间
01	甲产品	11月份	30	15	15	6 000	3 200
02	乙产品	12月份	20		20	3 000	4 000
03	丙产品	12月份	20			2 000	3 000

（2）01批甲产品11月份的有关资料为：直接材料21 000元，直接人工37 800元，制造费用12 100元。

（3）12月份各批产品耗用材料的情况为：02批乙产品耗用材料81 000元，03批丙产品耗用材料19 000元。

（4）12月份的直接人工费用资料见表5-62。

表5-62 **直接人工费用表**

20××年12月 单位：元

	一车间	二车间
01批甲产品	19 800	8 000
02批乙产品	9 900	10 020
03批丙产品	6 600	7 500

（5）12月份的制造费用资料：一车间为11 000元，二车间为12 240元，制造费用按生产工时比例在各批产品之间分配。

（6）该厂对订单内跨月陆续完工的产品，在月末计算成本时，按计划成本转出完工产品成本，待全部完工后再重新计算完工产品的实际总成本和单位成本。本例中01批甲产品11月末完工15台，按计划单位成本结转，其中原材料计划单位成本650元，工资计划单位成本 1 250 元，制造费用计划单位成本 400 元。

请采用分批法计算宏博工厂完工产品成本。

解析：成本计算程序如下：

(1) 宏博工厂以产品的批别作为成本核算对象，设置 01 批次、02 批次、03 批次三个产品生产成本明细账（产品成本计算单）；该厂成本项目为直接材料、直接人工和制造费用。

(2) 生产费用在各成本核算对象之间的分配。

宏博工厂本月发生的直接材料费用、直接人工费用都可以按照产品的批次加以区分，不需要在各成本核算对象之间进行分配，分别直接记入各批次基本生产成本明细账（产品成本计算单）。

根据上述资料编制的制造费用分配表见表 5-63。

表 5-63 **制造费用分配表**

20××年 12 月 金额单位：元

产品批别	一车间			二车间			合计
	工时	分配率	金额	工时	分配率	金额	
01 批	6 000		6 000	3 200		3 840	9 840
02 批	3 000		3 000	4 000		4 800	7 800
03 批	2 000		2 000	3 000		3 600	5 600
合计	11 000	1.00	11 000	10 200	1.20	12 240	23 240

设置并登记的 01 批、02 批、03 批基本生产成本明细账及其成本计算见表 5-64、表 5-65 和表 5-66。

表 5-64 **基本生产成本明细账**

批号：01 产品名称：甲产品 金额单位：元

开工日期：20××年 11 月 完工日期：20××年 12 月

20××年		凭证号数	摘要	直接材料	直接工资	制造费用	合计
月	日						
11	30	略	11 月份成本合计	21 000	37 800	12 100	70 900
	30		完工 15 台转出成本	9 750	18 750	6 000	34 500
	30		11 月末在产品成本	11 250	19 050	6 100	36 400
12	31	略	一车间成本分配		19 800	6 000	25 800
			二车间成本分配		8 000	3 840	11 840
	31		12 月份成本合计		27 800	9 840	37 640
			12 月份完工 15 台转出成本	11 250	46 850	15 940	74 040
	31		30 台产品累计总成本	21 000	65 600	21 940	108 540
			单位成本	700	2 186.67	731.33	3 618

表 5-65 **基本生产成本明细账**

批号：02 产品名称：乙产品 金额单位：元

开工日期：20××年12月 完工日期：20××年12月 完工数量：20台

20××年		凭证号数	摘要	直接材料	直接工资	制造费用	合计
月	日						
12	31	略	一车间费用分配	81 000	9 900	3 000	93 900
	31	略	二车间费用分配		10 020	4 800	14 820
			生产费用合计	81 000	19 920	7 800	108 720
	31	略	转出完工产品成本	81 000	19 920	7 800	108 720
			单位成本	4 050	996	390	5 436

表 5-66 **基本生产成本明细账**

批号：03 产品名称：丙产品 金额单位：元

开工日期：20××年12月份 完工日期：

20××年		凭证号数	摘要	直接材料	直接工资	制造费用	合计
月	日						
12	31	略	一车间费用分配	19 000	6 600	2 000	27 600
	31	略	二车间费用分配		7 500	3 600	11 100
	31	略	12月份累计成本	19 000	14 100	5 600	38 700

同步思考 5-4

中信重工机械股份有限公司成本核算方法为什么选择分批法?

中信重工机械股份有限公司是中国建材设备的领先制造企业和成套设备出口制造基地，具备日产6 000~10 000吨水泥厂主机设备成套制造能力，可承接日产5 000吨以下成套水泥厂交钥匙工程，长期和丹麦史密斯公司、德国莱歇公司等世界知名公司合作与技术交流。主机产品大型回转窑、大型磨机和辊压机产品荣获“中国品牌”，在建材行业享有很高的知名度，市场占有率65%以上。该企业根据客户的订单组织生产，以生产批号为成本计算对象，采用分批法计算产品成本。设有原材料、工资、制造费用等成本项目，费用按月汇总，产品成本是在一张订单的全部产品完工后才进行结算。如果一张订单有分月陆续完工情况，则按计划成本转出，待该产品全部完工后，再重新结算完工产品的总成本和单位成本。

问题： 企业为什么采用分批法核算？运用分批法的特点、适用范围和管理要求来回答。

理解要点： 企业采用分批法进行成本核算要考虑以下因素，即分批的特点、适用范围和管理要求。

因为本企业属于单件小批生产类型的企业，计算产品成本的分批法，主要适用于在成本管理上不要求分步骤归集费用，也不要求计算半成品成本的生产企业。在这些企业中，产品的生产一般是根据用户的订单组织的，生产何种产品、每批产品的批量大小以及完工时间，通常要根据需用单位的订单加以确定，但同时也要考虑订单的具体情况，并结合企业的生产负荷程度合理组织产品生产的批次及批量。

中信重工机械股份有限公司根据客户的订单组织生产，以生产批号为成本计算对象。设有原材料、工资、制造费用等成本项目，费用按月汇总，产品成本是在一张订单的全部产品完工后才进行结算。如果一张订单有分月陆续完工情况，则按计划成本转出，待该产品全部完工后，再重新结算完工产品的总成本和单位成本。

所以中信重工机械股份有限公司以产品批别为成本计算对象，采用分批法核算产品成本。

互动专栏 5-2

互动问题：

(1) 成本管理要求是否计算半成品成本与逐步结转分步法和平行结转分步法选择是否紧密相连？

(2) 产品成本计算方法——品种法和分批法是否相关？

要求： 同“互动专栏 1-1”的“要求”。

5.3.3 简化分批法

1）简化分批法的含义

简化分批是指通过对间接费用采用累计分配率进行分配，以减少成本计算工作量的分批法，即对每月发生的人工费用和制造费用等间接费用，不再按月在各批产品之间进行分配，而是将这些间接费用累计起来，等某批产品完工时，根据完工产品工时占累计总工时的比例，确认完工产品应负担的间接费用，据以计算完工批次的产品成本。所以这种方法被称为“累计间接费用分配法”，由于简化的分批法在月末未完工产品的批别之间不再分配间接费用，因此，也被称为“不分批计算在产品成本的分批法”。

2）简化分批法的特点

(1) 必须设置生产成本二级账

采用简化的分批法，仍应按照产品批别设置产品的基本生产成本明细账（产品成本计算单）；同时，必须按车间设置基本生产成本二级账。

基本生产成本明细账（产品成本计算单）平时只登记直接记入的该批产品原材料费用和生产工时，基本生产成本二级账则是归集车间投产的所有批次产品的各项费用和累计的全部生产工时。只有在有完工产品的那个月份，才将基本生产成本二级账中累计起来的费用，按照本月完工产品工时占全部累计工时的比例，向本月完工产品分配；未完工产品的间接计入费用，保留在基本生产成本二级账中。本月完工产品从基本生产成本二级账分配转入的间接计入费用，加上基本生产成本明细账原已登记的直接计入费用，即为本月完工产品总成本。

(2) 不分批次计算月末在产品成本

将本月完工产品应负担的间接计入费用转入各完工产品基本生产成本明细账（产品成本计算单）后，基本生产成本二级账反映全部批次月末在产品的成本。各批次未完工产品的基本生产成本明细账（产品成本计算单）只反映累计直接计入费用和累计工时，不反映各批次月末在产品成本。月末，基本生产成本二级账与产品基本生产成本明细账（产品成本计算单）只能核对直接计入费用，不能核对全部余额。

（3）通过计算累计费用分配率来分配间接计入费用

简化的分批法将间接计入费用在各批次产品之间的分配与在本月完工产品和月末在产品（全部批次）之间的分配一次完成，大大简化了成本计算工作。间接计入费用的分配，是利用计算出的累计间接计入费用分配率进行的。其计算公式如下：

$$\text{全部产品某项累计间接费用分配率}=\left(\text{期初结存该项全部产品间接费用}+\text{本月发生该项全部产品间接费用}\right)\div\left(\text{期初结存全部在产品累计工时}+\text{本月发生全部工时数}\right)$$

$$\text{某项完工产品应负担某项间接计入费用}=\text{该批完工产品累计生产工时}\times\text{全部产品该项累计间接费用分配率}$$

3）简化分批法成本计算程序

（1）按产品批别设立基本生产成本明细账和基本生产成本二级账

采用简化分批法计算产品成本，应按产品批别设置基本生产成本明细账，同时开设基本生产成本二级账，归集所有批别的全部费用。产品完工前，基本生产成本明细账中只登记该批产品的直接材料费用以及生产工时，只有在该批产品完工时，才通过累计间接费用分配率计算分配该批产品应负担的人工费用和制造费用，并在完工批次产品的基本生产成本明细账中进行登记，计算出该批完工产品的成本。基本生产成本二级账平时只需登记全部产品的生产费用和全部产品耗用的工时即可。在有完工产品的月份，依据该账户记录的全部间接费用和全部生产工时计算累计间接费用分配率，确认各批完工产品应负担的人工费用和制造费用，并分配计入各完工批次产品的基本生产成本明细账。

（2）登记各批别产品发生的生产费用和生产工时

对各批别产品发生的直接费用和生产工时，平行计入该批别产品的基本生产成本明细账和基本生产成本二级账。对各批别产品共同发生的间接费用，在发生时应根据费用分配表记入基本生产成本二级账，不必分配记入各批产品的基本生产成本明细账。

（3）计算完工产品成本

某批产品当月完工，要根据基本生产成本二级账中的累计间接费用和累计总工时，计算各项累计间接费用分配率，并据以计算该批完工产品应负担的间接费用。该批产品的直接费用加上分配的间接费用，即为该批完工产品的总成本。

简化分批法成本计算程序具体见图 5-4。

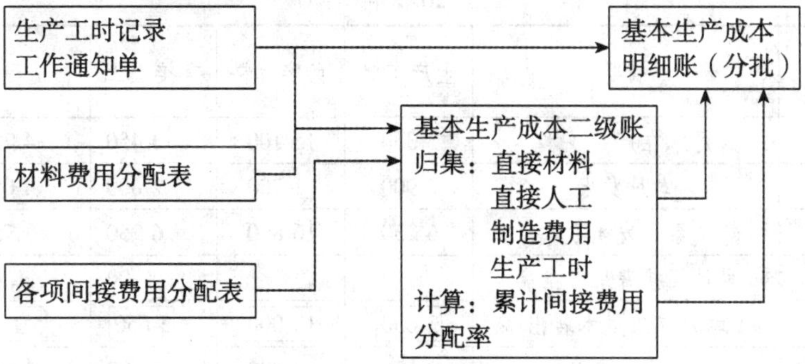

图 5-4　简化分批法成本计算程序

业务链接 5-12

宏博工厂简化分批法计算产品成本

宏博工厂属于小批生产类型企业，产品种类和批次都比较多，生产周期较长，每月末经常有大量未完工的产品。为了简化成本计算，按累计费用分配率分配间接计入费用，即采用简化的分批法计算成本。

宏博工厂20××年4月各批产品生产成本的有关资料如下：

①4月份生产批号有：

101批号：甲产品20件，2月投产，4月全部完工。

102批号：乙产品10件，3月投产，4月全部完工。

103批号：丙产品8件，3月投产，尚未完工。

②月初在产品成本：101批号，直接材料7 500元；102批号，直接材料4 400元；103批号，直接材料3 200元。月初直接人工3 450元，制造费用4 700元。

③月初在产品耗用累计工时：101批号1 800小时；102批号590小时；103批号960小时。

④本月的生产情况，发生的工时和直接材料见表5-67。

表5-67　**宏博工厂产品批次明细表**

产品名称	批号	批量（件）	投产日期	完工日期	本月发生工时	本月发生直接材料
甲	101	20	2月	4月	450	500
乙	102	10	3月	4月	810	600
丙	103	8	3月	6月	1 640	600

⑤本月发生的各项间接费用为：直接人工2 800元，制造费用4 050元。

请采用简化分批法计算宏博工厂完工产品成本。

解析：成本计算的程序如下：

根据上述资料，登记基本生产成本二级账和各批产品成本明细账；计算和登记累计间接计入费用分配率，并计算各批完工产品成本，见表5-68、表5-69、表5-70、表5-71。

表5-68　**基本生产成本二级账**

20××年

金额单位：元

20××年		凭证号数	摘要	生产工时	直接材料	直接人工	制造费用	合计
月	日							
3	31		月末在产品成本	3 350	15 100	3 450	4 700	23 250
4	30	略	本月发生	2 900	1 700	2 800	4 050	8 550
4	30		累计发生数	6 250	16 800	6 250	8 750	31 800
			累计间接费用分配率			1.00	1.40	
			本月完工成本转出	3 650	13 000	3 650	5 110	21 760
			月末在产品	2 600	3 800	2 600	3 640	10 040

注：表中的分配率计算方法：直接人工分配率=6 250÷6 250=1.0（元/小时）

制造费用分配率=8 750÷6 250=1.4（元/小时）

表 5-69 **基本生产成本明细账**

批号：101　　批量：20 件　　金额单位：元

产品名称：甲产品　　投产日期：2 月　　完工日期：4 月

20××年		凭证号数	摘要	生产工时	直接材料	直接人工	制造费用	合计
月	日							
3	31	略	本月发生	1 800	7 500			
3	31		本月累计	1 800	7 500			
4	30		本月发生	450	500			
4	30		本月累计	2 250	8 000			
4			累计间接费用分配率			1.00	1.40	
4			分配间接费			2 250	3 150	5 400
4			本月完工成本转出	2 250	8 000	2 250	3 150	13 400
4			本月完工产品单位成本		400	112.5	157.5	670

表 5-70 **基本生产成本明细账**

批号：102　　批量：10 件　　金额单位：元

产品名称：乙产品　　投产日期：3 月　　完工日期：4 月

20××年		凭证号数	摘要	生产工时	直接材料	直接人工	制造费用	合计
月	日							
3	31	略	本月发生	590	4 400			
3	31		本月累计	590	4 400			
4	30		本月发生	810	600			
4	30		本月累计	1 400	5 000			
			累计间接费用分配率			1.00	1.40	
			分配间接费			1 400	1 960	3 360
			本月完工成本转出	1 400	5 000	1 400	1 960	8 360
			本月完工产品单位成本		500	140	196	836

表 5-71 **基本生产成本明细账**

批号：103　　批量：8 件　　金额单位：元

产品名称：丙产品　　投产日期：3 月　　完工日期：6 月

20××年		凭证号数	摘要	生产工时	直接材料	直接人工	制造费用	合计
月	日							
3	31	略	本月发生	960	3 200			
3	31		本月累计	960	3 200			
4	30		本月发生	1 640	600			
4	30		本月累计	1 640	600			

职业道德与会计伦理 5-3

年终结账风波

背景与情境：宏博机械制造厂是股份有限公司。年终会计结账前，总经理提出要在合法范围内减少企业利润，进行合理避税，与会计主管协商调账事宜：一是企业核算方法由分步法改成分批法，生产成本按分批法核算均由完工成本承担，调整增加已销产品成本；二是企业公务用车运行维护费中的汽油款按照燃料费处理，原因是可以由管理费用转成制造费用，合理避税，该项费用 10 万元；三是企业支付的工资全部计入基本生产成本，原因是直接人工就是为生产产品服务的，行政管理费用也应由产品承担，使得基本生产成本——直接人工增加 30 万元。年终报表完成后，财政部门进行查账，认定企业进行的调整均属错误并构成主观故意，为此与企业发生激烈辩论，企业不认为此种行为有错误。

问题：

(1) 本案例中存在哪些道德伦理问题？

(2) 对企业的三种调账作出你的善恶研判。

(3) 通过适当途径搜集你作善恶研判所依据的行业规范。

(4) 本案例对你有哪些启示？

分析提示：

(1) 本案例违反了会计“职业作风”、“ 职业态度”、“ 职业良心”、“职业守则”。职业作风要求在职业模拟、职业实践或职业生活的自觉行动中，具有体现职业道德内涵的一贯表现；职业态度要求对职业选择或模拟选择有充分的认知和积极的倾向与行动；职业良心要求在履行职业义务时具有强烈的道德责任感和较高的自我评价能力；职业守则要求会计人员爱岗敬业、诚实守信、廉洁自律、客观公正、坚持原则、提高技能、参与管理、强化服务。

(2) 对于企业的三种调账，第一种调账从分批法核算要求表面上看似乎是正确的，而本质核算是错误的，业务不精，另外，企业已确定的核算方法，不能随意更改，过后调账；第二笔和第三笔调账是错误的，为达目的不择手段，违反国家法规和会计职业道德。

(3) 会计行业规范是：①爱岗敬业：热爱会计工作，安心本职岗位，忠于职守，尽心尽力，尽职尽责；②诚实守信：做老实人，说老实话，办老实事，执业谨慎，信誉至上，不为利益所诱惑，不弄虚作假，不泄露秘密；③廉洁自律：公私分明、不贪不占、遵纪守法、清正廉洁；④客观公正：端正态度，依法办事，实事求是，不偏不倚，保持应有的独立性；⑤坚持原则：熟悉国家法律、法规和国家统一的会计制度，始终坚持按法律、法规和国家统一的会计制度的要求进行会计核算，实施会计监督；⑥提高技能：增强提高专业技能的自觉性和紧迫感，勤学苦练，刻苦钻研，不断进取，提高业务水平；⑦参与管理：在做好本职工作的同时，努力钻研相关业务，全面熟悉本单位经营活动和业务流程，主动提出合理化建议，协助领导决策，积极参与管理；⑧强化服务：树立服务意识，提高服务质量，努力维护和提升会计职业的良好社会形象。

(4) 合理避税是国家法律法规允许的，但必须合法合规，会计专业技能过硬。

5.3.4 分批法的优缺点

分批法，是指以产品批号或订单作为成本计算对象，归集生产费用，计算产品成本。成本计算期与生产周期一致，分批法一般不存在生产费用在本月完工产品和月末在产品之间分配的问题。

分批法成本计算程序，除了产品生产成本明细账的设置和完工产品成本的计算与品种法有所区别外，其他与品种法是完全一致的。

5.4 成本核算方法的结合应用

在实际工作中，在同一个企业里或同一个车间里，由于其生产特点和管理的要求并不完全相同，这样，就有可能在同一个企业或同一个车间里同时采用几种成本计算方法进行成本计算；有时在生产一种产品时，在该产品的各个生产步骤以及各种半成品、各成本项目之间的结转，其生产的特点和管理的要求也不一样，这样，在生产同一种产品时，就有可能同时采用几种成本计算方法来计算产品的成本。

5.4.1 几种成本核算方法同时应用

一个企业或企业的生产单位，除了可能同时应用几种成本计算方法以外，在计算某种产品成本时，还可以以一种成本计算方法为主，结合采用几种成本计算方法。

在同一个企业的不同生产车间中，由于各个生产车间的生产特点和管理要求不同，不同的生产车间可以应用不同的成本计算方法，从而形成几种成本计算方法同时应用于同一企业的不同生产车间。同一工业企业的基本生产车间和辅助生产车间往往应用不同的成本计算方法；不同的基本生产车间，不同的辅助生产车间也可以应用不同的成本计算方法。

例如，机床制造厂属于大量大批多步骤生产类型企业，其基本生产适宜应用分步法计算产品成本，而辅助生产的供电和供水车间属于大量大批单步骤生产类型，适宜应用品种法计算供电和供水成本；辅助生产的工具车间，由于生产的工具品种繁多，则可应用分类法计算各种工具成本；基本生产的铸工车间属于大量大批单步骤生产类型，可应用品种法计算铸件成本。可见，一个机床制造厂，其基本的成本计算方法是分步法，但在不同的生产车间，则同时分别应用品种法和分类法。

如果同一企业的基本生产车间和辅助生产车间的生产类型相同，但由于管理要求不同，也可应用不同的成本计算方法。例如，发电厂的基本生产部门——发电车间和辅助生产部门——供水车间，都属于大量大批单步骤生产类型，均可应用品种法计算成本，但由于供水车间不是该厂的主要生产，企业的规模又较小，管理上不要求单独计算供水成本，因而，发电车间可应用品种法计算成本，供水车间则不需单独应用品种法计算成本。

同一企业或同一生产车间，由于生产的各种产品具有不同的生产类型，因而对不同的产品，可应用不同的成本计算方法。一个企业或一个车间生产的老产品和生产的新产品，由于生产类型不同，其成本计算方法也不一样。例如，自行车厂生产的老产品定型名牌自行车，属于大量大批多步骤生产类型，可应用分步法计算定型名牌自行车成本；对正在试制或者刚刚试制成功而未大量投入生产的新产品——各种赛车，属于单件小批多步骤生产类型，则应用分批法计算赛车成本。

一个企业或一个车间生产的各种定型产品，虽然生产组织相同，但生产工艺技术过程不同，也可应用不同的成本计算方法。例如，玻璃制品厂生产的定型产品——玻璃杯和玻璃仪器，都是大量大批生产，但生产玻璃杯是利用原料直接熔制而成，属于大量大批单步骤生产类型，可应用品种法计算玻璃杯成本；生产的玻璃仪器，应将原料熔制成各种毛坯，然后再加工，装配成各种仪器，属于大量大批多步骤生产，可应用分步法计算玻璃仪器成本。

5.4.2 几种成本核算方法综合应用

一个企业或一个车间生产同一种产品，由于该产品的各个生产步骤具有不同的生产特点和不同的管理要求，因此，同一种产品的成本计算，可以以一种成本计算方法为基础，并结合应用几种不同的成本计算方法。例如，单件小批多步骤生产类型的机器厂，其基本方法可应用分批法计算机器成本，但同时可在铸工车间结合应用品种法计算铸件成本；在加工装配车间应用分批法计算各批产品成本；在铸工和加工装配车间之间，可应用逐步结转分步法结转铸件成本；在加工车间和装配车间之间，如果不要求计算加工车间的半成品成本，可应用平行结转分步法结转成本。可见，该厂在分批法的基础上，可结合应用品种法、逐步结转分步法和平行结转分步法，完成整个产品成本的计算工作。

在同一产品的不同零部件之间，由于生产特点和管理要求不同，也可以应用不同的成本计算方法。例如，机械厂所产产品的各种零部件，其中不外售的专用件，可以不要求单独计算成本；外售的标准件以及各种产品通用的通用件，则应按照这些零部件的生产类型和管理要求，应用分批法、分步法或分类法单独计算零部件成本。

同一产品的不同成本项目，由于管理要求不同，也可以应用不同的成本计算方法。例如，机器制造厂生产的产品成本中，因原材料费用在产品成本中占有较大比重，而且原材料消耗定额资料准确、稳定，可应用定额法的原理计算原材料成本（定额法成本计算见第6章），其他成本项目可应用分步法或分批法的原理计算项目成本。又如，钢铁厂生产的钢材成本中，原材料费用占有较大比重，而且又是直接费用，并经过若干连续的生产步骤形成最终产品，可应用分步法的原理计算原材料成本，其他成本项目则应用分类法的原理计算项目成本。尽管同一产品的不同成本项目，可以应用不同的成本计算方法，但就一个企业而言，必须应用一种基本的成本计算方法，并在基本方法的基础上，结合应用其他成本计算方法。上例的机器制造厂应用的基本方法是分批法或分步法，其结合应用的方法则是定额法。上例的钢铁厂应用的基本方法是分步法，其结合应用的方法则是分类法。

可见，几种成本计算方法的结合应用，通常应以品种法、分批法或分步法为基本方法，再结合应用其他方法。

第 6 章 成本核算辅助方法

学习目标

通过本章学习，应该达到以下目标：

理论目标：通过本章的学习，学生应了解分类法、定额法的概念、原理；掌握定额比例法及系数分配法的概念及区别、作业成本法的概念、作业的概念成本动因的概念；定额法、分类法、作业成本法的使用范围。通过对作业成本理论及产品成本计算程序的学习，理解其基本原理和优缺点，掌握作业成本法的适用性。

实务目标：掌握定额法的计算程序，定额法各种差异的计算、调整和分配。掌握分类法的成本核算程序及定额比例法的计算步骤，熟知系数分配法的计算步骤和标准产品的确定及系数的计算。掌握联产品、副产品、等级产品的成本核算和分配及作业成本法的步骤和成本核算，通过核算掌握各种方法的优缺点。

案例目标：运用所学的“定额法”及“作业成本法”的相关概念和观念研究案例，培养和提高学生在特定业务情境中分析问题与解决问题的能力；应用“会计职业道德”规范，分析会计人员行为的善恶，强化学生的“职业道德素质”。

实训目标：引导学生认真并积极参加“成本核算辅助方法运用”业务胜任力的实践训练。在了解和把握本实训所及“能力与素质领域”相关“技能点”的“规范和标准”的基础上，通过切实掌握品种法核算产品成本，系数法分配产品成本及填制生产成本明细账等系列技能操作的实施，培养“成本核算辅助方法运用”的专业能力，强化“数字应用”、“与人交流”、“与人合作”、“解决问题”、“革新创新”的职业核心能力（中级），并通过“认同级”践行“职业理想”、“职业态度”、“职业良心”、“职业作风”、“职业守则”等规范，促进健全职业人格的塑造。

引例　黎明木材加工厂的疑问

背景与情境： 黎明木材加工厂在加工圆木时，会生产出不同等级的木材，另外还有副产品锯末。该厂每年的生产量非常大，现任成本会计采用品种法进行产品的成本计算，工作量太大，新来的核算员王林建议，既然各个等级产品和副产品都是由同种原材料加工出来的，并且都是在同一车间生产，因此可以将由圆木生产的产品的成本合并核算，最后将成本在各个等级产品和副产品中平均分配。主管会计刘强否定了他这一建议，认为不可行。

问题：

(1) 你知道这是为什么吗?

(2) 请问是否能找到一种既能准确核算不同等级产品和副产品的成本，又相对简单、工作量较小的成本核算方法呢?

学完本章“成本核算的辅助方法”的内容后，将可以得到一个确实可行的方案。

6.1 定额法

6.1.1 定额法概述

定额法，是为了反映企业产品实际成本脱离定额成本的差异，配合企业加强生产费用和产品成本的定额管理和进行成本控制所采用的一种成本计算方法。它的基本特点是：以产品的定额成本为基础，加上或减去脱离定额差异以及定额变动差异来计算产品的实际成本。

定额法一般适用于产品已经定型，产品品种比较稳定，各项定额比较齐全、准确，原始记录健全的企业。定额法不是基本成本计算方法，它一般与企业的生产类型无关，它只是为了加强成本控制，及时揭露成本计划执行过程中存在的问题，及时采取措施加以改进而采用的。它虽然手续及核算过程麻烦一些，但对于企业的成本控制来说是非常重要的。

采用定额成本计算产品成本时，实际成本的计算公式如下：

实际成本=定额成本±脱离定额差异±材料成本差异±定额成本变动差异

其中，定额成本是根据企业在一定时期所实行的各种消耗的定额为基础计算的一种预计产品成本。

脱离定额差异是指生产费用脱离现行定额或预算的数额，它标志着各项生产费用支出的合理程度。

材料成本差异是指在定额法下，材料或半成品的日常核算以计划成本计价而产生的材料或半成品实际成本与计划成本的差异，它反映所耗材料或半成品的价差。

定额变动差异是指由于修订消耗定额而产生的新、旧定额成本之间的差额。它与生产费用的超支或节约无关，是定额成本本身运用的结果。

采用定额法的优点是能及时反映、监督生产费用和产品成本脱离定额的差异，加强日常定额管理和成本控制；同时，它还弥补了成本计算其他方法只有在月末后才能确定成本定额差异的缺陷；采用定额法由于能够及时核算并确定定额成本差异，并分析产生差异的原因，因而，能将成本核算与成本分析、成本控制、成本考核有机地结合起来。

6.1.2 定额成本及其差异的计算

1）定额成本的计算

定额成本一般是以产品现行的消耗定额和计划价格或费用的计划分配率为依据并分成本项目计算的。具体公式如下：

某产品直接材料定额成本 = 产品原材料消耗定额×原材料计划单位成本

某产品直接人工定额成本 = 产品生产工时定额×计划小时工资率

某产品制造费用定额成本 = 产品生产工时定额×计划小时费用率

某产品的定额成本 = 直接材料定额成本+直接人工定额成本+制造费用定额成本

定额成本一般是通过编制“定额成本计算表”的方式进行计算的。企业的具体情况不同，其“定额成本计算表”的编制方法也不一样。它主要受产品的结构、产品零部件的多少等因素的影响。如果产品的零部件不多，一般先计算零件的定额成本，然后再汇总计算部件和产成品的定额成本。如产品的零部件较多，为了简化成本计算工作，也可以不计算零件定额成本，而根据列有零件材料消耗定额、工序计划、工时消耗定额的零件定额卡，以及材料计划单价、计划的工资率和费用率，计算部件定额成本，然后汇总计算产品定额成本，或者根据零部件的定额卡直接计算产成品定额成本。

2）定额差异的计算

定额差异的计算，是采用定额法计算产品成本的一个重要环节。对于定额差异，一般是按成本项目进行计算的。

（1）直接材料费用脱离定额差异的计算

直接材料费用脱离定额差异的计算一般采用如下三种方法：

①限额领料法

限额领料法是根据企业制定的材料消耗定额来核算材料定额差异的一种方法。一般采用本方法时，企业应采用限额领料制度。这种方法运用限额领料单和限额领料卡来反映材料领用数量和实际耗用数量。符合定额的材料应根据限额领料单等定额凭证领发，如果增加产品产量或需要增加用料，必须办理追加额手续，然后根据定额凭证领发。由于其他原因需要超额领料或者领用代用材料，根据专设的超额材料领用单、代用材料领用单等差异凭证，经过一定的审批手续领发。超额领用的材料，全部是定额差异；代用材料并不都是定额差异，要先计算出所代领代用材料相当于原定材料的数量，然后再计算出差异。

职业道德与会计伦理 6-1

宏博配件厂车间主管的安排

背景与情境：叶琳是宏博配件厂车间成本核算员。2009 年 6 月 5 日，工厂管库员请了 10 天病假，工厂主管认为叶琳业务上精通，人品可靠，从事会计工作多年来从未出现过有违规章制度或违反职业道德的情况，因此让其暂时代理材料管库员。

问题：工厂主管的安排是否合适，为什么？

分析提示：工厂主管的安排不合适，“钱、账、物分管”是最基本的会计规章制度和企业会计内部控制制度内容之一。企业内部控制制度与会计道德自律两者之间的评价要求和标准不同。内部控制制度要求的是“必须”、“硬性的”规定，客观上规范着会计人员及其他当事人的工作行为，会计道德自律要求是“应该”、“软性的”约束，是靠理念、习惯、传统和教育的力量来维系的。尽管会计工作的好坏很大程度上依靠会计人员职业道德和修养，但是建立有效的内部控制制度并依法而行，也是保障会计工作真实有效所不可缺少的。

业务链接6-1

限额领料法下材料定额差异的计算

黎明木材厂本月生产甲产品600件，单位产品A材料消耗定额20千克，A材料的计划单价为每千克5元，超额领料单本月登记数量为150千克。

请计算甲产品的A材料脱离定额差异。

解析：甲产品的A材料脱离定额差异为：

甲产品材料定额成本=600×20×5=60 000（元）

甲产品的A材料脱离定额差异=150×5=750（元）

②切割法

为了更好地控制用料差异，对于需要切割才能使用的材料，如板材、棒材等，可以通过“材料切割核算单”来计算材料脱离定额的差异，控制用料。

“材料切割核算单”应当按切割材料的批别开立，填列发交切割材料的种类、数量、消耗定额以及应切割的毛坯数量；切割完成后填列实际切割成毛坯的数量和材料的实际消耗量等。根据切割的毛坯数量和消耗定额，计算出材料的定额耗用量后，可以将定额耗用量与实际耗用量相比较，确定脱离定额的差异。

业务链接6-2

切割法下材料定额差异的计算

顺风玻璃厂发出材料500千克，切割成零件毛坯150个，每个零件消耗定额为3千克，每千克材料计划单价为5元。

请计算材料定额差异。

解析：材料定额差异计算如下：

定额耗用量=150×3=450（千克）

材料定额差异（数量）= 500-450=50（千克）

材料定额差异（金额）= 5×50=250（元）

③盘存法

对于不能采用切割法核算的材料，为了更好地控制用料，可通过盘存的方法核算用料差异。其做法是：根据完工产品的数量和在产品盘存数量计算产品投产数量；将产品投产数量乘以材料消耗定额，计算出材料消耗定额消耗量；根据限额领料单、超额领料单和退料单等凭证以及车间余料的盘存资料，算出材料实际消耗量；最后将材料的定额消耗量与实际耗用量对比，确定材料脱离定额差异。

这种方法一般适用于原材料在生产开始时一次投入的产品。有关计算公式如下：

本期投产产品数量=本期完工产品数量+期末盘存在产品数量-期初盘存在产品数量

$$\text{直接材料脱离定额差异}=\left(\text{本期材料实际消耗量}-\text{本期投产产品数量}\times\text{单位产品材料消耗定额}\right)\times\text{材料计划单价}$$

业务链接6-3

盘存法计算材料脱离定额差异

红发公司生产的甲产品其原材料在生产开始时一次投入，单位产品A材料消耗定额为20千克，A材料的计划单价为10元。甲产品期初在产品40件，本期完工入库产品为1 000件，期末实地盘点确定的在产品为50件。根据“限额领料单”的记录，本期甲产品领用A材料20 000千克；根据车间材料盘存资料，A材料车间期初余料为80千克，期末余料为100千克。

请计算材料脱离定额差异。

解析：材料脱离定额的差异计算如下：

本期投产甲产品数量=1 000 + 50-40 =1 010（件）

本期A材料定额消耗量= 1 010×20=20 200（千克）

本期A材料实际消耗量=20 000+80-100=19 980（千克）

本期材料脱离定额差异=（19 980-20 200）×10= -2 200（元）

无论采用哪种方法核算原材料定额消耗量和脱离定额差异，都应分批或定期汇总各种产品材料脱离定额差异，编制直接材料定额成本和脱离定额差异汇总表，作为登记产品生产成本明细账的依据。

业务链接6-4

材料定额差异汇总表的编制

黎明木材加工厂生产甲产品，根据单位产品材料定额成本和实际消耗材料数量汇总编制的直接材料定额费用和脱离定额差异汇总表参见表6-1。

表6-1 直接材料定额费用和脱离定额差异汇总表

产品名称：甲产品

投产量：110件　　20××年12月　　金额单位：元

材料种类	材料编号	单位	计划单价	定额费用		按计划价格计算的实际费用		脱离定额差异		差异原因
				数量	金额	数量	金额	数量	金额	
H材料	2 208	千克	6	11 600	69 600	10 800	64 800	-800	-4 800	略
M材料	2 209	千克	4	9 200	36 800	9 600	38 400	+400	+1 600	略
					106 400		103 200		-3 200	

解析：

（1）限额法。限额法是控制领料的一般方法。采用该法的企业必须建立限额领料制度。限额法是控制领料，促进用料节约的重要手段，但是它不能完全控制用料。切割法适用于使用必须经过切割的板材、棒材和棍材等。采用该法进行控制用料时，应先采用限额法控制领料。

（2）限额领料法下差异计算的原始凭证就是超额材料领用单、代用材料领用单等差异凭证，超额领用的材料，全部是定额差异；代用材料并不都是定额差异，要先计算出所代领代用材料相当于原定材料的数量，然后再计算出差异。

互动专栏 6-1

互动问题：

(1) 切割法、限额领料法是否属于两种完全独立的方法？

(2) 限额领料法下脱离定额差异计算依据的原始凭证是什么？

要求：同“互动专栏 1-1”的“要求”。

(2) 直接人工费用脱离定额差异的计算

直接人工费用脱离定额差异的计算，因采用工资形式不同而有所区别。

在计件工资形式下，生产工人工资脱离定额差异的核算与原材料脱离定额差异的核算类似。其计算方法为：

直接人工定额费用=计件数量×计件单价

计件单价=计件单位工时的人工费用÷每工时产量定额

在计时工资形式下，生产工人工资脱离定额的差异平时不能按产品直接计算，所以平时只以工时进行考核，在月末实际生产工人工资总额确定以后，才能按下式计算：

计划单位工时工资=计划产量的定额生产工人工资总额÷计划产量的定额生产工时总额

实际单位工时工资=实际生产工人工资总额÷实际生产工时总数

某产品定额工资=该产品实际产量的定额生产工时×计划单位工时工资

该产品实际工资=该产品实际产量的实际生产工时×实际单位工时工资

该产品直接人工费用脱离定额差异=该产品实际工资-该产品定额工资

业务链接 6-5

直接人工脱离定额差异的计算

黎明木材加工厂生产甲、乙两种产品，计划工资总额为 45 100 元，计划产量为：甲产品 600 件，单位工时定额为 20 小时；乙产品 170 件，单位工时定额为 50 小时。本月实际工资总额为 48 024 元，实际产量为：甲产品 600 件，实际生产工时为 13 200 小时；乙产品 160 件，实际生产工时为 7 680 小时。

请计算甲、乙两种产品直接人工脱离定额差异。

解析：甲、乙两种产品直接人工脱离定额差异计算如下：

计划单位工时工资=45 100÷（600×20+170×50）=2.2（元/小时）

实际单位工时工资=48 024÷（13 200+7 680）=2.3（元/小时）

甲产品直接人工脱离定额差异=（22×2.3-20×2.2）×600=3 960（元）

其中：工时差异=（22×2.2-20×2.2）×600=2 640（元）

小时工资额差异=（22×2.3-22×2.2）×600=1 320（元）

(3) 制造费用脱离定额差异的计算

制造费用属于间接费用，即发生时先按发生地点进行归集，月末才能直接或分配计入产品成本。所以，在日常核算中，不能按照产品直接核算费用脱离定额差异，只能根据费用计划、费用项目核算费用脱离计划的差异，据以控制和监督费用的发生。各种产品应负担的定额制造费用和制造费用脱离定额差异，在月末时可比照上述计时工资的计算方法确定。

3）材料成本差异的计算

采用定额法计算产品成本的企业，应当按照计划成本计价来组织原材料的日常核算。因此，直接材料费用定额成本和脱离定额的差异都是按照原材料的计划单位成本计算的。这样，在月末计算产品的实际成本时，还应当计算和分配本月消耗材料应当负担的成本差异，其计算公式为：

某产品应分配的材料成本差异=（该产品材料定额成本±材料脱离定额差异）×材料成本差异率

4）定额变动差异的计算

定额变动差异，是指由于修订消耗定额而产生的新旧定额之间的差额。新定额一般在月初开始实行，当月投入的产品费用，都应按新定额来计算脱离定额差异，但在新定额运用后，月初在产品的定额成本并未修订，仍然是按旧定额计算的。为了使按旧定额计算的月初在产品定额成本和按新定额计算的本月投入产品的定额成本，在新定额的基础上相加起来能够计算产品的实际成本，必须计算月初在产品运用新、旧定额成本的差异，用以调整按旧定额计算的月初在产品定额成本为按新定额计算的定额成本。

由此可见，定额变动差异主要是指月初在产品由于定额变动产生的差异。其计算公式为：

月初在产品定额变动差异=月初在产品按原定额计算的定额成本-月初在产品按调整后定额计算的定额成本

对于计算出的定额变动差异，应分不同情况予以处理。在消耗定额降低的情况下产生的差异，一方面应从月初在产品定额成本中扣除，另一方面还应将属于月初在产品生产费用实际支出的该项差异，列入本月产品成本中；相反，在消耗定额提高的情况下，月初在产品增值的差异应列入月初在产品定额成本之中，同时从本月产品成本中予以扣除。

月末，对计算出的定额成本、脱离定额差异、定额变动差异以及材料成本差异，应在完工产品和月末在产品之间按照定额成本比例进行分配。如果各种差异数额不大，或者差异虽然较大，但各月在产品数量比较均衡，在这种情况下，月末在产品可按定额成本计价，即不负担材料成本差异，材料成本差异全部由产成品负担。

同步思考6-1

红旗服装加工厂定额法的应用

红旗服装加工厂定额管理制度比较健全，一是定额管理工作的基础比较好；二是产品的生产已经定型，消耗定额比较准确、稳定。因此在成本核算当中采用的是分步法与定额法相结合的成本核算方法。新毕业的大学生张磊进入成本会计工作岗位后，发现定额法核算产品成本的工作量很大，并且完工产品和月末在产品之间费用的分配方法掌握得不好。因此他建议企业采用平行结转分步法核算产品成本。

问题：请你代张磊回答定额法对企业的益处，并帮助他分析如何在完工产品和在产品之间按照定额成本比例分配生产费用。

理解要点：定额法的优点是：

（1）能够在各项耗费发生的当时反映和监督脱离定额费用（或计划）的差异，加强成本控制，从而及时、有效地促进节约生产耗费，降低产品成本；

（2）便于进行产品成本的定期分析，有利于进一步挖掘降低成本的潜力；

（3）有利于提高成本的定额管理和计划管理工作的水平；

（4）能够比较合理和简便地解决完工产品和月末在产品之间分配费用（即分配各种差异）的问题。

定额法的缺点是：由于要制定定额成本，单独计算脱离定额的差异，在定额变动时还要修订定额成本并计算定额变动差异，因而计算的工作量比较大。

但尽管计算的工作量很大，如果企业在管理当中需要严格控制生产实际脱离定额的差异，实时有效地加强成本控制，最好采用定额法与其他成本核算方法相结合的方法。

$$\text{完工产品实际成本}=\text{完工产品定额成本}+\text{本期完工产品承担的脱离定额差异}+\text{材料成本差异}+\text{定额变动差异}$$

期末在产品实际成本=期末在产品定额成本+期末在产品应承担的脱离定额成本差异

$$\text{某项差异的分配率}=(\text{期初在产品承担的差异}+\text{本期投入的差异})\div(\text{期末在产品定额成本}+\text{完工产品定额成本})$$

完工产品应负担的差异=完工产品定额成本×某项差异的分配率

期末在产品应负担的差异=期末在产品定额成本×某项差异的分配率

6.1.3 定额法应用举例

顺风加工厂实行定额法计算产品成本，生产A产品的有关资料如下：

1）产量记录（见表6-2）

表6-2　**产量记录**　单位：件

产品名称	月初在产品	本月投产	本月完工产品	月末在产品
A产品	20	80	70	30

2）定额成本资料（见表6-3）

表6-3　**定额成本资料**

成本项目	计划单价	单位产品消耗定额		单位定额成本		单位成本定额变动差异	
		上月	本月	上月	本月	数量	金额
直接材料	5	120千克	114千克	600	570	-6	-30
直接人工	2	100小时	100小时	200	200		
制造费用	1	100小时	100小时	100	100		
合　计				900	870	-6	-30

3）月初在产品成本资料（见表6-4）

表6-4　**月初在产品成本资料**　单位：元

成本项目	月初在产品	
	定额成本	定额差异
直接材料	12 000	400
直接人工	2 000	100
制造费用	1 000	80
合　计	15 000	580

4）其他资料

①原材料于生产开始时一次投入；

②直接材料成本差异率为-1%，全部由完工产品负担；

③定额变动差异全部由完工产品负担；

④本期直接材料脱离定额差异（-1 000），直接人工脱离定额差异（+200），制造费用脱离定额差异（-70）。

5）登记生产成本明细账

在定额法下，产品实际成本的计算和其他成本计算方法一样，生产成本明细账也要列出产品成本项目。由于定额法下实际成本是在定额成本基础上加减定额差异、定额变动差异和材料成本差异求得的，所以生产成本明细账还应设置定额成本、定额差异、定额变动差异、材料成本差异专栏。A 产品成本明细账见表 6-5 所示。

表 6-5　**生产成本明细账**

产品名称：A 产品　　200×年 10 月　　完工产量：70 件

成本项目	月初在产品		月初在产品定额成本		本月生产费用		
	定额成本	脱离定额差异	定额成本调整	定额变动差异	定额成本	脱离定额差异	材料成本差异
	（1）	（2）	（3）	（4）	（5）	（6）	（7）
直接材料	12 000	400	-600	600	45 600	-1 000	-446
直接人工	2 000	100			16 000	+200	
制造费用	1 000	80			8 000	-70	
成本合计	15 000	580	-600	600	69 600	-870	-446

成本项目	生产费用合计				脱离定额差异分配率	产成品成本	
	定额成本	脱离定额差异	材料成本差异	定额变动差异		定额成本	脱离定额差异
	（8）	（9）	（10）	（11）	（12）	（13）	（14）
直接材料	57 000	-600	-446	600	-1.05%	39 900	-419
直接人工	18 000	300			1.67%	14 000	234
制造费用	9 000	10			0.11%	7 000	8
成本合计	84 000	-290	-446	600		60 900	-177

成本项目	产成品成本			月末在产品成本	
	材料成本差异	定额变动差异	实际成本	定额成本	脱离定额差异
	（15）	（16）	（17）	（18）	（19）
直接材料	-446	600	39 635	17 100	-181
直接人工			14 234	4 000	66
制造费用			7 008	2 000	2
成本合计	-446	600	60 877	23 100	-113

表中计算说明：

(1)、(2) 栏根据月初在产品成本资料填列。

(3)、(4) 栏根据如下公式计算填列。

定额变动系数=570÷600=0.95

定额成本调整=12 000×（0.95-1）=-600（元）

月初在产品定额变动差异=12 000×（1-0.95）=600（元）

(5) 栏根据本月投产量和表6-3的资料计算填列。

直接材料=570×80=45 600（元）

直接人工=200×80=16 000（元）

制造费用=100×80=8 000（元）

(6) 栏根据有关脱离定额差异资料填列。

(7) 栏=[(5)栏+(6)栏]×(-1%)=(45 600-1 000)×(-1%)=-446(元)

(8) 栏=（1）栏+（3）栏+（5）栏

(9) 栏=（2）栏+（6）栏

(10) 栏=（7）栏

(11) 栏=（4）栏

(12) 栏脱离定额差异分配率根据如下计算填列。

直接材料脱离定额差异率=-600÷57 000×100%=-1.05%

直接人工脱离定额差异率=300÷18 000×100%=1.67%

制造费用脱离定额差异率=10÷9 000×10%=0.11%

(13) 栏用完工产量分别乘以定额成本资料填列。

直接材料=570×70=39 900（元）

直接人工=200×70=14 000（元）

制造费用=100×70=7 000（元）

(14) 栏=（12）栏×（13）栏

(15) 栏=（10）栏

(16) 栏=（11）栏

(17) 栏=（13）栏+（14）栏+（15）栏+（16）栏

(18) 栏=（8）栏-（13）栏

(19) 栏=（9）栏-（14）栏

6.2 分类法

6.2.1 分类法概述

1）分类法的概念

产品成本计算的分类法，是先以产品的类别作为成本核算对象，用以归集生产费用，计算出各类产品实际成本，再在类内产品之间进行成本分配，计算出类内各种产品成本的方法。

在一些工业企业中，生产的产品品种、规格繁多，如果以产品品种或规格作为成本计算对象来归集生产费用，计算产品成本，则成本计算工作量过大。产品成本计算的分类法，就是在产品品种、规格繁多，但可以按照一定标准分类的情况下，为简化成本计算工作而采用的一种成本计算方法。因此，分类法是一种简化的成本计算方法，必须与成本计算的各种基本方法结合使用。分类法主要适用于产品品种、规格较多的企业或车间，如电子元件厂、针织厂、制鞋厂、食品厂等。此外，分类法还可以用于联产品、副产品和等级品的成本计算。分类法与企业的生产类型没有直接联系。

2）分类法的特点

分类法的特点可概括为如下三个方面：

①以产品的类别作为成本计算对象，归集各类产品的生产费用。归集时，直接费用直接计入，间接费用采用一定的分配标准分配计入。

②成本计算期决定于生产特点及管理要求。如果是大批量生产，结合品种法或分步法进行成本计算，则应定期在月末进行成本计算；如果与分批法结合运用，成本计算期可不固定，而与生产周期一致。所以，分类法并不是一种独立的基本成本计算方法。

③月末一般要将各类产品生产费用总额在完工产品和月末在产品之间进行分配。

分类法一般适用于使用同样的原材料，通过基本相同的加工工艺过程，所生产产品的品种、规格、型号繁多，可以按一定标准予以分类的生产企业或车间，如鞋厂、轧钢厂等。采用分类法可以适当减少成本计算对象，简化成本计算工作。

3）分类法计算产品成本的程序

①按产品类别设立生产成本明细账。采用分类法计算产品成本，首先要将产品按照性质、结构、用途、生产工艺过程、耗用原材料的不同标准，划分为若干类别。然后以其类别作为成本计算对象设立成本计算单。

②按照规定的成本项目汇集生产费用，计算各类产品的总成本。

③采用适当的方法将各类完工产品成本在该类各种不同规格的产品中进行分配，计算类内各产品的总成本和单位成本。

4）类内各种产品成本的分配方法

分类法下各类别产品总成本在类内各种产品之间分配的方法是根据产品生产特点确定的。它可以采用产品的经济价值指标（计划成本、定额成本、销售单价），也可以采用产品的技术性指标（重量、长度、体积、浓度、含量等），还可以采用产品生产的各种定额消耗量来作为分配标准。

常用的分配方法有定额比例法和系数分配法两种。

（1）定额比例法

在分类法下，某类完工产品的总成本，可以按照该类产品内各种产品的定额成本或定额消耗量比例进行分配，计算出类内各种产品的总成本和单位成本，这种方法就是定额比例法。采用定额比例法简便易行，但要求企业定额管理基础良好，为每一种产品制定准确、稳定的消耗定额。定额比例法的步骤如下：

①计算类内每种产品成本项目的定额成本或定额消耗量，分成本项目计算耗费分配率。其计算公式如下：

$$\text{某类产品某项消耗分配率}=\text{该类完工产品该项耗费总额}\div\text{该类内各种产品的定额成本（或定额耗用量）之和}$$

②分成本项目计算类内各种产品的实际成本。其计算公式如下：

$$\text{类内某种产品某项目的实际成本}=\text{该种产品该项目的定额成本（或定额耗用量）}\times\text{该类内产品该项耗费分配率}$$

（2）系数分配法

系数分配法是运用系数分配计算类内各规格产品成本的一种方法。这里的系数是指各种规格产品之间的比例关系。

系数分配法的步骤如下：

①确定分配标准，即选择与耗用费用关系最密切的因素作为分配标准，如定额消耗量、定额成本、计划成本、售价或重量、体积、长度等。

②将分配标准折算成固定系数。其方法是：在同类产品中选择一种有代表性的产品，如将产销量大、生产正常、售价稳定的产品作为标准产品，定其标准系数为“1”，并定出其他产品与标准产品的比率即系数。

某产品系数=该产品分配标准额÷标准产品分配标准额

③将类内各产品的产量按照系数折算出相当于标准产品的产量，计算公式为：

该产品相当于标准产品的产量=该产品的实际产量×该产品的系数。

④计算出全部产品相当于标准产品的总产量，以此为标准分配类内各种产品的成本。

某种产品应分配的某项耗费=该产品相当于标准产品的产量×该类产品某项耗费分配率

采用系数分配法，既可按综合系数分配，也可分成本项目采用单项系数分配。

同步思考6-2

宏大工厂分类法的选择

宏大工厂生产A、B、C、D、E、F六种产品，根据产品的生产工艺流程及产品性质可将六种规格的产品分为两大类，A、B、C三种规格为甲类产品，该类产品原材料是生产开始时一次投入的，月末没有在产品。5月份有关资料如下（见表6-6），甲类产品的直接材料费用本月为613 800元。

表6-6　**甲类产品产量及定额**

产品	产量	单位产品材料定额/元	材料定额总成本/元	单位产品工时定额/小时	定额总工时/小时
A	3 000	60	180 000	2	6 000
B	4 000	72	288 000	3	12 000
C	1 000	90	90 000	4	4 000
合计			558 000		22 000

该企业新来的大学生郝立认为应该采用定额比例法分配类内产品成本，而老会计王琳认为只有采用系数分配法才准确。郝立说：没关系，在现有条件下，完全可以采用定额比例法，而且两种方法的结果一样。

问题：你认为他们两个人谁的说法正确？并进行分析说明。

理解要点：采用系数分配法，既可按综合系数分配，也可分成本项目采用单项系数分配法。如果采用单项系数分配法，分配直接材料费用时，可以按照单位产品材料定额来进行分配，比如将A产品作为标准产品，系数为1，那么B的系数为1.2，C的系数为1.5，所有产品在分配直接材料费用时总标准产品产量为 9 300 件（3 000+4 000×1.2+1 000×1.5）。甲类产品的直接材料费用本月为 613 800 元，那么 613 800÷9 300=66（元/件），A 产品分得的材料费用为 66×3 000=198 000（元），B 产品分得的材料费用为 316 800 元，C 产品材料费用为 99 000 元。如果采用定额比例法，仍然是采用单位产品材料定额作为分配标准进行分配计算，材料定额总成本为 558 000 元（3 000×60+4 000×72+1 000×90），直接材料费用分配率=613 800÷558 000=1.1，A、B、C 三种产品分配的材料费用依次为 198 000 元、316 800 元、99 000 元，计算结果是一样的，分配其他成本项目时应该采用定额总工时作为分配标准，无论采用定额比例法还是系数分配法，其结果也是一样的，原因在于都采用了材料定额成本和定额工时作为分配标准。

但是，如果采用综合系数分配法，那么两种方法的计算结果就不会一样了。

职业道德与会计伦理 6-2

新人遇到的问题

背景与情境：2010 年 1 月，刚刚通过考试取得会计从业资格证书的李强，被公司从办公室调到车间担任成本核算员，公司原成本核算员张友担任出纳。李强与张友在办理会计工作交接手续后，因会计科长在外地出差，遂指定财务科一名会计负责监交工作。在办理交接中，李强发现存在以下问题：(1) 本企业采用限额领料制，但是本月末还有 5 000 元的原材料未使用完，也没有退回库房；(2) 车间多年来生产产品存在许多边角余料，账上没有反映，车间主任自行销售后用作车间活动经费。于是，李强打电话向会计科长汇报，会计科长指示李强先办理完交接手续，并作出以下批示：(1) 超额领用的原材料需要退回库房；(2) 各车间的边角余料不用入账是该企业的习惯做法，各车间可以将此经费作为各车间的小金库，反正都是用于车间集体的，不算违规。随后，李强、张友及监交人在移交清册上签字并盖章。之后，李强在工作中，发现企业规定领料单必须由企业总经理签字方可，但是在实际工作中由于总经理经常出差，所以都是由财务科长模仿总经理签字。尽管李强刚开始犹豫过，但考虑到一直都是这样做的，又新来财务科，不能挑科长的毛病，因此最后均予以接受。

问题：

(1) 本案例中存在哪些道德伦理问题?

(2) 对李强在工作中遇到的问题作出你的善恶研判。

(3) 通过适当途径搜集你作善恶研判所依据的行业规范。

(4) 本案例对你有哪些启示?

分析提示：

(1) 本案例违反了会计“职业观念”、“职业态度”、“职业良心”、“职业守则”。职业观念要求对职业、职业选择、职业工作、会计人员职业道德和会计伦理等问题具有正确的看法；职业态度要求对职业选择或模拟选择有充分的认知和积极的倾向与行动；职业良心要求在履行职业义务时具有强烈的道德责任感和较高的自我评价能力；职业守则要求会计人员爱岗敬业、诚实守信、廉洁自律、客观公正、坚持原则、提高技能、参与管理、强化服务。

（2）李强遇到的问题应作如下处理：

①李强与张友办理会计工作交接中有不符合规定之处。首先，监交人不符合规定，制度规定一般会计人员办理交接手续，由会计机构负责人（会计主管人员）监交。

②本月未使用的原材料，必须在会计上登记退料单，作退库处理，否则本月计算的生产成本就会虚增，即使总经理没有指示这样做，作为会计人员李强也应该对总经理提出正确的做法，才符合会计职业道德中的参与管理的要求。

③制度规定，企业剩余的边角余料只要有价值就应该作为原材料入账，变卖所得收入也应该计入企业的其他业务收入。

④日常工作中，领料单规定必须由总经理签字的必须由总经理签字，总经理不在可以授权给其他人，财务科长模仿总经理签字是违反企业内部控制制度的相应规定的。

以上其中的几个问题李强发现后都没有主动指出错误并坚持正确的做法，违反了会计人员坚持守则及客观公正的会计职业道德。

（3）会计行业规范是：①爱岗敬业：热爱会计工作，安心本职岗位，忠于职守，尽心尽力，尽职尽责；②诚实守信：做老实人，说老实话，办老实事，执业谨慎，信誉至上，不为利益所诱惑，不弄虚作假，泄露秘密；③廉洁自律：公私分明、不贪不占、遵纪守法、清正廉洁；④客观公正：端正态度，依法办事，实事求是，不偏不倚，保持应有的独立性；⑤坚持原则：熟悉国家法律、法规和国家统一的会计制度，始终坚持按法律、法规和国家统一的会计制度的要求进行会计核算，实施会计监督；⑥提高技能：增强提高专业技能的自觉性和紧迫感，勤学苦练，刻苦钻研，不断进取，提高业务水平；⑦参与管理：在做好本职工作的同时，努力钻研相关业务，全面熟悉本单位经营活动和业务流程，主动提出合理化建议，协助领导决策，积极参与管理；⑧强化服务：树立服务意识，提高服务质量，努力维护和提升会计职业的良好社会形象。

（4）坚持准则要求会计人员始终坚持按法律、法规和国家统一的会计制度的要求进行会计核算，实施会计监督；客观公正要求会计人员端正态度，依法办事，实事求是，不偏不倚，保持应有的独立性。会计人员如果不能做到以上两点，就会使会计制度与会计监督成为一纸空谈。

互动专栏 6-2

互动问题：

（1）系数分配法中采用综合系数和采用分项目系数计算产品的成本是否相同？

（2）系数分配法中选用不同的产品作为标准产品分配产品成本结果是否一样？

要求：同“互动专栏 1-1”的“要求”。

6.2.2 分类法应用举例（按系数法）

某工业企业大量生产 A、B、C 三种产品，这三种产品结构相似，使用原材料相同，生产工艺过程相同，只是规格不同。为简化成本计算，将三种产品归为一类——甲类，采用分类法计算产品成本。甲类产品的月末在产品成本按定额成本计算，该类产品 2005 年 5 月月初在产品成本、本月生产耗费及月末在产品成本资料如表 6-7 所示。

表6-7 **月初在产品成本、本月生产耗费及月末在产品成本** 单位：元

项目	直接材料	直接人工	制造费用	合计
月初在产品成本	4 500	2 000	1 500	8 000
本月生产耗费	23 700	14 360	10 770	48 830
月末在产品成本	3 800	1 600	1 200	6 600

本月完工甲类产品的耗费分配标准为：直接材料按各种产品的原材料费用系数分配，原材料费用系数按原材料消耗定额确定，选定 B 产品作为标准产品；直接人工、制造费用等加工费用按定额工时比例分配。

甲类产品产量、原材料消耗定额和工时定额资料如表6-8所示。

表6-8 **甲类产品产量、原材料消耗定额和工时定额资料**

产品名称	产量/件	原材料消耗定额/千克	工时定额/小时
A 产品	600	16	40
B 产品	1 000	20	36
C 产品	800	24	48

根据上述资料，该企业成本计算过程如下：

①按产品类别（甲类）开设产品成本明细账，根据该类产品月初在产品定额成本、本月生产耗费和月末在产品定额成本，登记甲类产品成本计算单，计算该类完工产品成本，如表6-9所示

表6-9 **产品成本计算单**

产品类别：甲类 20××年5月 金额单位：元

月	日	摘要	直接材料	直接人工	制造费用	合计
5	1	月初在产品定额成本	4 500	2 000	1 500	8 000
	31	本月生产耗费	23 700	14 360	10 770	48 830
	31	生产耗费累计	28 200	16 360	12 270	56 830
	31	完工产品成本	24 400	14 760	11 070	50 230
	31	月末在产品定额成本	3 800	1 600	1 200	6 600

②根据原材料消耗定额计算原材料费用系数，如表6-10所示。

表6-10 **原材料费用系数计算表**

产品名称	原材料消耗定额/千克	系数
A 产品	16	0.8
B 产品	20	1
C 产品	24	1.2

③分配计算甲类中A、B、C三种产品总成本和单位成本，如表6-11所示。

表 6-11 **类内各种产品成本分配表**

产品类别：甲类 20××年 5 月 金额单位：元

项目	产量/件	原材料费用系数	原材料总系数（标准产量）	工时定额	定额总工时	总成本				单位成本
						直接材料	直接人工	制造费用	合计	
分配率						10	0. 15	0. 1125		
A 产品	600	0. 8	480	40	24 000	4 800	3 600	2 700	11 100	18. 50
B 产品	1 000	1	1 000	36	36 000	10 000	5 400	4 050	19 450	19. 45
C 产品	800	1. 2	960	48	38 400	9 600	5 760	4 320	19 680	24. 60
合计			2 440		98 400	24 400	14 760	11 070	50 230	

表中各种耗费分配率计算如下：

原材料费用分配率＝24 400÷2 440＝10

直接人工分配率＝14 760÷98 400＝0. 15

制造费用分配率＝11 070÷24 600＝0. 45

④根据产品入库单和产品成本计算单，编制结转甲类各种完工产品成本的会计分录。

借：库存商品——A 产品 11 100

——B 产品 19 450

——C 产品 19 680

贷：基本生产成本——甲类 50 230

6.2.3 联产品、副产品、等级产品的成本计算

1）联产品的成本计算

（1）联产品的含义

联产品是指用同样的原材料，经过一道或一系列工序的加工同时生产出几种地位相同但用途不同的主要产品，并且这些产品都是企业的主要产品。例如，炼油厂从原油中可同时提炼出汽油、煤油、柴油等产品，这些产品都是炼油厂的主要产品。联产品的生产是联合生产，其特点是同一资源在同一生产过程中投入，分离出两种或两种以上的主要产品，其中个别产品的产出，必然伴随联产品同时产出。

各种联产品的产出，有的要到生产过程终了时才分离出来，有的也可能在生产过程中的某个步骤先分离出来，有些产品分离后，还需继续加工。联产品分离出来时的生产步骤称为“分离点”。分离点是联产品的联合生产程序结束各种产品可以辨认的生产交界点。

（2）联产品联合成本的分配方法

联产品成本计算同一般产品的成本计算有所不同，要分三个部分进行，即联产品分离点前成本计算、分离点的联合成本分配和分离点后加工成本的计算。而分离点前联产品联合成本计算和分离点后需继续加工的加工成本计算，都应根据生产类型和管理

要求，选用基本成本的计算方法计算。而分离点联产品之间联合成本的分配则要采用专门的方法进行。常用的分配方法有系数分配法、实物量分配法和相对销售收入分配法等。

①系数分配法。系数分配法是将各种联产品的实际产量乘以事先制定的各联产品的系数，把实际产量换算成相对生产量，然后，按各联产品的相对产量比例来分配联产品的联合成本。实践中系数的确定标准有的是用各联产品的技术特征（如重量、体积、质量性能、含量和加工难易程度等），也有的是采用各联产品的经济指标（如定额成本、售价等）。

②实物量分配法。实物量分配法是按分离点上各种联产品的重量、容积或其他实物量比例来分配联合成本。采用这种方法计算出的各产品单位成本是一致的，而且是平均单位成本，因此简便易行。但由于并非所有的成本发生都与实物量直接相关，容易造成成本计算与实际相脱节的情况。故此法一般适用于成本的发生与实物量关系密切、而且各联产品销售价值较为均衡的联合成本的分配。

③相对销售收入分配法。相对销售收入分配法是指用各种联产品的销售收入比例来分配联合成本。这种分配法强调经济比值，认为既然联合生产过程的联产品是同时产出的，并不是只产出其中一种，因此，从销售中所获得的收益，理应在各种联产品之间按比例进行分配。也就是说，售价较高的联产品应该成比例地负担较高份额的联合成本，售价较低的联产品应该负担较低份额的联合成本，其结果是各种联产品的毛利率相同。这种方法克服了实物量分配法的不足，但其本身也存在着缺陷，具体表现在：一方面，并非所有的成本都与售价有关，价格较高的产品不一定要负担较高的成本；另一方面，并非所有的联产品都具有同样的获利能力。这种方法一般适用于分离后不再加工，而且价格波动不大的联产品成本计算。

同步案例6-1

黎明木材厂联产品成本的核算

背景与情境：黎明木材厂用同一种原材料在同一生产过程同时生产甲、乙两种联产品。20××年12月共生产甲产品4 000千克，乙产品2 000千克，无期初、期末在产品。该月发生的联合成本分别为：直接材料成本60 000元，直接人工成本为21 600元，制造费用为38 400元。甲产品每千克的售价为500元，乙产品每千克的售价为600元，全部产品均已售出。

来实习的会计系同学小张、小赵、小李分别采用系数分配法、实物量分配法、相对收入分配法合算了联产品的成本，结果发现小张和小李的计算结果相同，而小赵的不同，大家认为小赵的计算有问题。

问题：

（1）请根据资料分别采用三种方法计算联产品的成本。

（2）根据计算结果分析三人计算的对与错。

分析提示：

根据资料分别用系数分配法、实物量分配法、相对收入分配法计算甲、乙产品的成本。

（1）小张采用系数分配法计算结果见表6-12。

表6-12　**联产品成本计算表（系数分配法）**　金额单位：元

产品名称	产量/千克	系数	标准产量	分配比例	应负担的成本			
					直接材料	直接人工	制造费用	合计
甲	4 000	1①	4 000	62.5	37 500	13 500	24 000	75 000
乙	2 000	1.2	2 400	37.5	22 500	8 100	14 400	45 000
合计	6 000		6 400	100	60 000	21 600	38 400	120 000

注：①以售价为标准确定系数，选择甲产品为标准产品，其系数为1，乙产品的系数为1.2。

小赵采用实物量分配法的计算结果见表6-13。

表6-13　**联产品成本计算表（实物量分配法）**　金额单位：元

产品名称	产量千克	联合成本				分配率	应负担的成本			
		直接材料	直接人工	制造费用	合计		直接材料	直接人工	制造费用	合计
甲	4 000						40 000	14 400	25 600	80 000
乙	2 000						20 000	7 200	12 800	40 000
合计	6 000	60 000	21 600	38 400	120 000	20	60 000	21 600	38 400	120 000

注：1. 综合分配率＝120 000÷6 000 ＝ 20

2. 直接材料分配率＝60 000÷6 000 ＝ 10

3. 直接工资分配率＝21 600÷6 000 ＝ 3.6

4. 制造费用分配率＝38 400÷6 000 ＝ 6.4

小李采用相对销售收入分配法的计算结果见表6-14。

表6-14　**联产品成本计算表（相对销售收入分配法）**　金额单位：元

产品名称	产量/千克	销售单价	销售价值	分配比例	应负担的成本			
					直接材料	直接人工	制造费用	合计
甲	4 000	500	2 000 000	62.5	37 500	13 500	24 000	75 000
乙	2 000	600	1 200 000	37.5	22 500	8 100	14 400	45 000
合计	6 000		3 200 000	100	60 000	21 600	38 400	120 000

（2）小张和小赵、小李采用不同的方法计算联合产品的成本，计算过程全部正确，没有错误，小张和小李计算结果相同，是因为小张采用系数分配法时，是以销售收入作为系数计算的，因而和小李的结果相同，如果采用其他标准做系数，比如重量、体积等结果很可能就不一样了，三种方法计算过程全部正确，要采用哪种方法要根据企业自身的生产特点决定，主要看产品的成本与哪些因素关联较大。

2）副产品成本计算

副产品是指使用同种原材料在同一生产过程中生产主要产品的同时，附带生产的一些非主要产品，或利用生产中废料加工而成的产品。副产品不是企业生产的主要目的，其价值与主要产品相比较低。如肥皂厂生产出来的甘油，炼油厂在炼油中产出的渣油、石油焦等。副产品和主要产品都是投入同一原材料，经过同一生产过程同时生产出来的。

由于副产品和主要产品是同一原材料经过同一生产过程生产出来的，所以，其成本与主要产品成本在分离步骤前是共同发生的，这也决定了副产品的成本计算就是确定其应负担分离点前的联合成本。又由于副产品的经济价值较小，在企业全部产品中所占的比重也较小，因此在实际操作中，可采用简单的计算方法，确定副产品的成本，然后从分离前联合成本中扣除，其余额就是主要产品成本。

副产品的成本计算方法通常有以下几种：

①对分离后不再加工的副产品，若价值不大（与主要产品相比），可不负担分离前的联合成本，或以定额单位成本计算其成本。

②对分离后不再加工但价值较高的副产品，往往以其销售价格作为计算的依据，按销售价格扣除销售税金、销售费用和一定的利润后即为副产品成本。

③对于分离后仍需进一步加工才能出售的副产品，如价值较低，可只计算归属于本产品的进一步加工成本；如价值较高，则需同时负担可归属本产品的加工成本和分离前联合成本，以保证主要产品成本计算的合理性。

业务链接 6-6

主、副产品成本的计算

黎明木材加工厂在生产主要产品甲产品的同时，附带生产出乙、丙、丁三种副产品。乙副产品按售价扣除销售税费等有关项目后的余额计价，并按比例从联合成本项目中扣除；丙副产品按计划成本计价，从联合成本的直接材料项目中扣除；丁副产品由于数量较少、价值较低采用简化的方法不予计价。本年 3 月份有关产量、成本的资料见表 6-15 和表 6-16。

表 6-15　**主、副产品产量、单价、计划成本资料**　金额单位：元

产品名称	产量（吨）	单位售价	单位税金	单位销售费用	计划单位成本
甲	1 500				
乙	270	40	5	6	
丙	80				20
丁	1				

表 6-16　**主、副产品有关费用资料**　金额单位：元

项目	直接材料	直接人工	制造费用	合计
本月主、副产品共同成本	36 000	4 000	10 000	50 000
乙产品分离后加工费用		500	580	1 080

根据上述资料，编制完工产品成本计算表。

解析： 完工产品成本计算具体见表6-17。

表6-17　　**完工产品成本计算表**　　金额单位：元

项目	共同成本		丙产品（80吨）		乙产品（270吨）				甲产品（1 500吨）	
					总成本			单位成本		
	金额	比重	总成本	单位成本	分离前	分离后	合计		总成本	单位成本
	1	2	3	4	5	6	7	8	9	10
直接材料	36 000	72%	1 600	20	4 860		4 860	18	29 540	19.69
直接人工	4 000	8%			540	500	1 040	3.85	3 460	2.31
制造费用	10 000	20%			1 350	580	1 930	7.15	8 650	5.77
合　计	50 000	100%	1 600	20	6 750	1 080	7 830	29	41 650	27.77

注：表中数字的计算如下：

乙产品总成本=（40-5-6）×270=7 830（元）

乙产品分离前成本=7 830-500-580=6 750（元）

乙产品分离前直接材料成本=6 750×72%=4 860（元）

乙产品分离前直接人工成本=6 750×8%=540（元）

乙产品分离前制造费用=6 750×20%=1 350（元）

甲产品直接材料成本=36 000-1 600-4 860=29 540（元）

甲产品直接人工成本=4 000-540=3 460（元）

甲产品制造费用=10 000-1 350=8 650（元）

甲产品总成本=29 540+3 460+8 650=41 650（元）

职业道德与会计伦理6-3

背景与情境： 韩明是宏博配件厂新来的会计。他发现，企业在生产主产品的同时，附带生产出大量的副产品，且其成本价值相对较低。因此，韩明对厂长提出了一个想法，他认为可以不在账上反映副产品的成本，将所有成本分配给主要产品，并且副产品出售时的收入就可以不入账，这样既可以使企业多了一笔账上没有可以自己灵活使用的收入，又少缴了税。

问题： 韩明的提议违反了哪些会计职业道德？这些会计职业道德的内容是什么？违反了《会计法》的哪些规定？

分析提示： 韩明的行为违反了诚实守信、坚持原则的会计职业道德。“诚实守信”的基本要求：诚实做人，光明磊落；保密守信，谨防泄密，不为利益所诱惑；坚持执业谨慎，信誉至上。“遵守准则”的基本要求：熟悉准则；遵循准则办事；正确运用准则；提高执行准则的技能。

《会计法》第七条规定：款项和有价证券的收付；财物的收发、增减和使用；收入、费用、成本的计算应当办理会计手续，进行会计核算：《会计法》第十条规定：会计凭证、会计账簿、会计报表和其他会计资料必须真实、准确、完整，并符合会计制度的规定。

3）等级产品成本计算

等级产品是指使用同种原材料，经过相同加工过程生产出来的品种相同但质量有所差别的产品。等级产品与联产品、副产品相同之处在于都是使用同种原材料，经过同一生产过程而产生的。它们的不同之处在于：联产品、副产品之间性质、用途不同，属于不同种产品，而等级产品是性质、用途相同的同种产品。等级产品与非合格品是两个不同的概念。等级产品质量上的差异一般是在允许的设计范围之内，而且这些差异一般不影响产品的使用寿命。

等级产品应视造成等级品质量差别的原因确定成本计算方法。如果等级产品是由于工人操作不当、技术不熟练等主要原因造成的，可以采用实物量分配法，以使各等级产品的单位成本相同。在成本相同的情况下，低等级产品由于售价较低而使其毛利低于正品的差额，从而能够比较敏感地反映由于企业产品质量管理不善所导致的经济损失。

等级产品也可能是由于所用原材料的质量或受目前技术水平限制等原因而产生的，即客观原因造成的。这些情况一般不能对各等级产品确定相同的单位成本，而要采用系数分配法计算各等级产品成本。通常以单位售价比例定出系数，再按系数的比例计算出不同等级产品应负担的联合成本。这样，不同等级产品具有不同的单位成本，等级高、售价高的产品负担的成本多，等级低、售价低的产品负担的成本少。这种做法更符合收入与成本费用配比的要求。

6.3 作业成本法

随着企业经营环境的日益复杂，企业管理已经进入战略管理时代。企业经营和发展是否成功，很大程度上取决于战略决策和战略实施是否正确、有效。作业成本系统作为重要的战略支持系统，它所提供的大量相关、准确的成本信息能在很大程度上有助于实施战略管理。

6.3.1 作业成本法的有关概念

“作业”是作业成本法下的最基本的概念，也是进行作业成本计算的核心和基础。一般认为，作业是企业为了提供一定产量的产品或劳务所消耗的人力、技术、原材料、方法和环境的集合体。

传统成本计算法是某一总量（如以人工总量、材料总量、机器工时总量等）为基础，计算统一的间接费用分配率来分配间接费用。其主要目的是为分配间接费用提供统一的基础，以有利于存货计价和利润计算。这种以产品的直接人工、直接材料或直接工时总量为基础的间接费用分配方法，在间接费用项目较少、间接费用在总成本中所占比重较小、对成本管理的要求不高的情况下是可行的。随着生产自动化的日益发展，对机器人、特殊机器设备以及计算机控制程序使用的不断增加，成本中的间接费用比重急剧增加，传统成本计算法已不适应客观要求。

作业成本计算法，由于不同作业的间接成本采用不同的间接费用率进行分配，因此，它能够克服传统成本计算法存在的问题，对于正确分析作业成本、核算产品成本、进行资本支出评价有着十分重要的意义。

作业成本计算法的核心是在计算产品成本时，先将制造费用归于每一项作业，然后再由每一作业中心分摊到产品成本。因此，进行作业成本计算，首先必须明确几个基本概念。

1）作业与作业中心

作业从广义上说是指产品制造过程中的一系列经济活动。这些经济活动事项，有的会发生成本，有的不会发生成本；有的会创造附加价值，有的不会创造附加价值。因为作业成本计算的目的在于计算产品成本，因此，狭义的作业应当是指会发生成本的经济活动。另外，从作业管理角度出发，无附加价值的作业应当尽量剔除，所以作业成本计算中所指的作业是指会发生成本且具附加价值的经济活动。

将类似的作业归集在一起便构成了**作业中心**。建立作业中心的主要目的是为了归集每一类作业的成本，简化作业成本计算。

2）作业链与价值链

作业链是指企业为了满足顾客需要而建立的一系列有序的作业集合体。一个企业简化的作业链为：研究与开发—设计—生产—营销—配送—售后服务。

价值链与作业链紧密相关。产品消耗作业，作业消耗资源，一项作业转移到另一项作业的过程，同时也伴随着价值量的转移，最终产品是全部作业的集合，同时也是全部作业的价值集合。作业分为增值作业和不增值作业。前者是指能够增加顾客价值的作业，也就是说这种作业的增减变动会导致顾客价值的增减变动；后者是指不会增加顾客价值的作业，也就是说，这种作业的增加或减少不会导致顾客价值的变动。

3）成本动因

成本动因是指引起成本发生的因素，一般统称为分配基础。当作业选定，且作业的成本已归集后，就应解决如何将作业的成本分配到产品上的问题。作业的成本分配必须符合相关性的要求。如果某一作业的成本与产品产量直接相关，可以产量作为作业成本与产品之间的动因；如果某一作业的成本与产品消耗的机器小时直接相关，则可选择机器小时作为作业成本与产品之间的动因。成本动因可以分为资源动因和作业动因。前者反映了作业中心对企业资源的消耗情况，是资源成本分配到作业中心的标准；后者是将作业中心的成本分配到产品或劳务中的标准，也是将资源消耗与最终产出相沟通的中介。

业务链接 6-7

Photon 公司成本动因的确定

Photon 公司有以下作业：①机器启动；②生产计划；③材料移动；④供电；⑤质量控制；⑥厂房维护；⑦设备保险；⑧员工监管。

请为以上作业选择合适的成本动因。

解析：①机器启动小时数；②生产批次数；③材料移动次数；④供电量；⑤检验次数；⑥厂房的占地面积；⑦保险费；⑧直接人工工时。

同步思考 6-3

速达快递公司成本管理遇到的问题

速达快递公司财务经理王先生被公司 CEO 咨询几个问题：“我想知道，快递员从国贸取一个银行的快件寄到厦门，这个单子的真实成本是多少？”王经理有些诧异，还是第一次有人问这样的问题。一时不知如何回答。“我们公司共有多少家分公司？”CEO又问。“90多家”，王经理回答说。“各分公司的盈利情况如何？”CEO又问。“我们目前的成本核算方法都是以分公司为单位，按分公司归集成本费用，然后得到公司的总成本。至于分公司的盈利，因为一直以来我们都关注公司的整体业绩，没有做这方面的工作。”无法让领导满意，王经理有些沮丧。

“如果我们不能算出每个单子的真实成本，也不能很好地计算各分公司的成本，这将使公司进行盈利能力分析、产品定价决策、物流优化分析等受到限制。”

“这个，这个……”王经理有些不知所措。

“改革迫在眉睫，我们必须尽快找到合适的成本核算方法。你去想想办法。”CEO的语气很肯定。

为此，需要一套能解决问题的成本核算方法和成本管理工具，来解决如何把高额的间接费用准确分配到复杂多样的产品中，如何把多个分支机构的成本串联为产品的成本，如何衡量单一产品和客户的盈利性等问题，以便于公司进行成本管理。

问题：快递公司可以采用哪种成本核算方法来进行改革？又需要哪些准备工作？

理解要点：速达快递公司根据其自身的特点可以引入作业成本法。作业成本法的核心思想就是，首先将企业耗费的资源分配到作业上，再将作业的成本分配到成本对象上。由于引入了“作业”这一载体进行成本分配，作业成本法相对于传统的成本分配方法能更客观地描述资源与成本对象之间的关系，使成本核算的结果更加精细、准确。与传统成本计算方法相比，作业成本法采用了更加符合实际的成本分配观。这种分配观主张的原则是：作业耗用资源，产品耗用作业；谁耗用谁分摊，多用多摊，少用少摊，不用不摊。从而避免了平均分配导致的成本扭曲，提高了成本核算的准确性。这点符合快递公司的管理及成本核算要求。

速达快递公司需要做的工作包括以下内容：

首先，建立作业成本管理模型。建立成本管理模型的过程如下：

（1）寻找成本最终的承担者。作业成本法的直接目的是将企业消耗的各种资源分配到最终承担者，即成本对象。成本对象是归集和分配成本的主要依据，也是成本控制、成本预测和盈利分析的关注对象。

（2）明确生产经营过程消耗的所有资源。

（3）认定发生的活动（作业）。

（4）选择合适的成本动因。

（5）建立作业成本计算的多阶段分配体系。

（6）形成成本报告并进行分析。

其次，作业成本模型建立完成后，如何实现模型的高效、准确计算就是关键问题。在这个过程中软件支持是不可缺少的，要想使作业成本得到实施则必须依靠有效软件工具的支持。

6.3.2 作业成本法与传统成本计算法的区别

1）传统成本计算以“产品”为中心，作业成本计算以“作业”为中心

传统成本计算以“产品”为中心，在成本计算时，是以产品作为成本计算对象，归集生产费用，计算成本的；而作业成本计算是以“作业”为中心，通过对作业成本的确认、计量，为尽可能消除“不增加价值的作业”，改进“可增加价值的作业”，及时提供有用的成本会计信息。通过这种方式，可减少损失和浪费，挖掘降低成本的潜力，不断降低成本。采用作业成本计算将作业、作业中心、顾客和市场纳入成本核算的范围，形成以作业为核心的成本核算对象体系。

2）传统成本计算就成本论成本，作业成本计算注重成本发生的前因后果

传统成本计算只是为了计算成本而计算，就成本论成本；作业成本计算则把重点放在成本发生的前因后果上。在作业成本计算系统中，成本是由作业引起的，该作业是否应当发生，是由产品的设计环节所决定的。在产品设计中，要设计出产品由哪些作业所组成、每一项作业预期的资源消费水平；在作业的执行过程中，应分析各项作业预期的资源消耗水平以及预期产品最终可为顾客提供价值的大小。对于这些信息进行处理和分析，可以促使企业改进产品设计、提高作业水平和质量，减少浪费，降低资源的消耗水平。

3）作业成本法下的完工产品成本比传统成本计算法下的更符合实际

传统成本计算方法下计算出来的产品成本在有期初期末在产品成本的情况下，完工产品成本包括几个会计期间的费用，不便于进行成本分析和成本考核。而在作业成本制度下，由于采用了即时生产系统，该系统要求在供、产、销各个环节实现零存货。这样，按作业成本法所计算出来的产品成本同当期所发生的期间成本基本一致。

4）作业成本法提供的成本会计信息比传统成本计算法更准确

传统成本计算提供的成本会计信息不准确，而作业成本计算提供的成本会计信息则相对准确，从而提高了决策的准确性。传统成本计算将成本计算对象按耗费的资源按单一标准进行分配，它是在假定所有的间接费用都与直接人工或机器工作小时或产出物数量有关，并以这些项目的数量为依据分配间接费用为前提的。但是，这种假定并不能全面反映成本计算对象及资源耗费之间的本质联系，因而使得成本信息被严重扭曲。特别是在自动化程度不断提高、人工工时在生产过程中日益减少的情况下，这种分配方法会导致间接费用分配的不真实，使得产量高、复杂程度低的产品成本高于其实际发生的成本。而产量低、复杂程度高的产品成本又低于其实际发生的成本。作业成本计算为了提高产品成本计算的准确性和提高成本控制的有效性，将重点放在制造费用上，解决了传统成本计算在制造费用分配上存在的问题。采用作业成本法时，由于是从成本对象与资源耗费的因果关系着手，根据资源动因将间接费用分配到作业，再按作业动因将作业计入成本对象，揭示了资源与成本对象真正的“一对一”的本质联系，克服了传统成本计算假定的缺陷。作业成本计算分配基础的广泛性，使间接费用分配更具精确性和合理性。

5）采用作业成本法比传统成本计算法更有利于成本决策

传统成本计算模式由于提供的成本信息不准确，因而影响了企业的成本决策。而采用作业成本法，由于间接费用不再是均衡地在产品之间进行分配，而是通过成本动因追踪到产品，因而有助于改进产品的定价决策，并为是否停产老产品、引进新产品和指导销售提供准确的信息。另外，采用作业成本法还可以不断地改进企业的业绩评价体系，调动各部门挖掘盈利潜力的积极性。

作业成本法也有其本身的一些缺陷，其主要表现就是作为分配间接费用标准的成本动因的选择具有较强的主观性，若选择的不合适，相反会引起成本信息的失真。另外，若企业的业务量较大，性质复杂，就需要选择很多的成本动因，使得成本计算过程过于繁杂，需要收集大量的数据，做许多基础性的工作。在激烈的市场竞争中，企业要想在竞争中取胜，就要不断进行技术革新及进行产品结构的调整，这样就要重新进行作业的划分，这就需要增加采用作业成本计算的耗费。

6.3.3　作业成本法的计算程序

作业成本法的程序或步骤，从不同角度看有不同的解释。从广义的作业成本计算看，作业成本法不仅是对过去的成本进行计算与分析，而且要对未来的成本进行计划。因此，作业成本法的基本步骤较多，内容较广。从狭义的作业成本计算看，作业成本法主要是指事后计算作业成本。作业成本法包括以下六个步骤：选择成本基础——追踪资源——按作业中心归集成本——选择作业衡量——分配次级作业成本——计算产品的作业成本。

本章所研究的作业成本法主要是从狭义角度出发的，因此，我们可在上述六个步骤的基础上，规范作业成本法的基本程序。

1）选择成本基础

选择成本基础，就是将与企业间接费用发生有关的作业活动进行分类。不同类型的企业，不同产品的生产，其作业活动的领域不同，选择的成本基础也就不同。例如，有的企业可以把作业活动分为材料搬运、生产调度、准备人工、自动化机器、精加工、包装和运输等；有的企业可以把作业活动分为采购、设计、规划、组织订货、制造、仓储与发运、售后服务等。

2）追踪资源（或将同性质的活动归集为作业中心）

在选择成本基础的前提下，应按不同的作业领域追踪各作业领域所使用的构成间接成本的各种资源。一般来说，每一项活动都会耗用某些资源，即发生成本。如果将每项活动的成本直接归属于产品，成本计算的精确度将比传统成本计算要高。但是，由于产品生产的作业活动复杂繁多，往往应将同性质的活动归集为作业中心，然后根据作业中心与产品的关系分配该作业中心的成本。通常作业中心可分为以下四大类：

（1）与产品产量有关的作业中心。这类作业中心的成本与产品产量相关，或属于以产品产量为基础的变动成本，如装配与冲压的直接人工成本，以及机器运转成本等。

（2）与产品批次有关的作业中心。这类作业中心的成本与产品的批次有关，但与特定批次的产量多少无关。就生产批次而言，此类成本的性质为变动成本，但是就某一批产品而言，它属于固定成本。例如，机器的准备与材料处理成本就属于这一类。

（3）与产品项目有关的作业中心。这类作业中心的成本与产品项目的多少有关，但与某类产品的生产批次和生产数量无关。换句话说，此类成本随产品的类别增加而增加。但就某类特定产品而言，它属于此类产品的固定成本。例如，各类产品材料清单的设定、产品设计与产品测试的成本就属于此类。

（4）与产品设施有关的作业中心。这类作业中心的成本与提供良好的生产环境有关。它属于各类产品的共同成本，与产品项目多少、某类产品生产批次、某批产品的产量无关。例如，厂房的折旧、厂房设备的维护与修理费用、工厂管理与人事管理费用都属于此类。

3）按作业中心归集成本

在确定作业中心的基础上，对发生的费用应根据费用的性质进行记录，并归集于相应的作业中心，最后进行汇总。按作业中心归集成本有利于衡量企业各项作业活动的效果和业绩。作业效绩一方面可用作业总成本来体现，另一方面可用作业质量或产品属性来体现，如产品制造的可靠性、售后的服务性等。

4）选择适当的成本动因

选择成本动因就是根据追踪的资源，选择分配各作业中心成本的标准。例如，材料搬运作业的作业衡量标准就是搬运的零件数量；生产调度作业的作业衡量标准是生产订单数量；自动化设备作业的作业衡量标准是机器工时数；精加工作业的作业衡量标准是直接人工工时数等。应当指出，在分配作业中心成本时，有些成本动因与产品直接相关，因而可以将这些作业中心的成本直接分摊至产品，如与产量有关的作业中心和与产品批次有关的作业中心的成本都可直接分配到产品中去。其他一些作业中心的成本，由于与产品没有直接关系，因而该作业中心的成本应首先分摊至与产品有直接关系的作业中心（或称初步成本分配阶段），然后再由与产品直接相关的作业中心分配到产品中去，如与产品项目有关的作业中心和与产品设施有关的作业中心的成本分配都属于初步成本分配。

5）确定作业中心成本分配率

当作业中心已经确认、成本已经汇集、成本动因已经确立后，就可以将该作业中心的成本除以预计的作业量，计算以成本动因为单位的分配率。

6）计算产品成本

根据各批产品所耗用的成本动因作业量和该作业中心的成本分配率，就可求得该批产品所应负担的成本，包括应负担的作业总成本和单位成本。

另外，应当指出，进行作业成本计算所涉及的会计账户设置与传统成本计算不同。作业成本计算的程序是根据资源动因将成本追踪到作业中心，再将作业中心的成本按作业动因分配给产品。按传统方法核算的部门成本分解为作业成本，虽然会大大增加账户的数量，但可以克服传统成本计算法的成本扭曲问题，提供更准确的成本信息。

从本质上看，作业成本计算是一个借助于作业揭示可供资源、实际使用资源、实际需用资源、无效使用资源和未使用资源，区分增值作业与非增值作业，提供业绩评价和资源配置信息的过程。因此，账户设置可分为两大类：一类是增值作业账户，另一类是非增值作业账户。增值作业可按作业中心设置账户，归集核算每个作业中心的成本。增值作业中有两类成本，一类是直接成本，另一类是间接成本。直接成本按传统方法核算，间接成本按性质设立成本库，每一个成本库设立一个账户，如“修理费用”、“开工准备费用”、“检验费用”等账户。非增值作业也有两类成本，一类是维持性作业成本，另一类是无效作业成本。维持性作业成本可以设置“标准间接费用”账户，无效作业成本可以设置“间接费用差异”账户。非增值作业主要是指企业组织和管理生产经营的活动，因此，这一类成本可以列作期间成本，直接计入当期损益。

作业成本法产品成本的计算过程如图6-1所示。

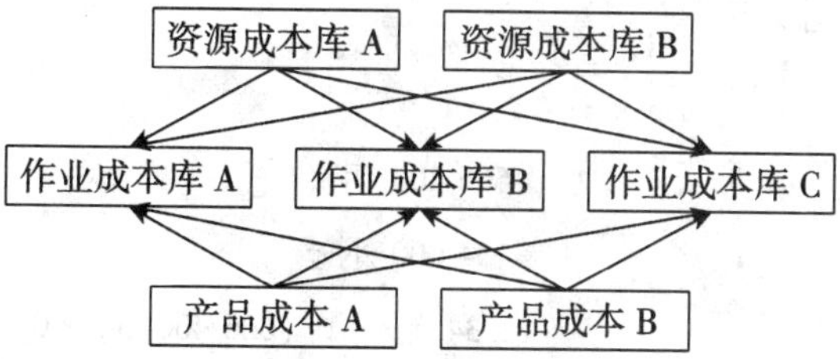

图6-1　作业成本法产品成本的计算过程

同步案例6-2

福达公司产品生产策略的选择

背景与情境：福达公司制造的产品 A 有两款型号——标准型号和豪华型号。该两款产品的详细资料如下：

	标准型号	豪华型号
年销售量（件）	12 000	12 000
每件售价（元）	130	174
每批件数	1 000	50
每件所需工时（小时）	2	2.5
每小时工资率（元）	16	16
每件所需材料成本（元）	44	64
每件所需特别零部件数量（件）	1	4
每批所需的设置次数	1	3
每批所需发出材料次数	1	1
每年发出的销售发票数目	50	240

近来数月，由于豪华型号产品的售价高出标准型号 44 元每件，所以销售部门一直主张大批量生产豪华型号产品，以达到扩大公司利润的目的，福达公司一直尝试说服购买标准型号的客户转为购买豪华型号；但是生产部门认为，尽管标准型号具备市场竞争力，售价较高，但是所需的原材料成本一样升高，因此，大批生产不一定会导致利润上升。福达公司的成本核算部门编制的间接制造费用分析提供了以下资料：

作业活动	间接制造费用（元）	成本动因
设置成本	146 400	设置次数
特别零部件处理成本	120 000	特别零部件数量
出具发票成本	58 000	发票数量
材料处理成本	126 000	材料发出次数
其他间接费用	216 000	工时
合计	666 400	

公司的核算人员根据传统的按人工基础的间接费用分配方法计算出了普通型号与豪华

型号的利润及利润率，计算如下：

按人工基础分配：

间接成本总额	666 400 元
总工时	54 000 小时
间接费用分配率	12.34 元/小时（666 400÷54 000）

按人工基础分配的利润

	标准型号（元）	豪华型号（元）
每件售价	130.00	174.00
单位成本		
直接材料	44.00	64.00
直接人工	32.00（16×2）	40.00（16×2.5）
制造费用	24.68（12.34×2）	30.85（12.34×2.5）
单位总成本	100.68	134.85
每件利润	29.32	39.15
销售利润率	22.55%（29.32÷130）	22.5%（39.15÷174）

根据以上得出结论，确实豪华型号能为公司带来更高的利润率，但是新分来的会计小张认为，如果改用作业成本核算可能得到不同的结果。

问题：

（1）使用传统的按人工基础的间接制造费用分配法计算过程是否有错？

（2）如果采用作业成本法计算标准和豪华两个型号的每件利润和销售利润率是多少？

（3）如果两种方法的计算结果不同，采用哪种方法的结果比较科学？

请分析以上问题以便对管理部门提出合理的建议。

分析提示：

（1）传统的按人工基础的间接费用分配方法计算过程没有错误。

（2）作业成本法下计算过程见表6-18。

表6-18 **间接费用分配率计算表** 金额单位：元

作业活动	成本动因	间接费用 a	动因数量			分配率 e=a÷d
			标准型 b	豪华型 c	合计 d=b+c	
设置	设置次数	146 400	12	720	732	200
特别零部件	零部件数量	120 000	12 000	48 000	60 000	2
客户发票	发票数量	58 000	50	240	290	200
材料处理	发出次数	126 000	12	240	252	500
其他	工时	216 000	24 000	30 000	54 000	4
合计		666 400				

表6-18中有关数据计算如下：

标准型投入批数＝销售数量÷每批件数＝12 00÷1 000＝12（批）
豪华型投入批数＝12 000÷50＝240（批）
标准型设置次数＝1×12＝12（次）
豪华型设置次数＝3×240＝720（次）
标准型特别零部件数量＝1×12 000＝12 000（件）
豪华型特别零部件数量＝4×12 000＝48 000（件）
标准型耗用工时＝2×12 000＝24 000（小时）
豪华型耗用工时＝2. 5×12 000＝30 000（小时）

表 6-19　**间接费用分配表**　金额单位：元

作业活动	分配率 e	标准型		豪华型		间接费用
		动因量数 b	分配成本 f＝e×b	动因数量 c	分配成本 g＝e×c	
设置	200	12	2 400	720	144 000	146 400
特别零部件	2	12 000	24 000	48 000	96 000	120 000
客户发票	200	50	10 000	240	48 000	58 000
材料处理	500	12	6 000	240	120 000	126 000
其他	4	24 000	96 000	30 000	120 000	216 000
合计			138 400		528 000	666 400

以作业为基础分配间接费用，两个型号每件产品的利润如下：

	标准型号（元）	豪华型号（元）
每件售价	130	174
直接材料	44	64
直接人工	32	40
间接费用	11. 53	44
单位总成本	87. 53	148
每件利润	42. 47	26
销售利润率	32. 67%	14. 94%

因此，可以看出在作业成本法下计算表明，标准型号的销售利润率较高。

（3）根据福达公司的生产特点来看，采用作业成本法核算产品成本更为精确，因而说服客户尽量购买豪华型的建议是错误的。

6.3.4　作业成本法应用举例

某制造企业生产 A、B 两种产品，有关年产销量、批次、成本、工时以及制造费用项目与金额等资料见表 6-20 和表 6-21。

表 6-20　　　　产销量及直接成本等资料表

项目	A 产品	B 产品
产销量（件）	200 000	40 000
生产次数（次）	4	10
订购次数（次）	4	10
每次订货量（件）	25 000	2 000
直接材料成本（元）	24 000 000	2 000 000
直接人工成本（元）	3 000 000	600 000
机器制造工时（小时）	400 000	160 000

表 6-21　　　　制造费用明细表　　　　金额单位：元

项目	金额
材料验收成本	300 000
产品检验成本	470 000
燃料与水电费	402 000
开工成本	220 000
职工福利支出	190 000
设备折旧费	300 000
厂房折旧	230 000
材料储存成本	140 000
管理人员薪酬	100 000
合计	2 352 000

企业成本计算的关键是根据作业中心与成本动因，确定各类制造费用的分配标准。下面分别确定表中各项制造费用的分配标准和分配率。

（1）对于材料验收成本、产品检验成本和开工成本，其成本动因是生产与订购次数，可以生产与订购次数作为这三项制造费用的分配标准并计算分配率。

材料验收成本分配率＝300 000÷（10+4）＝21 428.57

产品检验成本分配率＝470 000÷（10+4）＝33 571.43

开工成本分配率＝220 000÷（10+4）＝15 714.29

（2）对于设备折旧费用、燃料与水电费用，其成本动因是机器制造工时，可以机器制造工时作为这两项费用的分配标准。其分配率为：

设备折旧费用分配率＝300 000÷（400 000+160 000）＝0.53571

燃料与水电费分配率＝402 000÷（400 000+160 000）＝0.71786

（3）对于职工福利支出，其成本动因是直接人工成本，可以直接人工成本作为职工福利支出的分配标准，其分配率为：

职工福利支出分配率＝190 000÷（3 000 000+600 000）＝0.05278

（4）对于厂房折旧和管理人员薪酬，其成本动因是产品产销量，厂房折旧和管理人员薪酬可以产销量作为分配标准，其分配率为：

厂房折旧分配率 = 230 000÷（200 000+40 000）= 0.95833

管理人员薪酬分配率 = 100 000÷（200 000+40 000）= 0.41667

（5）对于材料储存成本，其成本动因是直接材料的数量成本，可以此为标准分配材料储存成本，其分配率为：

材料储存成本分配率 = 140 000÷（24 000 000+2 000 000）= 0.00538

有关制造费用分配的详细情况见表 6-22。

表 6-22　**制造费用明细分配表**　金额单位：元

项目	合计	A 产品	B 产品
材料验收成本	300 000	85 714	214 286
产品检验成本	470 000	134 286	335 714
燃料与水电成本	402 000	287 144	114 856
开工成本	220 000	62 857	157 143
职工福利支出	190 000	158 340	31 660
设备折旧	300 000	214 284	85 716
厂房折旧	230 000	191 666	38 334
材料储存成本	140 000	129 120	10 880
管理人员薪酬	100 000	83 334	16 666
总计	2 352 000	1 346 745	1 005 255

根据上述计算的费用分配率，将各项制造费用在 A 产品和 B 产品之间分配，按照作业成本法计算产品成本的结果见表 6-23。

表 6-23　**作业成本法成本计算表**

项目	A 产品	B 产品
直接材料费（元）	24 000 000	2 000 000
直接人工成本（元）	3 000 000	600 000
制造费用（元）	1 346 745	1 005 255
总成本（元）	28 346 745	3 605 255
产销量（件）	200 000	40 000
单位产品成本（元）	141.73	90.13

6.3.5　作业成本法的优缺点及在我国运用的条件

1）作业成本法的优缺点

作业成本法最根本的优点在于它能使管理人员想方设法地进行成本控制。一旦确认了某种产品消耗间接成本产生的原因，管理人员就会从降低成本的角度对各种间接成本进行重新评估，以促使间接成本费用降低，最终使全部产品成本降低。这就是说，作业成本法不仅保证了成本计算的准确性，而且可促使企业有效地控制间接成本，不断降低产品成本。这与为了降低产品单位成本而进行大批量生产、不考虑存货后果的传统成本计算和管理方法是截然不同的，其优越性是传统成本计算方法所不可比拟的。

作业成本法在具有显著优越性的同时，还存在某些自身难以克服的缺陷，具体包括：

①作业成本法提供的成本信息是历史的，从成本管理的角度看，作用并不大。

②作业成本法在成本动因确定方面，需要人为地判断，具有主观性，可能出现误差。有些作业费用的成本动因很难按产品品种来划分，如与供应商相关的供应材料的费用。

③用作业成本法所分配的间接费用是那些由生产作业所引起的制造费用，但并没有解决与作业活动不相关的间接费用如何分配的问题，如取暖费、保险费、厂房折旧等。

④在作业成本法下，对一些产量驱动型的制造费用是按生产工时或机器工时进行分配的，实际上这样分配的结果是不正确的，因为大型设备与小型设备、普通设备与高精尖设备每小时的费用是不同的。

⑤在作业成本法下，成本计算一般是以整个工厂为单位，将直接计入产品成本的直接材料、直接人工加上各成本库分来的作业成本求得产品总成本，这样不能提供生产部门的成本信息。

⑥作业成本法只适用于制造费用比重大、项目多的企业，对于非此类企业相对意义较小。

2）作业成本法在我国运用的条件

作业成本法是根据当代高科技的发展情况而产生的，它以作业为基础，将成本计算、成本控制等融为一体，并且能与全面质量管理、即时生产方式紧密结合的一种新型的会计核算方法。虽然这种方法产生于国外并在西方国家被越来越广泛地运用，但在我国的运用却不是很普遍。随着我国现代企业制度的建立，高科技逐渐采用，因此，有必要根据我国的具体情况，研究其在我国企业中运用的问题。

（1）要有积极的成本管理意识。成本管理工作是企业管理工作中的重要内容，进行作业成本计算的目的在于提高成本信息的质量，加强成本控制，提高成本管理的效果。所以，有较强的成本管理意识是采用作业成本法的出发点和前提条件。

（2）要有先进的生产管理系统。作业成本法要求企业有较先进的生产管理系统，特别是实行所谓的即时生产方式。

（3）现代化的技术支持。科学技术的迅速发展和应用，为推行即时生产方式和全面质量管理创造了条件。近二十几年来，各工业化先进国家为了提高劳动生产率、降低产品成本和提高产品质量，采取了多种措施和方案，特别是采取了以电子技术应用为主体特征的电脑自动化等各种技术。正是由于这些新技术的采用，推动了管理方法、观念和技术的革命。作业成本法就是在这种条件下产生并发展起来的。

第 7 章 成本报表

学习目标

通过本章学习，应该达到以下目标：

理论目标：理解成本报表的概念及作用，了解成本报表的种类；掌握商品产品成本表的编制及分析要求；掌握主要产品单位成本表的编制及分析方法要求；掌握制造费用明细表的编制方法及分析要求。

实务目标：熟知商品产品成本表的编制及分析方法、主要产品单位成本表及制造费用明细表的编制及分析方法。具备灵活运用其方法编制成本表的技能。

案例目标：运用所学的成本报表的编制原理和分析方法研究相关案例，培养和提高学生在特定业务情境中分析问题与解决问题的能力；应用“会计职业道德”规范，分析会计人员行为的善恶，强化学生的“职业道德素质”。

实训目标：引导学生认真并积极参加“成本报表编制及分析”业务胜任力的实践训练。在了解和把握本实训所及“能力与素质领域”相关“技能点”的“规范和标准”基础上，通过切实体验、理解各种成本报表的结构和编制原理，理解并掌握成本报表的实际分析程序；培养学生独立思考问题和有创造性地发表个人意见的能力，培养核算、填制账簿及编制成本报表的专业能力，强化“数字应用”、“与人交流”、“与人合作”、“解决问题”、“革新创新”的职业核心能力（中级），并通过“认同级”践行“职业理想”、“职业态度”、“职业良心”、“职业作风”、“职业守则”和“会计职业道德”等规范，促进健全职业人格的塑造。

引例 博达公司月末成本管理的需求

背景与情境：博达公司是一家生产制造型企业，近几个月销售利润表现差强人意，总经理为此找到财务经理了解情况，以下是他们的对话。

总经理：上个月的财务报表我已经看过了，有些问题想和你谈谈。

财务经理：好的。

总经理：我注意到上个月的毛利减少了。

财务经理：是的，上个月是淡季，销售收入比前月下降了10%。

总经理：没错，不过我发现销售成本只下降了4%，而且很多产品的单位成本都比上个月提高不少。

财务经理：是这样的，很多成本都是固定的，比如说折旧，工资中的很大一部分都不会随销售收入的下降而下降，而且有几种主要的原材料这几个月价格一直在上涨。

总经理：是，这个我知道，不过我想知道开工不足和原材料涨价对成本到底造成了多大影响。有没有具体一点的数字？起码可以和销售部一起想想对策，价格是要调低还是调高。

财务经理：哦，这个需要把数据再分析一下，回头我去安排，不过需要一点时间。但是原材料涨价的影响大致可以从各种产品单位成本中原材料那部分的变动中看出来。

总经理：我需要一份详细的资料，最好还能体现出每种因素的影响到底是多少。另外，哪个产品、哪批生产多用了料、多耗了时。刚才讲到原材料成本增加是不是也有车间管理的问题在里面？还有，最近我看车间里工人的工作效率好像不高，这是不是也会增加成本，我看这方面应该加强管理。

财务经理：这个我不是很清楚，最好找生产部经理谈谈。

总经理：请尽快给我一份详尽的生产成本费用方面的报表。

"引例"涉及的成本报表编制与分析，是本章学习的主要内容。

7.1 成本报表的作用与种类

7.1.1 成本报表的涵义

企业会计报表按服务对象可划分为两类：一类为对外报送的会计报表，如资产负债表、利润表、现金流量表等；另一类为企业内部管理需要的报表，如成本报表等。

成本报表是根据企业产品成本和期间费用的核算资料以及其他有关资料编制的，用来反映企业一定时期内产品成本和期间费用水平及其构成情况的报告文件。成本会计报表是企业为满足自身管理需要而编制的内部会计报表，它是企业成本信息的主要载体，其主要目的是向企业管理当局、内部各管理职能部门和员工提供成本信息，用以加强成本管理，提高经济效益。编制和分析成本报表是成本会计工作的重要内容。

7.1.2 成本报表的作用

成本报表主要向企业的各级管理部门、企业领导、企业职工，以及有关部门提供成本信息。成本报表的作用主要有：

1）反映企业报告期内产品成本水平

产品成本是反映企业生产技术经营成果的一项综合性指标，企业在一定时期内的物质消耗、劳动效率、工艺水平、生产经营管理水平，都会直接或间接地在产品成本中综合地体现出来。通过编制成本报表能够及时发现企业在生产、技术、质量、管理等方面取得的成绩和存在的问题，不断总结经验，提高企业经济效益。

2）反映企业成本计划的完成情况

成本报表中所反映的各项产品成本指标，对掌握企业一定时期的成本水平，分析和考核产品成本计划完成情况及加强成本管理具有重要作用。可据以分析成本计划或预算的执行情况、考核成本计划的完成情况，并查明产品成本升降的原因等。

3）为制订成本计划提供依据

计划年度的成本计划是在报告年度产品成本实际水平的基础上，结合报告年度的成本计划执行情况，考虑计划年度中可能出现的有利因素和不利因素而制定的，所以本期报表所提供的资料，是制订下期成本计划的重要参考依据。

4）为企业的成本决策提供信息

对成本报表进行分析，可以发现成本管理工作中存在的问题，揭示成本差异对产品成本升降的影响程度，从而把注意力集中放在那些不正常的对成本有重要影响的关键性差异上，查明原因和责任，以便采取有针对性的措施，促使成本水平的不断降低，为企业挖掘降低成本的潜力指明方向。

7.1.3 成本报表的种类

企业的成本报表主要用来服务于企业内部经营管理部门，所以，报表的种类、格式和编制时间一般都是由企业根据生产经营过程的特点和企业管理的具体要求而定。目前工业企业应编制的成本报表通常有以下几种分类：

1）按报表反映的内容分类

（1）反映成本计划执行情况的报表

这类报表主要有商品产品成本表、主要产品单位成本表、制造费用明细表。

（2）反映费用支出情况的报表

这类报表主要有财务费用明细表、管理费用明细表、销售费用明细表。

（3）反映生产经营情况的报表

这类报表有生产情况表、材料耗用表、材料差异分析表等。

2）按报表编制的时间分类

成本报表在报送内容上虽不像财务报表那样规范，尤其在报送时间上具有很大灵活性，但主要报表仍可按编报时间分为年报、季报、月报、旬报、周报、日报等报表。

7.1.4 成本报表的编制要求

1）成本报表的设置要求

成本报表一般根据企业的生产特点与管理需要自行设置，并可随着情况的变化对报表的种类、格式进行调整。在设置成本报表时应重点考虑以下几个方面：

（1）报表指标内容的实用性

成本报表指标的实用性，是指企业设置的成本报表要符合企业生产经营的特点，满足企业成本管理的要求。成本报表的种类要能够满足企业自身的需要，报表中的各项指标应当体现实用性原则。因此，企业应当从自身生产经营活动的实际出发，来设计成本报表的种类和每一张报表的内容。企业成本报表的指标项目应当简明实用，不搞繁琐的计算和没有经济意义的数字罗列，要注重指标的内容而不拘泥于形式。

（2）报表格式的针对性

成本报表内容的针对性是指企业设置的成本报表的种类、格式和指标内容要有针对性。企业既要有反映成本全貌的报表，又要有反映成本管理中某一专门问题或者针对企业某一具体业务的特点而设计的报表和报表项目。成本报表中的指标内容只有具有针对性，才能突出成本管理工作的重点，满足成本管理各个方面的专门需要，企业也才有可能利用成本报表提供的信息有针对性地采取措施，及时解决生产经营活动和管理工作中的问题。

2）成本报表的编制及报送要求

成本报表的编制和报送必须做到数字真实、计算准确、内容完整、报送及时。

（1）数字真实是编制成本报表的基本要求，主要报表的数字真实可靠，如实反映企业费用、成本的水平和构成，才有利于企业管理当局正确进行成本分析和成本决策。

（2）计算准确是指成本报表中的各项指标数据必须按照企业在设置成本报表时规定的计算方法计算，报表中的各种相关数据应当核对相符。例如，本期报表与上期报表之间、同一时期不同报表之间、同一报表不同项目之间具有勾稽关系的数据，应当核对相符。

（3）内容完整是指企业成本报表的种类应当完整，能全面反映企业各种费用成本的水平和构成情况；同一报表的各个项目内容应当完整，必须填报齐全。只有内容完整的报表才能满足企业经营管理者对成本信息的需求。

（4）报送及时是指企业必须及时编制和报送成本报表，以充分发挥成本报表在指导生产经营活动中的作用。为了体现成本报表编制和报送的及时性，企业的成本报表，有的可以定期编报，也有的可以不定期编报。例如，反映费用支出和成本形成主要指标的报表，既可以按月编制，也可以按旬、按周，甚至按日、按班编制，并及时将其提供给有关部门负责人和成本管理责任者，以便及时采取措施控制支出、节约费用、降低成本。

职业道德与会计伦理 7-1

A 公司提供虚假成本资料

背景与情境：2002 年，A 公司由于经营管理和市场方面的原因，经营业绩滑坡。A 公司的主要负责人张生看过了企业的成本报表及分析资料后，对公司财务总监李秀说："成本报表是对内的，数字可以真实可靠，便于公司分析成本费用；会计报告是对外的，如果还按照真实的资料编制，那么公司就无法获得配股资格。"A 公司的主要负责人张生便要求公司财务总监李秀对该年度的财务资料进行调整，以保证公司的净资产收益率符合配股条件。李秀组织公司会计人员王露以隐瞒费用和成本开支等方法调整了公司财务资料。A 公司根据调整后的财务资料，于 2003 年 10 月申请配股并获批准发行。

问题：指出哪些当事人存在何种违法行为；哪些当事人违反了哪些会计职业道德要

求；哪些单位或部门可以对相关当事人进行何种处理，并说明理由。

分析提示： A公司张生、李秀、王露均存在编制虚假财务会计报告的行为。张是单位负责人，存在授意、指使他人编制虚假财务会计报告的行为。根据《会计法》的规定，其构成犯罪的，司法部门依法追究刑事责任；尚不构成犯罪的，可处以五千元以上五万元以下的罚款。李秀、王露作为会计人员，应当拒绝总经理的要求，其行为违背了会计职业道德中的会计人员应当诚实守信、客观公正、坚持准则的要求。根据《会计法》的规定，如果构成犯罪的，依法追究刑事责任；尚不构成犯罪的，由县级以上人民政府财政部门予以通报，可以对李秀、王露处以三千元以上五万元以下的罚款；李秀、王露作为会计人员，应由县级以上人民政府财政部门吊销会计从业资格证书。

同步思考7-1

大发服装厂是否可以不编制成本报表

大发服装厂是一家刚刚成立的服装制造企业，该厂负责财务的厂长认为既然成本报表是一种内部报表，就不必对外报送，而企业现在又刚刚成立，没有那么多种类的产品，那么根据管理需要，是否可以当未来需要的时候再进行报表编制和分析就可以了？

问题： 你认为企业领导的这种观点是否正确？

理解要点： 这种观点并不完全正确。

成本报表是用以反映企业生产费用与产品成本的构成及其升降变动情况，以考核各项费用与生产成本计划执行结果的会计报表，是会计报表体系的重要组成部分。

对内报表是指为了企业内部经营管理需要而编制的各种报表。这种报表，其内容、种类、格式、编制方法和程序、编制时间和报送对象，均由企业根据自己的生产经营和管理需要来确定。成本报表就是其中的一种，它的编制目的，主要在于让企业领导者和职工了解日常成本费用计划预算执行的情况，以便调动大家的积极性来控制费用的发生，为提高经济效益服务。同时为企业领导者和投资者提供经营所需的成本费用信息，以便进行决策和采取有效措施，不断降低成本费用。作为内部成本报表可以根据企业自身的需要，适时地、不定期地进行编制，使成本报表能够及时地反映和反馈成本信息，揭示存在的问题，促使有关部门和人员及时采取措施，改进工作，提高服务效率，控制费用的发生，达到节约的目的。但是作为制造型企业不能不编制成本报表，尤其是新成立的企业，不但必须要编制成本报表，还应该积累数据，多方分析，为生产成本管理打下良好的基础。

7.2 成本报表的分析方法

成本报表分析属于事后分析。它以成本报表所提供的、反映企业一定时期产品成本水平和构成情况的资料和有关的计划、核算资料为依据，运用科学的分析方法，通过分析各项指标的变动以及指标之间的相互关系，揭示企业各项成本指标计划的完成情况和形成原因，从而对企业一定时期的成本工作情况获得比较全面的、本质的认识。

成本分析的方法，在实践中是多种多样的。采用哪种方法，这要根据分析目的、分析对象的特点，以及所掌握的计划资料和核算资料的性质和内容来决定。分析成本报表的方法，常用的有以下几种。

7.2.1 成本报表整体分析方法

1）水平分析法

水平分析法是指将反映企业报告其成本的信息（特别是指成本报表信息资料）与反映企业前期或历史成本状况的信息进行对比，研究企业经营成本业绩或成本状况发展变动情况的成本分析方法。水平分析所进行的对比，一般说来，不是指单指标对比，而是对反映某方面情况报表的全面、综合的对比分析。

2）垂直分析法

垂直分析与水平分析不同，它是通过计算成本报表中各项目占总体的比重或结构，反映报表中的项目与总体的关系及其变动情况。会计报表经过垂直分析法处理后，通常称为同度量报表，或称总体结构报表、共同比报表等。

3）趋势分析法

趋势分析法是根据企业连续几年或几个时期的分析资料，通过指数或完成率的计算，确定分析期各有关项目的变动情况和趋势的一种成本分析方法。趋势分析既可用于对会计报表的整体分析，即研究一定时期报表各项目的变动趋势，也可用于对某些主要指标的发展趋势进行分析。

7.2.2 指标分析法

1）比较分析法

比较分析法是指通过指标对比，从数量上确定差异的一种分析方法。其主要作用在于揭示客观上存在的差异，并为进一步分析指出方向。实际工作中通常有以下几种形式：

（1）对比成本的实际指标与成本计划或定额指标，分析成本计划或定额的完成情况。

（2）对比本期实际成本指标与前期（上期、上年同期或历史最好水平）的实际成本指标，观察企业成本指标的变动情况和变动趋势，了解企业生产经营工作的改进情况。

（3）对比本企业实际成本指标（或某项技术经济指标）与国内外同行业先进指标，可以在更大的范围内找差距，推动企业改进经营管理。

比较分析法只适用于同质指标的数量对比。因此，应用此法时要注意对比指标的可比性。

2）比率分析法

比率分析法是通过计算和对比经济指标的比率，进行数量分析的一种方法。成本分析中，常用的比率分析法有相关比率分析法、构成比率分析法和趋势比率分析法等。

（1）相关比率分析法

相关比率分析法，是将两个相互联系、相互依存但性质不同的指标进行对比，求出比率，然后再将实际数与计划数进行对比分析，以便从经济活动的客观联系中，更深入地认识企业的生产经营状况。例如，利润总额与成本费用总额的比率，反映了企业一定时期内所得（利润总额）与所费（成本费用总额）之间的比例关系，即企业每百元成本、费用的投入能获得多少利润，这一指标称为成本费用利润率。相关比率分析就是通过对两个性质不同却又相关的指标进行对比，分析对比结果在企业不同期间的发展变化，来考察与企业有关联的业务安排是否合理，这有利于企业经营管理者进行成本效益分析和经营决策。

（2）构成比率分析法

所谓构成比率，是指某项经济指标的各个组成部分占总体的比重。例如，将构成产品成本的各个费用项目同产品成本总额相比，计算其占总成本的比重，确定成本的构成比率，然后将不同时期的成本构成比率相比较，通过观察产品成本构成的变动，掌握经济活动情况及其对产品成本的影响。

（3）动态比率分析法

动态比率分析法，是指将不同时期同类指标的数值对比求出比率，进行动态比较，据以分析该项指标的增减速度和变动趋势，从中发现企业在生产经营方面的成绩或不足。

业务链接7-1

红星工厂甲产品单位成本情况见表7-1。

红星工厂甲产品单位成本表分析

表7-1 **红星工厂甲产品单位成本表**

20××年12月

产品名称：甲产品　　产品单位售价：1 200元

产品规格：500毫升　　本月实际产量：100件

计量单位：件　　本年累计实际产量：800件

成本项目	历史先进水平	上年实际平均	本年计划	本月实际	本年累计实际平均
直接材料	620	700	690	685	687
直接人工	70	90	92	89	90
制造费用	30	80	78	81	79
生产成本小计	720	870	860	855	856

对红星工厂甲产品单位成本表进行分析。

解析：在分析甲产品的单位成本时，将产品成本855元与单位售价1 200元比较得出的比率称之为相关比率；将直接材料685元与单位产品成本855元相比，得出的比率称之为构成比率；将本年实际累计平均生产成本856元与历史先进水平720元、上年实际平均单位成本870元相比，得出的比率称之为动态比率。

3）因素分析法

以上方法，只能揭示实际数与基准数之间的差异，但难以揭示差距产生的原因。因为一个经济指标的完成，往往是多种因素影响的结果。只有把这种综合性的指标分解为各个因素的构成，从中找出因素的影响程度，分清责任，才能了解指标完成好坏的真正原因。这种依据分析指标与其影响因素之间的关系，按照一定的程序和方法，确定各因素对分析指标差异影响程度的技术分析方法，就是因素分析法。根据其分析特点，因素分析法可分为连环替代法和差额计算法两种。

(1) 连环替代法

连环替代法，是用来计算几个相互联系的因素对综合经济指标变动影响程度的一种分析方法。

利用连环替代法应当遵循以下计算程序：

①根据综合性经济指标的特征和分析的目的，确定构成该项指标的因素。以基数（计划数或前期实际数）为计算基础。

②根据因素的依存关系，按一定顺序排列因素。采用连环替代法，改变因素的排列顺序，计算结果会有所不同。为了便于比较和分析，应当确定因素的排列顺序。一般将反映数量的因素排列在前，将反映质量的因素排列在后；将反映实物量和劳动量的因素排列在前，将反映价值量的因素排列在后。

③按照公式中所列因素的同一顺序，逐次以各因素的实际数替换其基数；每次替换后实际数就被保留下来。有几个因素就替换几次，直到所有因素都变成实际数为止；每次替换后都求出新的计算结果。

④将每次替换后的所得结果，与其相邻近的前一次计算结果相比较，两者的差额就是某一因素变动对综合经济指标变动的影响程度。

⑤综合各个因素的影响程度，其代数和应等于该经济指标的实际数与基数的总差异数。

业务链接 7-2

运用连环替代法分析材料费用总额

单位产品成本中影响材料费用总额的因素很多，按其相互关系可归纳为三个：产品产量、单位产品材料消耗量和材料单价。

计算公式为：材料费用总额=产品产量×单位产品材料消耗量×材料单价

某企业材料费用总额的影响因素见表 7-2。

表 7-2 **某企业材料费用总额三个因素的实际数与计划数**

影响因素	实际数	计划数
产品产量	21 件	20 件
单位产品材料消耗量	17 千克/件	18 千克/件
材料单价	12 元	10 元
材料费用总额	4 284 元	3 600 元

根据表 7-2 中提供的资料，应用连环替代法对各因素影响程度进行分析。

解析：应用连环替代法对各因素影响程度的计算过程如下：

①以计划数为基数的材料费用：

20×18×10=3 600（元）

②第一次替换后的材料费用：

21×18×10=3 780（元）

产量变动影响：

②-①= 3 780-3 600=180（元）

③第二次替换后的材料费用：

21×17×10=3 570（元）

单位产品材料消耗量变动影响：

③-②=3 570-3 780=-210（元）

④第三次替换后的材料费用：

21×17×12=4 284（元）

材料单价变动影响：

④-③= 4 284-3 570=714（元）

三个因素影响合计：

180-210+714=684（元）

通过计算可以看出，虽然单位产品材料消耗量降低使材料费用节约210元，但由于产量增加，特别是材料单价升高，使材料费用增加894元。进一步分析应查明材料消耗节约和材料价格升高的原因，然后才能对企业材料费用总额变动情况作出评价。

同步思考7-2

运用因素分析法时因素排序是固定的吗？

因素分析法，是依据分析指标与其影响因素之间的关系，按照一定的程序和方法，确定各因素对分析指标差异影响程度的一种技术分析方法。小明同学认为，都是影响同一指标的若干因素，在计算时每个因素的排列先后是不应该影响其最后的计算结果的。

问题：你认为他的观点正确吗？如果不正确，为什么？

理解要点：他的观点不正确。在因素分析法中，各个因素的排列必须遵循由外部到内部、由量到质的顺序。因为因素分析的特点是：1. 计算程序的连环性；2. 计算条件的假定性；3. 因素替代的顺序性。计算分析过程中一个突出的问题是因素的顺序性。特别是进行两个企业之间的比较分析时，分析的顺序一定要相同，否则不具可比性。当然，即便是同一企业内部，对同一问题进行分析，分析的顺序也应相同，因为计算同一种因素变动对综合指标的影响，如果它在计算公式中的位置变动了，相应地会出现不同的计算结果。通常确定各因素替代顺序的方法是：所有分析的因素中，如果既有数量指标又有质量指标，应先查明数量指标变动的影响，然后再查明质量指标变动的影响；如果既有实物量指标又有价值量指标，应先查明实物量指标变动的影响，然后再查明价值量指标变动的影响。这是因为价值量即使不变，实物量的变化最终也将影响价值量的变动；如果有几个数量的指标和质量指标，要分清它们的相互依存关系，何者是主要因素，何者是次要因素，据此确定替代的顺序。

（2）差额计算法

差额计算法是连环替代法的简化形式。运用这一方法时，先要确定各因素实际数与计划数之间的差异，然后按照各个因素的排列顺序，依次求出各个因素变动的影响程度。可见，这一方法的应用原理与连环替代法一样，只是计算程序不同。

业务链接 7-3

运用差额计算法分析材料费用总额

仍沿用“业务链接 7-2”的资料。以差额计算法测定各因素影响程度。

解析：差额计算法测定各因素影响程度如下：

① 分析对象

材料费用总额数实际数与计划数的差额：4 284-3 600=684（元）

② 各因素影响程度

产量变动影响：（21-20）×18×10=180（元）

单位产量材料消耗量变动影响：21×（17-18）×10=-210（元）

材料单价变动影响：21×17×（12-10）=714（元）

三个因素影响合计：180-210+714=684（元）

差额计算法由于计算简便，所以应用比较广泛，特别是在影响因素只有两个时更为适用。

互动专栏 7-1

互动问题：

(1) 报表分析时如果采用了比率分析法当中的相关比率分析法就没必要再采用构成比率分析法了。

(2) 采用了连环替代法就没必要采用差额分析法了。

以上两种观点是否正确？

要求：同“互动专栏 1-1”的“要求”。

7.3 成本报表的编制与分析

7.3.1 商品产品成本报表的编制与分析

1）商品产品成本报表的概念及作用

商品产品成本报表是反映企业在报告期内生产的全部商品产品总成本和单位成本的会计报表。

商品产品成本报表将全部商品划分为可比产品和不可比产品两大类，并分别列出它们的单位成本、本月总成本、本年累计总成本。

所谓可比产品是指去年或者以前年度正式生产过，具有完备成本资料的产品；不可比产品是指去年或以前未正式生产过的产品，因而没有成本资料。对于去年试制成功，今年正式投产的产品，也应作为不可比产品。

利用商品产品成本表可以考核企业全部商品产品成本的执行情况以及可比产品成本降低任务的完成情况，以便分析成本增减变化的原因，指出进一步降低产品成本的途径。

2）商品产品成本报表的编制方法

商品产品成本表的编制方法及结构见表 7-3，其编制要求如下：

表7-3

商品产品成本表

20××年12月

金额单位：元

产品名称	计量单位	实际产量		单位成本				本月总成本			本年累计总成本		
		本月	本年累计	上年实际平均	本年计划	本月实际	本年累计实际平均	按上年实际平均单位成本计算	按本年计划单位成本计算	本月实际	按上年实际平均单位成本计算	按本年计划单位成本计算	本年实际
		1	2	3	4	5=9÷1	6=12÷2	7=1×3	8=1×4	9	10=2×3	11=2×4	12
可比产品 其中：													
不可比产品 其中：													
产品成本合计													
补充材料：1. 可比产品成本降低额；2. 可比产品成本降低率；3. 计划成本降低额；4. 计划成本降低率													

编制要求：

①“产品名称”栏按企业规定的主要商品产品的品种分别列示，每项应注明该品种的名称、规格和计量单位。

②“实际产量”栏数字应根据成本计算单等资料所记录的本月和从年初起到本月末止的各种主要商品产品实际产量填列。

③“单位成本”栏数字应按上年度或以前年度报表资料、本期成本计划资料和本期实际成本资料分别计算填列。

④“本月总成本”栏数字按本月商品产量分别乘以上年实际平均单位成本、本月计划单位成本和本月实际单位成本的积填列。

⑤“本年累计总成本”栏数字应按自年初到本月末止的本年累计产量分别乘以上年实际平均单位成本、本年计划单位成本和本年累计实际平均单位成本的积填列。

$$\text{可比产品成本降低额}=\begin{matrix}\text{按上年实际平均单位成本}\\ \text{计算的可比产品总成本}\end{matrix}-\begin{matrix}\text{本年可比产品}\\ \text{实际总成本}\end{matrix}$$

⑥补充资料中，可根据计划、统计和会计等有关资料计算后填列。其中，可比产品的成本降低额和可比产品的成本降低率，可以按下列公式计算后填列。

$$\text{可比产品成本降低额}=\text{按上年实际平均单位成本计算的可比产品总成本}-\text{本年可比产品实际总成本}$$

$$\text{可比产品成本降低率}=\frac{\text{可比产品成本降低额}}{\text{按上年实际平均单位成本计算的可比产品成本}}\times 100\%$$

互动专栏7-2

互动问题：

(1) 分析可比产品成本时，计划成本降低情况分析和实际成本降低情况分析是否可以只选择其中其一进行分析。

(2) 实际降低额计算时，为什么不按照可比产品上年的实际成本进行计算？

要求：同“互动专栏1-1”的“要求”。

业务链接7-4

商品产品成本表的编制

某生产企业全部商品分别为可比产品包括甲、乙两种产品，不可比产品包括丙产品，根据月末生产成本资料编制的商品产品成本表及补充资料的计算方法见表7-4：

表7-4 **商品产品成本表**

20××年12月 金额单位：元

产品名称	计量单位	实际产量		单位成本				本月总成本			本年累计总成本		
		本月	本年累计	上年实际平均	本年计划	本月实际	本年累计实际平均	按上年实际平均单位成本计算	按本年计划单位成本计算	本月实际	按上年实际平均单位成本计算	按本年计划单位成本计算	本年实际
		1	2	3	4	5＝9÷1	6＝12÷2	7＝1×3	8＝1×4	9	10＝2×3	11＝2×4	12
可比产品								43 050	40 600	37 025	476 200	448 400	417 000
其中：甲	件	30	320	1 010	970	880	900	30 300	29 100	26 400	323 200	310 400	288 000
乙	件	25	300	510	460	425	430	12 750	11 500	10 625	153 000	138 000	129 000
不可比产品									10 800	10 440		102 000	100 300
其中：丙	件	18	170		600	580	590		10 800	10 440		102 000	100 300
产品成本合计								43 050	51 400	47 465	476 200	550 400	517 300
补充材料：1. 可比产品成本降低额59 200元；2. 可比产品成本降低率12.43%；3. 计划成本降低额33 100元；4. 计划成本降低率6%													

注：补充材料的计算如下：

可比产品成本降低额：476 200-417 000=59 200（元）

可比产品成本降低率：59 200÷476 200×100%＝12.43%

3）商品产品成本表的分析

对可比产品与不可比产品的成本分析方法是不同的。对于可比产品，不仅要将其实际成本与计划成本进行比较，以考核可比产品成本计划的完成情况，而且还要与上年的实际平均成本进行比较，以分析报告期实际成本比上年成本的降低幅度和降低数额，从而对企业在报告期内生产组织和经营管理工作改进的情况进行比较。分析不可比产品成本时，如果成本差异额较大，就应进一步查明其原因，是计划制定得不准确、材料消耗定额和劳动定额定得过高或过低，还是初次生产这种产品，工艺掌握欠佳、技术不熟练，从而引起消耗过多、废品过多等。另外，也要注意，企业在分配共同费用时，是否存在对可比产品少分配一些，对不可比产品多分配一些，以便超额完成可比产品成本降低任务的情况。

全部商品产品成本分析，可以借助于企业内部会计报表中的商品产品成本表和成本计划等相关资料进行分析，具体分析内容包括按产品类别和按产品成本项目两方面进行分析。

（1）按产品种类分析商品产品成本计划完成情况

此项分析，是将全部商品产品成本按产品品种汇总，将实际成本与计划成本对比，确定每种产品的成本降低情况。

业务链接7-5

幸福公司商品产品成本分析表的编制

幸福公司年末商品产品成本表编制见表7-5。

表7-5 **商品产品成本表**

编制单位：幸福公司 20××年12月 金额单位：万元

产品名称	计量单位	产量		单位成本			计划总成本（按计划产量）		本年总成本（按实际产量）		
		计划	实际	上年实际	本年计划	本年实际	按上年实际平均单位成本计算	按本年计划单位成本计算	按上年实际平均单位成本计算	按本年计划单位成本计算	按本年实际单位成本计算
一、可比产品											
甲产品	件	280	280	23.68	23	22.32	6 630.4	6 440	6 630.4	6 440	6 249.6
乙产品	件	180	200	50.54	50.52	54.76	9 097.2	9 093.6	10 108	10 104	10 952
小计											
二、不可比产品											
丙产品	件	70	70		6.96	7.00		487.2		487.2	490
全部商品产品成本								16 020.8		17 031.2	17 691.6

根据此表进行分析并将结果填入分析表7-6。

解析： 根据上表编制分析表。

表7-6 **商品产品生产成本分析表** 金额单位：万元

产品名称	计划总成本	实际总成本	降低额	降低率
一、可比产品				
其中：甲	6 440	6 249.6	+190.4	+2.96%
乙	10 104	10 952	-848	-8.39%
二、不可比产品				
其中：丙	487.2	490	-2.8	-0.57%
全部商品产品成本	17 031.2	17 691.6	-660.4	-3.88%

从表中可以看出，该企业全部商品产品总成本实际比计划增加了660.4万元，上升了3.88%，说明了企业全部商品产品成本计划完成得相当不好。除甲产品的成本有一定下降外，乙产品和丙产品的成本都较计划上升，特别是乙产品较计划增加了848万元，上升了8.39%，为此，应进一步分析乙产品成本上升的原因。

（2）按成本项目分析全部商品产品成本计划的完成情况

按产品类别进行商品产品成本分析，虽然可以了解每种产品成本的升降情况，但是不能了解哪些成本项目发生了升降。为此，需要按成本项目分别进行商品产品成本分析，找出影响企业成本升降的关键因素。

业务链接 7-6

寰宇公司商品产品按照成本项目分析

表 7-7 为寰宇公司按照产品成本的成本项目分析的结果。

表 7-7　　**按照成本项目分析商品产品成本的结果**

成本项目	商品产品成本		降低指标	
	计划	实际	降低额	降低率
直接材料	4 554. 78	5 039. 8	-485. 02	-10. 65%
直接人工	2 277. 39	2 250. 4	+26. 99	1. 19%
制造费用	1 927. 03	1 800. 6	+126. 43	6. 56%
生产成本	8 759. 2	9 090. 8	-331. 6	-3. 79%

以表为基础进行各成本项目分析。

解析：从表中可以看出，总成本实际比计划增加了 331. 6 万元，上升了 3. 79%，但从三个成本项目中可以看出直接人工实际比计划下降了 1. 19%，制造费用实际比计划下降了 6. 56%，但直接材料实际比计划增加了 485. 02 万元，上升了 10. 65%，说明实际总成本比计划总成本上升是由于直接材料成本上升所致，为此，下一步应结合生产工艺、材料价格的情况重点分析直接材料成本上升的原因。

（3）可比产品完成计划情况分析

可比产品成本降低计划是以上年实际平均单位成本为依据确定的，具体包括降低额和降低率两个指标。可比产品成本降低计划完成情况分析，就是将可比产品的实际降低额（按实际产量计算）和降低率与计划降低额（按计划产量计算）和降低率进行比较，来检查是否完成成本降低任务，见表 7-8。

表 7-8　　**可比产品成本降低计划完成情况分析表**　　金额单位：元

可比产品名称	计划成本降低任务		实际成本降低情况	
	降低额	降低率（%）	降低额	降低率（%）
甲				
乙				
合计				

表 7-8 中有关内容计算如下：

$$\text{计划降低额}=\begin{matrix}\text{全部可比产品计划产量按上年}\\\text{实际平均单位成本计算的总成本}\end{matrix}-\begin{matrix}\text{全部可比产品计划产量}\\\text{按本年计划单位成本计算的总成本}\end{matrix}$$

$$=\sum\text{计划产量}\times(\text{上年实际平均单位成本}-\text{本年计划单位成本})$$

$$\text{计划降低率}=\frac{\text{计划成本降低额}}{\text{全部可比产品计划产量按上年实际平均单位成本计算的总成本}}\times 100\%$$

$$=\frac{\text{计划成本降低额}}{\sum(\text{计划产量}\times\text{上年实际单位成本})}\times 100\%$$

$$\text{实际降低额}=\begin{matrix}\text{全部可比产品实际产量按上年}\\\text{实际平均单位成本计算的总成本}\end{matrix}-\begin{matrix}\text{全部可比产品实际产量按本年}\\\text{实际单位成本计算的总成本}\end{matrix}$$

$$= \sum 实际产量 \times (上年实际平均单位成本 - 本年实际单位成本)$$

$$实际降低率 = \frac{实际成本降低额}{全部可比产品实际产量按上年实际平均单位成本计算的总成本} \times 100\%$$

$$= \frac{实际成本降低额}{\sum (实际产量 \times 上年实际单位成本)} \times 100\%$$

分析可比产品成本时，不仅要将本年实际成本与本年实际产量的计划成本相比较，还要将本年计划单位成本同上年第四季度实际单位成本进行对比，如果发现前者高于后者，则说明计划较保守、不先进，落后于实际生产已经达到的成本水平，这样就起不到控制成本的作用。

业务链接7-7

分析可比产品计划完成情况

仍沿用“业务链接7-5”的资料，幸福公司可比产品计划完成情况分析见表7-9。

表7-9 **幸福公司可比产品计划完成情况分析** 金额单位：万元

可比产品名称	计划成本降低任务		实际成本降低情况	
	降低额	降低率%	降低额	降低率%
甲	190.4	2.87	380.8	5.74
乙	3.6	0.04	-844	-8.35
合计	194	1.23	-463.2	-2.77

对幸福公司可比产品计划完成情况进行说明

解析：从表7-9中可知，该公司可比产品成本降低任务的完成情况相当不好，实际成本降低额为-463.2，不但未完成计划降低额，反而有很大的上升。分品种来看，甲产品实际降低额、降低率超额完成了计划，但乙产品的实际降低额和降低率都未完成计划，成本还有较大的上升，应进一步分析其原因。

（4）可比产品成本降低任务完成情况的因素分析

影响可比产品成本降低任务完成情况的因素主要有三个，即产品产量因素、品种构成因素和单位成本因素，一般采用连环替代法可以分析三种因素对可比产品成本降低额的影响。对于不可比产品，由与在以前年度没有正式生产过，只能将其实际成本与计划成本进行比较。

①产品产量因素。可比产品成本计划降低任务是根据各种产品计划产量制定的，而实际成本降低额和降低率是根据各种产品的实际产量计算的。因此，在产品品种结构和单位成本不变时，产品产量的增减，只会引起成本降低额发生同比例的增减，而不会影响成本降低率的变化。因为当品种结构不变时，说明各种产品的产量计划完成率都相同，在计算成本降低率时，因分子、分母都具有相同的产量增减比例而使得成本降低率不变。

②产品品种结构因素。产品品种构成，也称为品种结构，是指各种产品数量在全部产品数量总和中所占的比重。由于各种产品的实物量不能简单相加，而可比产品降低任务是以上年单位成本为基础计算的，所以在分析时，一般是以上年单位成本为基础来计算可比产品的品种结构，产品品种结构的计算公式如下：

$$某种产品品种构成 = \frac{某种产品实物量 \times 该种产品上年单位成本}{\sum(某种产品实物量 \times 该种产品上年单位成本)} \times 100\%$$

由于各种可比产品成本降低率不同，有的高，有的低，如果成本降低率高的产品在全部可比产品产量中的比重提高，全部可比产品成本降低率就会提高，降低额也会相应地增加；反之，降低率和降低额则会减少。

$$\begin{array}{c}品种结构变动\\对成本降低率的影响\end{array} = \frac{品种结构变动对成本降低额的影响数}{\sum(实际产量 \times 上年实际单位成本)} \times 100\%$$

③产品单位成本因素。可比产品成本降低计划和实际完成情况，都是以上年单位成本为基础计算的。这样，各种产品单位成本实际比计划降低或升高，必然引起成本降低额和降低率实际比计划相应地升高或降低。产品单位成本的变动与成本降低额和降低率的变动方向相反。

可比产品成本降低计划完成情况的因素分析可以采用连环替代法，分别计算产量、品种结构、产品单位成本三个因素变动对成本降低任务完成情况的影响，可以通过编制可比产品成本降低任务完成情况分析表来进行分析，见表 7-10。

表 7-10　**可比产品成本降低任务完成情况分析表**

顺序	指标	成本降低额（元）	成本降低率
(1)	按计划产量、计划品种结构、计划单位成本计算的成本降低额 D_1 和成本降低率 K_1	$D_1 = \sum P_1C_0 - \sum P_1C_1$	$K_1 = \frac{D_1}{\sum P_1C_0}$
(2)	按实际产量、计划品种结构、计划单位成本计算的成本降低额 D_2 和成本降低率 K_2	$D_2 = \sum P_2C_0 \times K_1$	$K_2 = K_1$
(3)	按实际产量、实际品种结构、计划单位成本计算的成本降低额 D_3 和成本降低率 K_3	$D_3 = \sum P_2C_0 - \sum P_2C_1$	$K_3 = \frac{D_3}{\sum P_2C_0}$
(4)	按实际产量、实际品种结构、实际单位成本计算的成本降低额 D_4 和成本降低率 K_4	$D_4 = \sum P_2C_0 - \sum P_2C_2$	$K_4 = \frac{D_4}{\sum P_2C_0}$
各因素的影响程度			
产量变动影响（2）-（1）			
品种结构变动的影响（3）-（2）			
单位成本变动的影响（4）-（3）			
合计			

其中：P 代表产量；C 代表单位成本；0、1、2 分别代表上年数、计划数、实际数。

同步案例 7-1

东方公司可比产品任务降低完成情况分析

背景与情境：东方公司为招聘核算人员特别提供了 2008 年甲、乙产品成本的有关资料见表 7-11。

表 7-11　**2008 年甲、乙产品成本资料表**　金额单位：元

可比产品名称	计划产量（件）	实际产量（件）	上年实际平均单位成本	本年计划单位成本	本年实际单位成本
甲产品	1 650	2 200	100	90	89
乙产品	550	550	200	190	188

东方公司要求被招聘人员分析可比产品任务降低完成情况，对其进行尽量详尽的分析并提出降低成本的若干建议。

被聘人员赵伟根据现有资料，提出了分析的步骤是：首先，计算两种产品的计划降低额与计划降低率，其次，计算全部产品的实际降低额和实际降低率，最后，对比实际降低额与计划降低额，得出产品成本降低情况就是完成了计划降低任务。而公司认为赵伟设计的计划还不够详尽。

问题：请你帮助他根据以上资料得出是否还能进一步分析可比产品成本的降低完成情况（计算结果保留小数点后两位）。

分析提示：

（1）首先，计算全部可比产品的成本降低任务即计划降低额与计划降低率。2008 年度可比产品成本计划表见表 7-12。

表 7-12　**2008 年度可比产品成本计划表**　金额单位：元

产品名称	计量单位	计划产量	单位成本		总成本		计划降低任务	
			上年实际	本年计划	上年成本	计划成本	降低额	降低率
可比产品		P_1	C_0	C_1	P_1C_0	P_1C_1	$P_1C_0-P_1C_1$	$\frac{P_1C_0-P_1C_1}{P_1C_0}$
甲产品	件	1 650	100	90	165 000	148 500	16 500	10%
乙产品	件	550	200	190	110 000	104 500	5 500	5%
合计					275 000	253 000	22 000	8%

（2）其次，计算全部可比产品成本的实际降低额与实际降低率，与计划降低额和计划降低率相对比，分析其成本降低任务完成情况，见表 7-13。

表 7-13　**2008 年度可比产品成本的实际完成情况表**　金额单位：元

产品名称	计量单位	实际产量	单位成本			总成本			实际降低情况	
			上年实际	本年计划	本年实际	上年成本	计划成本	本年实际	降低额	降低率
可比产品		P_2	C_0	C_1	C_2	P_2C_0	P_2C_1	P_2C_2	$P_2C_0-P_2C_2$	$\frac{P_2C_0-P_2C_2}{P_2C_0}$
甲产品	件	2 200	100	90	89	220 000	198 000	195 800	24 200	11%
乙产品	件	550	200	190	188	110 000	104 500	103 400	6 600	6%
合计						330 000	302 500	299 200	30 800	9.33%

可见，全部可比产品成本实际降低额超额完成了计划，比计划多降低 8 800 元（30 800−22 000）；实际降低率较计划增加了 1.33%（9.33%−8%）。

（3）影响可比产品成本降低任务的完成情况的因素主要有三个，即产品产量因素、品种构成因素和单位成本因素，采用连环替代法可以分析三种因素对可比产品成本降低额的影响。因此还可以用连环替代法分别计算产品产量、产品品种构成、产品单位成本三个因素的变动对成本降低任务完成情况的影响，见表 7–14。

表 7–14　　**可比产品成本降低任务完成情况分析表**　　金额单位：元

顺序	指标	成本降低额（元）	成本降低率
（1）	按照计划产品产量、计划品种构成、计划单位成本计算的成本计划降低额与降低率	$\sum P_1C_0 - \sum P_1C_1$ =275 000−253 000 =22 000	22 000÷275 000 =8%
（2）	按照实际产品产量、计划品种构成、计划单位成本计算的成本降低额与降低率	$\sum P_2C_0 \times 8\%$ =33 000×8% =26 400	8% 保持不变
（3）	按照实际产品产量、实际品种构成、计划单位成本计算的成本降低额与降低率	$\sum P_2C_0 - \sum P_2C_1$ =330 000−302 500 =27 500	27 500÷330 000 =8.33%
（4）	按照实际产品产量、实际品种构成、实际单位成本计算的成本实际降低额与降低率	$\sum P_2C_0 - \sum P_2C_2$ =330 000−299 200 =30 800	30 800÷330 000 =9.33%
各因素的影响程度			
产品产量变动影响（2）−（1）		26 400−22 000=4 400	—
品种构成变动的影响（3）−（2）		27 500−26 400=1 100	0.33%
单位成本变动的影响（4）−（3）		30 800−27 500=3 300	1%
合计		8 800	1.33%

由此可见，单位成本变动的影响较大，如果有更为详尽的资料，应该进一步分析查找其原因。

7.3.2　主要产品单位成本表的编制与分析

1）主要产品单位成本表的编制

主要产品单位成本报表，是反映企业一定时期内主要产品生产成本水平、变动情况及构成情况的成本报表。由于商品产品成本报表中各主要产品的成本只列示总数，无法根据表格分析其构成情况，因此要编制本报表作为商品产品成本报表的补充说明。所以，该表中按照成本项目反映的“上年实际平均”、“本年计划”、“本月实际”、“本年累计实际平均”的单位成本，应与商品产品成本表中相应的单位成本的数据分别相等。通过该报表，可以反映出主要产品单位成本的变动，并可分析该产品成本变动的原因。主要产品单位成本报表的格式见表7-15。

表7-15 **主要产品单位成本表**

20××年12月

产品名称：甲产品　　　　产品单位售价：1 200元

产品规格：1升　　　　本月实际产量：100件

计量单位：件　　　　本年累计实际产量：800件

成本项目	历史先进水平	上年实际平均	本年计划	本年实际	本年累计实际平均
直接材料	620	700	690	685	687
直接人工	70	90	92	89	90
制造费用	30	80	78	81	79
生产成本小计	720	870	860	855	856
主要技术经济指标					
主要材料/千克	略				
其他					

本报表的特点是按照产品的成本项目分别反映产品单位成本及各成本项目的历史先进水平、上年实际平均、本年计划、本月实际与本年累计实际平均的成本资料。

编制主要产品单位成本报表是为了考核各种主要产品单位成本计划的执行情况，了解单位成本的构成，分析各个成本项目的变化及其原因，以便寻找差距、挖掘潜力、降低成本。主要产品单位成本表的编制方法如下：

①基本部分的产品名称、规格、计量单位、产量，根据有关产品成本计算单填列；

②各成本项目的历史先进水平的数字，根据企业的成本历史资料填列；

③各成本项目的上年实际平均单位成本的数字，根据上年度的成本资料填列；

④各成本项目的本年计划单位成本的数字，根据本年计划资料填列；

⑤各成本项目的本期实际单位成本的数字，根据实际成本资料填列；

⑥各成本项目的本年累计实际平均单位成本的数字，根据本年各项目总成本除以累计产量后的商数填列。

2）主要产品单位成本表的分析

产品单位成本分析的意义，在于揭示各种产品单位成本及各个成本项目以及各项消耗定额的超支或节约的情况，尤其是能够密切结合产品设计、生产工艺，以及各项消耗定额等的变化对产品成本的影响，查明各种产品单位成本升降的具体原因。一般来说，制造企业生产产品的种类较多，如果对各种产品单位成本不加选择就进行详细深入的分析，既是一种浪费，也会使分析缺乏重点。所以，产品单位成本分析应抓住重点，着重对一些企业经常生产、在全部产品中所占比重较大、能代表企业生产经营基本面貌的主要产品或成本发生异常变动的产品进行分析。

产品单位成本分析的内容包括：一是产品单位成本的计划完成情况分析，即分析产品单位成本及其各成本项目的升降情况；二是产品单位成本的主要项目分析，即按照直接材料、直接人工、制造费用等主要成本项目对产品单位成本进行分析，以查明造成产品单位成本升降的原因。

①产品单位成本的计划完成情况分析。应采用比较分析法，计算单位成本实际比计划、上期、历史先进水平的升降情况，然后着重对某些产品进一步按照成本项目对比研究其成本变动情况，查明影响单位成本升降的原因。

②主要产品单位成本的成本项目分析。为了进一步分析单位成本升降的原因，还必须按照成本项目进行分析。

直接材料费用分析：影响直接材料费用的因素有产量、单位产品的材料消耗、材料单价，可用因素分析法计算三个因素变动对直接材料费用的影响，具体分析可参见本章 7.2 中的因素分析法。

综合分析后，必须进一步分析材料消耗量与价格变动的影响因素，进一步揭示直接材料发生差异的原因。例如影响材料费用的因素包括产品设计的改进、材料质量的变化、下料和生产工艺方法的改变；影响直接材料价格变动的因素分析包括采购价格、运输费用、有关税费、运输途中的损耗等。在分析上述因素对材料成本的影响时，要深入生产实践，结合生产技术、生产组织及各种经济技术指标的变动情况进行调查研究，以便采取措施。

直接工资费用分析必须结合工资制度来进行。在计件工资制度下，影响单位成本中工资费用的因素是计件单价；在计时工资制度下，产品单位成本中的费用受工时数与小时工资率变动的影响。影响工时变动的因素主要包括生产组织因素、材料的质量与规格因素、生产工艺及操作方法因素、工人技术熟练程度及劳动态度因素等。影响工人工资总体变动的因素包括企业的工资制度、企业的产品特点、企业的物质技术条件、企业的工人的素质、企业的管理水平等。

业务链接 7-8

通达公司单位成本直接工资费用分析

通达公司有关工资资料见表 7-16：

表 7-16 **通达公司工资资料**

项目	计划数	实际数	差异
单位产品耗用工时（小时）	400	410	+10
小时工资单价（元/小时）	0.60	0.50	-0.10
单位产品的工资费用（元）	240	205	35

对通达公司单位成本直接工资费用进行分析

解析：单位产品耗用工时变动影响 = （实际工时 - 计划工时）×计划小时工资

= （410-400）×0.6 = 6（元）

小时工资变动影响 = （实际小时工资 - 计划小时工资）×实际工时

= （0.50-0.60）×410 = -41（元）

单位产品工资费用变动合计 = 单位产品耗用工时变动影响 + 小时工资变动影响

= 6 + （-41）= -35（元）

制造费用分析通常与计时工资制度下直接人工费用的分析方法类似，先要分析单位产品所耗工时变动与每小时制造费用变动这两个因素对制造费用变动的影响，然后再查明这两个因素变动的具体原因。

同步思考7-3

报表设置是否重复?

丁力同学在学习完报表编制与分析后认为，产品单位成本报表既分析了单位产品成本降低额与降低率，又进一步分析了每种因素的影响程度，已经较为全面。既然如此，就没有必要再编制商品产品成本表从而进行重复性工作，你认为正确吗?

问题： 商品产品成本表与单位产品成本表各自的作用是什么?

理解要点： 商品产品成本报表是反映企业在报告期内生产的全部商品产品总成本以及单位成本的会计报表。利用该报表可以考核企业全部商品产品成本的执行情况以及可比产品成本降低任务的完成情况，以便分析成本增减变化的原因并指出进一步降低产品成本的途径。由于在商品产品成本报表中各主要产品的成本只列示总数，无法根据报表分析其成本项目的构成情况，因此要编制主要产品单位成本报表作为商品产品成本报表的补充说明。一般来说，制造企业生产产品的种类较多，如果对各种产品单位成本不加选择就进行深入分析，既是一种浪费，也会使分析缺乏重点。所以，产品单位成本分析应抓住重点，着重对一些企业经常生产、在全部产品中所占比重较大、能代表企业生产经营基本面貌的主要产品或成本发生异常变动的产品进行分析。所以两个报表之间是一种相互补充的关系，不能相互替代。

同步案例7-2

日生公司甲产品单位成本分析

背景与情境： 日生公司是一家实力雄厚的股份有限公司，甲产品是该公司生产的主要产品，2008年甲产品单位成本上升，造成利润下滑，公司准备在下一年采取措施，努力降低成本。为此，公司决定对甲产品的成本情况进行分析并找出原因、寻求方法。

甲产品的单位成本资料，见表7-17。

表7-17　　**甲产品单位成本表**　　金额单位：元

产品名称	甲产品	计量单位	件	计划产量	60
				实际产量	50

成本项目	上年实际平均单位成本	本年计划单位成本	本年实际平均单位成本
直接材料	559	490	516
直接人工	115.5	90	95
制造费用	105.6	93	104
废品损失	34	27	25
合　计	814.1	700	740

明细项目	计量单位	上年度		计划数		实际数	
		单位用量	单价	单位用量	单价	单位用量	单价
原材料							
A	千克	26	10	20	10	22	10
B	千克	11	9	10	9	12	8
C	千克	20	20	20	10	20	10
工资	小时	165	0.7	150	0.6	160	0.59375
制造费用	小时	165	0.64	150	0.62	160	0.65

新来的公司成本核算员根据财务经理的指示，运用指标对比分析法计算并确定单位产品各成本项目变动情况，据以编制了甲产品单位成本计划完成情况分析表，见表7-18。

表7-18　**甲产品单位成本计划完成情况分析表**　金额单位：元

成本项目	计划成本	实际成本	降低或超支		各项目变动对单位成本影响的百分比
			金额	百分比	
直接材料	490	516	26	5.31%	3.71%
直接人工	90	95	5	5.56%	0.71%
制造费用	93	104	11	11.83%	1.57%
废品损失	27	25	-2	-7.41%	-0.28%
合计	700	740	+40	+15.29%	+5.71%

得出结论：根据甲产品单位成本计划完成情况分析表，甲产品实际单位成本比计划超支40元，超支率为5.71%，其主要原因是由于原材料成本提高以及制造费用与工资支出提高所造成。从各成本项目超降幅度来看，除了废品损失下降了7.41%外，其余各项目超支幅度均在5%～12%之间。

问题：要求你根据所学知识及所给资料分析以上计算内容是否正确。对于甲产品的分析是否还能更为详尽。帮助日生公司找出成本升高的具体原因并进行分析评价。

分析提示：

（1）日生公司核算员的计算正确，分析结果也正确，但是根据所给资料还给出了直接材料等因素的具体构成情况，因此，可以也有必要进一步分析各成本项目提高的原因。

（2）运用因素分析法，分析各成本项目变动情况及具体原因。

①直接材料项目成本差异计算及分析见表7-19。

表7-19　**材料成本差异计算表**　金额单位：元

材料名称	计量单位	耗用量		材料单价		材料成本		差异
		计划	实际	计划	实际	计划	实际	
A	千克	20	22	10	10	200	220	20
B	千克	10	12	9	8	90	96	6
C	千克	20	20	10	10	200	200	
合计						490	516	26

单位产品材料上升26元，各因素影响结果是：

材料消耗量因素影响=（22-20）×10+（12-10）×9=38（元）

单价变动的影响=（8-9）×12=-12（元）

由此可见，材料成本上升的主要原因是材料消耗量增加所致，而材料单价下降使材料成本下降了12元。为此应进一步查找材料消耗上升的原因：是属于产品设计变更、制造方法改变、机器设备性能变化、材料质量下降等原因，还是属于工人操作与技术水平等原因。

②直接人工项目成本差异计算见表7-20。

表7-20　**直接人工项目成本差异计算**　单位：元/小时

项目	计划	实际	差异
单位产品生产工时	150	160	10
小时工资率	0.6	0.59375	-0.00625
单位产品直接工资	90	95	5

单位产品直接人工成本上升5元，各因素影响结果是：

单位产品生产工时的影响＝（160-150）×0.6＝6（元）

小时工资率降低的影响＝（0.59375-0.6）×160＝-1（元）

单位产品工资成本上升，主要是由于单位产品生产工时增加所造成，为此需进一步分析单位产品生产工时增加的具体原因，是属于机器设备、材料质量和制造方法改变等客观原因造成，还是属于工人熟练程度、劳动纪律、劳动态度等主观原因造成的。

③制造费用项目成本差异计算见表7-21。

表7-21　**制造费用成本差异计算表**　单位：元/小时

项目	计划	实际	差异
单位产品生产工时	150	160	10
工时制造费用率	0.62	0.65	0.03
单位产品制造费用	93	104	11

单位产品直接人工成本上升11元，各因素影响结果是：

单位产品生产工时的影响＝（160-150）×0.62＝6.2（元）

工时制造费用率的影响＝（0.65-0.62）×160＝4.8（元）

对制造费用的变动，应分具体项目进行对比，分析升降幅度及原因。

（3）废品损失项目差异分析

本例中废品损失实际比计划下降了2元，下降幅度为0.28%，应分析废品损失产生的具体原因的责任者，考虑能否采用更好的方法减少废品损失，以达到进一步降低产品成本的目的。

7.3.3　制造费用明细表的编制与分析

制造费用明细表是反映企业在一定的会计期间内为组织和管理生产所发生的费用总额及各明细项目数额的报表。利用该报表可以考核企业制造费用的构成及变动情况。

制造费用明细表中有关明细项目的划分，可以参照财政部的有关制度规定，根据企业的具体情况进行增减变更，但不宜经常性地变更，以保持各报告期之间的相关数据具有可比性。若本年度内对某些项目的划分作了修改，使得计算结果与上一年不一致，应将上一年有关报表的对应明细项目按照本年度的划分标准重新进行调整，并在表后的附注中予以文字说明。

制造费用明细表按照其费用明细项目反映企业在本期内实际发生的各项费用。该表按照费用项目分别对“上年实际”、“本年计划”、“本年实际”予以反映。通过本年实际与上年实际比较，可了解制造费用各项目的变动情况，从动态上研究其特征及发展规律；通过本年实际与本年计划相比较，可以反映制造费用的计划完成情况及节约或超支的原因。

制造费用明细表的格式见表7-22。

表7-22 **制造费用明细表**

编制单位： 20××年度 金额单位：元

项目	行次	上年实际	本年计划	本年实际
工资	1			
折旧费	2			
修理费	3			
办公费	4			
水电费	5			
机物料消耗	6			
劳动保护费	7			
季节性停工损失	8			
保险费	9			
其他	10			
合计				

表7-22中“本年实际”栏应根据制造费用明细账中的有关数字填列；“上年实际”栏应根据上年制造费用明细表中的有关数字填列；“本年计划”栏应分别根据本年费用的计划资料填列。

业务链接7-9

通达公司制造费用明细表的分析

通达公司某年某月制造费用明细表见表7-23。

表7-23 **制造费用明细表**

编制单位：通达公司 20××年度 金额单位：元

项目	行次	上年实际	本年计划	本年实际
人工费	1	17 000	15 390	21 090
折旧费	2	20 000	20 000	22 500
修理费	3	11 000	12 900	10 850
办公费	4	1 400	1 800	1 360
水电费	5	7 000	7 000	7 200
机物料消耗	6	6 500	6 600	6 360
劳动保护费	7	30 000	30 000	27 900
季节性停工损失	8			
保险费	9			
其他	10			
合计		92 900	93 690	97 260

对制造费用进行分析。

解析： 从表中可以看出，通达公司制造费用本年较上年增长了4 360元，增长率为4.69%，对此应综合产量的变动加以分析，看其是否合理。此外，从各项费用项目来看，除修理费、办公费、机物料消耗、劳动保护费降低以外，其余费用全部上升，人工费上升幅度较大，公司应重点加以分析。

职业道德与会计伦理7-2

赵丽的行为

背景与情境： 晓东电子公司的会计赵丽因工作努力，钻研业务，积极提出合理化建议，多次被公司评为先进会计工作者。赵丽的丈夫在一家私有电子企业任总经理，在其丈夫的多次请求下，赵丽将其在工作中接触到的公司新产品研发计划及相关产品成本报表及分析资料的复印件提供给其丈夫，从而给公司造成一定的损失。

问题： 公司认为赵丽不宜继续担任会计工作，是否正确？赵丽违反了哪些会计职业道德的要求？哪些单位或部门可以对赵丽违反会计职业道德行为进行相关处理？

分析提示：

（1）公司认为赵丽不宜继续担任会计工作的想法是正确的。

（2）赵丽违反了诚实守信、廉洁自律的会计职业道德要求。

（3）财政部门、会计职业团体、赵丽所在单位对赵丽违反会计职业道德的行为，均可以在各自的职权范围内进行处理。

《会计法》规定，会计人员应当遵守会计职业道德。《会计从业资格管理办法》、《会计专业技术资格考试暂行办法》等均把遵守会计职业道德作为取得会计从业资格、参加会计资格考试的前提条件。所以，财政部门可以对会计职业道德进行监督检查，对违反职业道德的行为可以在其会计从业资格证书上进行记载，情节严重的将依法吊销其会计从业资格证书。其次，如果会计职业组织会员违反了会计职业道德要求，会计职业组织可以根据行业自律性监管的有关规定，对其会员采取公开谴责，直至取消其会员资格等惩戒措施。此外，根据《会计法》规定，单位负责人需要对本单位的会计工作及会计资料的真实性、完整性负责。单位负责人有责任建立并完善企业的内部控制制度，开展会计职业道德教育，检查并考核本单位会计人员对会计职业道德的遵守情况，对违反会计职业道德的行为，可以按照单位内部有关制度进行，情节严重者可做除名的处理。

7.3.4 期间费用明细表的编制与分析

期间费用明细表是反映企业在一定的会计期间内的各项期间费用的发生额及构成情况的报表，包括管理费用明细表、销售费用明细表和财务费用明细表。期间费用明细表通常按月进行编制。

期间费用明细表一般按照费用项目，分别反映该费用项目的上年实际数（或上年同期实际数）、本年（月）计划数、本月实际数和本年累计实际数。利用期间费用明细表，可以分析该项期间费用的构成及增减变动情况，考核期间费用计划（预算）的执行情况。

在管理费用明细表、销售费用明细表和财务费用明细表中，“上年实际”栏应分别根据上年12月份的“本年累计实际”栏进行填列；“本年计划”栏应分别根据本年管理费用预算、销售费用预算和财务费用预算最终确定的本年计划数额进行填列；“本月实际”栏应分别根据管理费用明细账、销售费用明细账和财务费用明细账本月发生额合计数填列；本年累计数应分别根据管理费用明细账、销售费用明细账和财务费用明细账的本年累计发生额进行填列，也可以根据上月该表的“本年累计实际”栏的合计数与本月该表的“本月实际”栏合计数之和进行填列，管理费用明细表的格式见表7-24。

表7-24 **管理费用明细表**

编制单位： 20××年12月 单位：元

费用项目	上年实际	本年计划	本月实际	本年累计实际
1. 公司经费				
其中：职工薪酬				
办公费				
差旅费				
折旧费				
修理费				
机物料消耗				
低值易耗品摊销				
2. 工会经费				
3. 职工教育经费				
4. 劳动保险费				
5. 待业保险费				
6. 董事会费				
7. 咨询费				
8. 聘请中介机构费				
9. 诉讼费				
10. 税费				
其中：房产税				
城镇土地使用税				
车船税				
印花税				
12. 技术转让费				
13. 研究与开发费				
14. 无形资产摊销				
15. 业务招待费				
16. 其他管理费用				
合计				

职业道德与会计伦理7-3

公生明，廉生威

背景与情境：万民公司是一家国有大型企业，2011年12月，公司总经理李小隆看过公司的内部成本报表后，认为公司成本上升，但销售业绩下滑，面临亏损，因而电话请示正在外地出差的董事长叶文。董事长指示把财务会计报告做得漂亮些，于是总经理把这项工作交给公司总会计师程隆，要求其按照董事长的意见办理，总会计师按照公司领导的意图，对当年度的财务会计报告进行了技术处理。首先将分期收款销售货物的收入全部确定为本期收入，销售商品包装物的押金一律按照销售包装物收取的收入而增加其他业务收入，并虚拟了若干笔无交易的销售收入，从而使公司报表由亏变盈。经诚信会计师事务所审计后，公司财务会计报告对外报出，2012年4月，在《会计法》执行情况检查中，当地财政部门发现该公司存在重大会计作假行为，依据《会计法》及相关法律，分别对其下达了行政处罚告知书。万民公司相关人员接到行政处罚告知书后，均要求举行听证会。

在听证会上，有关当事人作了如下陈述：

公司董事长说："我前一段时间出差在外，对公司情况不太了解，虽然在财务会计报告上签名并盖章，但只是履行会计手续，我不能负任何责任。具体情况可由公司总经理予以说明。"

公司总经理说："我是搞技术出身的，主要抓公司的生产经营，对会计我是门外汉。我虽在财务会计报告上签名并盖章，那也只是履行程序而已，以前也是这样做的，我不应承担责任，有关财务会计报告情况应由公司的总会计师予以解释。"

公司总会计师说："公司对外报出的财务会计报告是经过诚信会计师事务所审计的，他们出具了无保留意见的审计报告。诚信会计师事务所应对本公司的财务会计报告的真实性、完整性负责，并承担由此带来的一切后果。"

要求：根据我国会计法律、法规、制度规定，分析公司董事长、总经理、总会计师在听证会上的陈述是否正确，并分别说明理由。

问题：

(1) 本案例中存在哪些道德伦理问题？

(2) 对企业的三种调账及相关人员的解释作出你的善恶研判。

(3) 通过适当的途径搜集你所做的善恶研判所依据的行业规范。

(4) 本案例对你有哪些启示？

分析提示：

(1) 本案例违反了会计"职业观念"、"职业态度"、"职业良心"、"职业守则"。职业观念要求对职业、职业选择、职业工作、会计人员的职业道德及会计伦理等问题具有正确的看法；职业态度要求对职业选择或模拟选择有充分的认知和积极的倾向与行动；职业良心要求在履行职业义务时具有强烈的道德责任感与较高的自我评价能力；职业守则要求会计人员爱岗敬业、诚实守信、廉洁自律、客观公正、坚持原则、提高技能、参与管理、强化服务。

(2) 企业的三种调账。第一笔调账，分期收款销售收入要按照销售合同规定的收款日期及销售发票的开具的金额确认收入，要使得账册与凭证的数额相符才可以，否则即视为假账而不是调账；第二笔调账，逾期押金可以作为企业的其他业务收入，但是必须要补缴增值税，而且要视合同中规定的押金日期，看是否真的逾期，这两种方法在不违背会计核算的真实性完整性的情况下是可以的；第三笔调账，是绝对错误的，为达目的不择手段，违反国家的法律法规及会计职业道德。

企业相关人员的解释：董事长的陈述不符合会计法律、法规、制度的规定。《会计法》规定，单位负责人对本单位的会计工作及会计资料的真实性、完整性负责，是本单位会计行为的责任主体。董事长作为单位负责人与法定代表人，应对本单位会计资料的真实性、完整性负责。虽然临时出差在外，但他仍然是单位的负责人与法定代表人，仍然要在公司财务会计报告上签名盖章并对本公司的财务会计报表的真实性、完整性负责。对单位负责人的会计责任的规定，不因单位负责人当时是否在场而改变，更何况该公司的会计造假行为实际上是董事长授意指使的。

总经理的陈述不符合会计法律、法规、制度的规定。

《会计法》规定，财务会计报告应当由单位负责人与主管会计工作的负责人、会计机构的负责人签名盖章。总经理负责单位日常经营管理活动，许多财务活动与经济业务事项是在其指挥下进行的，因此他也是财务会计报告的责任人，应当承担相应的法律责任，不能以不懂会计业务为由进行推脱。事实上，该公司总经理也参与了会计造假活动。

总会计师的陈述不符合会计法律、法规、制度的规定。

会计责任与审计责任的不能相互替代、减轻或免除。总会计师应对财务会计报告的真实性、完整性负责；同时也需要指出，会计师事务所也应当承担相应的审计责任。

（3）会计行业规范是：①爱岗敬业：热爱会计工作，安心本职岗位，忠于职守，尽心尽力，尽职尽责；②诚实守信：做老实人，说老实话，办老实事，执业谨慎，信誉至上，不为利益所诱惑，不弄虚作假，不泄露秘密；③廉洁自律：公私分明，不贪不占，遵纪守法，清正廉洁；④客观公正：端正态度，依法办事，实事求是，不偏不倚，保持应有的独立性；⑤坚持原则：熟悉国家法律、法规以及国家统一的会计制度，始终坚持按法律、法规与国家统一的会计制度的要求进行会计核算，实施会计监督；⑥提高技能：增强提高专业技能的自觉性与紧迫感，勤学苦练，刻苦钻研，不断进取，提高业务水平；⑦参与管理：在做好本职工作的同时，努力钻研相关业务，全面熟悉本单位的经营活动与业务流程，主动提出合理化建议，协助领导决策，积极参与管理；⑧强化服务：树立服务意识，提高服务质量，努力维护并提升会计行业的良好社会形象。

（4）不做假账，廉洁自律是一个会计人应具备的底线。财务造假只能隐瞒一时，却不能掩盖实际中越来越严重的经营困境。要想救活一个企业，需要真正在经营上下工夫，找到突破口，从根本上扭转困境。否则无论您怎么去粉饰报表，都不能解决企业的实质性问题。诚信社会的建设亦需要无数有道德的会计人逐步建立、完善起来。

第 8 章

其他主要行业成本核算

学习目标

通过本章的学习，应该达到以下目标：

理论目标：学习和把握商品流通企业、施工企业、旅游企业、铁路运输企业成本费用的概念、构成和账户设置、核算要求等陈述性知识，能用其指导这些行业成本核算的相关认知活动。

实务目标：学习和把握商品流通企业、施工企业、旅游企业、铁路运输企业成本核算科目的运用，按核算程序核算其他行业成本及“业务链接”等程序性知识；具备能用所学实务知识规范这些行业成本核算的相关技能活动。

案例目标：能运用所学理论与实务知识研究相关案例，培养和提高学生在特定业务情境中分析问题与决策设计的能力；能结合本章教学内容，依照“职业道德与会计伦理”的行业规范或标准，分析企业与会计人员行为的善恶，强化学生的职业道德素质。

实训目标：引导学生参加“施工企业成本核算”业务胜任力的实践训练。在其了解和把握本实训所涉及“能力与道德领域”相关技能点的“规范和标准”基础上，通过切实体验各实训任务的完成、系列技能操作的实施、《施工企业成本核算实训报告》的准备与撰写等有质量、有效率的活动，培养其“施工企业产品成本核算”的专业能力，强化其“与人交流”、“与人合作”、“解决问题”和“革新创新”等职业核心能力（中级），并通过“认同级”践行“职业观念”、“职业态度”、“职业良心”、“职业作风”、“职业守则”和“会计职业道德”等行为规范，促进其健全职业人格的塑造。

引例　铁路局的决算会议

背景与情境：2009年末，某铁路局召开决算会议。在会上，成本核算科的会计李丽颖发表意见，她认为铁路企业是一个大型企业集团，涉及各行业成本的核算，包括铁路运营、列车上商品零售及餐饮服务、各机务段和车辆段的机车车辆维修、路局所属工程部门施工企业等，在实际核算时，没有必要实行统一的核算制度，各自按照自身特点和所属行业进行成本核算会更加准确，最后各报各的账。王强提出反对，他认为，铁路局作为一个集团公司期末必须公布财务报表，路局所属各行业需合并到一个报表上，作为一个企业必须实行统一的核算制度，即《铁路运输成本费用管理规程》和国家统一的会计制度要求，各部门单位，可以根据自身的实际适当增减会计科目和明细账目，这样上下级之间才能对账、核账、报账，如果各自都有一套账，期末如何统账？

问题：你有自己的观点吗？学习本章后请回答这个问题。

“引例”涉及的成本核算，是本章学习的主要内容。

8.1　商品流通企业成本核算

商品流通企业是商品流通业务的组织者、经营者，从事商品的购进、销售、调拨和储存等经济业务，是具有法人地位的独立经济组织。商品流转通常通过批发和零售两个环节。批发商品流通指商品从生产领域进入流通领域供进一步转卖或销售给生产部门进行生产消费的买卖行为；零售商品流通指把商品销售给城乡居民或销售给企事业单位等用于非生产消费的买卖行为。商品流通企业核算主要有商品批发企业和商品零售企业两种类型。在实际工作中，批发商品业务和零售商品业务也不是完全分离的，有的批发企业也设有零售门市部，经营零售商品业务；有的零售企业也兼营批发业务。

8.1.1　商品流通企业成本费用的构成

商品流通又称商品流转，是商品通过买卖方式，从生产领域转移到消费领域的转移过程，具有三个基本特征：一是商品流转必须以商品实物的转移为前提；二是实物的流转必须通过货币收付；三是商品资产在全部资产中占有较大比例。其成本核算的内容涵盖从购入、储存到销售的过程。

1）商品购入（采购）成本

商业企业购进的商品，不论是用于国内销售还是供应出口，均按取得商品时所支付的价税款扣除按规定计算的进项增值税额，作为购进商品的入账价格，具体有以下几种情况：

①从生产单位购进，以生产单位的出厂价（销售价）作为购进商品的入账价格。

②从国内其他企业或系统内各企业购入的商品，以实际支付的批发价或调拨价作为购进商品的入账价格。

③收购免税农副产品，按购入农业产品的买价扣除按规定计算的进项增值税额后的数额作为购进商品的入账价格。

④委托外贸部门代理进口商品，按实际支付外贸部门的全部价税款扣除按规定计算的进项税额作为购进商品的入账价格。

⑤进口的商品，按进口商品国外进价（到岸价）加上关税、消费税后的数额作为购

进商品的入账价格。

⑥委托加工商品，按加工过程中的实际成本作为加工成品的入账价格，包括原材料、加工费和加工税费。

商品流通企业在采购商品过程中发生的运输费、装卸费、保险费以及其他可归属于存货采购成本的费用等进货费用，应当计入存货采购成本。企业采购商品进货费用金额较小的，可以在发生时直接计入当期损益。

2）商品存货成本

商品存货成本一般以商品采购成本为基础进行核算，并根据存货计价方法确定其成本。存货计价方法有数量进价金额核算法、数量售价金额核算法、售价金额核算法和进价金额核算法。

（1）数量进价金额核算法

数量进价金额核算法，是指对库存商品的总分类账户和明细分类账户按照商品进价金额反映，同时明细分类账户还必须反映商品的实物数量。采用数量进价金额核算法，已销商品单位进价成本可以采用分批确认法、先进先出法、加权平均法、移动加权平均法、个别计价法、毛利率法等方法确定。

①先确定期末商品存货成本，再确定商品销售成本的方法，称为倒算成本法。有关计算公式为：

期末商品存货成本=期末商品存货数量×商品单位进价成本

商品销售成本=期初商品存货成本+本期增加商品成本-本期非销售付出商品成本-期末商品存货成本

②先确定商品销售成本，再确定期末商品存货成本的方法，称为顺算成本法。有关计算公式为：

商品销售成本=商品销售数量×商品单位进价成本

期末商品存货成本=期初商品存货成本+本期增加商品成本-本期非销售付出商品成本-商品销售成本

（2）数量售价金额核算法

数量售价金额核算法，是指库存商品总分类账户和明细分类账户均按照售价金额反映，同时明细分类账户还必须反映商品实物数量的核算方法。“库存商品”中反映的是含税售价金额，与实际进价成本差额在“商品进销差价”账户中反映，每月终了按商品存销比例分摊商品进销差价，正确计算已销商品进价成本。有关计算公式为：

商品销售成本=已销商品售价（含税）-已销商品分摊的商品进销差价

已销商品分摊的进销差价=月末结账前商品进销差价总额-月末结存商品进销差价

月末结存商品进销差价=月末结存商品售价×商品进销差价率

商品进销差价率=月末结账前商品进销差价总额÷（月末结存商品售价+已销商品售价）

业务链接 8-1

东方商厦百货商店服装组“商品进销差价”

东方商厦百货商店服装组 20××年 8 月末结账前“商品进销差价”科目贷方余额为 55 560元，“库存商品”科目借方余额为 96 000 元，本月“主营业务成本”借方发生额为 459 600 元。

计算本月服装组已销商品进销差价率、月末结存商品进销差价、已销商品进销差价。

解析： 本月服装组已销商品进销差价率＝55 560÷（96 000+459 600）＝10%

月末结存商品进销差价＝96 000×10%＝9 600（元）

已销商品进销差价＝55 560－9 600＝45 960（元）

（3）进价金额核算法

进价金额核算法，是指按经营商品的实物负责人开设库存商品的明细分类账户，并只用进价金额进行核算。进价金额核算法又称“进价记账、盘存计销”。月末结算时，通过实地盘点，按最后进价确定结存商品进价成本，并倒挤本月已销商品成本。

（4）售价金额核算法

售价金额核算法，是指商品流通企业在建立实物负责制的基础上，库存商品的总分类账户和明细分类账户都只反映商品的售价金额，不反映商品的实物数量的核算方法。售价金额核算法又称“售价记账、实物负责制”。原理同数量售价金额核算法。

3）商品加工成本

商品加工成本是指企业将原材料、半成品等进行加工制成商品的全部支出。委托加工商品成本包括耗用的原材料或半成品成本、支付的加工费、运输费、装卸费、保险费、加工税费等。自营加工的商品成本，按制造过程中的各项实际净支出确定。

4）商品销售成本

商品销售成本是已销商品的进价成本。

毛利率法是商业企业常用的计算本月商品销售成本的一种方法，毛利率法是根据本月实际商品销售收入额，依上季实际毛利率，先匡算本月商品销售的毛利，再据以计算本月商品销售成本的一种方法。其计算公式为：

某商品销售毛利 = 某商品销售额 － 某商品销售成本

本月销售毛利 = 本月商品销售总额 ×上季实际毛利率

本月商品销售成本 = 本月商品销售总额－本月销售毛利

或，本月商品销售成本 = 本月商品销售总额 ×（1－上季实际毛利率）

毛利率法按大类或全部商品计算商品销售成本，所以计算比较简单，但计算结果往往不够准确。因此，在每季度的前两个月采用，到季末，需计算出全季度的商品销售成本，用全季度的商品销售成本减去前两个月的商品销售成本，即为第三个月的商品销售成本。这样，保证了全季度商品销售成本计算结果的准确性。

业务链接 8-2

雨裳服装批发企业 9 月份商品销售成本

雨裳服装批发企业 7 月份服装类商品销售额为 57 000 元，8 月份为 65 000 元，上季度服装类实际毛利率为 15%，9 月末统计本季共购进 198 000 元商品，季末盘点结存商品金额为 42 000 元，季初结存商品金额为 12 400 元。

采用毛利率法计算 7、8、9 月份的商品销售成本。

解析： 7 月份商品销售成本 = 57 000 ×（1－15%）= 48 450（元）

8 月份商品销售成本 = 65 000 ×（1－15%）= 55 250（元）

第三季度商品销售总成本 = 12 400 + 198 000 － 42 000 = 168 400（元）

9 月份商品销售成本 = 168 400 － 48 450 － 55 250 = 64 700（元）

同步思考 8-1

东方家园百货商厦商品存货成本核算应采用什么方法?

东方家园百货商厦是一家大型零售百货商店，兼营少量批发业务，期末进行成本核算时，会计核算员采用了“售价金额核算法”计算存货成本，同时确认主营业务成本就是“售价金额核算法”下的存货成本。

问题: 企业为什么采用“售价金额核算法”计算存货成本？主营业务成本就是“售价金额核算法”下销售的存货成本吗？运用商品流通企业成本构成的理论回答。

理解要点:“售价金额核算法”计算存货成本是指商品流通企业在建立实物负责制的基础上，库存商品的总分类账户和明细分类账户都只反映商品的售价金额，不反映商品的实物数量和进价金额的核算方法，即控制商品售价，通过售价和摊销商品进销差价而倒挤出销售商品的存货成本，即由商品销售成本得出主营业务成本。有关计算公式为：

商品销售成本=已销商品售价（含税）-已销商品分摊的商品进销差价

已销商品分摊的进销差价=月末结账前商品进销差价总额-月末结存商品进销差价

月末结存商品进销差价=月末结存商品售价×商品进销差价率

商品进销差价率=月末结账前商品进销差价总额÷（月末结存商品售价+已销商品售价）

东方家园百货商厦是一家大型零售百货商店，成本核算以控制商品零售价为主，同时各柜台自行负责商品数量的核算，适宜采用“售价金额核算法”计算存货成本，从而确定商品销售成本。

8.1.2　商品流通企业成本费用的核算

商品流通企业成本核算主要有商品批发企业成本核算和商品零售企业成本核算两种类型。

1）商品批发企业成本核算

批发商品流通是整个流通的起点，是商品从生产领域进入流通领域供进一步转卖或销售给生产部门进行生产消费的买卖行为，如专业批发公司、贸易中心等。商品批发企业主要适用“数量进价金额核算法”，经营金额较小、批量较少的小型经营批发企业及经营零售企业的库存商品和贵重商品等适用“数量售价金额核算法”。

（1）商品批发企业成本核算应设置的会计科目

①“材料采购”科目。“材料采购”科目是资产类科目，用于核算企业按计划成本核算购入商品的实际采购成本。凡是已支付货款的商品，无论该商品是否到货或验收入库，均应借记该科目。已验收入库的商品，贷记该科目。该科目的期末余额在借方，反映在途商品的采购成本。

②“在途物资”科目。“在途物资”科目是资产类科目，用于核算企业按实际成本（或进价）核算购入商品的实际采购成本。凡是已支付货款的商品，无论该商品是否到货或验收入库，均应借记该科目。所购商品已验收入库的，贷记该科目。该科目的期末余额在借方，反映在途商品的实际采购成本。

③“库存商品”科目。“库存商品”科目是资产类科目，用于核算企业全部的库存商品。在批发商品核算中，它应按商品进货原价或实际采购成本记账。企业购入并已验收入

库的商品、加工商品收回、盘盈、销货退回等借记该科目；销售发生、进货退出、发出加工、盘亏等贷记该科目。该科目期末余额在借方，表示结存的库存商品。

④“主营业务成本”科目。“主营业务成本”科目是损益类科目，用来核算企业的商品销售成本。借方登记商品销售成本数，贷方登记冲减销售成本数，其借方余额表示月内销售成本的累计数，月末转入“本年利润”科目的借方，结转后应无余额。

（2）商品批发企业成本核算程序

商品批发企业采用“数量进价金额核算法”核算存货成本。企业购入商品时，借记“在途物资”、“应交税费——应交增值税（进项税额）”科目，贷记“银行存款”、“应付账款”等科目；商品验收入库后，借记“库存商品”科目，贷记“在途物资”科目；商品销售后，按不含税商品售价反映商品销售收入，借记“银行存款”、“应收账款”等科目，贷记“主营业务收入”、“应交税费——应交增值税（销项税额）”科目，并按进价结转商品销售成本，借记“主营业务成本”科目，贷记“库存商品”科目。

批发企业商品销售成本的结转方法有分散结转和集中结转两种。分散结转是按每一库存商品明细账户计算出已销售商品的成本，并编制记账凭证逐户结转，然后逐户汇总，求得商品销售成本总额，并编制记账凭证汇总表，据以在库存商品总分类账（或类目账）上结转，这种方式计算工作量较大，但能提供每个品种的商品销售成本的详细资料；集中结转是平日在库存商品明细账上只登记销售商品的数量，期末（一般为月末）结转已销售商品成本时，根据确定的库存商品单价在明细账中计算出每种商品的结存金额，然后按类或全部商品汇总计算出大类或全部商品的期末结存金额，根据类目账或总账资料倒挤大类或全部销售商品的成本，并在总账或类目账上结转。

2）商品零售企业成本核算

零售商品流通是商品流转中的最终环节，是把商品销售给城乡居民或销售给企事业单位等用于非生产消费的买卖行为，如百货公司、超市等。商品零售企业主要适用“售价金额核算方法”，经营鱼、肉、菜、果等鲜活商品的企业适用“进价金额核算法”。

（1）商品零售企业成本核算应设置的会计科目

①“在途物资”科目。零售企业在购进商品后，通过本科目反映商品按进价核算的实际采购成本，原理同商品批发企业成本核算设置的该科目。

②“库存商品”科目。由于零售企业商品实行“售价金额核算法”，即平时商品存货的购进、销售和结存均按售价登记本科目。商品由实物负责人验收入库后，应按照售价记入本科目。“库存商品”中包含了商品的实际进价和未实现的进销差价两部分内容；企业销售发出商品时，平时按售价结转商品销售成本，从本科目贷方转出；期末借方余额反映各种未销售商品的售价金额。本科目应按商品类别、实物负责人或营业柜组等分设明细分类科目进行明细分类核算。

③“商品进销差价”科目。“商品进销差价”科目属于资产类科目，实质上是“库存商品”的调整科目，用于核算商品流通企业采用售价核算的商品售价与进价之间的差额。商品购进、加工收回、销售退回、溢余等因素产生进销差价，记入该科目的贷方；结转已销商品的进销差价、商品发生损失等而转销的进销差价，记入该科目的借方；期末贷方余

额表示期末库存商品应分摊的进销差价。本科目应按商品类别或实物负责人设置明细分类科目，进行明细分类核算。月末，“库存商品”科目余额减去“商品进销差价”科目余额，就是库存商品的实际进价成本。

④“主营业务成本”科目。“主营业务成本”科目是损益类科目。用来核算企业的商品销售的成本。原理同商品批发企业成本核算设置的该科目。

（2）商品零售企业成本核算程序

商品零售企业采用“售价金额核算法”核算存货成本。企业购入商品时，按进价借记“在途物资”、“应交税费——应交增值税（进项税额）”科目，贷记“银行存款”、“应付账款”等科目；商品验收入库时，按含税售价借记“库存商品”科目，按不含税进价贷记“在途物资”科目，按含税售价与不含税进价之间的差额贷记“商品进销差价”科目；商品销售后，按商品含税售价反映商品销售收入，借记“银行存款”、“应收账款”等科目，贷记“主营业务收入”科目，并按含税售价结转商品销售成本，借记“主营业务成本”科目，贷记“库存商品”科目；当计算出销项税额时，将含税销售收入调整为不含税销售收入，借记“主营业务收入”科目，贷记“应交税费——应交增值税（销项税额）”科目；月末，摊销“商品进销差价”，以求得销售商品的进价成本，借记“商品进销差价”科目，贷记“主营业务成本”科目。

职业道德与会计伦理 8-1

万宝金店依据成本资料确定销售价格是否合法

背景与情境：2008 年 5 月万宝金店开展“开业酬宾”的降价销售活动。该店宣称：在酬宾销售期间，将纯金饰品以每克 198 元进行销售。消费者知悉后，纷纷踊跃购买，金店的销售额直线上升。

当地的物价部门得知此情况后，多次要求该金店纠正其降价销售行为，认定该企业以低于成本的价格进行销售，但均遭到该金店的拒绝。企业认为，我们的加工成本是 150 元，就意味着金饰品成本是 150 元，而售价是 198 元，属于正常销售；市物价局经过调查，发现金店 2007 年 10 月至 2008 年 4 月的有关会计资料显示，该金店委托进行加工的黄金饰品的无税成本为每克 150 元，包括消费税在内的商品流通费用为每克 21 元，实际成本合计每克 171 元。该金店以每克 198 元销售纯金饰品，其中每克黄金的增值税为 28.77 元，扣除掉增值税，则实际不含税销售价为 169.23 元。与纯金制品的实际成本相比，该金店纯金饰品的实际销售价格比其实际成本每克低 1.77 元。

问题：万宝金店售价是否合法？万宝金店的成本计算是否正确？

分析提示：万宝金店售价不合法。该金店为了制造商业影响、吸引顾客、排挤同行、以低于实际成本的价格进行黄金饰品的销售，既严重损害了同行业其他经营者的利益，也扰乱了正常的市场竞争秩序，已构成价格违法行为和不正当竞争行为。万宝金店的成本计算不正确，因为金饰品加工销售属于缴纳消费税范围，其消费税属于价内税，加工成本应包含消费税，同时，成本费用是企业正常生产经营活动支出，是制定价格的依据，该金店黄金饰品成本费用为每克 171 元，而其计入主营业务收入的销售价格是 169.23 元，因商品零售价格是包含增值税的，期末需要计算出不含增值税的价格为收入，本案例每克黄金的收入小于成本。

8.1.3 商品流通企业成本核算实例

1）实例1

某批发企业购进保温杯10 000个，每个进价8元，采用分期收款销售方式供应给某超市，供应单价为10元，总价计100 000元，商品进价成本为80 000元（不含增值税），价款分三次收回，第一次收取价款的40%，第二、三次各收取价款的30%。发出商品时，该企业代超市垫付运费1 000元，财会部门根据盖有“分期收款销售”戳记的发货单和运费单记账，要求进行会计处理。

答案如下：

购入保温杯时：

借：在途物资	80 000	
应交税费——应交增值税（进项税额）	13 600	
贷：应付账款		93 600

保温杯验收入库时：

借：库存商品	80 000	
贷：在途物资		80 000

向超市发出商品时：

借：发出商品	80 000	
贷：库存商品		80 000

商品发运后垫付运费1 000元，以转账支票支付：

借：应收账款——某超市	1 000	
贷：银行存款		1 000

第一次收款日到，确认当期的销售收入并结转销售成本：

借：应收账款——某超市	46 800	
贷：主营业务收入		40 000
应交税费——应交增值税（销项税额）		6 800

实际收到款项时：

借：银行存款	47 800	
贷：应收账款——某超市		47 800

本期销售成本 =80 000×40% =32 000（元）

借：主营业务成本	32 000	
贷：发出商品		32 000

第二次收款日到，确认当期的销售收入并结转销售成本：

借：应收账款——某超市	35 100	
贷：主营业务收入		30 000
应交税费——应交增值税（销项税额）		5 100

本期销售成本 = 80 000 × 30% = 24 000（元）

借：主营业务成本	24 000	
贷：发出商品		24 000

第三次收款日到，编制的会计分录同第二次收款日。

2）实例2

某零售商店为增值税一般纳税人，对商品收发采用售价金额核算法。平时按含税零售价核算商品的销售收入及结转商品的销售成本，月终集中进行价税分解和已销商品分摊进销差价的账务处理。

（1）向外地某厂家购进商品一批，买价为 300 000 元，增值税为 51 000 元，运杂费为 2 300 元（其中可抵扣进项税额为 91 元）。款项共 353 300 元已用银行存款支付。商品已验收入库，该批商品的含税售价为 449 000 元。

（2）上月已付款的在途商品已运达并验收入库，该批商品的实际进价为 85 000 元，含税售价为 110 000 元。

（3）销售商品取得收入 98 700 元（含税），款项已送存银行，同时，按含税收入结转商品销售成本。

（4）假定全月商品销售收入（含税）为 3 650 985 元，企业适用的增值税税率为 17%，月末进行价税分解。

（5）假定“库存商品”账户月末余额为 246 015 元；“商品进销差价”账户月末贷方余额为 1 169 100 元（分摊前）。月末，分摊本月已销商品进销差价。

要求：（1）对以上经济业务编制会计分录；（2）计算本月商品销售成本和毛利。

答案如下：

（1）借：在途物资	300 000	
销售费用（属于金额较小）	2 209	
应交税费——应交增值税（进项税额）	51 091	
贷：银行存款		353 300
借：库存商品	449 000	
贷：在途物资		300 000
商品进销差价		149 000
（2）借：库存商品	110 000	
贷：在途物资		85 000
商品进销差价		25 000
（3）借：银行存款	98 700	
贷：主营业务收入		98 700
借：主营业务成本	98 700	
贷：库存商品		98 700

（4）不含税销售收入=3 650 985÷（1+17%）=3 120 500（元）

销项税额=3 120 500×17%=530 485（元）

借：主营业务收入	530 485	
贷：应交税费——应交增值税（销项税额）		530 485

（5）商品进销差价率=1 169 100÷（246 015+3 650 985）×100%=30%

本月已销商品应分摊的进销差价=3 650 985×30%=1 095 295. 50（元）

借：商品进销差价	1 095 295. 50	

贷：主营业务成本　　1 095 295. 50

本月商品销售成本=3 650 985-1 095 295. 50=2 555 689. 50（元）

本月商品销售毛利=3 120 500-（3 650 985-1 095 295. 50）=564 810. 50（元）

互动专栏 8-1

互动问题：

（1）同一家商业企业是否可以既做批发又做零售业务？

（2）商业企业进货费用，新旧会计准则是如何规定的？

要求：同“互动专栏 1-1”的“要求”。

8.2 施工企业成本核算

施工企业是从事房屋、建筑物、设备安装工程施工生产的企业。施工企业的产品具有固定性、单件性和多样性、大型性、施工周期较长等特性。所以，与其他行业会计相比，施工企业会计主要具有分级核算、分别计算每项工程的成本、工程成本核算与工程价款结算的分段性等特点。施工企业的生产经营活动包括供应过程、施工生产过程和工程结算（销售）过程。

8.2.1 施工企业工程成本的构成

施工企业的生产，通常是以签订合同为依据的。施工企业工程成本也称为合同成本，它包括从合同签订开始至合同完成所发生的与执行合同有关的直接费用和间接费用。直接费用在发生时应直接计入合同成本；间接费用应在期末按照系统、合理的方法分摊计入合同成本。与合同有关的零星收益，即在合同执行过程中取得的、不计入合同收入的零星收益，这部分收益应冲减合同成本，例如，完成合同后处置残余物资取得的收益属于与合同有关的零星收益。

施工企业工程成本包括以下 5 个项目：

①人工费。人工费是指在施工生产过程中直接从事工程施工的建筑安装工人以及在施工现场直接为工程制作构件和运料、配料等工人的工资、工资性质津贴、工资附加费、劳动保护费等。

②材料费。材料费是指在施工生产过程中耗用的、构成工程实体或有助于工程实体形成的主要材料、结构件及其他材料，以及周转材料摊销等。

③机械使用费。机械使用费是指在工程施工过程中使用自有施工机械的台班费和使用从外单位租入施工机械的租赁费，以及支付的施工机械进出场费等。

④其他直接费用。其他直接费用包括有关的设计和技术援助费用、施工现场材料的二次搬运费、生产工具和用具使用费、检验试验费、工程定位复测费、工程点交费用、场地清理费用、临时设施摊销费、水电费等。

⑤间接费用。间接费用是企业下属的施工单位或生产单位为组织和管理施工生产活动所发生的费用，包括施工、生产单位管理人员薪酬、奖金、劳动保护费、固定资产折旧费及修理费、物料消费、低值易耗品摊销、取暖费、水电费、办公费、差旅费、财产保险费、工程保修费、排污费等。

合同成本不包括期间费用。施工企业的期间费用，包括管理费用和财务费用。期间费用于发生时直接计入当期损益。在这里应注意，企业发生的期间费用支出，不能计入工程成本。

8.2.2　施工企业成本费用的核算

1）施工企业成本核算应设置的会计科目

(1)“工程施工”科目

本科目核算施工企业实际发生的工程施工合同成本和合同毛利。“工程施工”科目下应设置“合同成本”和“合同毛利”两个明细科目。

①“合同成本”明细科目。“合同成本”科目核算各项工程施工合同发生的实际成本，一般包括施工企业在施工过程中发生的人工费、材料费、机械使用费、其他直接费、间接费用等。该科目应按成本核算对象和成本项目进行归集。其中，属于人工费、材料费、机械使用费和其他直接费等直接成本费用，直接计入有关工程成本，间接费用可先在本科目（合同成本）下设置“间接费用”明细科目进行核算，月份终了，再按一定分配标准，分配计入有关工程成本。

②“合同毛利”明细科目。“合同毛利”科目核算各项工程施工合同确认的合同毛利。施工企业进行施工后发生的各项费用，借记“工程施工——合同成本”科目，贷记“应付职工薪酬”、“原材料”等科目。按会计准则规定，施工企业期末应按完工百分比确认工程合同收入、费用和利润，借记“主营业务成本”科目，贷记“主营业务收入”科目，按其差额，借记或贷记“工程施工——合同毛利”科目。

合同完工结清“工程施工”和“工程结算”账户时，借记“工程结算”科目，贷记“工程施工”科目。

“工程施工”科目期末借方余额，反映尚未完工工程的施工实际成本和合同毛利。

(2)“机械作业”科目

本科目核算施工企业及其内部独立核算的施工单位、机械站和运输队使用自有施工机械和运输设备进行机械作业（包括机械化施工和运输作业等）所发生的各项费用。施工企业及其内部独立核算的施工单位，从外单位或本企业其他内部独立核算的机械站租入施工机械，按照规定的台班费定额支付的机械租赁费，直接记入“工程施工”科目，不通过“机械作业”科目核算。

“机械作业”科目应设置“承包工程”和“机械作业”两个明细科目，并按施工机械或运输设备的种类等成本核算对象设置明细科目，按规定的成本项目分设专栏，进行明细核算。

施工企业内部独立核算的机械施工、运输单位使用自有施工机械或运输设备进行机械作业所发生的各项费用，应按成本核算对象和成本项目进行归集。成本核算对象一般应根据施工机械和运输设备的种类确定。成本项目一般包括：人工费、燃料及动力费、折旧及修理费、其他直接费、间接费用（为组织和管理机械作业生产所发生的费用）。

发生的机械作业支出，借记“机械作业”科目，贷记“原材料”、“应付职工薪酬”、“累计折旧”等科目。月份终了，分别以下情况进行分配和结转：

①施工企业及其内部独立核算的施工单位、机械站和运输队为本单位承包的工程进行机械化施工和运输作业的成本，应转入承包工程的成本，借记“工程施工”科目，贷记“机械作业”科目。

②对外单位、本企业其他内部独立核算单位以及专项工程等提供机械作业（包括运输设备）的成本，借记“其他业务成本”等科目，贷记“机械作业”科目。本科目在月份终了时，一般应无余额。

(3)“主营业务成本”科目

“主营业务成本”科目是损益类科目，用来核算施工企业期末确认与收入配比的成本（有可能与实际发生数有差异，到工程全部完工时，总数与“工程施工——合同成本”相同）。借方登记期末与收入配比的计入损益的成本，贷方登记期末转入“本年利润”的数额，期末结转后本科目无余额。

(4)“工程结算”科目

本科目核算施工企业与发包单位工程款的结算。收到或应收工程款时计入本科目贷方，期末结账时，本科目贷方余额表示已经结算的款项。工程全部完工时，将“工程施工”科目的余额与“工程结算”科目的余额对冲，计入本科目借方，工程全部完工后，本科目无余额。

业务链接8-3

101#工程期末成本和合同毛利的确认

某市市政第四建筑公司承建101#工程，101#工程合同确认收入（标的金额）为500万元，预计工程完工总成本为400万元，本期期末完工程度为30%。

计算101#工程期末成本和合同毛利。

解析：施工企业期末核算时确认的合同成本=400×30%=120（万元）

合同毛利=500×30%-120=150-120=30（万元）

会计处理如下：

①实际发生工程支出时：

借：工程施工——合同成本（材料费）（实际支出数****）
　　　　　　——合同成本（人工费）（实际支出数****）
　　　　　　——合同成本（其他直接费）（实际支出数****）
　　　　　　——合同成本（间接费用）（实际支出数****）
　　机械作业——承包工程、机械作业（实际支出数****）
　　管理费用等（实际支出数****）
　贷：原材料（应付职工薪酬、银行存款等）（实际支出数****）

借：工程施工——合同成本（机械作业费）（分配计入数****）
　贷：机械作业——承包工程、机械作业（分配转出数****）

②期末，确认成本、合同毛利时：

借：主营业务成本　1 200 000
　　工程施工——合同毛利　300 000
　贷：主营业务收入　1 500 000

③期末结转收入、成本，计入本年利润时：

借：主营业务收入　　1 500 000

　贷：主营业务成本　　1 200 000

　　　本年利润　　300 000

同步思考 8-2

市政第四建筑公司期末确认合同成本为什么记入“主营业务成本”？

某市市政第四建筑公司承建 101#工程，101#工程合同确认收入（标的金额）为 500 万元，预计工程完工总成本为 400 万元，本期期末完工程度为 30%，施工企业期末核算时确认的合同成本为 120 万元（400×30%）、合同毛利为 30 万元（500×30% -120）。进行会计处理时，确认的合同成本 120 万元直接记入“主营业务成本”科目。

问题：施工企业按完工百分比确认合同毛利为什么记入“主营业务成本”，而不是“工程施工——合同成本”？

理解要点：“工程施工——合同成本”科目是核算各项工程施工合同发生的实际成本，一般包括施工企业在施工过程中发生的人工费、材料费、机械使用费、其他直接费、间接费用等。而施工企业期末按完工百分比确认工程合同成本、合同收入和利润时，根据企业会计准则规定，按完工百分比确认的合同成本直接进入损益，借记“主营业务成本”科目，而不是“工程施工——合同成本”科目，直到工程全部完工，“工程施工——合同成本”才能与“主营业务成本”各年累计总数相等。

2）期间费用核算应设置的会计科目

（1）“管理费用”科目

本科目核算施工企业为组织和管理施工生产经营活动而发生的管理费用。其借方登记企业发生的各项管理费用。期末，应将本账户的余额全部转入“本年利润”账户，结转后应无余额。本科目应按管理费用项目设置明细账进行核算。

（2）“财务费用”科目

本科目核算施工企业在施工生产经营过程中，为筹集生产经营所需资金等而发生的费用。其借方登记企业发生的各项财务费用；贷方登记企业发生的冲减财务费用的利息收入、汇兑收益。期末，应将本账户的余额全部转入“本年利润”账户，结转后应无余额。本科目应按财务费用项目设置明细账户进行核算。

3）施工企业生产核算的主要程序

建筑安装工程生产是指直接从事建筑工程、设备安装工程的施工。在会计核算中，用“工程施工——合同成本”账户核算其所发生的生产费用。

辅助、附属生产是指直接或间接为建筑安装工程施工服务的生产。按照它们的性质可以分为：①从事工程施工所需材料、构件（如砖、瓦、砂、石、石灰、混凝土和钢筋混凝土构件）的生产和木材的加工；②从事工程施工所需机械设备的制造和修理；③提供工程施工所需的水、电、蒸汽。如果这些辅助、附属生产单位实行内部独立核算、独立计算盈亏，通常称为“附属工业企业”，在会计核算中，用“生产成本——辅助生产成本”账户核算其所发生的生产费用；如果不实行内部独立核算，通常称为“辅助生产单位”，在会计核算中，用“辅助生产”账户核算其所发生的生产费用。

在施工企业会计核算中，对于建筑安装工程在施工过程中发生并能直接计入各项工程成本的生产费用，应直接记入“工程施工——合同成本（材料费、人工费、其他直接费等）”科目的借方；对于辅助生产单位和附属工业企业在产品生产和劳务供应过程中所发生的各项生产费用，应分别记入“辅助生产”或“生产成本——辅助生产成本”科目的借方；对于工程施工过程中使用施工机械和运输设备进行机械化施工和运输作业所发生的各项生产费用，应先在“机械作业”科目汇总，于月终再转入“工程施工——机械使用费”科目的借方。

对于不能直接计入各项工程和产品成本的各项间接费用，应先归集于“工程施工——合同成本（间接费用）”账户，于月终再将其分配计入各项工程、产品成本。

企业结算工程款时，借记“银行存款”或“应收账款”，贷记“工程结算”科目，工程全部完工时，将“工程施工”科目的余额与“工程结算”科目的余额对冲，借记“工程结算”科目，贷记“工程施工——合同成本”、“工程施工——合同毛利”科目。

期末，按完工百分比确认主营业务收入时，同时确认主营业务成本，记入“主营业务成本”科目。此时，“工程施工——合同成本”与“主营业务成本”科目数额可能不相等，因为“工程施工——合同成本”科目是实际发生额，“主营业务成本”科目是期末按计算（完工百分比）得出的成本，可能有差额。结转计入损益是“主营业务成本”科目的金额。工程全部完工，“工程施工——合同成本”与“主营业务成本”科目各年累计数额相等。

4）施工企业核算完工百分比法

完工百分比法是根据合同完工进度确认合同收入和费用的方法。企业在确定合同完工进度时，可以选用累计实际发生的合同成本占合同预计总成本的比例、已经完成的合同工作量占合同预计总工作量的比例、已完成合同工作的技术测量等方法，从而确定完工百分比。有关计算公式为：

完工百分比＝累计实际发生合同成本÷合同预计总成本

或

＝已经完成的合同工作量÷合同预计总工作量

根据完工百分比法确认和计量当期收入和费用的计算公式如下：

当期确认的合同收入＝（合同总收入×完工进度）－以前会计年度累计已确认的收入

当期确认的合同毛利＝（合同总收入－合同预计总成本）×完工进度－以前会计年度累计已确认的毛利

当期确认的合同费用＝当期确认的合同总收入－当期确认的合同毛利－以前会计年度预计损失准备

在运用上述公式计算确认相关的收入、毛利和费用时，应当关注：①在当年开工当年未完工的建造合同的情况下，企业在运用上述公式时，以前会计年度累计已确认的合同收入和合同毛利均为零；②在以前年度开工本年度完工的建造合同的情况下，当期确认和计量的合同收入，等于合同总收入减去以前会计年度累计已确认的收入后的余额；当期确认和计量的毛利，等于合同总收入减去实际合同总成本和以前会计年度累计已确认的毛利后的余额；③在当年开工当年完工的建造合同的情况下，当期确认和计量的合同收入，等于该项合同的总收入，当期确认和计量的合同费用，等于该项合同的实际总成本。

8.2.3　施工企业成本核算实例

1）实例 1

某施工企业施工现场使用混凝土搅拌机，本月发生机械使用费 120 000 元，已知预算机械使用费 A 工程为 40 000 元，B 工程为 60 000 元。要求计算 A 工程和 B 工程的机械使用费成本并做出分配机械使用费用的会计分录。

答案如下：

本月机械使用费分配率 = 120 000 ÷（40 000 + 60 000）= 1.2

A 工程应分配的设备使用费 = 40 000 × 1.2 = 48 000（元）

B 工程应分配的设备使用费 = 60 000 × 1.2 = 72 000（元）

借：工程施工——合同成本（A 工程）——机械使用费　　48 000
　　　　　　——合同成本（B 工程）——机械使用费　　72 000
　贷：机械作业——混凝土搅拌机　　120 000

2）实例 2

某施工企业承建 13#建筑工程和 14#建筑工程。本月石子定额耗用量 13#建筑工程 196 吨、14#建筑工程 84 吨，合计定额耗用量 280 吨。月末盘点现场存料，盘存石子 40 吨，石子上月盘存数为 74 吨，本月收入 260 吨。石子每吨价格为 30 元，计算本月各项工程耗用石子实际成本并做出领用材料的会计分录。

答案如下：

本月石子实际耗用量 = 74 + 260 − 40 = 294（吨）

根据各工程定额耗用量求出实际耗用量。

13#建筑工程的石子实际耗用量 = 294 ÷ 280 × 196 吨 = 205.8（吨）

14#建筑工程的石子实际耗用量 = 294 ÷ 280 × 84 吨 = 88.2（吨）

根据各项工程实际耗用量和材料单价计算各项工程耗用材料的实际成本。

13#建筑工程耗用石子的实际成本 = 205.8 × 30 = 6 174（元）

14#建筑工程耗用石子的实际成本 = 88.2 × 30 = 2 646（元）

借：工程施工——合同成本（13#建筑工程）　　6 174
　　　　　　——合同成本（14#建筑工程 ）　　2 646
　贷：原材料　　8 820

3）实例 3

某施工企业签订了一项合同总金额为 2 000 万元的固定造价合同，预计工程成本1 500 万元，合同规定工期为 3 年。假定经计算第一年完工进度为 25%；第二年完工进度已达 80%，经测定前两年的合同预计总成本为 1 500 万元；第三年工程全部完成，累计实际发生合同成本 1 550 万元。

要求：（1）计算施工企业各期合同收入、成本和利润；

（2）做出结转收入、成本和利润的会计处理。

答案如下：

（1）计算施工企业各期合同收入、成本和利润

①第一年：

确认的合同收入 = 2 000 × 25% = 500（万元）

确认的合同毛利=（2 000-1 500）×25%=125（万元）

确认的合同成本=500-125 = 375（万元）

②第二年：

确认的合同收入=2 000× 80%-500=1 100（万元）

确认的合同毛利=（2 000-1 500）×80%-125=275（万元）

确认的合同成本=1 100-275 = 825（万元）

③第三年：

确认的合同收入=2 000-（500+1 100）=400（万元）

确认的合同毛利=（2 000-1 550）-（125+275）=50（万元）

确认的合同成本=400-50 = 350（万元）

（2）做出结转收入、成本和利润的会计处理

①第一年：

a. 实际发生施工各项支出时：

借：工程施工——合同成本（材料费）　　（实际支出数 **** ）

　　　　　　——合同成本（人工费）　　（实际支出数 **** ）

　　　　　　——合同成本（其他直接费）　　（实际支出数 **** ）

　　　　　　——合同成本（间接费用）　　（实际支出数 **** ）

　　机械作业——承包工程、机械作业　　（实际支出数 **** ）

　　管理费用等　　（实际支出数 **** ）

　贷：原材料（周转材料、应付职工薪酬、银行存款等）　　（实际支出数 **** ）

b. 期末按一定的方法将机械使用费分配转入工程成本中时：

借：工程施工——合同成本（机械使用费）　　（分配转入数 **** ）

　贷：机械作业——承包工程、机械作业　　（分配转出数 **** ）

c. 计算当年利润时：

借：主营业务成本	3 750 000	
工程施工——合同毛利	1 250 000	
贷：主营业务收入		5 000 000

d. 期末结转收入、成本，计入本年利润时：

借：主营业务收入	5 000 000	
贷：主营业务成本		3 750 000
本年利润		1 250 000

②第二年：

a. 实际发生施工各项支出时：

借：工程施工——合同成本（材料费）　　（实际支出数 **** ）

　　　　　　——合同成本（人工费）　　（实际支出数 **** ）

　　　　　　——合同成本（其他直接费）　　（实际支出数 **** ）

　　　　　　——合同成本（间接费用）　　（实际支出数 **** ）

　　机械作业——承包工程、机械作业　　（实际支出数 **** ）

　　管理费用等　　（实际支出数 **** ）

　贷：原材料（周转材料、应付职工薪酬、银行存款等）　　（实际支出数 **** ）

b. 期末按一定的方法将机械使用费分配转入工程成本中时：
借：工程施工——合同成本（机械使用费）　（分配转入数 ****）
　贷：机械作业——承包工程、机械作业　（分配转出数 ****）
c. 计算当年利润时：
借：主营业务成本　8 250 000
　工程施工——合同毛利　2 750 000
　贷：主营业务收入　11 000 000
d. 期末结转收入、成本，计入本年利润时：
借：主营业务收入　11 000 000
　贷：主营业务成本　8 250 000
　　本年利润　2 750 000
③第三年：
a. 实际发生施工各项支出时：
借：工程施工——合同成本（材料费）　（实际支出数 ****）
　——合同成本（人工费）　（实际支出数 ****）
　——合同成本（其他直接费）　（实际支出数 ****）
　——合同成本（间接费用）　（实际支出数 ****）
　机械作业——承包工程、机械作业　（实际支出数 ****）
　管理费用等　（实际支出数 ****）
　贷：原材料（周转材料、应付职工薪酬、银行存款等）　（实际支出数 ****）
b. 期末按一定的方法将机械使用费分配转入工程成本中时：
借：工程施工——合同成本（机械使用费）　（分配转入数 ****）
　贷：机械作业——承包工程、机械作业　（分配转出数 ****）
c. 计算当年利润时：
借：主营业务成本　3 500 000
　工程施工——合同毛利　500 000
　贷：主营业务收入　4 000 000
d. 期末结转收入、成本，计入本年利润时：
借：主营业务收入　4 000 000
　贷：主营业务成本　3 500 000
　　本年利润　500 000
(3) 工程全部完工时，将“工程施工”科目的余额与“工程结算”科目的余额对冲
借：工程结算　20 000 000
　贷：工程施工——合同毛利　4 500 000
　　——合同成本　15 500 000

同步案例 8-1

大地建筑工程有限责任公司成本核算

背景与情境：大地建筑工程有限责任公司 20××年同时进行 A、B 两项工程的建设，A

工程于上年12月份开工，目前尚未完工；B工程于当年2月份开工。2月发生机械作业台时数为9 000台时，其中A工程7 200台时，B工程1 800台时。发生的工程间接费用均按照各工程的人工费用分配。

20××年2月份的成本、费用资料见表8-1至表8-5。

表8-1　**未完施工项目成本资料**

工程项目：A工程　20××年1月31日　单位：元

成本项目	材料费	人工费	其他直接费	机械使用费	间接费用	合计
金额	406 990	251 183	4 000	40 413	25 993	728 579

表8-2　**材料费用分配表**

20××年2月　单位：元

工程项目	主要材料	结构件	其他材料	合计
A工程	69 369	48 639	7 943	125 951
B工程	27 959		9 639	37 598
间接费用			4 582	4 582
机械作业			4 987	4 987
合计	97 328	48 639	27 151	173 118

表8-3　**人工费用分配表**

20××年2月　单位：元

工程项目	工资	社保费	合计
A工程	40 000	14 400	54 400
B工程	25 000	9 000	34 000
间接费用	22 000	7 920	29 920
机械作业	8 000	2 880	10 880
合计	95 000	34 200	129 200

表8-4　**折旧费用计算表**

20××年2月　单位：元

工程项目	固定资产	折旧率	折旧额
机械作业	3 000 000	0.5%	15 000
间接费用	2 000 000	0.4%	8 000
合计	5 000 000		23 000

表8-5　**其他费用分配表**

20××年2月　单位：元

工程项目	水电费	修理费	摊销大型设备租金	合计
A工程	2 600			2 600
B工程	780			780
间接费用	1 117	1 127	780	3 024
机械作业	3 084	3 849		6 933
合计	7 581	4 976	780	13 337

注：水电费与修理费以银行存款支付。

成本核算员小高计算 A、B 工程项目工程成本分别 969 786 元和 97 448 元，除直接费用外，机械使用费按工程机械台时分配，间接费用按各工程的人工费用分配；成本核算员小于计算 A、B 工程项目工程成本为 182 951 元和 72 378 元，A、B 工程项目工程成本就是表中直接列入的费用，机械费和其他间接费不应列入成本。

问题：

（1）在本案例中，成本核算员小高、小于对 A、B 工程项目工程成本的核算谁是正确的？为什么？

（2）在本案例中，成本核算员小高、小于对 A、B 工程项目工程成本哪项是错误的？错在哪里？

（3）对本案例中经济业务进行会计处理，对 A、B 工程项目机械作业费、间接费用进行正确核算，计算 A、B 工程项目工程成本。

分析提示：

（1）成本核算员小高对 A、B 工程项目工程成本计算是正确的。

因为 A 工程的直接材料费经计算为 532 941 元、人工费 305 583 元、其他直接费用 6 600元、分配的机械使用费 70 653 元、分配的间接费用 54 009 元，合计 969 786 元；B 工程的直接材料费经计算为 37 598 元、人工费 34 000 元、其他直接费 780 元、分配的机械使用费 7 560 元、分配的间接费用 17 510 元，合计 97 448 元。

（2）成本核算员小于对 A、B 工程项目工程成本计算是错误的。

因为施工企业工程成本包括人工费、材料费、机械使用费、其他直接费、间接费用，所发生的不能直接分清计算对象的机械使用费、间接费用等需要按一定的方法分配计入工程成本，小于对 A、B 工程项目工程成本计算没有分配机械使用费、间接费用等。

（3）编制会计分录。

①根据材料费用分配表编制会计分录。

借：工程施工——合同成本——A 工程	125 951	
——B 工程	37 598	
——间接费用	4 582	
机械作业	4 987	
贷：原材料——主要材料		97 328
——结构件		48 639
——其他材料		27 151

②根据人工费用分配表编制会计分录。

借：工程施工——合同成本——A 工程	54 400	
——B 工程	34 000	
——间接费用	29 920	
机械作业	10 880	
贷：应付职工薪酬		129 200

③根据折旧费用计算表编制会计分录。

借：工程施工——间接费用	8 000	
机械作业	15 000	

贷：累计折旧　　23 000

④根据其他费用分配表编制会计分录。

借：工程施工——合同成本——A 工程　　2 600
　　　　　　　　　　　——B 工程　　780
　　　　　——间接费用　　3 024
　　机械作业　　6 933
　贷：银行存款　　12 557
　　　长期待摊费用——大型设备租金　　780

⑤归集机械使用费，见表 8-6。

表 8-6　　**机械使用费汇总表**　　单位：元

成本项目	材料费	人工费	折旧费	其他费用	合计
金额	4 987	10 880	15 000	6 933	37 800

⑥分配机械使用费，并根据分配结果编制会计分录。

机械作业费用分配率＝37 800÷（7 200+1 800）＝4.2

A 工程应负担的机械使用费＝7 200×4.2＝30 240（元）

B 工程应负担的机械使用费＝1 800×4.2＝7 560（元）

借：工程施工——合同成本——A 工程　　30 240
　　　　　　　　　　　——B 工程　　7 560
　贷：机械作业　　37 800

⑦归集间接费用，见表 8-7。

表 8-7　　**间接费用汇总表**　　单位：元

成本项目	材料费	人工费	折旧费	其他费用	合计
金额	4 582	29 920	8 000	3 024	45 526

⑧分配间接费用，并根据分配结果编制会计分录。

间接费用分配率＝45 526÷（54 400+34 000）＝0.515

A 工程应负担的间接费用＝54 400×0.515＝28 016（元）

B 工程应负担的间接费用＝34 000×0.515＝17 510（元）

借：工程施工——合同成本——A 工程　　28 016
　　　　　　　　　　　——B 工程　　17 510
　贷：工程施工——间接费用　　45 526

⑨计算未完施工项目工程成本，见表 8-8。

表 8-8　　**未完工施工项目工程成本计算表**

20××年 2 月 28 日　　单位：元

工程项目		材料费	人工费	其他直接费	机械使用费	间接费用	合计
A 工程	月初未完工成本	406 990	251 183	4 000	40 413	25 993	728 579
	本月投入成本	125 951	54 400	2 600	30 240	28 016	241 207
	合计	532 941	305 583	6 600	70 653	54 009	969 786
B 工程		37 598	34 000	780	7 560	17 510	97 448

8.3 旅游餐饮企业成本核算

旅游是指外出旅行和游览，旅游经营业务是指组织旅游者旅行，并为之提供食、宿、交通、导游等业务。旅游业无需固定的服务设施，交通设施及交通工具大多依靠民航、铁路和出租汽车，食宿依靠饭店、餐厅，参观游览依靠各地名胜古迹。旅游经营业务的部分工作人员具有不确定性、现金收付业务多是旅游经营业务的特点。

餐饮业又称饮食业，它是指从事加工烹制饮食品，当即供应给顾客食用的行业。例如各种类型的酒家、餐厅、面馆、小吃店等。餐饮业是一个分布面广、影响面大，涉及千家万户的行业。饮食制品产销直接见面、提供消费场所和提供必要的服务、经营规模小、经营方式灵活是餐饮业经营业务的特点。

8.3.1 旅游餐饮企业营业成本的构成

1）旅游经营业务营业成本

旅游业成本核算相对于工业企业而言较为简单。一般情况下，旅游业的收入是根据与客户签订的旅游合同来确定的，成本的确认则是根据旅游实际发生的费用及与目的地接待旅行社签订的合同来确定的。

旅游经营业务营业成本，是指直接用于接待旅游者并为其提供各项服务所发生的全部支出，主要包括旅游者的膳食费、住宿费、游览船（车）票、门票以及交通费、文娱费、行李托运费、票务费、专业活动费、签证费、导游费、劳务费、宣传费、保险费、机场费等。如果由旅行社自行安排旅游车辆的则还包括其耗用的汽油费、车辆折旧费、司机工资等。根据旅游业的经营特点，除固定景点可采用开立银行账户、预存款项开支外，其他支出大部分是现金支出。

旅游经营企业为旅游者提供服务所发生的支出项目可分为以下几大类：

①组团外联成本。组团外联成本是指各组团社组织的外联团，按规定开支的住宿费、餐饮费、综合服务费、国内城市间交通费等。

②综合服务成本。综合服务成本是指接待由组团社组织的包价旅游团（者），按规定开支的住宿费、餐饮费、车费、组团费和接团费等。

③零星服务成本。零星服务成本是指接待零星散客、委托代办事项等，按规定开支的委托费、手续费、导游接送费、车费、托运服务费及其他支出。

④劳务成本。劳务成本是指非组团旅行社为组团社派出的翻译导游人员全程陪同，按规定开支的各项费用。

⑤票务成本。票务成本是指各地旅行社代办国际联运客票和国内客票等，按规定开支的各项手续费、退票费等。

⑥地游及加项成本。地游及加项成本是指各地旅行社接待的小包价旅游，或因游客要求增加游览项目而按规定开支的综合服务费、超公里费、游江费和风味费等。

⑦其他服务成本。其他服务成本是指不属于以上各项成本的支出。

旅游企业营业成本不包括期间费用。期间费用即：管理费用、财务费用和销售费用。旅游企业管理费用包括职工工资、职工保险金及相关附加费、工作餐费、物料消耗、旅游服务企业为客人提供物品包装发生的费用、旅游服务企业为客人提供物品保管发生的费用、折旧费、低值易耗品摊销、制服费、劳保用品费、差旅费、存货盘亏及盘盈、办公费及其他费用。在实际成本核算时不能与营业成本混淆。财务费用和销售费用内容同工业企业。

2）餐饮企业营业成本

餐饮企业的成本计算采用只计算原材料成本，不计算制造成本的核算方法，餐饮企业的账务处理比较简单，成本核算主要是进销存的核算。餐饮企业的业务活动从食品原料的采购、验收、库存、发放、粗加工、切配、烹饪、服务到收款，其经营环节较多，且每一环节都会影响到食品成本。餐饮企业营业成本的核算特点是：营业成本主要计算直接成本，一般只按耗用材料的成本来计算直接成本；只计算总成本，不计算单位成本；各种材料一经领用即计入营业成本；人工费不计入营业成本，直接计入管理费用，作为期间费用处理。

餐饮企业原材料包括三大类：第一大类是主食，如大米、面粉和杂粮等；第二大类是副食品，如肉类、鱼类、禽蛋类和豆制品等；第三大类是调味品，如食盐、糖、油、酱油、醋等。由于饮食制品品种繁多、数量零星、现做现卖、生产和销售紧密相连，一般不能按食品逐次逐件进行成本计算，所以，产品成本的计算方法有永续盘存制和实地盘存制两种方法，即领料制和非领料制。

（1）永续盘存制下的产品成本

永续盘存制下的产品成本计算公式为：

耗用原材料成本=厨房月初结存额+本月领用额-厨房月末盘存额

月末需编制厨房原材料、在制品、制成品盘存表。

此方法适用于实行领料制的餐饮企业。

（2）实地盘存制下的产品成本

实地盘存制下的产品成本计算公式为：

耗用原材料成本=原材料月初仓库和厨房结存额+本月购进额-月末仓库和厨房盘存额

实地盘存制适用于没有条件实行领料制的餐饮企业。在平时领用原材料时，不填写领料单，不进行账务处理，月末将厨房剩余材料、在制品、制成品的盘点金额加上库存原材料的盘存金额，而后倒挤出耗用的原材料成本。计算公式为：

餐饮企业营业成本=餐饮部成本+商品进价成本+车队的营业成本+洗涤部成本+其他成本

（3）主配调料的成本计算

①一料一档的计算方法

原材料经初加工后，只有一种半成品，即称为一料一档。计算公式为：

单位半成品成本=（购进原材料总成本-下脚料金额）÷加工后半成品总重量

业务链接8-4

鲤鱼半成品单位成本

某餐厅购进鲜鲤鱼一条2.4斤，每斤8.0元，计19.2元，经加工后净鱼1.9斤，鲤鱼下脚料不计价。

计算鲤鱼半成品单位成本。

解析：鲤鱼半成品单位成本=19.2÷1.9=10.11（元/斤）

②一料多档的计算方法

原材料经初加工后，产生几种半成品，即称为一料多档，这时需分别计算各半成品的价格。各半成品价格的总和应等于加工前原材料购进的总价。其中质量好的成本较高，质量较差的成本略低。

$$\text{某未定价半成品单位成本}=\left(\text{原材料购进总值}-\text{其他半成品价值之和}\left(\text{包括下脚料价款}\right)\right)\div\text{该项半成品重量}$$

业务链接 8-5

鸡身半成品单位成本

二道沟笨鸡店笨鸡一只重 5.0 斤，每斤 5.0 元，经处理得：鸡头一只 0.2 斤，每个 1.3 元；鸡脖 0.4 斤，每个 2.0 元；鸡翅 1.0 斤，每斤 6.5 元；鸡腿 1.4 斤，每斤 5.5 元；鸡身 2.0 斤。

计算鸡身半成品的单位成本。

解析： 鸡身半成品的单位成本 = $(5.0\times5.0-1.3-2.0-1.0\times6.5-1.4\times5.5)\div2.0=3.75$（元/斤）。

餐饮企业营业成本不包括期间费用。期间费用即管理费用、财务费用和销售费用。餐饮企业管理费用包括企业各营业部门在经营中发生的职工工资、职工保险金及福利费、工作餐费、物料消耗、清洁卫生费、折旧费、低值易耗品摊销、燃料费、修理费、制服费、洗涤费、劳保用品费、运杂费、差旅费、广告费、存货盘亏及盘盈、办公费等其他费用，在实际成本核算时不能与营业成本混淆。

8.3.2　旅游餐饮企业成本费用的核算

1）旅游餐饮企业经营业务成本核算应设置的会计科目

（1）旅游企业经营业务成本核算应设置的会计科目

①“主营业务成本”科目。旅游企业发生营业成本时，借记“主营业务成本”科目，贷记“原材料”、“库存商品”、“应付账款”、“银行存款”等科目。期末，应将“主营业务成本”科目余额转入“本年利润”科目，结转后本科目应无余额。旅行社之间的费用结算，由于存在结算期，当发生的费用支出不能与实现的营业收入同时入账时，应按计划成本先行结转，待算出实际成本后再结转其差额。

②“管理费用”科目。本科目核算旅游企业为组织和管理生产经营活动而发生的管理费用。费用发生时，借记“管理费用”科目，贷记“库存现金”、“银行存款”、“累计折旧”等科目。期末，应将“管理费用”科目余额转入“本年利润”科目，结转后该科目应无余额。“管理费用”科目应按费用项目设置明细账。

③“应收账款”科目。该科目核算旅游企业本期收到前期旅游团款及本期应收未收团款。当月收到前期应收款时，借记“库存现金”或“银行存款”科目，贷记“应收账款”科目；在月末结转收入时，对尚未收到的旅游团款，借记“应收账款”科目，贷记“主营业务收入”科目。门市接收散客组团，一般情况下不存在应收款项的问题，但是对于企业客户，由于大多属于固定客户，因此大多数旅行社会先组织员工出游之后才收款，因此形成旅游企业的应收账款。

④“预付账款”科目。该科目核算旅游企业支付当期组团出游的旅游费用。支付前期出游团队的旅游费用时，使用“应付账款”科目，不在本科目核算。支付当期出游团队的旅游费用时，借记“预付账款”科目，贷记“库存现金”或“银行存款”科目；月末结转成本时，借记“主营业务成本”科目，贷记“预付账款”科目。

⑤“应付账款”科目。该科目核算旅游企业支付前期及当期应付而未付的旅游团款。支付前期旅游团费时，借记“应付账款”科目，贷记“库存现金”或“银行存款”科目；月末结转成本时，借记“主营业务成本”科目，贷记“应付账款”科目。

⑥“预收账款”科目。该科目核算旅游企业本期收到的旅游团款。收到前期旅游团款在“应收账款”科目核算，不在本科目核算。收到本期旅游团款时，借记“库存现金”或“银行存款”科目，贷记“预收账款”科目；月末结转收入时，借记“预收账款”科目，贷记“主营业务收入”科目。

（2）餐饮企业经营业务成本核算应设置的会计科目

①“主营业务成本”科目。餐饮企业发生营业成本时，借记“主营业务成本”科目，贷记“原材料”等科目。期末，应将“主营业务成本”科目余额转入“本年利润”科目，结转后本科目应无余额。

②“管理费用”科目。该科目核算餐饮企业为组织和管理生产经营活动而发生的管理费用。费用发生时，借记“管理费用”科目，贷记“库存现金”、“银行存款”、“累计折旧”等科目。期末，应将“管理费用”科目余额转入“本年利润”科目，结转后该科目应无余额。“管理费用”科目应按费用项目设置明细账。

③“原材料”科目。该科目核算餐饮企业原材料入库、出库情况。原材料入库时，借记“原材料”科目，贷记“库存现金”、“银行存款”、“应付账款”等科目；原材料出库时，借记“主营业务成本”科目，贷记“原材料”科目。“原材料”科目应按材料品种设置明细账。

2）旅游餐饮企业经营业务核算的主要程序

（1）旅游企业经营业务核算的主要程序

旅游企业经营业务核算的主要过程：收到当期旅游团款时，借记“库存现金”或“银行存款”科目，贷记“预收账款”科目；收到前期旅游团款时，借记“库存现金”或“银行存款”科目，贷记“应收账款”科目；支付当期旅游团款时，借记“预付账款”科目，贷记“库存现金”或“银行存款”科目；支付前期旅游团款时，借记“应付账款”科目，贷记“库存现金”或“银行存款”科目；期末结转成本时，借记“主营业务成本”科目（当期旅游合同应支付团款及当期出团实际费用），贷记“预付账款”科目（支付当期旅游团款金额）。

应注意的是：在具体运用“应收账款”、“预付账款”、“应付账款”及“预收账款”科目时，需要设置二级科目进行明细核算。随着时间的推移，二级科目将不可胜数，这也是旅游企业独特的较为繁琐的工作。鉴于旅游企业的客户非常多，而且很多客户在一个会计年度可能只有一次业务发生，因此，可以设置手工明细账进行辅助核算。

同步思考 8–3

旅行社的收入应通过哪个账户核算？

中国青年旅行社下属江城市雪柳分社本月收到上月已完成旅游经营业务分期收款资金3 000 元，会计核算员在收到款项时借记“库存现金”科目，贷记“主营业务收入”科目。

问题：你认为会计核算员的处理正确吗？为什么？运用旅游业经营业务核算的主要程序的相关知识回答。

理解要点：会计核算员在收到款项时的处理不正确。因为上月已完成旅游经营业务，其经营收入已经在上月确认，本月不能第二次确认。本月收到款项时，应借记“库存现金”科目，贷记“应收账款”科目。

（2）餐饮企业经营业务核算的主要程序

餐饮企业经营业务核算的主要过程：企业购入直接消耗餐料时，借记“主营业务成本”科目，贷记“库存现金”、“银行存款”等科目；企业购入入库餐料时，借记“原材料”科目，贷记“库存现金”、“银行存款”、“应付账款”等科目；后厨领用餐料时，借记“主营业务成本”科目，贷记“原材料”科目；企业购入酒水等直接可销售的商品时，借记“原材料——酒水库”科目，贷记“库存现金”、“银行存款”、“应付账款”等科目；餐厅领用酒水时，借记“原材料——餐厅”科目，贷记“原材料——酒水库”科目；月末对餐厅售出酒水结转成本时，借记“主营业务成本”科目，贷记“原材料——餐厅”科目。期末，“主营业务成本”科目余额转入“本年利润”科目。

8.3.3 旅游餐饮企业成本核算实例

1）实例 1

上海春光旅行社开展上海至杭州的两日游业务，由旅行社自派豪华型大客车担任运输任务，发生如下经济业务：

①10 日，上海铁道运输职业技术学院组织 40 位教师旅游，集体报名参加上海至杭州两日游，以转账支票交来旅游费 16 000 元，约定 5 月 15 日出发，旅行社沿途承担餐费、旅游门券费、导游费、游览交通费及一天住宿费。

②11 日，有散客 2 人前来报名参加上海至杭州二日游，交来旅游费 1 000 元，安排为 5 月 15 日出发。

③14 日，导游戴群到财务科预借差旅费 10 000 元，财务科以现金支付。

④14 日，驾驶员黄潇潇领用汽油票 1 000 元，以供应豪华型客车两日游之用。

⑤30 日，导游戴群到财务科报账，共用去旅游门券费 4 200 元、餐费 1 680 元、住宿费 2 100 元，支付导游戴群津贴 200 元，退回现金 1 820 元。

⑥30 日，驾驶员黄潇潇退回汽油票 100 元。

⑦30 日，将本次旅游团旅游费收入结转营业收入。

要求：对上述业务进行会计处理。

答案如下：

①10 日，上海铁道运输职业技术学院集体报名，交纳旅游费时：

借：银行存款　16 000

　贷：预收账款　16 000

②11 日，收到散客交来的旅游费时：

借：库存现金　1 000

　贷：预收账款　1 000

③14 日，导游戴群预借差旅费时：

借：预付账款　10 000

　贷：库存现金　10 000

④14 日，驾驶员黄潇潇领用汽油票时：

借：预付账款　1 000

　贷：库存现金——油票　1 000

⑤30 日，导游戴群到财务科报账，财务科根据凭单结转成本时：

借：主营业务成本——餐费　1 680

　　　　　　　　——住宿费　2 100

　　　　　　　　——游览费　4 200

　　　　　　　　——导游津贴　200

　　库存现金　1 820

　贷：预付账款　10 000

⑥30 日，驾驶员黄潇潇退回剩余汽油票，财务科根据凭单结转成本时：

借：主营业务成本——车费　900

　　库存现金——油票　100

　贷：预付账款　1 000

⑦30 日，将旅游费收入结转营业收入时：

借：预收账款　17 000

　贷：主营业务收入　17 000

2）实例 2

福顺餐馆 20××年 4 月份经济业务如下：

①领用主食原材料 31 800 元，已办理领料手续，月末经过实地盘点，有 1 630 元原材料尚未用完，按规定应办理“假退料”手续。

②当月购进调味品 28 240 元，“原材料——调味品”科目月初余额为 3 560 元，月末操作间盘点原材料实存 1 230 元，仓库盘点实存 3 430 元。

③当月购进副食品 82 800 元，全部加工菜品出售。

④当月发工资 80 000 元，购入消毒用品 260 元，支付水电费 2 480 元、燃料费 1 800 元，合计 84 540 元，均以银行存款支付。

⑤期末结转成本。

要求：对福顺餐馆上述业务进行会计处理。

答案如下：

①领用主食原材料时：

借：主营业务成本　31 800

贷：原材料——主食		31 800
月末"假退料"时：		
借：主营业务成本	1 630（红字）	
贷：原材料——主食		1 630（红字）
下月初调整成本：		
借：主营业务成本	1 630	
贷：原材料——主食		1 630

②本月消耗调味品原材料总成本＝3 560+28 240－（1 230+3 430）＝27 140（元）

借：主营业务成本	27 140	
贷：原材料——调味品		27 140

③当月购进副食品 82 800 元，全部加工菜品出售：

借：主营业务成本	82 800	
贷：原材料——副食品		82 800

④以银行存款支付工资、水电费、燃料费，购买消毒用品时：

借：管理费用	84 540	
贷：银行存款		4 540
应付职工薪酬		80 000
借：应付职工薪酬	80 000	
贷：银行存款		80 000

⑤期末结转成本时：

借：本年利润	224 650	
贷：主营业务成本		140 110
管理费用		84 540

互动专栏 8-2

互动问题：

（1）旅游、餐饮企业成本核算是否有相同之处？

（2）旅游、餐饮企业成本核算是否可以用流水账替代？

要求：同"互动专栏 1-1"的"要求"。

8.4 铁路运输企业成本核算

铁路运输企业生产的产品是旅客和货物的位移。产品是无形的，没有实物形态，不能脱离生产过程单独存在，其生产阶段和销售阶段是同一个过程，既不能储存，也不能调拨，其生产过程是按预售的订单（旅客的客票和货物的货票）进行的。所以，铁路运输企业会计的内容、方法和形式也不同于一般工业企业会计的内容、方法和形式，具有自己的特点。除按国家统一的会计制度和铁路运输企业会计核算办法的要求外，铁路主管部门进一步制定了收入、成本费用核算的具体规定，如《铁路运输企业成本费用管理核算规程》，铁路运输企业应遵照执行；同时，铁路运输企业实行铁路局和基层站段分级核算制。

8.4.1 铁路运输企业运输成本费用的构成

铁路运输企业运输成本费用由主营业务成本、期间费用（包括管理费用、财务费用）构成。主营业务成本、期间费用（包括管理费用、财务费用）和营业外支出，共同构成运输总支出。

铁路运输成本，是指企业直接为运输旅客、货物、行李包裹及提供劳务而发生的耗费。

铁路运输费用，是指企业一定期间运输生产经营管理活动所发生的经济利益的流出。

铁路运输成本、费用是反映生产经营活动的综合指标，是制定运输价格、营销政策和投资决策、财务清算的重要依据。

1）铁路运输企业主营业务核算

（1）铁路运输企业主营业务成本

铁路运输企业主营业务成本主要包括：

①运输生产人员及运输生产单位管理、服务人员的基本工资、奖金、津贴、补贴，以及按照规定列支的职工福利费，按照规定计提的基本医疗保险费、补充医疗保险费、工会经费、职工教育经费、基本养老保险费、企业年金、职工失业保险费、职工工伤保险费、住房公积金、职工生育保险费等。

②按规定计提的运输生产用及运输生产单位管理用固定资产折旧。

③为了恢复固定资产原有性能和生产能力，对固定资产进行周期性大修理的支出，包括成段更换钢轨、轨枕、道岔的支出，为消除路基、桥梁、隧道的严重灾害进行的局部修理支出，灾害复旧支出，机车车辆和大型养路机械及其大部件的大修支出，与大修同时进行的属于费用性的机车车辆加装改造支出，其他设备的大修支出。

④设备运用、养护修理耗费的材料、燃料、电力、配件、工具备品和其他支出，配件修理支出，生产场所用燃料、水、电及生产用杂费。

⑤运输生产人员及运输生产单位管理、服务人员的办公费、差旅费、劳动保护费、制服补贴等。

⑥运输生产过程中发生的事故净损失，灾害预防及抢修支出。

⑦办理保险、保价运输业务发生的支出。

⑧受托管理合资铁路、客运专线发生的委托业务运输支出。

⑨按照模拟市场和内部分账核算要求发生的付费支出。

⑩按照国家规定发生的其他支出。

（2）铁路运输企业内部付费项目

铁路运输企业内部客运、货运、路网之间，以及国有独资铁路运输企业之间相互提供产品、劳务，实行收付费制度。列入主营业务成本中的付费支出项目主要包括：

①列入旅客运输成本的付费支出项目：客运线路使用费、客运机车牵引费、客运跨企业电力机车接触网使用费及电费、车站旅客服务费、旅客列车上水服务费、提供加挂客车服务费、售票服务费、客车租用费、客运机车修理服务费、客车修理服务费、其他服务费等。

②列入货物运输成本的付费支出项目：货运线路使用费、货运机车牵引费、货运跨企

业电力机车接触网使用费及电费、承运及发送服务费、到达作业服务费、中转作业服务费、货车使用费、车辆租用费、车辆编解服务费、车辆挂运费、空车调用费、货运机车修理服务费、其他服务费等。

③列入行包运输成本的付费支出项目：行包（行邮）专列线路使用费、行包（行邮）专列机车牵引费、行李车邮政车车辆挂运费、行包专列车辆使用费、行李车邮政车车辆租用费、行包承运及发送服务费、行包到达作业服务费、行包中转作业服务费、行李车修理服务费、行包运输劳务费、其他服务费等。

④列入基础设施成本的付费支出项目：工务、电务设备修理服务费和其他服务费等。

铁路运输企业内部付费支出，由企业在核算期末按内部收付费关系进行冲抵，冲抵后企业内付费支出为零；国有独资铁路运输企业之间的付费支出，由铁道部统一按收付费关系进行冲抵，冲抵后国有独资铁路运输企业内付费支出为零。

2）铁路运输企业其他业务核算

（1）工业生产核算

铁路工业性生产一般规模较小，品种不多，生产工艺过程比较简单，多采用品种法计算产品成本。因此，产品成本的核算一般采用一级核算体制，即由财务部门集中进行各种产品的成本核算，车间不配备专职成本核算员，不单独计算车间产品成本。

（2）装卸作业核算

铁路装卸作业的主要任务是为承运货物、行李包裹进行装车和卸车，以及装卸单位兼营的对承运货物的取送、旅客小件行包搬运等业务。装卸作业按是否由铁路专业装卸队伍承担，分为路内装卸和路外装卸两种。铁路路内装卸作业所发生的费用通过“其他业务成本”科目核算，并设置以下四个科目进行明细核算：“人力装卸作业”、“机械装卸作业”、“货物取送作业”、“旅客小件行包搬运”。

（3）旅行服务核算

铁路旅行服务主要是指铁路旅客列车的餐车和列车售货及车站的旅客餐厅和站台售货等经营业务。铁路旅行服务所发生的费用通过“其他业务成本”科目核算，具体包括以下几个明细科目：“餐车经营”、“旅客餐厅经营”、“售货”。

（4）代办业务核算

代办业务是指铁路运输企业根据合同（不包括建筑合同）承办的各项工程、非路产专用线维修工程、生产或服务业务，以及本单位承包基建部门发包的工程。

（5）货车修理核算

从铁路运输固定资产修理来看，货车修理与其他运输设备的修理并无区别，都是为了维持铁路运输简单再生产，其维修费用属于主营业务成本的范围，是铁路运输企业主营业务成本的组成部分。但是由于货车是在全路范围内流动运行的，如果修车的铁路运输企业将实际修车成本直接列入该企业主营业务成本，会产生实际使用的货车数与修理的货车数不匹配的情况。因此，根据规定，铁路运输企业按实际使用货车数和标准单价承担货车使用费，货车修理业务作为其他业务实行全成本核算，修理支出在“其他业务成本”科目中核算。

3）期间费用

铁路运输企业期间费用包括管理费用和财务费用，因为铁路运输生产和销售是同一过程，所以没有销售费用。

（1）管理费用

管理费用是企业管理部门为组织和管理运输生产活动而发生的费用以及企业按规定发生的管理性费用，主要内容包括：

①企业管理机关（以下简称“机关”）人员的基本工资、奖金、津贴、补贴。

②机关办公费，差旅费，劳动保护费，职工制服补贴，办公设施设备的折旧费、修理费、租用费，低值易耗品摊销及其他管理费用。

③按规定列支的管理人员的职工福利费，按照规定计提的管理人员基本医疗保险费、补充医疗保险费、工会经费、职工教育经费、基本养老保险费、企业年金、职工失业保险费、职工工伤保险费、住房公积金、职工生育保险费等。

④土地使用费、土地换证费、土地损失补偿费、技术转让费、业务招待费、咨询费（含顾问费）、审计费、诉讼费、排污费、绿化费、广告费、展览费、董事（监事）会费、防疫经费、客货营销费用、印花税、房产税、车船税、城镇土地使用税等费用。

⑤研究开发新产品、新技术所发生的研究阶段的各项费用及符合费用化条件的开发费用支出。

⑥无形资产摊销、长期待摊费用摊销，存货盘亏（减盘盈）、毁损和报废的净损失。

⑦按规定计提的坏账准备、存货跌价准备。

⑧企业内部铁道资金结算机构发生的费用。

⑨其他按照国家有关规定可以列入管理费用的支出。

（2）财务费用

财务费用是企业为筹集生产经营所需资金而发生的费用，主要内容包括：

①在金融机构的存款利息收入。

②筹集生产经营所需资金而发生的利息支出，包括银行借款利息（含符合费用化条件的固定资产的借款利息）、短期融资券利息、中期票据利息、邮政储蓄借款利息、信托资金利息、票据贴现利息、铁路债券利息等。

③外币折算产生的汇兑损益。

④铁道部与铁路运输企业之间的资金占用费收入，以及铁道资金结算机构向内部单位发放调剂资金而收取的资金占用费。

⑤铁道部与铁路运输企业之间的资金占用费支出，以及铁道资金结算机构吸收内部单位的存款而支付的资金占用费。

⑥支付给金融机构、铁道资金结算机构的手续费以及铁道资金结算机构收取的手续费。

⑦其他财务费用支出。

同步思考8-4

铁路运输企业成本费用为什么没有销售费用？

在某铁路局的期末成本决算总结会上，有人提出应增加销售费用的提议，他认为铁路运输企业同样需要广告宣传，铁路运输企业主营业务没有销售费用的核算是不真实的。这个观点得到了一部分人的赞同，但也有一部分人表示反对，这部分人认为铁路运输企业是生产过程与销售过程同时进行，只能选择其一，从理论上看，没有生产过程就不可能有销售过程，只能选择生产过程，所以，主营业务不存在销售费用。

问题：你赞同哪一方的观点，为什么？运用所学成本核算理论知识回答。

理解要点：铁路运输企业主营业务没有销售费用的观点正确。因为铁路运输企业生产的产品是旅客和货物的位移，产品是无形的，没有实物形态，不能脱离生产过程单独存在，其生产阶段和销售阶段是同一个过程，只能选择其一，从理论上看，没有生产过程就不可能有销售过程，只能选择生产过程，所以，主营业务不存在销售费用。从产品成本核算的范围看，销售费用属于期间费用范畴，铁道部颁发的《铁路运输企业成本费用管理核算规程》明确规定，铁路运输企业成本费用包括主营业务成本、期间费用（包括管理费用、财务费用）。所以，铁路运输企业成本费用没有销售费用。

8.4.2　铁路运输企业成本费用的核算

铁路运输企业会计核算实行分级核算制，执行国务院铁路主管部门的具体核算规定。

1）铁路运输企业成本核算应设置的会计科目

铁路企业在企业会计制度的基础上增设了企业内部核算的科目，包括“拨付所属投资”、“特准储备物资”、“应交铁路建设基金”、“运输进款结算”、“内部往来”、“特准储备资金”、“上级拨入投资” 和 “完成工作清算” 科目，并对“其他货币资金”、“原材料”、“委托加工物资”、“固定资产”、“长期待摊费用”、“主营业务收入”、“主营业务成本”、“管理费用”、“财务费用”、“营业外支出” 等科目的明细科目设置和核算内容进行了补充规定。

铁路运输企业成本核算设置的会计科目是按照“铁路运输企业成本管理核算规程”中的要求进行设置的。

（1）“主营业务成本” 科目

本科目核算企业为提供旅客、货物运输以及相关服务等日常活动而发生的实际成本。本科目应设置“旅客运输成本”、“货物运输成本”、“行包运输成本”、“基础设施成本”和“其他成本” 等明细科目进行明细核算。发生的各种支出，借记本科目。期末应将本科目的余额转入“本年利润” 科目，结转后本科目应无余额。

①“旅客运输成本” 明细科目。本科目核算为旅客运输直接发生的各种支出，包括车站旅客服务、旅客列车服务、客车使用及维护支出，相关服务付费及其他支出。发生的各种支出，借记本科目。期末应将本科目的余额转入“本年利润” 科目，结转后本科目应无余额。

②“货物运输成本” 明细科目。本科目核算为货物运输直接发生的各种支出，包括货物发送、运行、中转、到达作业费用，货车、集装箱使用及维护费用，相关服务付费及其他支出。发生的各种支出，借记本科目。期末应将本科目的余额转入“本年利润” 科目，结转后本科目应无余额。

③“行包运输成本” 明细科目。本科目核算为行李、包裹运输直接发生的各种支出，包括行包发送、运行、中转、到达作业费用，专用行包车辆运用和维护费用，相关服务付费及其他支出。发生的各种支出，借记本科目。期末应将本科目的余额转入“本年利润”科目，结转后本科目应无余额。

④“基础设施成本”明细科目。本科目核算为铁路路网、行车指挥等基础设施运用和维护所发生的各种支出，包括铁路线路设备等行车设施使用及养护费，行车指挥调度费及其他支出。发生的各种支出，借记本科目。期末应将本科目的余额转入“本年利润”科目，结转后本科目应无余额。

⑤“其他成本”明细科目。本科目核算企业运输生产中发生的除旅客、货物、行包运输成本和基础设施成本以外的各种支出。发生的各种支出，借记本科目。期末应将本科目的余额转入“本年利润”科目，结转后本科目应无余额。

（2）“内部往来”科目

本科目核算企业内部具有财务隶属关系的单位间相互往来的款项，包括运输进款、运营资金、代垫所属单位资金、收入清算、上交税费、利润分配等款项的往来。①收到拨付的运营资金时，借记“银行存款”科目，贷记本科目；上级单位向所属单位拨付或为所属单位垫付资金时，借记本科目（下级单位），贷记“银行存款”等科目；下级单位收到上级单位拨付资金或垫付资金时，借记“银行存款”、“材料采购”、“原材料”等科目，贷记本科目（上级单位）；企业独立完成运输任务取得的收入，按进款部门的通知书，借记本科目，贷记“应收账款（资金清算中心）”科目；按规定进行收入结算或完成工作清算时，上级单位借记“完成工作清算”科目，贷记本科目（下级单位），下级单位借记本科目（上级单位），贷记“主营业务收入”或“完成工作清算”等科目；上交税金及附加、分配利润时，上级单位借记本科目（下级单位），贷记“应交税费”、“利润分配”等科目，下级单位借记“应交税费”、“应付股利”等科目，贷记本科目（上级单位）。

本科目借方相当于应收账款，贷方相当于应付账款。期末，本科目有借方或贷方余额，借方余额是内部应收的款项，贷方余额是内部应付的款项。

（3）“完成工作清算”科目

本科目核算运输企业内部上下级之间完成运输工作量之后进行的清算业务。下级完成工作后，向上级清算收入时，上级借记本科目，下级贷记本科目。期末，结转本科目转入本年利润，结转后无余额。

（4）“其他业务成本”科目

运输企业应设置“其他业务成本”科目，用来核算企业除主营业务成本以外的其他经营业务所发生的各项支出，如销售材料、产品，提供装卸、饮食等劳务所发生的支出。

本科目的借方，登记企业确认转入的各项其他业务成本或支出；本科目的贷方，登记期末结转到“本年利润”科目的累计其他业务成本总额。本科目期末如有余额在借方，反映企业从年初至本期末累计的其他业务成本总额，本科目结转后无余额。本科目应按照其他业务成本项目设置明细账，进行明细分类核算。

（5）“生产成本”科目

铁路工业性生产单位的产品成本核算，应设置“生产成本”科目，用来核算为生产产品而发生的各项生产费用。

“生产成本”科目的借方，登记企业生产产品所发生的直接材料、直接人工等直接费用，以及各项间接费用，即制造费用。“生产成本”科目的贷方，登记转出的完工入库的产品成本。本科目期末如有余额在借方，反映尚未完工的在产品的实际成本。

2）期间费用核算应设置的会计科目

（1）“管理费用”科目

本科目核算企业为组织和管理企业生产经营所发生的管理费用。除企业会计制度规定的内容外，还包括住房公积金、防疫经费、制服补贴、客货营销费用、上交上级管理费、上交营业外单位支出附加费等。本科目应按照费用项目进行明细核算。企业发生的各项管理费用，借记本科目。期末，应将本科目的余额转入“本年利润”科目，结转后本科目应无余额。

（2）“财务费用”科目

本科目核算企业为筹集生产经营所需资金等而发生的费用，包括利息收入、利息支出、汇兑损益、铁路内部单位之间资金占用费、铁道资金结算机构内部调剂资金占用费以及相关的手续费用等。本科目应设置“利息收入”、“利息支出”、“汇兑损益”、“资金占用费收入”、“资金占用费支出”、“其他财务费用”等明细科目进行明细核算。支付借款利息等时，借记本科目。收取金融机构存款利息收入等时，贷记本科目。期末，应将本科目的余额转入“本年利润”科目，结转后本科目应无余额。

3）铁路运输企业生产核算的主要程序

铁路运输企业基层站段为基本生产单位，主营业务成本分类核算的原则是：能够直接归属到相应成本类别的，全额列入该类成本；不能直接归属到成本类别的，按照规定的工作量指标分别列入相应的类别。分配比例根据本单位正常运输生产情况测算确定，当运输生产任务发生较大变化时，应及时调整分配比例。单位需在季度决算报告中说明分配比例确定的方法及调整依据。主营业务成本中的工务、电务支出分运行区间、编组站、非编组站核算，电气化铁路供电支出分运行区间核算，核算原则是：正线（含与正线连接的道岔）支出归集到相应运行区间成本，站线支出归集到编组站和非编组站成本；能直接归属运行区间、编组站、非编组站的支出，全额列入相应运行区间和编组站、非编组站成本中；不能直接确定归属的共性支出，采用分配方法分摊列入相应运行区间和编组站、非编组站成本中。内燃、电力机车折旧、中修、大修支出分机型核算，客车折旧、段修、大修支出分车型核算，货车折旧、段修、大修支出分车种核算。能够直接区分机型（车型、车种）的修理支出，全额列入各机型（车型、车种）的相关成本，不能直接区分的按规定方法分摊。

运输生产领用材料、燃料、低值易耗品，借记“主营业务成本”科目，贷记“原材料”、“周转材料——低值易耗品”等科目；支付生产人员工资，借记“主营业务成本”科目，贷记“应付职工薪酬”科目；支付生产用水、用电等其他费用，借记“主营业务成本”科目，贷记“银行存款”等科目；按规定计提固定资产折旧费，借记“主营业务成本”科目，贷记“累计折旧”科目；其他业务应分摊的间接费用，借记“其他业务成本”科目，贷记相关科目；支付相关服务费，借记“主营业务成本”科目，贷记“银行存款”等科目；期末，与上级结算工作量，借记“内部往来”科目，贷记“完成工作清算”等科目，期末结转“主营业务成本”、“完成工作清算”科目记入“本年利润”科目。

铁路运输企业其他业务，通过“其他业务成本”科目核算。

铁路运输企业发生相应管理费用时，借记“管理费用”科目，贷记“银行存款”等相应科目，期末，结转“管理费用”科目记入“本年利润”科目。

业务链接 8-6

铁路机务段期末成本和收入清算

吉林机务段是沈阳铁路局下属的基层站段之一，本月发生运营成本 1 500 万元、完成工作量向上级清算 1 560 万元。

对吉林机务段经济业务进行会计处理，期末结转损益类科目会计处理。

解析：本月发生运营成本 1 500 万元，会计处理为：借记“主营业务成本”科目，贷记“原材料”、“应付职工薪酬”、“累计折旧”、“银行存款”等科目。本月完成工作量向上级清算 1 560 万元，会计处理为：借记“内部往来”科目，贷记“完成工作清算”科目。期末，结转损益类科目，会计处理为：借记“完成工作清算”科目，贷记“本年利润”科目，同时借记“本年利润”科目，贷记“主营业务成本”科目。

职业道德与会计伦理 8-2

四海机务段的成本核算与管理问题

背景与情境：某铁路局四海机务段在 6 月份的上级财务审计过程中发现如下问题：①该机务段的仪器仪表类固定资产每月应计提折旧费用 4.09 万元，实际计提 4.28 万元，每月多计提了 0.19 万元，上半年共计多计提折旧费用 1.14 万元；②本年 4 月，该机务段的固定资产机械设备账面价值减少了 46.24 万元，次月仍计提折旧；5、6 月两个月共计多计提折旧 0.52 万元；③本年 4 月，该机务段将去年 11 月发生的探伤仪维修费 1 万元延期列入本期成本；④本年上半年，该机务段对 12 项固定资产房屋、建筑物进行了封存，固定资产原值为 250.22 万元，上半年对这部分固定资产没有计提折旧，共计少计提折旧 4.05 万元；⑤本年 1 月，该机务段未摊销柴油差价，致使上半年应摊销额与实际摊销额相差 3.12 万元，多摊入红字差价 3.12 万元；⑥供给该机务段多种经营处废油 273 吨，该机务段应收取废油成本 5.46 万元冲减主营业务成本，实际未冲减。

问题：四海机务段的成本核算违反了哪些法律规定？成本管理中存在哪些问题？本年度上半年共计影响铁路运输成本多少万元？

分析提示：四海机务段的以上行为违反了《会计法》第二十六条关于“不得随意改变费用、成本的确认标准或者计量方法，虚列、多列、不列或者少列费用、成本”的规定成本费用核算应遵照权责发生制原则，凡应由本期（月、季、年）负担的支出要全部进入本期成本或费用，如实反映计算期间内完成全部运输产品的实际耗费。上半年在成本核算、管理、控制方面，存在多计提、少计提固定资产折旧、乱列成本、燃料差价分摊有误、少冲减成本等诸多问题，使该段当期的运输成本增加 0.95 万元（1.14+0.52+1.0-4.05-3.12+5.46）。

8.4.3 铁路运输企业成本核算实例

1）实例 1

某工务段本月收到铁路局下转的一批钢轨款的列账通知书，通知书注明某钢铁公司发来的一批钢轨，其购买价及运费共计 380 000 元。该工务段另支付该批钢轨的卸车费1 000

元。该批钢轨已验收入库，计划成本为 400 000 元。本月维修线路领用钢轨计划成本 320 000元。假如钢轨期初无库存，要求为工务段编制相关的会计分录。

①接到分局下转通知书时：

借：材料采购——线上料　　380 000

　贷：内部往来——铁路局　　380 000

②支付卸车费时：

借：材料采购——线上料　　1 000

　贷：银行存款　　1 000

③钢轨验收入库时：

借：原材料——线上料　　400 000

　贷：材料采购——线上料　　400 000

④结转材料成本差异时：

借：材料采购——线上料　　19 000

　贷：材料成本差异——线上料成本差异　　19 000

⑤结转领用钢轨的计划成本时：

借：主营业务成本　　320 000

　贷：原材料——线上料　　320 000

⑥分摊材料成本差异时：

本月维修线路领用钢轨应分摊的材料成本差异＝−19 000×（320 000÷400 000）＝−15 200（元）

借：主营业务成本　　15 200

　贷：材料成本差异——线上料成本差异　　15 200

2）实例 2

20×8 年 6 月，某机务段检修车间的某种高价互换配件的额定储备量为 10 个，单价为 9 万元，使用期限为 5 年，根据有关记录，该高价互换配件从材料库领出的时间及数量为：20×6 年 2 月领出 2 个，20×6 年 10 月领出 5 个，20×7 年 6 月领出 1 个，20×8 年 1 月领出 2 个。本月修理机车换上高价互换配件 3 个，换下的高价互换配件，有 3 个已不能使用，进行报废处理（用先进先出法），收回残料价值 500 元并以新料补充，单价如前（不考虑料差）；有 1 个修理后尚可使用，发生修理费用 3 000 元。要求作出本月有关高价互换配件的相关账务处理。

①领用高价互换配件时：

借：高价互换配件　　270 000

　贷：原材料　　270 000

②对不能修复的进行报废处理时：

20×6 年 2 月领出的 2 个高价互换配件的摊余价值＝［9−9÷（5×12）×28］×2＝9.6（万元）

20×6 年 10 月领出的 1 个高价互换配件的摊余价值＝9−9÷（5×12）×20＝6（万元）

借：主营业务成本　　156 000

　贷：高价互换配件　　156 000

收回残料时：

借：原材料等　　500

　贷：主营业务成本　　500

③发生修理费时：

借：主营业务成本　　3 000

　贷：原材料、银行存款等　　3 000

④按月摊销价值时：

借：主营业务成本　　1 500

　贷：高价互换配件　　1 500

3）实例3

某货车修理段，当月实际应向铁路局清算修理货车取得的收入为600 000元，在货车修理过程中共发生货车修理费用500 000元，其中材料费300 000元，工资费100 000元，固定资产折旧100 000元，以银行存款支付其他费用80 000元，不考虑相关税费。相关账务处理如下：

①发生货车修理费用时：

借：其他业务成本　　580 000

　贷：原材料　　300 000

　　　应付职工薪酬　　100 000

　　　累计折旧　　100 000

　　　银行存款　　80 000

②办理结算时：

借：内部往来　　600 000

　贷：其他业务收入　　600 000

③期末结转损益时：

借：其他业务收入　　600 000

　贷：本年利润　　600 000

借：本年利润　　580 000

　贷：其他业务成本　　580 000

同步案例8-2

铁路局工务段线上料、旧轨料的核算

背景与情境：甲、乙两工务段隶属于同一铁路局，本月发生的有关线上料、旧轨料的业务如下：

①铁路局收到某钢铁公司的账单，账单上注明购买钢轨款及运费共计110万元，款项未付，钢轨已直接发往甲工务段，铁路局随即将该笔款项下转。甲工务段已收到铁路局的列账通知书，另以银行存款支付该批钢轨的卸车费2万元。该批钢轨已验收入库，计划成本125万元。钢轨的采购成本按照规定由工务段核算。

②甲工务段从本局材料厂购入一批线路维修用夹板、垫板、连接零件等，价款及运费共计26万元，通过铁路局转账。上述材料已验收入库，计划成本25万元。

③甲工务段本月维修线路领用的钢轨计划成本60万元，领用夹板、垫板、连接零件

等5万元。假如钢轨及夹板、垫板、连接零件等月初均无库存。

④甲工务段从采石场购入一批石渣，价款及运费共计2万元，款项未付，石渣直接运到维修工地。

⑤甲工务段维修线路拆下一批旧轨料，其中有一部分经整修后尚可使用，按照12万元点收入库，另以银行存款支付整修费1万元；另有一部分已不能使用，残料按照3万元点收入库。

⑥甲工务段按照上级指示，将10万元的旧轨料划转给乙工务段，发生的1万元运费由乙工务段从银行支付。

在决算会议上，有人质疑"甲工务段以银行存款支付钢轨的卸车费2万元"以及"乙工务段以银行存款支付钢轨的运费1万元"的费用归属问题以及如何进行会计处理的问题。

问题：

(1) 铁路运输企业上述经济业务核算使用哪些会计科目？

(2) 铁路局如何对上述经济业务进行会计处理？

(3) 甲、乙工务段如何对上述经济业务进行会计处理？

(4) 2万元卸车费应归属于哪里？旧轨料内部转移应如何计价？

分析提示：

工务段是铁路运输生产基层生产单位，与铁路局是上下级的隶属关系。

(1) 铁路运输企业核算上述经济业务所使用的主要会计科目为：铁路内部具有财务隶属关系的单位之间相互往来的款项所应用的"内部往来"科目；铁路基层站段购买、领用材料的"材料采购"、"原材料"、"材料成本差异"科目；铁路运输企业核算运营成本的"主营业务成本"科目。

(2) 铁路局对上述经济业务的账务处理。

铁路局第①笔经济业务：

借：内部往来——甲工务段	1 100 000	
贷：应付账款		1 100 000

铁路局第②笔经济业务：

借：内部往来——甲工务段	260 000	
贷：内部往来——材料厂		260 000

铁路局第⑥笔经济业务：

借：拨付所属投资——乙工务段	100 000	
贷：拨付所属投资——甲工务段		100 000

(3) 甲、乙工务段对上述经济业务的账务处理。

甲工务段第①笔经济业务：

借：材料采购	1 120 000	
贷：内部往来——铁路局		1 100 000
银行存款		20 000
借：原材料——线上料	1 250 000	
贷：材料采购		1 120 000
材料成本差异——线上料成本差异		130 000

甲工务段第②笔经济业务：

	借方	贷方
借：材料采购	260 000	
贷：内部往来——铁路局		260 000
借：原材料——线上料	250 000	
材料成本差异——线上料成本差异	10 000	
贷：材料采购		260 000

甲工务段第③笔经济业务：

	借方	贷方
借：主营业务成本	598 000	
材料成本差异——线上料成本差异	52 000	
贷：原材料——线上料		650 000

线上料成本差异分摊率＝（$-13+1$）÷（$125+25$）＝-8%

线上料成本差异本月分摊额＝$-8\% \times 65 = -5.2$（万元）

甲工务段第④笔经济业务：

	借方	贷方
借：主营业务成本	20 000	
贷：应付账款——采石场		20 000

甲工务段第⑤笔经济业务：

	借方	贷方
借：原材料——旧轨料	120 000	
——一般材料	30 000	
贷：主营业务成本		150 000
借：主营业务成本	10 000	
贷：银行存款		10 000

甲工务段第⑥笔经济业务：

	借方	贷方
借：上级拨入投资——铁路局	100 000	
贷：原材料——旧轨料		100 000

乙工务段第⑥笔经济业务：

	借方	贷方
借：原材料——旧轨料	100 000	
贷：上级拨入投资——铁路局		100 000
借：主营业务成本	10 000	
贷：银行存款		10 000

（4）因铁路基层站段相当于工业企业的生产车间，2 万元卸车费是为采购原材料而发生的，应归属到材料成本里。旧钢轨转出单位通过上级转出原材料（旧钢轨），按照上级规定转入单位以转出单位的价值计价，1 万元运费是为转移旧钢轨而发生的，应归属到运输成本里。

职业道德与会计伦理 8-3

集团报表之判

背景与情境：华夏科技是一家集团公司，下属软件研发、电脑销售、酒店及建筑工程等多行业企业，其下属企业均为独立法人。在集团年终合并报表之前，为合理避税，财务负责人提出以下调账事宜：一是集团下属各企业有盈利或亏损，将盈利的建筑工程企业利润通过“内部往来”划拨给亏损的软件研发企业，这样平衡后以达到避税的目的；二是酒店企业管理费用过高，将酒店设备的折旧费划入建筑工程企业，这样可以计入工程成本；三是电脑销售企业的产品销售成本，无论是批发业务还是零售业务，均以售价计价，以达到增加销售成本的目标。你如果是参会的一员，你应如何处理？

问题：

（1）本案例中财务负责人调账是否正确？案例中存在哪些道德伦理问题？

（2）对财务负责人的三项调账作出你的善恶研判。

（3）通过适当途径搜集你作出的善恶研判所依据的行业规范。

（4）本案例对你有哪些启示？

分析提示：

（1）本案例中财务负责人调账不正确。华夏科技集团公司下属企业均为独立法人，必须按照各行业成本核算的要求与规则进行记账、核算，并对社会承担其法人责任。本案例违反了会计“职业观念”、“职业情感”、“职业良心”、“职业作风”、“职业守则”。职业观念要求会计人员对职业、职业选择、职业工作、会计人员职业道德、会计伦理等问题具有正确的看法；职业情感要求会计人员对职业或职业模拟有愉快的主观体验、稳定的情绪表现、健康的心态、良好的心境，具有强烈的职业认同感、职业荣誉感及职业敬业感；职业良心要求会计人员在履行职业义务时具有强烈的道德责任感以及较高的自我评价能力；职业作风要求会计人员在职业模拟、职业实践或职业生活的自觉行动中，具有体现职业道德内涵的一贯表现；职业守则要求会计人员爱岗敬业、诚实守信、廉洁自律、客观公正、坚持原则、提高技能、参与管理、强化服务。

（2）财务负责人的三种调账事宜都是违背成本会计核算要求的。第一项调账作为集团合并报表从业务上是可以的，但其下属企业作为独立法人是不可以这样逃避所得税的；第二项将酒店设备的折旧费划入建筑工程企业，表面上是依据餐饮业成本核算特性进行调整的，通过降低管理费用，达到规避管理费用超支多缴纳所得税的风险的目的，实则是违规做法，违反了“会计主体”的核算前提，不同会计主体的经济业务不能通用；第三笔调账是电脑销售企业产品销售成本均已售价计价，表面上是在合规范围内达到增加销售成本的目的，实际是业务技能不过硬，无论采用哪种方法核算产品销售成本，结果都是实际价而不是销售价。财务负责人的三项调账都违反了国家法规与会计职业道德。

（3）商品流通企业成本的核算：商品批发企业主要适用“数量进价金额核算法”，商品零售企业主要适用“售价金额核算方法”。

餐饮企业营业成本的核算：营业成本一般只按照耗用材料的成本来计算直接成本，其他计入管理费用，作为期间费用处理。

施工企业工程成本也称之为合同成本。建造合同的成本核算包括：人工费、材料费、机械使用费、其他直接费、间接费用。

“会计法”第一章第三条规定：“各单位必须依法设置会计账簿，并保证其真实、完整。”“会计法”第三章第二十五条规定：“公司、企业必须根据实际发生的经济业务事项，按照国家统一的会计制度的规定确认、计量和记录资产、负债、所有者权益、收入、费用、成本和利润。”第二十六条规定：“公司、企业进行会计核算不得有下列行为：（一）随意改变资产、负债、所有者权益的确认标准或者计量方法，虚列、多列、不列或者少列资产、负债、所有者权益；（二）虚列或者隐瞒收入，推迟或者提前确认收入；（三）随意改变费用、成本的确认标准或者计量方法，虚列、多列、不列或者少列费用、成本；（四）随意调整利润的计算、分配方法，编造虚假利润或者隐瞒利润；（五）违反国家统一的会计制度规定的其他行为。”

会计行业规范是：①爱岗敬业：热爱会计工作，安心本职岗位，忠于职守，尽心尽力，尽职尽责；②诚实守信：做老实人，说老实话，办老实事，执业谨慎，信誉至上，不为利益所诱惑，不弄虚作假，不泄露秘密；③廉洁自律：公私分明，不贪不占，遵纪守法，清正廉洁；④客观公正：端正态度，依法办事，实事求是，不偏不倚，保持应有的独立性；⑤坚持原则：熟悉国家法律、法规以及国家统一的会计制度，始终坚持按照法律、法规以及国家统一的会计制度的要求进行会计核算，实施会计监督；⑥提高技能：增强提高专业技能的自觉性与紧迫感，勤学苦练，刻苦钻研，不断进取，提高业务水平；⑦参与管理：在做好本职工作的同时，努力钻研相关业务，全面熟悉本单位经营活动及业务流程，主动提出合理化建议，协助领导决策，积极参与管理；⑧强化服务：树立服务意识，提高服务质量，努力维护并提升会计职业的良好社会形象。

（4）合理避税是国家法律法规允许的，但必须合法合规，不能随意调账。

主要参考文献

[1] 丁元霖．施工企业会计［M］．北京：清华大学出版社，北京交通大学出版社，2012.

[2] 铁道部财务司．铁路运输成本费用管理规程［S］．北京：中国铁道出版社，2010.

[3] 万寿义，任月君．成本会计［M］.2 版．大连：东北财经大学出版社，2010.

[4] 胡玉明，潘敏虹．成本会计［M］.3 版．厦门：厦门大学出版社，2010.

[5] 蒋国发．成本会计［M］．北京：清华大学出版社，2008.

[6] 黄建飞．成本会计［M］．北京：北京理工大学出版社，2008.

[7] 江希和，向有才．成本会计教程［M］．北京：高等教育出版社，2008.

[8] 林志宏．成本会计［M］．成都：西南财经大学出版社，2008.

[9] 财政部会计司编写组．企业会计准则讲解［M］．北京：人民出版社，2007.

[10] 黄毅勤．简单轻松学施工企业会计［M］．北京：中国市场出版社，2006.

[11] 丁元霖．旅游饮食服务业会计［M］．北京：清华大学出版社，北京交通大学出版社，2010.

[12] 中国会计学会网 . http：//www. asc. net. cn/.

[13] 国家精品课程资源网 . http：//www. jingpinke. com/.

[14] 爱课程网——中国大学视频公开课． http：//www. icourse. edu. cn.

[15] 中华人民共和国财政部网站 . http：//www. mof. gov. cn/.